金融拾贝

——对若干经济金融问题的观察与思考

闫先东 叶 欢 著

中国财经出版传媒集团
中国财政经济出版社

图书在版编目（CIP）数据

金融拾贝：对若干经济金融问题的观察与思考/闫先东，叶欢著．—北京：中国财政经济出版社，2017.8

ISBN 978 - 7 - 5095 - 7652 - 6

Ⅰ．①金… Ⅱ．①闫… ②叶… Ⅲ．①金融 - 文集 Ⅳ．①F8 - 53

中国版本图书馆 CIP 数据核字（2017）第 193189 号

责任编辑：吕小军　　　　责任校对：杨瑞琦

封面设计：思梵星尚

中国财政经济出版社 出版

URL：http：//www.cfeph.cn

E - mail：cfeph @ cfeph.cn

社址：北京市海淀区阜成路甲 28 号　邮政编码：100142

营销中心电话：88190406　北京财经书店电话：64033436　84041336

北京财经印刷厂印刷　各地新华书店经销

710×1000 毫米　16 开　23.5 印张　460 000 字

2017 年 10 月第 1 版　2017 年 10 月北京第 1 次印刷

定价：70.00 元

ISBN 978 - 7 - 5095 - 7652 - 6

（图书出现印装问题，本社负责调换）

本社质量投诉电话：010 - 88190744

打击盗版举报热线：010 - 88190414　QQ：447268889

目　　录

资本市场：演进、危机及政策干预[①]

（2016 年 4 月 30 日）

一、引言

关于经济增长与金融发展关系的相关课题长期以来为学界和实业界所关注，虽然有“金融业增长突破临界值后会在一定程度上抑制社会生产”的观点[②]，但绝大多数研究中的样本国家经验表明，金融发展会显著地促进经济增长（Patrick，1966；Goldsmith，1969；King 和 Levine，1993；Rousseau 和 Wachtel，2000、2001）。换言之，现代经济的高效运行离不开金融体系的有力支撑。在全球主要国家现有的金融结构中——无论是传统的银行主导型金融结构还是更加依赖金融中介的市场主导型金融结构，资本市场尤其是证券市场作为金融元素赖以生存和发展的土壤，对现代经济的重要支撑作用毋庸置疑（Atie 和 Jovanovic，1993；Greenwood 和 Smith，1997；Levine 和 Zervos，1998；Arestis，2001；张建平，2013）。更进一步的，随着经济发展迈入更高级阶段，实体经济对直接融资的边际需求要大于间接融资，以金融中介主导的资本市场将在金融体系中发挥更为重要的作用（Allen 等，2006；Demirgüç - Kunt 等，2011；张建平，2015a）。我们也可以看到，当前包括中国在内的很多新兴市场经济体都在向市场主导性金融结构逐步过渡，而构建更加稳健、有效的多层次资本市场体系也就成了各国金融市场改革的重中之重。

学界关于资本市场概念的界定有着些微的差别。从期限上来说，与货币市场相对应，资本市场指的是长期债务性工具（到期期限在 1 年以上）和权益性工具交易的金融市场，包括了股票市场、债券市场、基金市场、金融衍生品市场以及中长期

---

① 本文合作者为张建平。本文是国家自然科学基金资助项目《资本市场发展对通货紧缩预期的影响机制研究》（批准号：71541016）研究成果的组成部分。

② 拥有庞大金融体系的国家，其宏观经济具有系统脆弱性，譬如冰岛、塞浦路斯和爱尔兰等（基恩斯·魏德曼，2014）。

的银行信贷市场（王国刚，1998；曹凤岐，2002；Mishkin 和 Eakins，2006）；从融资方式上来说，有的学者基于简化研究的目的，认为具有直接融资功能的传统证券市场（股票市场和债券市场）即可视为资本市场（吴晓求，2002）。此外，更多的学者从市场的层次性对资本市场的内容进行了界定，认为其由证券交易所市场（主板和二板市场）、场外交易市场（OTC）、代办股份转让市场和产权交易市场等组成（王国刚，2004；巴曙松，2004）。本章在基本认定上述第一种定义的基础上，基于研究的目的，将第三种定义中的证券市场作为主要的研究对象。

客观上讲，中国资本市场发展起步比较晚，在体制架构建设与制度维护、风险防控与市场监管、投资主体结构和交易工具结构、开放性以及与宏观经济的关联性等方面与西方发达市场有着显著的区别，而如何界定形式上的“中国特色”和实质性的发展差异，如何通过有效监管和政策干预平抑资本市场的波动以维护金融稳定，以及如何定位央行在综合性监管体系中的角色和作用，则需要我们首先仔细厘清全球主要资本市场的发展历程，并具体比较其成长性、完备性、波动性、关联性等方面的具体特征，探明中国资本市场发展的体制性症结及结构性缺陷，从而在中国整体改革进一步健康有序推进的基础上，使资本市场发展更好地支持实体经济增长。

在讨论资本市场时，一个无法回避的问题是资本市场上剧烈的资产价格波动。资本市场尤其是股票市场，在拓展实体经济和金融企业融资渠道，实现价格发现、资金配置和风险分散功能的同时，也始终伴随着因为价格剧烈波动而给金融体系甚至整个经济系统带来巨大冲击的风险。回顾全球主要国家资本市场发展的历史，几乎都经历过大大小小的“股灾”①。从 18 世纪初股市诞生伊始的“南海泡沫事件”到 1929 年美国大萧条，再到 20 世纪 70～90 年代股灾频发期，以及 2008 年波及全球的金融危机，股灾在其中频繁出现、多不胜数。O'Keeffee 和 Terzi（2015）的研究指出，仅仅在 1970～2011 年间，全球范围内就爆发了 147 次系统性金融危机，而股灾通常都是其中的重要内容。

当然，股灾与金融危机以及经济危机是有着本质区别的，Schwartz（1987）在“真实和虚假的金融危机”（Real and Pseudo Financial Crises）一文中指出：“资产价格的下降（包括股票、不动产、大宗商品）、货币贬值以及机构的财务困境（包括大型实体经济企业、地方政府、金融行业、主权债务主体），都可能只是虚假的金融危机。”即使是伴随资产价格泡沫破灭、大量财富流失的股灾及其他一些极其糟

① 可以说，任何一个资本市场里都有投机的成分，“羊群效应”造就了资本市场的“非理性繁荣”。而“博傻理论”将资本市场泡沫化推向崩溃的边缘，价格泡沫在事件触发破灭后，“金融加速器”机制将导致流动性短缺的自我强化，从而导致大大小小的金融危机并向实体经济各个领域蔓延，这可谓是虚拟经济的固有属性和本来面目之一（Shiller，1990、2003；周吉来、张建平，2012）。

糕的情况发生，也不一定就可以被认定为真正的金融危机。譬如1987年的股价暴跌和2001年的网络泡沫破灭（何佳，2015）。很显然，股灾并不必然引致金融危机的发生，很多股灾可能仅仅是因为利率、汇率等金融关键变量短期发生剧烈波动给资本市场带来的短期冲击，在相对健康的经济基本面或经济上升周期的支撑下，股票市场也很可能在较短时间内通过自身的运行机制完成修复。与政府救助金融危机的较强必要性不同，一些研究指出，在股灾中的政策干预或者“救市”措施或者没有太大的必要性，或者会带来诸多的负面效果，譬如道德风险、政策套利、“大而不倒”和造成社会收入分配的不公平等（陈志武，2015；Gorton，2012）。但更多的研究还是对政府在股灾中的政策干预必要性给出了肯定的评价，1929年美国股市的暴跌和1989年日本的股灾等都因为干预不及时或救助政策不到位导致了严重的金融危机和长期的经济萧条，这也为学界和政界所广泛诟病（Bernanke，1983、2009；Friedman和Schwartz，2008；朱民、边卫红，2009；刘鹤，2013）。需要指出的是，金融危机的爆发是随机的，也是不可预测的，很多时候股灾爆发的时候，金融危机并没有真正发生，但是过多纠结于救助的必要性会延误政策干预的最佳时机，一旦后续引发系统性风险甚至是金融危机和经济危机，政府干预成本和社会福利的损失都将成倍增加。政府基于“防患于未然”的考量对股灾进行必要的救助，体现了其防范系统性风险和维护金融稳定的负责任态度，对于恢复市场功能和保护投资者利益也具有正面意义。

对于中国而言，自20世纪90年代初沪、深两地交易所设立以来，现代资本市场的发展历史非常短暂，前后不过20多年的时间，与欧美动辄数百年的发展历程相比，在市场成熟度、交易规则完善度、金融监管的有效性以及平稳性等方面有着显而易见的差距。虽然在中国的资本市场中尚未爆发过真正意义上的金融危机，但大大小小的股灾也偶有发生，尤其是2015~2016年间的几次间歇性的“股灾”，跌幅之大之快都远远超过市场预期，至今仍然让投资者心有余悸。毫无疑问，在当前国内金融资本大行其道和国际金融市场深度耦合的背景下，政策干预市场尤其是在股灾中的“救市”经验还很匮乏，在诸多救市工具的具体应用和时机的把握上还显青涩①，通过深入而系统地研究全球主要资本市场中“股灾”的属性及“救市”的有益经验并为我国所灵活应用，对于构建稳健的多层次资本市场和防范系统性金融风险具有重要的现实意义。

在本文的最后，在总结前文理论讨论的基础上，我们还考察了我国资本市场的

---

① 2016年元旦以来，整个下行周期中新一轮的杀跌被市场冠名为“股灾3.0”，为了缓冲市场的恐慌性下跌和抑制程序化交易，监管层借鉴国外部分主要市场经验推出“熔断机制”，但由于国内市场中存在的一些独有的特性（譬如涨跌停限制、T+1交易规则）以及熔断机制自身阈值设计的缺陷，这一机制实际所发挥的作用适得其反，仅仅存在了4天即告夭折（李凤云，2016）。

现状和存在的问题，并提出了未来的发展思路和政策建议。

二、资本市场的建立及在各国的发展

货币金融元素伴随着商业活动而生，早期资本市场的诞生也要归功于商业繁荣对资金筹措和风险分散的本质需求。企业或商人借助银行间接融资可以追溯到15～16世纪的意大利，通过发行股票进行直接融资则始于17世纪初的荷兰，1602年东印度公司成立后，为服务于其殖民战略和贸易活动，向社会发行首只股票，资本市场由此诞生，并随着全球经济发展在各国落地生根。纵观全球资本市场迄今400多年的发展历程，有以下几个明显的特征：

其一，世界资本市场发展的中心伴随着全球经济霸权的重心迁移（见表1）。借助于发达的造船业、航海运输业和资本主义贸易，荷兰在17世纪前后实质上已取代“两牙”成为新的霸权国家，基于殖民贸易的巨额资本需要，股份制的东印度公司[①]在成立伊始便推出上文提到的资本市场发轫之作。但由于没有完备的股票流通市场和股票交易所，股票主要在阿姆斯特丹的综合交易所里与其他商品混合交易。17世纪中叶以后，通过三次“英荷战争”，英国取代了荷兰成为新的霸权国家，商业资本主义过渡到工业资本主义，早先在荷兰成立的很多股份公司在英国得到了快速发展[②]。1773年，世界上首家证券交易所在伦敦的一家咖啡馆成立，即伦敦证券交易所的前身；1802年，伦敦证券交易所大厦正式落成，交易所主要交易英格兰银行、英国东印度公司和南海公司的股票。19世纪初，“工业革命”数十年的红利释放使得英国公共事业投资和银行、保险公司数量激增，国内90%的资本在股份制公司控制之下，运河公司、铁道公司股票纷纷面世并引起投资热潮，地方性的证券交易所也应运而生，到“一战”爆发前，英国本土已经有20余家地方性的证券交易所。20世纪上半叶的两次“世界大战”改变了全球政治格局，美国成为新的世界霸主，其国内资本市场也迅速随着经济发展占据制高点。美国最早的证券交易市场在费城——当时的美国政治和经济金融中心，“梧桐树协议”[③]后，华尔街成为美国最早的股票市场，后来逐步演变成纽约证券交易所。“大萧条”使得美国股市一落千丈，但罗斯福政府关于规范股票市场的一系列政策措施为美国资本市场奠定了长期稳定

---

① 1602年，荷兰贵族和商人成立股份制的“联合东印度公司”，拥有政治、军队和商船的集合权利。

② 在英国最古老的“皇家交易所”中，俄罗斯公司（1553年创立）、英国东印度公司（1600年创立）和荷兰的股份制公司等少数股票标的与商品交易混在一起。

③ 17世纪中叶，荷兰殖民者为便于商品交易，在曼哈顿岛的南部划分出一部分区域建立华尔街。随着美国经济的迅速发展，证券交易商汇集于此，露天或咖啡馆的证券交易逐步活跃起来。到1792年，24家证券经纪商缔结正式协议，明确交易规则和交易对手范围，同时商定交易地点——梧桐树下，“梧桐树协议”由此得名。

发展的基础[①]。战后美国经济的强劲复苏使得资本市场逐渐恢复元气，到 1954 年，美国股市重回股灾前水平。20 世纪下半叶，美国资本市场虽然也经历过几次波折，但全球资本市场中心地位至今难以撼动。作为东亚“雁型模式”的领头者，日本经济在战后迅速恢复，并迅速蹿升为世界第二大经济体，东京证券交易所重新开业后步入了超常发展时期，到 1990 年前后已经在交易规模上超过了纽交所。20 世纪 90 年代后，日本经济陷入长期低迷，资本市场也经历了泡沫化破灭的冲击，但仍是当前全球重要的市场之一。改革开放造就了一个重新崛起的中国，从“雁阵”的末端迅速成长为世界第二大经济体。虽然中国政府旗帜鲜明地表态不谋求霸权，但经济规模和全球竞争力的上升使得国内外的资本集结于此，资本市场的发展一日千里，股票市值已跃居全球第二。如何构建符合中国特色、满足现阶段实体经济需要的多层次资本市场，已成为当前金融改革的重要课题之一。

表 1　早期全球主要资本市场的建立

		年限
美国	1792 年，“梧桐树协定”缔结，股票交易自律机制建立；1817 年成立纽约证券与交易管理会，1863 年更名为纽约证券交易所	199 年
英国	1773 年，伦敦证券交易所的前身在伦敦的一家咖啡馆成立，1802 年伦敦交易所大厦落成	214 年
德国	1820 年，法兰克福出现首只股票；1879 年，法兰克福证券交易所落成	137 年
日本	1879 年，东京证券交易株式会社成立，即东京证券交易所的前身；1949 年，东京证券交易所重新开业	137 年
俄罗斯	1703 年，俄罗斯成立圣彼得堡证券交易所；1839 年，莫斯科开设综合性交易所，并设立独立的金融产品交易部门	177 年
南非	1887 年，约翰内斯堡证券交易所成立	129 年
印度	1875 年，孟买交易所成立；1957 年，证券市场发展步入正轨，出现《证券法》	141 年
巴西	1845 年，里约热内卢证券交易所成立；1890 年，圣保罗证券交易所成立；1976 年通过《证券法》	161 年
中国	1918 年，北京证券交易所成立；1920 年，上海证券物品交易所成立	98 年
新加坡	1930 年，新加坡证券业协会成立；1973 年，新加坡证券交易所成立	86 年

资料来源：笔者根据各国证券交易所网站公开信息搜集编制。

① 重塑华尔街是罗斯福新政的重要目标之一，《证券法》、《证券交易法》、《投资公司法》和《投资顾问法》等都在这一时期先后颁布，美国证监会也随之成立。战后共同基金的迅速发展，使得美国资本市场向价值投资理念转变，并逐步走向了健康发展之路。

其二，在资本市场发展的早、中期，实体经济需求引致了资本市场发展。在研究金融发展与经济增长关系的学术文献中，“实体经济需求拉动金融发展”还是“金融发展供给推动经济增长”的争论是重要的研究领域之一，而资本市场作为金融市场的重要组成部分，与实体经济的互动关系自然不可忽视。在全球主要资本市场创立后的很长一段时间内，其满足于实体经济融资需求的本质属性越来越明显。首先，资本市场的诞生是商业经济和股份制发展到一定阶段后的产物，世界首只股票的出现主要是为了迎合贸易经济的巨大资金需求和应对投资的不确定性。其次，各国资本市场的高速发展时期都出现在经济实现腾飞的阶段，无论是早期的殖民贸易还是各国滚滚而来的工业化浪潮，迅速活跃的实体经济对资金募集和风险分散机制建设提出了更高要求，崭新的商业模式迫切需要信用机制的创新来提供支持。早期主要资本主义国家大规模的基础设施建设促进了运河股票、铁路股票的发展，轰轰烈烈袭来的工业化和农牧业规模化丰富了资本市场的交易品种，而重化工业的成长和兼并重组、跨国公司和高新技术产业的集中涌现使得金融类股票、贸易类股票和科技类股票等迅速占据资本市场的重要位置，同时拓宽了资本市场的层次性，主板和二板、场内和场外、全国和区域的资本市场结构逐步完善。最后，脱离实体经济需求的资本市场往往孕育着巨大的金融风险，金融创新过度冲击经济增长意味着资本市场发展供给推动经济增长的论点受到质疑，这是各国资本市场向中后期发展都需要认真面对的一个课题。

其三，资本市场发展始终伴随着投机和由此带来的泡沫化风险。资本市场本是应实体经济的融资需求而产生和发展的，在很大程度上发挥着社会资金有效配置和风险合理分散的功能，同时兼具居民和企业的财富配置和投资增值功能，但是当投机情绪在市场成为主流时，资产泡沫化危机的孕育也基本成熟。可以说，任何一个资本市场里都有投机的成分，“羊群效应”造就了资本市场的“非理性繁荣”①，而“博傻理论”将资本市场泡沫化推向崩溃的边缘，价格泡沫在事件触发破灭后，金融加速器机制将导致流动性短缺的自我强化，从而导致大大小小的金融危机并向实体经济各个领域蔓延，这可谓是虚拟经济的固有属性和本来面目之一（Shiller，1990、2003；周吉来、张建平，2012）。1720 年的“南海泡沫事件”使英国股票市场大受冲击，南海股票从每股 1000 多英镑的高位跌至 124 英镑，其他大多数股票也都面临几乎相同的悲惨遭遇，英国股票市场因此长期停滞不前，直至工业革命的前

① “非理性繁荣”（irrational exuberance）一词最早由美联储前主席 Alan Greenspan 在 1996 年 12 月 5 日的晚宴讲话中正式提出，并由于紧接其后的全球主要股市纷纷下挫，而为大家所熟知。由于非理性繁荣被直接定义为“投机热潮的强势状态”，而与资产价格泡沫紧密联系在一起。Shiller（2000）在以此命名的经典著作《非理性繁荣》（第一版）中，列出了股票价格大涨的 12 种原因，并着重指出：在经济上升阶段，来自内部和外部的任何利好消息，都更容易成为资产价格泡沫自我维持和进一步膨胀的原因（周吉来、张建平，2012）。

期；在1929年的美国股灾中，道琼斯指数缩水90%，银行系统和实体经济均出现危机，5000万人失业和数以千计的人自杀，经济大萧条的景象触目惊心；1989年爆发的股灾使日本陷入深度的经济危机中，“失去的十年”后仍不见明显的复苏迹象；2007年美国次贷危机演化为全球性的金融危机，美国国内经济一度陷入面临第二次“大萧条”的风险，“量化宽松”的退出一波三折，而欧元区的金融市场和宏观经济更是深受其害；2015年中国股市出现严重下挫，两个多月内上证综指下挫超过40%。资本市场诞生以来，全球大大小小的股灾多不胜数，上述所列仅仅是比较有代表性的几个，但仍可以从中看出资本市场发展所蕴含的巨大风险。由于资本市场崩溃的危害巨大，很多国家都在危机后出台了各种监管措施，同时加强事前管理来完善市场运行机制。英国国会在“南海泡沫事件”爆发之际出台“泡沫法案（The Bubble Act)”，旨在取缔投机行为；罗斯福政府于1933年相继推出一系列法案，建立一整套监管框架，重塑市场信心；在先后经历1989年股灾和1997年亚洲金融风暴的惨痛教训后，日本政府成立金融监管厅，并先后出台《金融再生法案》和《金融健全化法案》，前者旨在完善危机后的金融机构破产处理机制，后者则主要用于事前防范金融危机。需要强调的是，与危机的事前防范和事后救助措施逐步完善和系统化相比，更为重要的事中干预还很被动和滞后。换言之，危机期间金融监管部门和央行如何合理分工并有效运用政策工具对资本市场进行救助，也是摆在当前各国金融决策层面前的重要课题之一。

至此，我们在简要回顾全球主要资本市场发展史的基础上，提出了三个重要课题：一是在中国经济发展水平进入新的阶段后，应该建立一个什么样的资本市场，以及如何更好地发挥其资金配置、风险分散职能并降低市场波动性的功能；二是如何更好地界定经济增长与资本市场发展的关系，以及有效防范资本市场发展过度和金融工具创新过度带来的风险；三是中央银行或金融监管部门如何在资本市场危机中进行有效干预，以及中央银行在综合性金融监管体系中应发挥什么样的作用。以上几个问题我们试图在下文中进行解答。

三、当前全球主要资本市场的比较及量化评价

自股票诞生和交易所设立以来，在数百年的时间里，全球资本市场经历了兴起、繁荣，也遭受过危机和低迷，在金融市场发展整体不断走向纵深的同时，资本市场在规模、完备性及其与实体经济的关联性等方面都有了长足的进步。基于这几个方面的比较，下文对主要国家资本市场进行更加深入的剖析，旨在找出未来中国完善多层次资本市场的政策着力关键和路径框架。

（一）资本市场发展规模的整体比较

在20世纪90年代直到2008年全球金融危机爆发期间，世界资本市场整体发展

势头非常迅猛，根据世界银行的统计，全球股票市值由1990年的9.4万亿美元上升到2007年的64.5万亿美元，市场供需两端非常活跃。具体来看，一方面，发达国家资本市场步入成熟发展期，并继续在全球资本市场占据绝对主导地位。以2007年为例，高收入国家资本市场股票市值占全球的80.1%，其中，美、日、英、德分别占30.9%、6.9%、6.0%和3.3%，中、俄、巴西、印度和南非这些后来所谓的“金砖国家”分别占9.7%、2.3%、2.1%、2.8%和1.3%。另一方面，新兴市场经济体资本市场迅速发展壮大。其中，中国和俄罗斯股票市场均在20世纪90年代初正式建立，之后迅速步入了黄金增长期，并赶超其他大多数发展中国家；巴西和印度股票市值分别增长85倍和47倍，与之相比，同期高收入国家资本市场和全球资本市场平均增幅为2.2倍和5.9倍。然而，美国次贷危机引爆并蔓延至全球的金融危机使得各国资本市场大受冲击，2008年全球股票总市值腰斩为34.9万亿美元，直到2012年逐步恢复到53.2万亿美元的水平，距离危机前的规模还有一定差距。

表2列举了2012年主要的资本市场发展指标，从中我们有以下几点发现：一是发达国家依然保持着其在全球资本市场的影响力，经济的证券化水平较高。无论从上市公司市值还是从上市公司数量来看，美、日、英等老牌资本市场强国仍然占据市场的制高点；从证券化率来看，发达国家（包括南非、新加坡等）这一指标都在100%以上，以“金砖国家”为代表的新兴市场国家证券化率平均不足50%；从资本市场活跃程度来看，发达国家交易周转率（换手率）也要明显高于新兴市场国家。二是金融危机对新兴市场国家的冲击要比发达国家更大，资本市场的成熟度决定了危机后资本市场恢复的速度。2012年，高收入国家股票市值占全球的比重为80.8%，在危机前的水平上略有提高，其中作为危机发源地和最中心的美国则由2007年的30.9%上升至35.1%；同期处于危机外围的金砖国家整体占比由2007年的16.2%下降到14.4%。由于资本市场还不完善，危机后新兴经济体市场自我修复的能力要弱于发达市场国家。三是金融结构类型在很大程度上决定了资本市场发展的高度。美、英属于市场主导型的金融结构，证券化率水平基本相当，都在115%左右；日、德属于银行主导型的金融结构，证券化率分别为61.8%和42.1%，与新兴市场国家相比没有太大的差距。这一结论在金砖国家也是适用的，银行主导型的中、俄两国的证券化率都在50%以下，但市场主导型的南非则超过150%。

20多年来，中国资本市场在新兴市场国家中发展最为突出。受益于国企绩效改革、股权分置改革、企业成长和高速经济增长释放的红利，中国成为资本市场规模增长最快的国家，并于2012年在股票市值上首次超过日本成为仅次于美国的全球第二大资本市场。此外，中国上市公司数量也仅次于美国、日本和印度，列全球第四。值得一提的是，中国股票市场俨然成为当前全球最为活跃的市场，换手率高达164.4%。

表 2　　主要国家资本市场发展指标（2005 年、2012 年）

	上市公司总数	上市公司市值（亿美元）	证券化率 = 市值/GDP（%）	股票交易总额/GDP（%）	换手率 = 股票交易总额/市值（%）
美国	4102（5143）	186683（169709）	115.5（129.6）	132.2（164.3）	124.6（129.2）
英国	2179（2759）	30195（30582）	115.5（126.8）	95.2（172.8）	84.0（141.9）
德国	665（648）	14863（12213）	42.1（42.7）	34.7（61.7）	91.8（146.0）
日本	3470（3279）	36810（47365）	61.8（103.6）	60.5（109.3）	99.8（118.8）
俄罗斯	276（296）	8747（5486）	43.4（71.8）	36.3（20.9）	87.6（39.0）
南非	348（388）	6123（5654）	154.1（219.3）	78.5（77.9）	54.9（39.3）
印度	5191（4763）	12633（5531）	69.0（66.3）	34.0（52.0）	54.6（92.2）
巴西	353（381）	12299（4746）	51.0（53.2）	34.6（17.3）	67.9（38.3）
中国	2494（1387）	36974（7808）	43.7（34.4）	68.9（25.8）	164.4（82.5）
新加坡	472（685）	4141（3167）	142.8（248.5）	54.0（94.0）	43.3（40.4）
韩国	1767（1620）	11805（7182）	96.5（80.0）	123.8（133.9）	139.2（209.8）

数据来源：World Bank Group，World Development Indicators：Stock Markets。

注：括号内为 2005 年数据。

（二）资本市场发展的完备性比较

经济的多元化发展在很大程度上决定了投融资需求的多元化，产业结构的调整和升级也对金融结构演变提出了更高的要求，因此，多层次资本市场是适应实体经济需求的必然产物。整体来看，多层次的资本市场应该至少包括主板市场、二板市场（创业板）和场外交易市场（OTC），当然“国际板”和区域性交易市场的补充也是必要的。

首先，主板市场是整个资本市场的基石，主要是给具有一定规模的成熟企业提供融资平台，因此在公司市值、财务经营状况以及股权结构等方面具有较高的要求。如附表 1 所示，发达国家的主板市场通常都是各国最为悠久的股票交易市场，如纽约证券交易所、伦敦证券交易所、东京证券交易所等，也有像中国的上海证券交易所、深圳证券交易所这样发展速度很快的新兴市场，主板市场的建立标志着一国资本市场的正式形成。其次，二板市场（创业板）主要为具有高成长性的中小企业和高科技企业提供融资服务，在公司标准和上市条件等方面较主板市场要低很多，通常来说并不设定严格的盈利标准和公众最低持股数量等要求。对于那些已经完成工业化的发达国家来说，二板市场已经高度完善和成熟，上市公司数量众多，交易活跃度很高，譬如美国的 NASDAQ、日本的 JASDAQ、新加坡的 SESDAQ 以及伦敦证券交易所下属的技术板和创业板，而新兴市场国家的二板市场大多还在创建和初期发展中，无论是交易标的数量还是运行机制等多方面还有较大的提升空间。主板市场和二板市场互相补充，共同构成了交易所市场，或者说场内市场，通过资产证券化将异质性、差异化的企业资产进行标准化的产品处理，打通了实体经济与虚拟经济的联系渠道。再次，场外交易市场（OTC）与交易所市场相对应，也称作柜台交易市场，主要是为那些不具备在交易所市场上市资格的企业融资，堪称交易所市场的"培育室"或"二传手"。在这个市场中，做市商取代了经纪商，协商议价取代了公开竞价。毫无疑问，无论从挂牌企业数量还是交易机制的完善性方面来看，包括金砖国家在内的新兴市场国家都较发达国家有较大的差距。最后，区域性的（股权、产权）交易市场是对场外市场的补充，主要为特定区域内或地方性的企业提供股权、债券和融资服务。发达国家在主要的金融中心城市都设有区域性交易市场，为投资者提供了股权、债券投资和兑现的机会①。

评价各国资本市场发展的完备性，可分别从市场的层次性（构成及对比关系）、转板机制和开放程度等方面展开。其一，从多层次市场构成的要件来看，美、英、德、日四国虽然在资本市场层次结构上有所区别②，但都分别建立了完善的主板、二板、场外市场和区域交易市场，新加坡、韩国等"四小龙"经济体伴随着经济腾飞纷纷建立和完善了交易所市场和场外市场，但囿于经济体量的制约，区域性市场没有显著发展；中国多层次资本市场架构已经基本搭建，但二板、场外市场发展还很不充分；南非和印度的资本市场也相对完整，但印度没有明确的创业板市场；俄罗斯、巴西等国的创业板或场外交易都存在较大的空白。其二，从纵向各个层次市场的交易活跃度、上市公司数量对比关系来看，以美、日、英为首的发达资本市场大致呈现"场外交易 > 二板 > 主板"的"金字塔结构"，而中国等新兴市场国家则与之截然相反③。其三，转板机制是反映资本市场成熟度的重要参考标准。整体来看，发达国家都具有完善的升降转板机制。以美国为例，一方面，交易所市场和场外市场具有灵活的升降互动机制。从纽约证券交易所或者 NASDAQ 摘牌的股票可以进入场外市场行情公告板（OTCBB）④，而 OTCBB 挂牌企业如果达到一定标准，也

① 由于经济和金融一体化的巨大发展，主要发达国家资本市场已经淡化了全国性交易所和区域性交易市场的区分，区域性交易所的存在更像是"历史遗留问题"，很多已经变成全国性交易所的区域交易中心。

② 在资本市场分层结构上，各发达国家又有所区别。其中，英国伦敦证券交易所同时涵盖主板、二板和场外交易，在内部进行分层；日本和德国与英国相似，东京、大阪和名古屋三家证券交易所内设市场一部、二部和三部，分别对应主板、二板和国际板，而作为店头市场代表的日本证券自动报价系统（JASDAQ）主要提供二板和场外交易（Green Sheets）服务，德国证交所下设主板（高级市场、一般市场）和二板市场（初级市场）；美国的纽交所与 NASDAQ 并行，前者专注于主板市场，而后者又进行了分层，分别涵盖主板、二板市场。

③ 对于新兴市场国家而言，由于主板市场运行时间长，且以国有控股企业和大中型为主，具有资金和规模上的优势，是资本市场的核心；二板初建不久，门槛相对较高，具备资质的企业数量有限，且场外交易非常分散、不规范，交易活跃度很低，整体市场规模相对有限。

④ 根据 NASDAQ 的规定，连续 30 个交易日交易价格低于 1 美元，警告 3 个月后未能使股价升至 1 美元的股票，将摘牌进入 OTCBB 报价系统。

可以自然升至 NASDAQ 或纽交所、美交所进行交易。这一机制不但可以区分投资风险，而且能为不同发展阶段的企业提供更加优化的融资渠道。另一方面，在场外市场中，被 OTCBB 摘牌的企业会进入粉单市场（Pink Sheet）系统，反之亦然。与之相比，中国新三板（场外交易）股票转升创业板试点尚未推出，交易所市场的退市制度和转板制度整体方案亦未能落地，其他新兴市场国家也普遍面临这样的问题。其四，“国际板”反映了资本市场的开放程度。一方面，发达国家资本市场通常并不单列“国际板”，外国上市公司可以与本国股票按大致相同的规则在交易所上市交易，譬如纽交所、NASDAQ 中的全球市场（GM）和全球精选市场（GSM）、伦敦证交所主板市场（Main Market）和创业板市场（AIM）、德国证交所的主板市场（Main Market）等①。另一方面，新兴市场国家“国际板”建设差别较大，其中，新加坡、韩国、南非等国资本市场开放程度不逊传统发达国家②，南非、俄罗斯、巴西等相对开放，印度、中国等资本管制程度较高，“国际板”尚未开启。

（三）对各国资本市场的量化评价

当前全球尚未建立资本市场发展评价的统一体系，相关研究也多以某一方面特性（规模、开放度、交易活跃度等）及定性分析为主，系统性研究基本上处于空白。为了更加清晰地比较当前世界各主要资本市场的发展水平，我们试图建立资本市场发展的一套评价体系，涵盖了资产证券化水平、证券交易活跃度、层次性 1（完整性）、层次性 2（对比关系）、转板机制和开放度等评价内容，具体评价指标、权重和评价标准参见表 3。

根据表 3 评价标准，对研究的样本国家资本市场进行打分，评价结果具体见表 4。整体来看，美国拥有全球最为发达和活跃的资本市场，无论市场发展还是机制建设都具有示范性效应，这也与其长期以来的“金融霸权国家”的地位相符；作为传统的资本主义强国，英国资本市场发展历史悠久且非常成熟，高度国际化的资本市场吸引了来自全球 70 多个国家的上市公司；由于德国和日本银行体系在国内金融市场中的主导性地位③，会在一定程度上抑制资本市场的进一步壮大，但两国资本市

① 伦敦证券交易所堪称国际化程度最高的资本市场，在主板市场（Main Market）和 AIM 上市的国外股票近 600 只，来自 70 多个国家，其市值总量与本国上市公司相当；德国证券交易所也有来自近 70 个国家的上市公司，其交易量占全部交易量的 50% 以上。

② 南非 JSE 于 2004 年允许外国公司上市交易，但因外汇管制对本地投资者持股设定上限，2011 年废除这一条款，资本市场更加开放。新加坡证券交易所（SEX）1990 年为国际性证券开设市场（Club International），1997 年将自动报价系统（SESDAQ）也开放给国外上市公司，2010 年成立 Global Quote 板块，推出 19 家亚洲大型企业的美国存托凭证交易（含 6 家中国上市公司），资本市场进一步开放。韩国于 1981 年开放资本市场，经历了 10 年时间的不断探索，20 世纪 90 年代初开始全面放开国内资本市场，允许外国公司境内上市和韩国公司境外上市。

③ 2014 年德国银行信贷总额占非金融企业负债总额（债务证券和贷款）的比例为 51%，整个欧元区为 46%，而美国只有 11%（基恩斯·魏德曼，2014）。

场均已比较成熟；新加坡、韩国和南非较早实现了经济腾飞和资本市场开放，有限的经济体量限制了上市公司数量和市值的进一步增长，但整个资本市场的运行机制已经相当完善；印度资本市场近些年来在“投资印度”战略的刺激下有了长足的进步，但整个市场缺乏有效规范，资本市场分层不明，上市公司数量繁多且良莠不齐，迫切需要厘清未来的战略发展思路；俄罗斯、巴西资本市场的整体架构还不均衡，存在着运行机制的空白，与中国一样面临着未来资本市场进一步开放的诸多考验；中国资本市场正式建立不过20多年的时间，上市公司数量和市值迅猛增长，目前虽已基本搭建起各个板块，但很多子市场还属于成长初期，国际板也处于空白，未能充分发挥资源配置和风险分担的实质作用，而且机制供给长期落后于市场需求，未来多层次资本市场建设仍然面临着诸多课题。

表3 资本市场发展评价指标体系

	权重	评价指标	评价标准
资产证券化水平	20%	证券化率 = 上市公司市值/GDP（%）	（1，+∞），★★；（0.75，1］，★☆；（0.5，0.75］，★；（0，0.5］，☆
证券交易活跃度	20%	股票交易量/GDP（%）	（1，+∞），★★；（0.75，1］，★☆；（0.5，0.75］，★；（0，0.5］，☆
层次性1：完整性	10%	主板、二板、场外交易、区域性交易市场的构成	主板、二板、场外交易和区域性交易市场完备，★；其他，☆
层次性2：对比关系	10%	上市公司数量	场外市场 > 二板市场 > 主板市场，★；其他，☆
转板机制	20%	退市、摘牌或向上转板	自动升板机制和强制退市机制，满足两项，★★；自动升板机制和强制退市机制，满足一项，★☆；无明确转板机制，★
开放度	20%	国际板	国外股票可在境内上市，且上市规则类似国内股票，★★；国外股票可在境内上市，但审批要更为严格，★☆；资本管制，无国外股票，但建有QDII、QFII或类似机制，★；完全管制，☆
合计	100%		加权平均得分

四、资本市场波动及与宏观经济的相关性

资本市场发展是一把“双刃剑”，发展不足和发展过度都会损害实体经济。一方面，资本市场创建和发展的原动力来源于实体经济发展需求，通过资本市场的有

表 4　　主要国家资本市场的评价体系

	资产证券化	证券交易活跃度	层次性1：完整性	层次性2：对比关系	转板机制	开放度	合计
美国	★★	★★	★	★	★★	★★	★★★★★
英国	★★	★☆	★	★	★★	★★	★★★★☆
德国	☆	☆	★	★	★★	★★	★★★☆
日本	★	★	★	★	★★	★★	★★★★
俄罗斯	☆	☆	☆	☆	★	★★	★★☆
南非	★★	★☆	☆	★	★☆	★★	★★★★
印度	★	☆	☆	☆	★☆	★	★★☆
巴西	★	☆	☆	☆	★	★☆	★★☆
中国	☆	★	★	☆	★	★	★★☆
新加坡	★★	★	☆	★	★★	★★	★★★★
韩国	★☆	★★	☆	★	★☆	★★	★★★★

效运转，为实体经济提供多元化的融资服务，促进企业成长、完善公司治理，并兼而实现投资多元化和分散投资风险的目的；另一方面，资本市场从诞生那一刻起就伴生着金融风险，这种风险是虚拟经济的本质之一，时不时地会“反咬”投资者、融资者甚至整个实体经济一口，影响着金融系统稳定和潜在产出增长路径。

（一）资本市场的波动性

整体来看，新兴市场国家资本市场的波动性要远高于发达国家。基于 Wind 提供的日度高频数据，我们计算了过去 18 年间各样本国家主要代表性股票指数的变异系数，以考察资本市场的波动性特征，如表 5 所示。在发达国家中，英国股票市场波动性最小，变异系数只有 0.17，市场价格稳定性最强；而美国、日本、新加坡相当，变异系数也都在 0.3 以下的较低水平；德国略高，紧随其后。在新兴市场国家中，南非、中国相对较低，但都超过 0.4 的水平，俄罗斯、印度和巴西资本市场波动性较大，均在 0.7 左右。造成资本市场波动性巨大差异的因素有很多，这里有几点需要强调：其一，资本市场发展越完善，运行机制越成熟和规范，市场自动稳定机制的作用就越强，发达国家资本市场发展的悠久历史在很大程度上铸就了这一点。其二，在机构投资者占据主导和价值投资理念占据主流的市场中，外部冲击和投机成分造成的股价振幅将收敛于一个相对较窄的区间。当前主要发达国家股票市场的机构投资者比例基本都在 60% 以上，而发展中国家这一比重要低很多①。再次，资

① 很多研究都得出了一致性的结论，即机构投资者持股比例与股票波动性之间呈现显著的负相关关系（Sias，1996；Faugere 和 Shawky，2003；祁斌等，2006）。

本市场开放将在很大程度上使得新兴市场国家直接暴露在更为动荡的全球化市场中，对比中国、俄罗斯和巴西股票市场的波动性可以强化对这一结论的认识①。

表 5　各主要国家资本市场波动性及与经济的相关性测算

	人均 GDP	证券化率	相关性 1	相关性 2	股指变异系数	GDP 变异系数	资本开放度
美国	54629.5	115.5	0.58	0.79	0.26	0.23	0.73
英国	45603.3	115.5	0.48	0.34	0.17	0.22	0.99
德国	47627.4	42.1	0.47	0.74	0.35	0.23	0.64
日本	36194.4	61.8	0.30	-0.29	0.28	0.15	0.78
俄罗斯	12735.9	43.4	-0.92	0.71	0.72	0.53	0.67
南非	6477.9	154.1	0.87	0.87	0.41	0.31	0.72
印度	1595.7	69.0	0.69	0.94	0.70	0.49	0.56
巴西	11384.6	51.0	0.66	0.89	0.64	0.32	0.69
中国	7593.9	43.7	0.78	0.54	0.46	0.62	0.50
新加坡	56286.8	142.8	0.94	0.78	0.29	0.42	n. a
韩国	27970.5	96.5	0.84	0.92	0.46	0.30	0.73

数据来源：人均 GDP、证券化率来自 World Bank Group；国内上市公司市值、股票价格指数数据来自 Wind；资本开放度的测算结果来自倪全生和潘英丽（2013）。

注："相关性 1"是计算各国国内上市公司总市值与 GDP 的相关性，"相关性 2"计算股票价格指数与 GDP 的相关性；各国代表性股票价格指数分别为美国证交所综合指数、伦敦金融时报 100 指数、法兰克福 DAX 指数、日经 225 指数、俄罗斯 RTS 指数和上证 A 股综合指数、南非 JSE 全股指数、圣保罗 IBOVESPA 指数、孟买 Sensex30 指数、新加坡海峡指数和韩国综合指数。

（二）资本市场与宏观经济的相关性

为了考察资本市场发展与经济增长的相关性，我们计算了各样本国家国内上市公司市值、股票价格指数两项指标与 GDP（基于购买力平价，现价）的相关性（见表 5）。其中，时间序列区间为 1996～2014 年，GDP 和国内上市公司总市值使用年度数据，来自世界银行数据库；股票价格指数的日度高频数据相应调整为年度数据（以每年 12 月份的平均指数作为年末收盘价，以避免个别交易日的异动），来自

① 倪全生和潘英丽（2013）将资本市场开放度分解为资本账户、直接投资、证券投资、金融衍生品和其他投资，并分别赋予权重，测算结果显示，中国、印度属于资本市场低开放度国家，而南非、俄罗斯和巴西属于中等开放度国家。温振华等（2011）专门测算了金砖国家证券市场的开放度，南非、俄罗斯、巴西、印度和中国由高到低依次排列。

Wind数据库。总体来看，资本市场发展与宏观经济呈现显著的正相关性[①]，且新兴市场国家的相关系数要普遍高于发达国家。金融发展与经济增长的相关性具有动态变化的明显特征：在经济发展的早期阶段，资本市场发育的进度落后于实体经济增长的幅度，两者表现为较低的相关性；随着经济的腾飞并向中等收入国家过渡，经济增长和金融发展的关系更多地表现为前者对后者较强的需求拉动，金融结构（银行体系和资本市场的结构关系）逐渐与实体经济和产业结构类型相契合，资本市场发展与经济增长路径都具有明显的上扬趋势，两者呈现较高的相关性；而随着经济步入更高的成熟阶段，经济增长速度放缓且较为平稳，金融创新过度和金融供给过剩常常导致金融发展超越经济增长的实际需要，从而造成两者表现的背离。近些年来，学界对于"最优金融结构"领域的相关研究逐渐兴起，表征经济发展阶段的代理变量（真实人均GDP水平、产业结构以及其他控制变量）成为决定金融中介尤其是资本市场发展高度的关键，而对"最优金融结构"任何方向的偏离都会损害真实经济增长（Allen 和 Gale，1995；Levine，2002；Demirguc - Kunt 和 Maksimovic，2002；张建平，2015a）。需要指出的是，考虑到当前中国人均GDP的水平，"相关性2"的数值仅有0.54，远低于俄罗斯、巴西和印度，也低于其他大多数发达国家，说明股票价格变动与经济增长的背离在中国是长期存在的。

（三）资本市场的"股灾"

自资本市场创立以来，股市泡沫化现象就始终如影随形，并不因为监管体制或市场机制的完善而从根本上得以避免。资本市场泡沫孕育和形成的原因可以归结为过度的金融自由化、央行的非对称货币政策、经济上升周期的"非理性繁荣"、适应性预期和羊群效应、资本国际流动等多个方面（周吉来、张建平，2012）。很显然，上述各方面影响因素基本上都无法在现实中有效规避，因此，股市泡沫化现象将一直伴随着资本市场发展。"股灾"有别于一般的股市波动，也有别于一般的股市风险，股市泡沫化累积严重时通常因为偶发事件[②]瞬时触发，并且在很多时候都能演化为破坏力极大的金融危机。我们通过整理各国（地区）代表性股票价格指数的历史走势（见附图1），归纳列举了近百年来样本国家所经历的严重"股灾"事件（见表6）。

---

① 滞后相关检验结果表明，各国年度数据均呈现同期相关。其中，俄罗斯股票市场上市公司数量较少，至今不足300家，且产业类型较为单一，主要集中于大型的金融股、能源股，加之近些年来经济的频繁动荡，所以国内上市公司市值与GDP呈现较大程度的背离；日本经济自20世纪90年代以来长期低迷，股票价格指数波动性在发达国家中较高，与GDP呈现弱的负相关关系。

② 作为市场经济的核心，金融体系本质上是很脆弱的，汇率或利率水平的短时间大幅度波动、程序化交易、经济基本面导致的资产配置转移以及杠杆率的骤然变化，都有可能是引发资本市场失灵的诱发因素。

表 6　　各主要国家（地区）资本市场危机

	股灾名称	持续时间	股市波动幅度	GDP 增速变化
美国	大萧条危机	1929.10.28~1932.07.07	-89.0%	n. a
	1987 年“股灾”	1987.10.02~1987.10.19	-34.2%	n. a
	新经济泡沫危机	2000.01.13~2002.10.09	-37.1%	7.8%（2000q2）→-1.3（2001q3）
	金融危机	2007.10.09~2009.03.09	-53.8%	1.4%（2007q4）→-8.2（2008q4）
英国	新经济泡沫危机	1999.12.30~2003.03.12	-52.6%	5.8%（2000q1）→-1.2（2001q4）
	金融危机	2007.10.31~2009.03.03	-47.8%	4.8（2007q3）→-8.1（2008q4）
日本	日本泡沫危机	1989.12.29~1992.08.18	-63.2%	9.9%（1990q2）→0.7（1992q4）
	新经济泡沫危机	2000.04.12~2003.04.28	-63.5%	1.1%（2000q3）→-3.0（2002q1）
	金融危机	2007.10.11~2009.03.10	-59.6%	0.2%（2007q4）→-9.2（2009q1）
新加坡	亚洲金融风暴	1997.02.17~1998.09.04	-64.3%	10.8%（1997q3）→-5.1（1998q3）
	金融危机	2008.02.15~2009.03.09	-54.3%	8.3%（2008q1）→-8.8%（2009q1）
中国香港	亚洲金融风暴	1997.08.07~1998.08.13	-60.1%	1.9（1997q2）→-2.7%（1997q4）
	金融危机	2007.10.30~2008.10.27	-65.2%	1.9%（2007q3）→-3.4%（2009q1）
中国台湾	日本泡沫危机	1990.02.20~1990.10.11	-79.0%	6.5%（1990q4）→-1.6%（1991q1）
	亚洲金融风暴	1997.08.26~1999.02.05	-45.9%	6.9（1997q4）→3.1（1998q4）
	新经济泡沫危机	2000.04.10~2001.10.03	-66.0%	3.2%（2000q2）→-2.1%（2001q2）
	金融危机	2007.10.29~2008.10.27	-55.5%	3.0%（2007q4）→-3.7%（2008q3）
巴西	金融危机	2008.05.28~2008.10.27	-59.8%	6.9%（2008q3）→-2.6%（2009q1）
中国	金融危机	2007.10.16~2008.11.04	-72.0%	14.9%（2007q2）→6.2%（2009q1）
	2015 年“股灾”	2015.06.12~2015.08.26	-43.4%	n. a

数据来源：Wind 数据库。

注：GDP 数据标志：美国，不变价、环比折年率；英国，不变价、环比折年率、季调；日本，现价，当季同比；新加坡，不变价，同比；中国香港，季调，环比；中国台湾，不变价，环比，季调；巴西，不变价，当季同比；中国，不变价，当季同比。

首先，历次“股灾”的破坏力都相当惊人，给资本市场和实体经济带来双重打击。无论是发达国家还是新兴市场国家，几年甚至是十几年累积起来的长期“牛市”在“股灾”面前不堪一击，短时间股价腰斩的惨烈事件层出不穷，个别市场的股价甚至下挫 2/3 有余。总的来看，股价泡沫化累积和崩盘的走势在时间轴上是非对称的。更进一步的，“股灾”无一例外地传染至实体经济，并对经济增长造成重大冲击（见表 6），其中，财富效应和流动性约束成为资本市场动荡向实体经济溢出的主要机制（周吉来、张建平，2012）。其次，没有足够的证据表明，近期的“股灾”比较前的“股灾”破坏力有明显的减弱。从资本市场的纵向发展来看，法制环境、监管机制、公司治理、资产定价能力、投资者经验和市场成熟程度都有了长足的进步，但“股灾”的破坏力并未因此而显著减弱，最近一次的全球金融危机导致各国股票价格指数下挫的幅度仍然超过50%。最后，随着经济、金融的一体化趋势和资本跨境流动能力的增强，“股灾”在各国传播要更迅速和深远[①]。通过表6可以看出，由美国引发的“次贷危机”迅速蔓延至全球，道琼斯工业指数从2007年10月9日开始下挫，其他大多数国家股市也都在10月中下旬发生连锁反应，而“股灾”后市场筑底回升的时间窗口也基本相近。

五、“股灾”的识别与资本市场的政策干预

大量研究已经指出了“股灾”的巨大危害，股市崩盘会导致金融系统的大幅震荡并极易衍生银行危机或金融危机，若不能及时有效干预，危机后果常常会通过各种渠道传导至实体经济，给就业、经济增长和企业生产带来破坏性影响（Friedman和Schwartz，2008；Bernanke，1983）。但很显然，就像资本市场的泡沫化现象无法避免一样，金融监管和中央银行货币政策干预都无法从根本上规避泡沫的破灭，但有效的措施将有助于平抑资本市场波动，从而最大化金融发展的贡献和最小化金融风险的危害。更为重要的，对资本市场的政策干预可以有效避免系统性风险的发生。

（一）“股灾”中救市的经验

1. 美国在历次“股灾”中救市的经验

1929年10月美国股市的“黑色星期二”最终引发了长达数年的经济“大萧条”。由于奉行自由主义市场经济，除了通过口头讲话试图稳定市场外，当时美国政府和美联储并没有针对这次“股灾”采取任何及时的、有力的实质性干预政策。大量文献研究也表明，在1929~1933年的大萧条中，美国政府采取错误的政策组合才导致了金融危机的不断加剧并恶化为严重的经济危机（Friedman和Schwartz，2008；Bernanke，2009）。一方面，美联储并未因为“股灾”向市场注入更多的流动性，货币供应量不增反降。据弗里德曼等（2009）测算，1929~1933年间美国货币存量和货币流动速度均累计下降33%，其中，这四年间货币存量分别下降了11%、9%、18%和3%，货币流动速度分别下降了2%、7%、17%和12%。货币存量的下降导致货币收入和价格水平的持续走低，进而引发多次银行危机，加上货币流通速度大幅下降，使得流动性严重短缺，危机由此得以自我强化。另一方面，利率政策应用不充分也使得美国“大萧条”时期的救市措施广为诟病。面对货币严重紧缩的形势，美联储选择使用降低贴现率的利率政策，但由于通货紧缩已经相当严重，在名义利率下降幅度有限的同时，实际利率反而持续走高。更为严重的是，为防止黄

---

① 据Summers（2000）和Caramazza等（2004）的研究，危机的跨国传导机制可以划分为四大类，即贸易传染机制、金融传染机制、投资（者）行为传染机制和共同冲击机制（周吉来、张建平，2012）。

金外流，美联储在1931年提高了贴现率水平，这一举措使得国内流动性短缺和信贷紧缩的局面进一步恶化。此外，这一时期胡佛政府所采取的紧缩银根和提高税收的财政政策也对这次危机起到了“煽风点火”的反作用，当然这不是本文探讨的重点。此次危机后，罗斯福政府相继出台了《格拉斯·斯蒂格尔法案》、《1933年证券法案》（1933年）和《证券交易法案》（1934年），并成立了美国证券交易委员会，要求投资银行和商业银行进行分业经营，并放弃先前自由不干预的政策，资本市场干预进入一个新的篇章。

1987年，美联储上调联邦基金利率和上市公司并购税收优惠取消等负面冲击相互叠加，美国股市再次遭遇崩盘，10月19日，“黑色星期一”闻名于世，“标准普尔500”开盘后暴跌20.5%。吸取了“大萧条”的教训，这次美国政府及美联储对股市的政策干预是及时有效和相互配合的。其一，美联储在周二开盘前发表紧急声明，“为履行中央银行职能，联储今天正式宣布，已准备就绪为支撑经济和金融体系提供流动性”，里根政府也发表声明，认为“这次股市崩盘与美国健康的经济是不相称的，美国经济非常稳定”。其二，美联储于20日通过大规模购买政府债券来降低利率，联邦基金利率当日下降54个基点，11月4日，美联储正式将联邦基金利率由7.31%下调至6.81%，随后又连续2次降息至6.50%①。其三，美联储持续向市场注入充足流动性。“股灾”爆发后，美联储迅速放宽出借债券的规则，承诺向银行体系注资，并要求各州商业银行以优惠利率满足经纪商和交易商的证券贷款需求。其四，美联储直接向大型上市公司提供资金用于回购股票。在“股灾”发生的一周内，约有650家上市公司宣布在公开市场回购自家股票。其五，为防止游资出逃，美联储与各国协调汇率政策，以干预外汇和稳定美元汇率。其六，阻止程序化交易的恶性循环，10月20日中午，芝加哥商品交易所和期货交易所暂停交易，切断衍生品市场与现货市场的传播链条，而危机后美国证券交易委员会也引入熔断机制防止股市异常波动带来的连锁反应。显而易见，这次“股灾”的救助是卓有成效的，美国股票市场很快就重新恢复了稳定，并步入新一轮的“牛市”。

由2007年美国次贷危机引发的金融海啸至今让世界记忆犹新。作为这次危机的发源地，美国经历了自“大萧条”以来最为严重的一次股市动荡，道琼斯工业指数下挫幅度超过50%。得益于以往的“救市”经验，美联储从危机爆发伊始就积极介入资本市场进行史无前例的强力干预，并将“复合型货币政策”的应用贯穿始终②。根据张建平（2015b）的研究，我们对美联储“救市”政策归纳如下：其一，对系统重要性金融机构进行“急救”，向金融系统提供流动性。2008年3月，美联储对

---

① 直到股市企稳复苏的趋势确定后，美联储才于1988年3月30日将联邦基金利率由6.50%上调至6.75%。

② 关于美联储在金融危机期间“复合型货币政策”的详细论述可参见张建平（2015b）。

贝尔斯登进行紧急救助，这是“大萧条”以来美联储首次向非银行业金融机构提供应急资金。同年9月，美联储通过国有化方式接管“两房”，并通过纽约联储以股权置换的方式向美国国际集团（AIG）提供紧急贷款。2009年年初，美联储先后向花旗集团和美国银行超过3000亿美元的抵押贷款组合提供担保。此外，在次贷危机爆发后，美联储还联合国内十大银行成立了700亿美元的平准基金，用于购买证券。这一系列针对系统重要性金融机构的“急救”措施防止了危机在金融系统的深度蔓延。其二，广泛应用包括利率政策在内的传统货币政策。2007年9月，美联储将联邦基金目标利率由5.25%下调至4.75%，结束4年多来的加息周期，并在随后1年半的时间内连续9次下调目标利率，到2008年末，联邦基金目标利率降至零下限（0～0.25%），并维持7年之久。与此同时，美联储将再贴现率的上限由2007年8月的6.25%下调至2008年末的0.50%（0.25%～0.50%）。其三，美联储于2007年末至2010年初相继推出一系列创新性的货币政策工具[①]，有针对性地向金融领域提供流动性，直接购买抵押贷款支持债券、商业票据和其他债券，跳过货币政策传导的中间环节，缓解了危机中金融市场分割以及债券流动性降低对宏观金融和经济造成的冲击，同时解决了系统重要性金融机构被动等待救助、早期救援政策宣示作用不明显等问题。其四，美联储自2008年11月到2014年10月间先后推出三轮总额近4万亿美元的量化宽松政策，通过购买机构债券、MBS和长期国债，向市场投放了巨额的流动性，在拉低中长期利率的同时，保持危机时期货币供应量的相对稳定。1998年7月至2008年7月，美国M2平均增速为6.2%，而危机爆发后的2008年8月至2014年8月，M2平均增速为6.4%。危机过后，美国再次对金融监管机制进行深入改革。2010年1月，奥巴马政府公布“沃尔克规则”，将自营业务从商业银行剥离；6月，国会通过《多德·弗兰克法案》，包括成立金融稳定监督委员会、设立消费者金融保护局、将场外衍生品纳入监管、限制商业银行自营交易、设立新的破产清算机制等，堪称“大萧条”以来最为严厉和全面的监管法案。此次“股灾”在政府和美联储救市措施下很快恢复，与其针对性的反应机制和事后制度完善密切相关。

2. 日本在历次“股灾”中救市的经验

第二次世界大战后，日本经历的第一次真正意义上的“股灾”是在20世纪60年代初。日本股市于1962年从高位跌落，为防止“股灾”进一步蔓延并危害到银行业甚至整个金融系统，1964年初，在时任大藏省长官田中角荣的主导下，成立了由14家银行和4家大型券商出资的“共同证券基金”，资本金为25亿日元。其后，面对股票市场超过1000亿日元的卖方压力，大藏省又联合日本央行于10月划拨特

① 主要包括四类：一是面向存款类金融机构的TAF；二是面向一级交易商的TSLF、TOP和PDCF；三是面向货币市场的AMLF、MMIFF和CPFF；四是面向证券发行和持有机构的TALF。

别融资额度，将“共同证券资金”资本金提高到300亿日元，同时搭配1000亿日元的银团协调融资和845亿日元的特别配额。1964年，“共同证券基金”共向股市投入1905亿日元，相当于当年股票总市值的7%左右，这一举措也使得日本股市当年上涨了50%。1965年后，“共同证券基金”被野村证券为首的证券业主导的“证券保有组合”取代，继续扮演救市角色[①]。在日本这一轮的“股灾”救市中，“共同证券基金”主要购买标的为股指成分股，而“证券保有组合”主要稳定了成分股之外的股票，两大基金先后搭配、相互补充，为稳定资本市场作出了重要贡献。

20世纪80年代以来，日本大力推行金融自由化并伴随实施超低利率政策，加上“平成景气”的推动，日本资本市场泡沫不断累积，到1989年的最后一个交易日（12月29日），日经指数达到38916的历史最高点位，较1980年初上涨了近5倍。随着日本自1989年启动高频加息周期[②]，加上海湾战争对石油输入国的巨大冲击，日本股市泡沫迅速破灭，并随之经历其资本市场发展史上最为严重的一次“股灾”。到1992年8月，日经指数最多下挫超过60%，自此改变了其金融市场和经济增长的发展轨迹。“股灾”爆发后，日本央行主要使用利率政策工具进行应对，希望提高货币供应量。如图1所示，1991~1995年间，日本央行先后9次连续下调贴现率，由1990年8月的6.0%降至1995年9月的0.5%。但很显然，这一时期货币供应量并未因为基准利率的单边走低而显著增加，恰恰相反，这一时期货币供应量的增速出现了断崖式的下跌，1990年前后，日本M2同比增速高达13%以上，但在“股灾”期间一路下跌至1992年末的0左右（见图1）。持续了两年多的“股灾”让日本央行的救市举措广受诟病，为了挽救股市和经济，日本政府从1992年开始多次动用邮政储蓄基金、保险基金和养老基金，与“股市安定基金”共同组成“平准基金”一起救市，仅在当年投入资金达2万亿日元。由此，日本股市于1992年四季度成功筑底，但也再难复先前之勇。1997年亚洲金融风暴爆发后，日本股市再受冲击，痛定思痛的日本于1998年成立专门的金融监管厅，取代大藏省的监管职能，并先后通过《金融再生法案》和《金融健全化法案》，前者侧重于危机后的金融机构破产处理，后者侧重于危机前的防范。

2008年，美国次贷危机演变成全球金融危机并波及日本。吸取了前几次救市的经验和教训，日本央行在维持20世纪90年代中期以来的超低利率政策的基础上，在2009年积极恢复实施量化宽松货币政策[③]，增加国债、公司债和商业票据的购

---

① 随着日本股市恢复常态，“证券保有组合”于1969年1月解散。

② 日本在1989年3次提高贴现率，在1990年两次提高贴现率。在这两年间，贴现率由2.5%迅速提高至6.0%。

③ 早在2001~2006年间，日本就已经创立和实施了一系列的量化宽松货币政策，主要增加对日本长期国债的直接购买，提升金融机构在中央银行的经常账户存款余额，向市场提供流动性（管涛，2013）。

图 1　日本“1989 年股灾”中的日经指数、贴现率和货币供应量增速

数据来源：Wind 数据库。

买，并在 2010 年以后扩大了资产购买计划的标的范围。2010 年 12 月 15 日，日本央行开始实施针对银行、保险公司、养老基金等机构投资者的股市 ETF 的购买，到 2015 年 6 月，日本央行偕同养老基金等共购买了 5.5 万亿日元的 ETF，占总市值的 0.9%。股票市场对此作出了积极的反应，日经 225 指数已较 2010 年底的 1 万点左右翻了近一倍。据统计，2013 年 4 月至 2015 年 3 月间，日本央行买入股票的 76% 发生在股指低开时，20% 发生在股指高开走低时，对 ETF 购买的一项原则是当午间股市收盘价较前一交易日收盘价低 1% 时央行就入场护盘。

3. 新兴市场国家和地区在“股灾”中救市的经验

在 1997 年的亚洲金融风暴中，中国台湾的“台湾加权指数”深幅跳水，从 1997 年 8 月 10117 点的高位迅速下探到 1999 年 2 月的 5475 点（见表 6 和附图 1）。虽然这次“股灾”中台湾当局并未有救市的明显动作，但构建一个常态性的金融稳定机制的呼声颇高。1999 年 7 月，台湾当局提出设立“国家金融安定基金”（以下简称“国安基金”）的设想，并于 2000 年经“立法院”通过正式面世，总规模为 5000 亿新台币[①]。“国安基金”成立以来，曾经多次进入股票市场护盘。受科技泡沫破灭等影响，台湾加权指数大幅下挫，“国安基金”于 2000 年 3 月首次启动入

① 其中，3000 亿新台币由中国台湾当局控制的四大基金投入，分别是“台湾邮储基金”、“退抚基金”、“劳退基金”和“劳保基金”，另外 2000 亿新台币由台湾当局所持有的股票向金融机构融资而来。

市，前后共动用约540亿新台币。同年10月，“国安基金”又动用1200亿新台币进入股市和期货市场救市。全球金融危机后，台湾股市一路下跌，“国安基金”于2009年9月中旬进场救市护盘，共投入资金600亿新台币左右。到2010年第三季度，“国安基金”完全退出市场，此轮股市动荡也已宣告结束。

中国香港在亚洲金融风暴中的“金融保卫战”闻名于世。量子基金、老虎基金等国际炒家于1998年前后由东南亚转战香港，在现货市场低息借入港元，同时在期货市场沽空港元和港股，恒生指数随之出现暴跌，到1998年8月13日已经由此前16000点以上的位置俯冲跌破6800点（见表7和附图1）。为了应对此次危机，香港金管局联合特区政府在首先稳定汇市的前提下，成立外汇基金投资有限公司，负责基金管理。8月14日，外汇基金入市，大量购入恒指蓝筹成分股，迅速V型扭转恒指下挫势头；8月28日是8月期指交割日，这一天“金融保卫战”进入高潮，当日成交量达到790亿美元，相当于平时成交量的10倍，外汇基金成为最大的买家。据估计，8月14～28日期间，外汇基金共动用超过1000亿美元购买股票，约占恒指蓝筹股市值的10%（见表7）。在期货市场中，香港金管局通过大举买入8月期指，同时卖出9月期指，拉开8月、9月期指之间的价格差距，使炒家转仓卖出9月期指的保证金成本加大。在此期间，在特区政府的号召下，从8月24日起，24家蓝筹、红筹上市公司开始在市场上回购股份。此外，经历了“828”对决后，为巩固之前救市干预成果，香港金管局于8月末一并推出限制卖空的多项措施：限制沽空港元，股票和期货交割期限由14天缩短为2天，使得放空头寸必须在2天内回补；增加银行体系流动资金，减少其受冲击的可能性；降低期指的杠杆作用，将每张期货面额由5万港元/10000点拉高至12万港元/10000点；调降大量持仓申报限额，由500单位降为250单位，迫使炒家暴露身份；在股市中引入限价放空制度，且期指空方只能被动地买盘入货；放宽上市公司大股东增持回购股票限制（当时限制为35%），且公司在购回股票后不用注销，可当作投资的头寸；仿效澳大利亚及新西兰的做法，预订各类股票可放空数目的限制，譬如，加设空头未平仓合约资料申报机制，使空方现形。这次“金融保卫战”以国际炒家铩羽而归告终，到1998年年末，恒生指数重回10000点以上。

表7　香港特区“金融保卫战”救市资金应用（8月14日至8月28日，1998年）

日期	动用资金规模（亿港元）	恒生指数	8月期指	备注
8月13日		6660点		
8月14日	40	7725点（↑565）	7210点	
8月18日	13	7211点（↓514）	7215点	炒家8月期指转仓

续表

日期	动用资金规模（亿港元）	恒生指数	8月期指	备注
8月19日	20	7623点（↑412）	7665点	
8月20日	10	7743点（↑120）	7790点	
8月21日	5	7528点（↓215）	7390点	
8月24日	50	7845点（↑317）	7820点	港府沽空9月期指
8月25日	30	7890点（↑45）	7955点	
8月26日	60	7834点（↓56）	7910点	9月期指7610点
8月27日	180	7923点（↑89）	7940点	9月期指7640点
8月28日	600	7830点（↓93）	7851点	9月期指7208点
合计	1008	↑1170点（+17.6%）	↑631点	9月期指↓402点

数据来源：转引自叶永刚等（1999）。

中国资本市场在2015年年中经历了一次惊心动魄的动荡。上证综指自6月12日站上近7年来的最高点后便一路加速下挫，6月19日和26日的两个交易日更是呈现2000股跌停的骇人场面，到8月下旬，上证指数累计跌幅超过40%，市场一片恐慌。为了稳定股市并防止引发系统性风险，中国人民银行先是加大逆回购的力度，又在27日宣布次日下调基准利率25个基点并实行定向降准，但此时市场下跌惯性依旧；7月1日，沪深交易所宣布下调市场交易费用；3日，证监会暗示减缓IPO步伐，并确定中央汇金已经入市；4日，救市政策密集推出，25家公募基金积极申购偏股型基金，21家证券公司出资不低于1200亿元购入蓝筹股ETF，沪深两市共28家企业暂缓IPO；5日，中国人民银行宣布给予证金公司流动性支持，中央汇金买入开放型指数基金ETF[①]，中金所限制股指开仓，65家公募基金积极响应；7~9日，由中央汇金、证金和各大基金旗下的中证金融资产管理计划组成的“国家队”大规模入市托底。经历了这一阶段的救市组合拳[②]，股市单边下跌趋势得到遏制，市场进入震荡整理阶段，这种局面一直持续到8月下旬前。8月18~26日，股市二次进行深度探底，并最终跌破3000点的关键点位。26日，央行再次作出快速反应，继续下调基准利率25个基点，并于次月5日定向降准50个基点，“国家队”资金随后也再次入市扫货；9月2日，中金所颁出重规，通过限制持仓交易量、提

① 中央汇金公司成立以来，之前先后5次公告在二级市场增持（2008年9月、2009年10月、2011年10月、2012年10月、2013年6月），并首次于2013年6月20日在二级市场买入交易型开放式指数基金（ETF）。

② 8日，证金公司向21家券商提供2600亿元的信用额度；央行于9日上午明确宣布向证金公司提供再贷款，这意味着本轮救市力度已经升级，证金公司几乎可以拥有无限级的资金供给。

高合约保证金和平仓手续费等措施，打击做空力量。上证综指很快重回3000点，并于11月初连续拉出阳线，市场进入自我修复和自我调节的阶段，此轮“股灾”基本告一段落。据统计，在救市的7～10月间，“国家队”增持股票市值超过1.3万亿元，增持股票个数超过1300家。回顾这次“救市”经过，中国人民银行先后两次“双降”奠定了积极救市的整体基调，随后对证金公司的注资及“国家队”的入市托底则对股指起到了关键的稳定作用，而上市公司回购股份①、央行逆回购、中金所临时修改股指交易规则以及暂停IPO② 等措施也都发挥了相应的作用（见图2）。

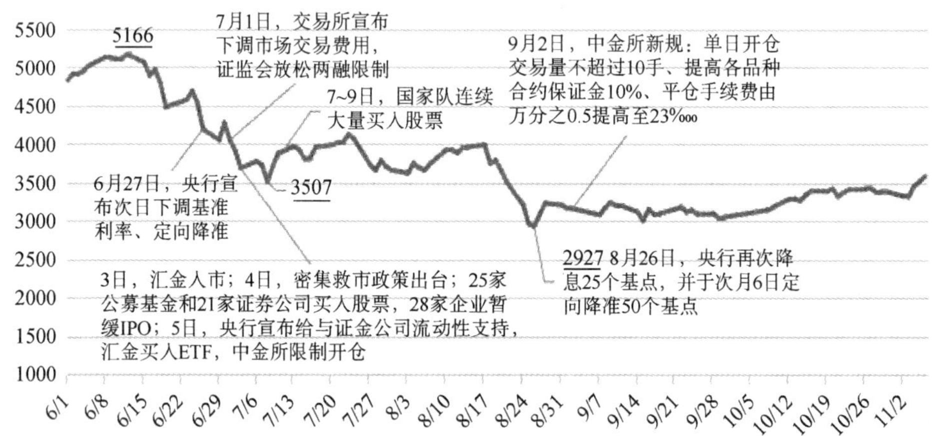

图2　中国2015年股市动荡及救市措施

（二）“股灾”的识别与资本市场政策干预的启动

1. 资本市场政策干预的逻辑

自资本市场诞生以来的几百年时间里，资产价格泡沫化现象及其随后的破灭过程始终如影随形，并不因为金融监管体系或市场机制的完善而从根本上得以避免。股灾并不一定引发金融危机，但金融危机中都有股灾的身影。大量的研究已经指出了股灾的巨大危害，股市崩盘会导致金融系统的大幅震荡并极易衍生银行危机或金融危机，若不能及时有效干预，危机后果常常会通过各种渠道传导至实体经济，对就业、经济增长和企业生产带来破坏性影响（Friedman 和 Schwartz，2008；Bernanke，1983）。

通过总结全球主要国家资本市场救市经验可以发现，正因为忌惮股灾的巨大破坏力，在面临股灾进一步恶化引发金融危机的巨大风险时，政策很难做到“袖手旁

① 7月、8月份，两市超过60家上市公司回购股份。

② 中国证监会于11月6日宣布暂停了4个月的IPO重启，此前暂缓发行的28家公司将按现行制度优先恢复发行。

观”。根据凯恩斯经济学的理论观点，政府干预市场的逻辑起点是市场失灵。市场失灵是指市场无法有效率地分配商品和劳务的情形，也通常被用于描述市场力量无法满足公共利益的状态。对于资本市场或者股票市场而言，市场失灵的现象同样存在。股票市场的失灵本质上是供求关系的严重失衡，股票价格因为这种失衡而出现扭曲性的大幅波动，在股灾中表现为卖方市场中代表性股票价格指数的单边下跌，个股纷纷跌停板或者触发熔断机制，当市场恐慌进一步蔓延时，投资者开始不计成本地抛售股票，但因为买盘急剧萎缩，市场的流动性迅速枯竭，股票价格进一步加速下跌。“股价下跌—抛售股票—加速下跌”的恶性循环机制形成，股灾最终完成了自我强化和自我实现。很显然，资本市场政策干预或者救市的逻辑起点正是股票市场失灵，当整个市场面临崩溃或者瘫痪时，市场自身机制已经无法正常发挥调节作用，政府、中央银行和金融监管部门行使公权力对市场进行救助，使其脱离流动性枯竭和股价下跌的恶性循环，藉以恢复市场信心，并促使市场功能重新回归正常运行状态。

有了救市的逻辑起点，还需要考察救市的逻辑基础。一方面，救市是为了降低股灾引发系统性金融风险的可能性。一旦股市出现崩盘，流动性枯竭和股价下跌的恶性循环在金融加速器机制的催化下，将使得那些涉及杠杆交易的资金被强行平盘，爆仓的惨烈局面将从高杠杆到低杠杆、从场外到场内、从违规融资到合法融资迅速蔓延，同时，大量公募基金面临巨额赎回的压力并进一步加剧市场踩踏，即使无杠杆交易者也往往难以幸免。此外，在当前全球金融混业经营的历史背景下，券商、银行和信托等金融机构通过股权质押、融资融券和结构化产品与股票市场存在着千丝万缕的联系，随着股灾持续发酵，整个金融体系的资产质量也会随之下降，风险敞口不断放大，系统性风险不断累积。更为重要的是，一旦类似“贝尔斯登事件”发生或者像雷曼兄弟这样系统重要性金融机构破产，将触发股市的多米诺骨牌效应，最终对整个金融体系和市场信心的打击将会成倍放大，股灾也很可能最终演化成银行危机或者是严重的金融危机甚至是经济危机。因此，救市的主要目标之一就是切断金融风险在不同市场的传染通道，将其控制在有限的范围，防范系统性风险或金融危机的发生。另一方面，救市也是基于保护公共利益和维护金融稳定的需要。在很多新兴市场国家，经济增长和市场发展的成果弥足珍贵，中央银行和金融监管部门通常在监管和调控之外还承担着呵护和发展金融市场的职责，同时还经常负有保护广大投资者和公众利益的社会责任。股灾毫无疑问会恶化非金融企业部门和广大投资者的资产负债表，而财富效应将会拉低社会投资和消费的整体水平，从而对整个经济系统的产出函数和社会福利函数产生较大的负面冲击（参见表6）。为了避免股灾向实体经济传递，维护金融稳定和公众利益，也为了维持社会政治稳定，综合运用各种政策工具对市场进行干预便显得十分必要。

2. 资本市场政策干预的前提条件

在救市的逻辑或必要性可以成立的前提下，判断股票市场失灵亦或股灾发生的要件有哪些，或者说启动救市措施的条件有哪些，这是我们下面要探讨的问题。

一是代表性股票价格指数股灾爆发前已经经历较大幅度的上涨，并已出现明显的泡沫化现象，这可以认为是股灾确认和政策干预的前提条件。通过研究历史上各国的股指表现，我们发现，每一次令人印象深刻的股灾几乎都是接力之前的暴涨过程。1929 年的大萧条爆发前，伴随着制造业的黄金时代，疯狂的杠杆投资使得美国道琼斯工业指数从 1926 年初的 140 点左右暴涨到 1929 年 9 月的 381 点，上涨超过 170%；日本 1990 年的股灾前，受益于长期的日元低估及贸易扩张，日经 225 指数从 1985 年底的 13000 点暴涨至 1989 年底的 38916 点，涨幅达到近 200%；20 世纪末的美国“新经济泡沫危机”前，互联网和信息技术的快速发展使得投资者对“新经济”前景的信心倍增，纳斯达克综合指数从 1995 年初的 4000 点左右迅速窜升至 1999 年末的 11400 点左右，上涨 180% 以上；2015 年中国版的股灾前，在转型和改革红利预期的刺激下，资本市场参与者热情高涨，上证指数从 2014 年 10 月末的 2300 点左右攀升至 2015 年年中的 5178 点，上涨幅度也达到了 1.25 倍。古希腊有句名言“天欲使之亡，必先令其狂”[①]，这句话用在资本市场再形象不过。伴随着潜在产出曲线上涨轨迹的长期“慢牛”并不必然成为股灾的必要条件，但短时间的“疯牛”式暴涨后必然会接续着更加迅速和猛烈的下跌[②]，因为对于任何经济体尤其是大国而言，经济系统基本面的变化是一个连续函数，再强劲的经济增长和金融发展也不足以支撑住跳跃式的资产价格上升，不断累积的空头力量无一例外地会于某一个时点在某一事件的触发下出现集中宣泄，从而带来洪水猛兽般的股灾。换言之，当股市经历了严重脱离经济基本面的短期、快速的大幅上涨后，随之而来的股价暴跌便可以理所当然地视为股灾，而对经历了吻合经济上升周期或潜在产出增长曲线走势的长期、慢速股价上涨后出现的杀跌定性，则要视具体情况而定，不可一概而论。

二是在诱发事件出现后，代表性股票价格指数出现较大幅度的下跌。这里的诱发事件可能是政治、军事或自然灾害事件，但更为常见的则来自于经济金融系统本身，譬如汇率或利率水平的短时间大幅度波动、经济基本面导致的资产配置转移以及杠杆率的骤然变化等[③]。定性股灾是一个相对容易的课题，当投资者普遍感觉到

① 古希腊历史学家 Herodotus 最早阐述过这一相似观点，后来被悲剧作家 Euripides 加以明确化，即“Those whom God wishes to destroy, he first makes mad”。

② 纵观全球金融发展历史，股市泡沫化的累积和崩盘的走势在时间轴上是非对称的，这也是非常值得关注的一个课题。

③ 关于诱发股灾的主要因素的分析可以参见周吉来和张建平（2012）、张建军和胡红伟（2015）等的研究。

恐慌并竞相抛售手中的标的，而且抛售和下跌出现恶性循环和相互叠加时，市场基本上已经深陷股灾的泥淖。更简洁地讲，当市场普遍认为股灾来临时，就真的已经发生股灾了——这是一个自我强化和实现的过程。但定量股灾就相对比较困难，我们并没有发现国内外就此进行系统化研究的文献，只能针对过去的历史经验就大量的统计数据进行归纳处理，找出量化的大致标准，作为政策干预的启动条件之一。我们对全球主要发达国家和新兴市场国家近百年历史上 20 次主要金融危机的统计数据进行整理发现（见表 8），各国代表性股指在金融危机中的累计下跌幅度区间为[-34.2%， -89.0%]，平均累计下跌幅度为 58.3%，中位数为 59.7%。参照分位数的方法，我们可以相对稳健地说，在与金融危机相关联的股灾中，下跌 35% 可以作为“金融危机型股灾”认定的下限门槛，以此类推，我们将下跌 35% ~50% 的区间定义为轻度金融危机中的股灾，将 50% ~65% 的区间归类为中度金融危机中的股灾，跌幅高于 65% 则是重度金融危机中的股灾①。

表 8　金融危机型股灾的分类

	疑似股灾	非金融危机型股灾	轻度金融危机型股灾	中度金融危机型股灾	重度金融危机型股灾
股指累计下跌幅度	10% ~25%	25% ~35%	35% ~50%	50% ~65%	65% 以上
股灾确认所需周期	—	1 ~2 个月（20 ~40 个交易日）	2 ~3 个月（38 ~55 个交易日）	6 ~12 个月（144 ~233 个交易日）	1 年以上（233 ~377 个交易日）
政策干预的力度	观望或尝试性干预	尝试性干预	针对性干预	针对性股灾、全方面干预	全方面干预

数据来源：Wind 数据库。

注：笔者根据本文统计计算结果整理编制。

为了进一步加深理解，这里需要补充两点：其一，由于一次金融危机中通常包括数次次级别的股灾，所以当股市累计下跌的幅度不高于 35% 时，我们可以暂且不认定为与金融危机相关联的股灾，但仍不排除“非金融危机型股灾”的可能，而干预政策的提前介入也是为了预防股灾继续深入并向金融危机变质的可能。换言之，低于 35% 的下跌幅度尚不足以构成金融危机，但仍然有可能是一次真正意义上的股灾。其二，“金融危机型股灾”（与金融危机相伴随的股灾）的累计跌幅均超过 35%，但超过 35% 的股灾并不必然与金融危机相关联，如 1987 年美国的股价暴跌以及 2015 年中国股市的剧烈波动，整个金融市场并没有出现大的系统性风险。即使

① 如果样本数量足够大，这种分位或者门槛数值将会更加具有说服力，本文更主要的是提供一种研究方法。

如此，政策干预也不能对超过35%跌幅的股灾掉以轻心，因为事前是无法准确判断此次股灾引发金融危机的概率到底是多大，更进一步地讲，政策干预的介入时间往往要在35%的跌幅发生之前，毕竟等待金融危机确立再进行干预将面临更高的成本和金融市场动荡的更大不确定性。

三是对于判别股灾成立的条件，与股市下跌幅度同样重要的还有下跌的速度。我们没必要对一个长期而缓慢的指数下行周期进行干预，因为在市场流动性和正常的供求关系有所保障的前提下（市场尚未失灵），市场自身可以实现价格发现功能并完成股价回归。那么，什么样的下跌速度应该引起政策干预的注意力，这是需要认真解答的另外一个关键问题。我们借助斐波那契数列对主要股灾的周期波动规律进行了简要总结（见附表2），同时参照表6，得到了如下的结论：在大多数情况下，轻度金融危机中股灾走势完成平均需要55个交易日（最少的是38个交易日）进行确认，中度金融危机中的股灾和重度金融危机中的股灾确认交易日数分别为233个交易日（最少为112个交易日）和377个交易日（最少为258个交易日）。换言之，剔除节假日和周末因素，轻度金融危机的股灾需要2~3个月的时间进行确认，中度金融危机中的股灾确认周期为6~12个月，重度金融危机中的股灾确认为1年以上（全球主要股票市场全年交易天数在250天左右），与之相对应，针对以上股灾升级的时间窗口调整政策干预的内容和强度有重要的现实意义。

上述股灾时间窗口的确认主要是比照“金融危机型股灾”的“累计”下跌幅度，那么，对于单发性股灾或次级股灾（分别对应着非金融危机型股灾或金融危机型股灾）如何进行周期确认并针对性地采取干预手段呢？我们借助股票投资技术中的波浪理论（普莱切特、弗罗斯特，2010），寻找主升浪后的三浪调整中的A浪和C浪结构，将历史上各国股指浪型走势较为清晰的16次单发性股灾和次级股灾选取后归纳总结，见附表3。一方面，单发性股灾或次级股灾的平均跌幅区间为[-8.8%，-59.7%]，收敛区间①大约为[-25%，-35%]，平均跌幅为-31.9%，中位数为-29.7%，各项指标较“金融危机性股灾”均有明显下移。以中位数为例，单发性股灾或次级股灾的中位数基本相当于“金融危机股灾”的一半，换言之，对于“金融危机型股灾”而言，至少从结构上包含了两次次级别的股灾，这一结论也符合波浪理论的基本结构。另一方面，根据单发性股灾或次级股灾的跌幅收敛区间，进行时间周期确认平均需要20~40个交易日，也就是1~2个月的时间代表性股指下跌幅度达到25%~35%时可以较为明确地对股灾进行定性。需要补充的是，对于10%~25%跌幅的股指波动，我们无法准确判断其股灾属性是否成立，可暂且认为是“疑似股灾”。

---

① 我们将完整区间划分为三个等份，居于中间的称之为“收敛区间”，使得统计结果更具稳健性。

四是短期下跌趋势的单边性和加速性特征是对股灾的进一步确认。股灾中的市场失灵直接表现为严重超卖的单边市属性，而且具有不断加速的特征。从市场下跌的单边性特征来看，一方面，在历次单发性或次级股灾的 A 浪或 C 浪的下跌周期里，连续下跌最长周数的平均值为 4.38 周（见附表 3 的第 8 栏），占到股灾确认时间周期的一半以上；另一方面，下跌周数占总周数的平均比重高达 78.5%，也就是说股灾中股票市场超过 3/4 的交易日在经历下跌的过程（见附表 3 的第 9 栏）。从市场下跌的加速性特征来看，随着交易日数量的加倍，代表性股指跌幅整体呈现加速扩大的趋势，譬如，前 40 个交易日的平均跌幅是前 20 个交易日的 2.19 倍。造成上述单边性和加速性的原因有很多，其中，恐慌性的羊群效应、杠杆性交易及程序化交易属性、风险在金融系统内蔓延和放大等因素都在其中发挥着重要作用。

至此，我们进行简单总结，当股票市场失灵时，市场自发机制这只“看不见的手”已经无力使其回到正常运行的状态，这时候需要“看得见的手”进行干预和救助，这是资本市场干预的逻辑起点。资本市场干预或救市的逻辑基础是通过适度干预，避免系统性风险的发生，并保护公众利益，维持经济、金融系统稳定和社会稳定。股灾确认有一个基础和三个必要条件，基础是前期市场代表性股票价格指数经历了大幅上涨过程，主升浪中伴随着泡沫化的严重倾向，而跌幅、跌速以及单边性和加速性等要件，共同构成了股灾确立的三个必要条件，同时，这自然也就成了资本市场政策干预的重要条件。分情况来看，一方面，在上述三个条件不同时满足的“疑似股灾”阶段，政策取向上可视经济基本面、诱发股市下跌的因素和市场氛围等具体情况先行密切观望，毕竟不恰当的或者过度的政策干预存在扰乱市场正常波动的风险。另一方面，当这些条件同时成立时，政策干预则需要及时跟进——毕竟单发性股灾都是事后才进行的确认，避免贻误化解市场风险的最佳时机而诱发金融危机。首先，当股市进一步下跌并于对应的时间周期内进入单发性股灾跌幅区间时，可以采取尝试性的干预，包括政府和媒体呼吁、货币政策的前瞻性指导或者货币政策的适度宽松等措施。其次，在股灾得到确认并向轻度金融危机演化时，为了防范系统性风险的大范围爆发，针对性的干预便十分必要了，包括修改市场的部分交易规则、直接或间接向市场注入流动性以及更广泛的货币政策工具的应用。再次，更进一步的，面对中度和重度金融危机中的股灾，通常流动性枯竭和“股价下跌—抛售股票—加速下跌”的恶性循环已经形成，股灾具有明显的自我实现特征，及时有效地扩大干预范围和丰富干预手段便十分迫切，全方位的干预意味着干预主体和干预方式将竭尽所能。

（三）资本市场政策干预的具体措施

全球各国和地区在不同时期的股灾中所采取的干预政策或救市手段不尽相同。

我们研究发现，主要可以分为以下几个大类：一是包括国家领导人、中央银行、金融监管机构、上市公司以及媒体的呼吁，这里包括了货币政策的前瞻性指引和其他政策干预预期，旨在建立常态透明的沟通机制，稳定或增强预期；二是常规货币政策的宽松化操作，主要包括利率政策和公开市场操作的应用；三是央行或财政部门通过直接或间接的方式向市场注入流动性，或者由市场参与主体共同设立各类救市基金等方式向市场提供流动性，这里也包括了上市公司及其大股东增持或回购股票；四是对市场交易规则的修改，其中具体的措施既包括临时性的也包括长期性的；五是对金融监管体系或者救市机制常规化的设计，以及对前三种救市措施的事后处理及退出管理和对违法违规操作市场行为的事后惩戒。事件中，各类干预政策或救市方法需要相互配合，共同发挥合力。

1. 政府各方的呼吁与媒体的舆论造势

无疑，股灾对市场信心的打击是巨大的，一旦当局政府认识到股灾的巨大危害性并决定当下或者未来一段时间适时对市场进行干预，通常会通过各种渠道发声呼吁，为市场重塑信心。1929 年的危机爆发后，随着 10 月股市加速下跌趋势的确立，一直信奉自由市场经济的时任美国总统胡佛也不得不公开表态，声称“我们的银行家和准备金体系将确保这个国家度过信贷风暴而没有任何损失”①。在 1987 年的股灾中，美国政府和美联储均及时发声，鼓舞市场重塑信心。10 月 19 日的“黑色星期一”事件当日，时任美国总统里根就与美联储主席格林斯潘进行沟通，次日，里根政府发表声明，称“这次股市崩盘与美国健康的经济是不相称的，美国经济非常稳定”，而美联储在开盘前也紧急声明，“为履行中央银行职能，联储今天正式宣布，已准备就绪为支撑经济和金融体系提供流动性”。在 1997 年的亚洲金融风暴中，为了打击索罗斯等国际炒家的恶意卖空行为，时任香港特首董建华在交战最激烈的 8 月公开发表讲话，声称“维系联系汇率是特区政府坚定不移的政策”，此番言论为市场打了一针强心剂，表明了港府对抗国际空头的决心，而稍早时候新上任的中国总理朱镕基宣布“人民币不贬值”的声音至今振聋发聩，对香港股市的稳定也起到了显著的支撑作用。

领导人的救市声明对于提振市场信心固然举足轻重，但更多时候这个角色由中央银行来扮演，中央银行的发声呼吁通常都蕴含着当前或未来货币政策操作的指向性安排，在一定程度上可以作为货币政策的前瞻性指引看待，此类措施在引导市场预期的过程中发挥着越来越重要的作用，也得到了各国中央银行的高度重视。在 2008 年金融危机中，美联储一如既往且更加注重政策的前瞻性指引，而前瞻性的利率政策指引通过向公众提供有关未来经济前景和政策调整的额外信息，使得美联储

---

① 胡佛总统呵护市场的言论和其后美联储的常规救市政策带来了道琼斯工业平均指数近 5 个月的反弹，反弹幅度达到 50%，可以说，这一时期的救市政策在一定程度上也是有效的。

能够一定程度上克服零利率下限约束，拓展货币宽松的时间和空间。此外，金融监管机构关于市场政策干预的言论也是政府呼吁的重要内容之一。中国 2015 年 6 月的股灾爆发后，证监会多次发表声明试图为市场打气①。

2. 常规货币政策的宽松化操作

常规货币政策的宽松化操作主要包括利率、再贴现率等价格型货币政策工具以及存款准备金率和公开市场操作的运用。作为应对股灾或资本市场大幅波动的必备手段，货币政策的及时调整和工具的灵活应用总是必不可少的。如表 9 所示，1929 年 10 月中下旬，美国股市直线下跌，美联储在 11 月 1 日将 6% 的窗口贴现利率下调 1 个百分点，随后持续下调，并在 1931 年 5 月达到 1% 的低位，并一直维持到当年的 10 月②。在美国 1987 年股灾爆发后，美联储同样将联邦基金目标利率 3 次单边下调至阶段性的新低水平。2007 年次贷危机期间，美联储及时调整货币政策，将联邦基金目标利率一路下调利率至零下限，直到 2015 年末才执行首次加息操作，在同一时间内，再贴现率也由 6.25% 下调至 0.5%。除了应用价格型工具之外，这一时期美联储也试图通过公开市场操作增加金融体系的可用资金。在隔夜公开市场操作的基础上，2007 年 8 月和 11 月，美联储先后增加了 7 天和 43 天的逆回购操作，并于 2008 年进行了多次 28 天的逆回购操作。为更有效地应对此次危机，美联储不仅调整了公开市场操作的规则和要求，而且扩大了可供交易有价证券的品种，仅在 2008 年就通过公开市场操作累计向市场注入 8600 亿美元的流动性（张建平，2015b）。

表 9　　股灾中中央银行/货币当局的常规货币政策操作

		股灾或危机起点	货币政策的宽松区间	具体内容
美联储	1929 年大萧条	1929 年 9 月	1929 年 11 月至 1931 年 5 月	窗口贴现利率从 6% 连续下调至 1%
	1987 年股灾	1987 年 8 月	1987 年 11 月至 1988 年 2 月	联邦基金目标利率从 7.3% 下降至 6.5%
	2007 年次贷危机	2007 年 10 月	2007 年 10 月至 2015 年 12 月	联邦基金利率从 4.5% 下调至 0.25%

① 6 月 26 日，证监会新闻发言人表示“上周以来股市出现的较大幅度下跌，是市场前期过快上涨的自发调整”。29 日，证监会确认“场外配资的风险已经相当程度的释放”，并指出“证券公司融资融券业务运行正常，风险可控，客户整体维持担保比例高于年初水平”。7 月 2 日，证监会表示将“专项打击恶意做空”。在其后的一段时间里，证监会频繁释放稳定市场的相关言论。

② 为了遏制英国废除金本位所引起的黄金外流和其他国家效仿，美国于 1931 年 10 月开始提高窗口贴现利率。

续表

		股灾或危机起点	货币政策的宽松区间	具体内容
日本银行	1989 年泡沫危机	1989 年 12 月	1991 年 7 月至 2001 年 9 月	贴现率由 6.0% 下调至 0.1%
	2008 年金融危机	2000 年 4 月	2001 年 1 月至今	贴现率由 0.75% 下调至 0.3%
台湾银行	新经济泡沫危机	2000 年 4 月	2000 年 6 月至 2003 年 6 月	重贴现率从 4.8% 下调至 1.4%
香港金管局	2008 年金融危机	2007 年 10 月	2007 年 9 月至 2008 年 12 月	贴现窗基准利率从 6.75% 下调至 0.5%
韩国银行	2008 年金融危机	2007 年 10 月	2008 年 8 月至 2009 年 2 月	基准利率从 5.25% 下调至 2.0%
中国人民银行	2008 年金融危机	2007 年 10 月	2008 年 9 月至 2008 年 12 月	一年期贷款基准利率由 7.47% 下调至 5.31%
	2015 年股灾	2015 年 6 月	2015 年 6 月至今	1 年期贷款基准利率由 5.1% 下调至 4.35%

数据来源：Wind 数据库。

常规货币政策在股灾和资本市场波动中的宽松化操作同样适用于诸多新兴市场经济体。在中国台湾 2000 年新经济泡沫破灭引发的股灾中，“台湾银行”经过连续 15 次降息，将重贴现率（再贴现率）由 4.8% 下调至 1.4%。在 2008 年金融危机期间，众多新兴经济体也进行了政策基准利率的频繁下调操作，香港金管局将窗口贴现率由 6.75% 一路下调至 0.5% 的水平，并持续到现在；韩国银行将基准利率由 5.25% 迅速下调至 2.0% 的低位水平。在中国 2015 年年中股灾首次爆发以来，中国人民银行已经两次下调存贷款基准利率，4 次下调存款准备金率，同时自 6 月 25 日起较为频繁地进行公开市场逆回购操作。

需要指出的是，从近些年美联储、欧洲央行、日本央行等发达经济体操作的实践来看，以量化宽松为代表的非常规货币政策的实践主要出于化解金融危机和经济危机的目的，并不直接指向股灾本身，因此，非常规货币政策不作为本文探讨的重点①。

3. 市场流动性的注入

市场流动性的注入被认为是对资本市场最直接和最有效的救助方式。总结各国资本市场政策干预经验，向市场注入流动性主要有三种形式。

其一，为防止流动性短缺在脆弱的金融体系内传染以及系统性风险的发生，央行或财政部门直接向系统重要性金融机构注入资金或提供担保，帮助其缓解资产负

① 关于常规和非常规货币政策在金融危机中的应用、协调及作用的研究，可以参见张建平（2015b）。

债表压力，这种方式在欧美发达市场国家应用较为广泛[①]。次贷危机爆发后，美联储一反常态地于2008年3月对非存款类金融机构贝尔斯登进行直接资金救助，并于11月通过国有化的形式接管"两房"，随后批准纽约联储向美国国际集团（AIG）提供850亿美元的紧急贷款。2009年年初，财政部联合美联储和联邦存款保险公司（FDIC）与花旗银行签订担保协议条款，为其超过3000亿美元的抵押贷款组合提供担保，而同样的担保救助对象还包括了美国银行（Bank of America）。2015年中国股灾爆发后，证金公司通过股票质押的方式，向21家证券公司提供2100亿人民币的信用额度，用于证券公司自营增持股票。

其二，金融机构等联合出资成立各类救市基金，直接购买股票或购买ETF。因为涉及多类市场主体的协调和资金统筹，这一方式在行政干预能力较强的新兴市场经济体内和"强政府"的东亚区域应用尤为广泛[②]。如表10所示，在东亚区域发生的股灾中，几乎都能寻觅到各类救市基金的影子，虽然命名各异，但参与主体基本上都由银行、证券公司、保险机构构成，而实力雄厚的公共基金、大财团甚至上市公司也偶尔会参与其中。

表10　新兴市场经济体及东亚各国/地区的救市基金

国家/地区	股灾名称	基金名称	参与主体	资金规模
韩国	1989年泡沫危机	安定基金	25家证券公司，之后又吸收银行、保险公司和上市公司参与	初期规模为2万亿韩元，后期达到4万亿韩元，约占市值的5.1%
		保证股价基金	投资信托公司	2.6万亿韩元，占总市值的3.3%
日本	1962年股灾	共同证券基金③	14家银行、4家大型证券公司	累计出资5127亿日元，占总市值19%
	1989年泡沫危机	股市安定基金、平准基金	邮政储金、邮政人寿保险基金、公共养老金（福利金和退休金）	投入资金不低于2万亿日元
	2008年金融危机	平准基金	同上	购买ETF不低于5.5万亿日元，占市值的0.9%以上

① 中央银行对银行业金融机构进行流动性注入，将和降息、降准举措一起扩大整个市场的可贷资金，并维持货币供应量的常态增速。但由于危机期间货币乘数的持续下降，维持货币供应量的常规增速水平需要投放更多的基础货币，而名义利率的下调同样常常因为严重的通货紧缩而未对实际利率产生足够的影响。

② O'Keeffee和Terzi（2015）的实证研究指出，单一政党政府相比于多党联合政府以及总统制相比于议会制政府，责任更加集中，不易发生责任的逸散，因此对于资本市场波动和危机更有可能采取高效的危机治理手段。

③ 1965年后，"共同证券基金"被野村证券为首的证券业主导的"证券保有组合"取代，继续扮演救市角色，1969年1月，"证券保有组合"解散。

续表

国家/地区	股灾名称	基金名称	参与主体	资金规模
中国香港	1987 年股灾	外汇基金	外汇基金、中国银行、渣打银行、汇丰银行、大财团	超过 20 亿港元
	亚洲金融风暴	外汇基金	同上	规模为 1000 亿美元，动用超过 150 亿美元的资金，约占恒指蓝筹市值的 10%
中国台湾	亚洲金融风暴	国安基金	“台湾邮储基金”、“退抚基金”、“劳退基金”和“劳保基金”	总规模 5000 亿元新台币，前后动用超过 2400 亿元新台币
	2008 年金融危机	国安基金	同上	动用 600 亿元新台币
中国	2015 年股灾	—	汇金、证金、21 家证券公司等	动用超过 1.3 万亿元人民币

资料来源：部分资料参考张建平（2015b）。

其三，上市公司及其大股东回购股票，这一举措在历次股灾救市过程中也是各国政府积极鼓励和喜闻乐见的。在美国 1987 年股灾崩盘的一周时间内，多达 650 家上市公司公开宣布在公开市场回购本公司股票，同时，SEC 取消上市公司持有本公司股票 10% 的上限限制。同样在 1987 年的股灾中，香港政府也积极鼓励上市公司回购股票，而在亚洲金融风暴期间，在特区政府的号召下，从 1998 年 8 月 24 日起，24 家蓝筹、红筹上市公司开始在市场上回购股份，而金管局也将上市公司大股东增持回购股票 35% 限制放开。2015 年股灾爆发后，中国证监会于 7 月上旬发布公告，上市公司大股东（控股股东、持股 5% 以上股东）及董事、监事、高级管理人员不得通过二级市场减持本公司股票，同时对各种增持和回购交易规则放宽限制①。据统计，仅在公告发布当月，近 60 家上市公司发布回购预案或完成回购，下半年共计 23 家完成回购计划②。

4. 市场交易规则的修改

这类的救市措施涉及内容较多，主要包括股指涨跌幅限制、限制卖空、阻断程序化交易以及熔断机制等。

其一，基于限制市场剧烈波动和阻断程序化交易恶性循环的目的，设置关于涨跌幅限制的规定或者熔断机制。1987 年股灾爆发后，美国股市引入熔断机制，后来经过多次修订，将基准指数由道琼斯工业平均指数改为标普 500 指数，并设定 7%、13% 和

① 证监会于 7 月 8 日发布公告，允许近期减持过股票的产业资本通过证券公司定向资管等方式立即在二级市场增持本公司股票；其中股价出现大幅下跌的（连续 10 个交易日内累计跌幅超过 30% 的），公司高管增持本公司股票可以不受窗口期限制；上市公司大股东持股达到或超过 30% 的，可以不等待 12 个月立即增持 2% 股份。

② 2012 ~ 2014 年，A 股回购家数分别为 8 家、19 家和 12 家，2015 年下半年该数字为 23（叶静，2016）。

20%三档熔断阈值。目前，在国外很多证券交易市场都启用了熔断机制。2016年伊始，中国也在上海证券交易所、深圳证券交易所和中国金融期货交易所同时引入熔断机制，但因为机制设置方面的诸多缺陷[①]，熔断机制的本土化过程出现明显的“水土不服”现象，最后这一制度匆匆“夭折”。在股灾中，还有很多资本市场欠成熟的国家采取了比较极端的涨跌幅限制措施[②]，旨在抑制短期股指的下跌幅度。

其二，限制卖空机制。在次贷危机中，SEC先是在2008年7月紧急限制对“两房”和其他19家金融机构股票的卖空，又于9月18日颁布“卖空禁令”，禁止卖空其所列明的近800只股票，其后又增加了150只左右，并将“卖空禁令”延长至2008年10月中旬。更进一步的，SEC还取消了对做市商强平例外的规定，并出台裸卖空反欺诈规则（naked short - selling anti - fraud rule）。亚洲金融风暴期间，香港金管局于8月末在汇市和股市同时推出一系列限制期货和现货卖空的措施，用来巩固之前的政策干预成果。异曲同工的是，2016年1月，面对汇率大幅波动和股灾的反复，中国政府在离岸人民币市场阻断炒家借款渠道，提高其做空成本。此外，限制卖空的具体措施还包括了对申报制度的强化，这使得做空者的头寸和交易更容易暴露出来，这样的应用实例在上述股灾中均有所体现[③]。

其三，救市政策的篮子里还包括了暂停IPO、调整交易税费、暂停或限制股指交易以及暂时停市等其他措施，这些政策干预手段虽不常用，但也可以在全球各国或地区的资本市场干预过程中找到实例。以暂时停市为例，1987年股灾中，美国芝加哥商品交易所和期货交易所于10月20日中午暂停交易，而中国香港在此次股灾中也曾休市4个交易日。

需要指出的是，基于救市目的而对市场交易规则进行的修改，大部分都是暂时性的，譬如限制卖空和股指交易、暂停或减缓IPO、调整交易税费、休市等措施，但也有一些是持续性的，或者经过不断完善而成为长期性稳定机制的，譬如美国1987年推出的熔断机制。

5. 监管机制和制度体系的修复和完善

资本市场波动或股灾的事后干预和事前防范措施主要包括监管体系修复和完善，对市场操纵行为的事后追加处罚，以及对股灾或金融危机的事前防范机制建设。股灾中的政策干预主要针对的是市场短期剧烈波动，具有明显的机动性特征，随着市场趋于稳定，很多措施都需要逐渐退出或回调，而关于监管机制和制度体系的根本性漏洞

---

① 熔断机制各档阈值设定的不准确、涨跌幅限制和“T+0”交易制度的矛盾等，使得其在中国只有4天的寿命（李凤云，2016）。

② 譬如，越南曾将涨跌幅区间设置为上下1%；巴基斯坦将股市日跌幅限制在1%以内，同时上涨幅度区间为10%（尹振涛，2015）。

③ 譬如，SEC加强了卖空相关市场操纵行为的调查，包括要求市场参与者接受口头质询、报告头寸等，香港金管局调整期指持仓申报限额，由500单位降为250单位，迫使国际炒家暴露身份。

则需要一段时间的修复和系统的完善过程。1929 年大萧条过后，罗斯福政府相继出台了《格拉斯·斯蒂格尔法案》、《1933 年证券法案》（1933 年）和《证券交易法案》（1934 年），并成立了美国证券交易委员会（SEC），要求投资银行和商业银行进行分业经营，实现了全社会统一的杠杆率管理①，并放弃先前自由不干预的政策，这标志着美国资本市场政策干预历史进入一个新的篇章。次贷危机后，美国再次对金融监管机制进行了深入改革。2010 年 1 月，奥巴马政府公布“沃尔克规则”，将自营业务从商业银行剥离；6 月，国会通过《多德弗兰克法案》，包括成立金融稳定监督委员会、设立消费者金融保护局、将场外衍生品纳入监管、限制商业银行自营交易、设立新的破产清算机制等，堪称“大萧条”以来最为严厉和全面的监管法案。先后经历 1989 年泡沫危机和 1997 年亚洲金融风暴后，痛定思痛的日本于 1998 年成立专门的金融监管厅，取代大藏省的监管职能，并先后通过《金融再生法案》和《金融健全化法案》，前者侧重于危机后的金融机构破产处理，后者侧重于危机前的防范。

（四）资本市场政策干预的评价与退出机制

1. 资本市场政策干预的事前、事后和事中机制

我们按资本市场政策干预的时间进行划分，政府各方的呼吁及舆论造势、流动性注入、交易规则的临时性修改均属于股灾之中的应急性或临时性措施，可以归为事中干预；监管机制和制度体系的修复及完善以及对市场操纵行为的追加处罚等则主要表现为补助性或预防性措施，可以归为事后干预和事前干预；常规货币政策宽松化操作的起点多处于股灾之中，自然也可以归为事中干预的范畴，但需要指出的是，此类操作通常贯穿于政策干预的整个过程，换言之，即使在资本市场波动趋于稳定时，货币政策的态度也不会马上发生转变，而需要延续一段时间才考虑退出或转向。O'Keeffee 和 Terzi（2015）在研究金融危机的政府救助行为时，也将政策干预划分为相似的两个阶段，即“遏制阶段（containment）”和“解决阶段（resolution）”，这与事中干预和事后干预的区分大同小异。其中，遏制阶段的主要政策手段包括：流动性支持、存款冻结、资产抵押以及责任担保等，而一旦市场趋于稳定并进入解决阶段，包括信贷机构破产清算或国有化、资产管理公司不良资产的处理、改革偿债机制以及简化相关手续流程等政策措施便可以派上用场。

资本市场危机的事前防范、事中干预和事后处置机制缺一不可。一方面，由于当前全球金融体系内部及与实体经济的联系更为密切和复杂，危机救助单纯依靠事后处置和事前防范是远远不够的，事中干预将变得更加重要——事中干预措施可以平复市场恐慌心理，并防止混乱无序的去杠杆化进程，为修复资产负债表争取时间。我们看到美国“大萧条”和日本 20 世纪 90 年代泡沫危机中因为事中干预缺位或严

---

① 在 1934～1970 年间，通过一系列的规定（Regulation T \ U \ X），美联储加强了全社会的保证金融资监管，要求保证金比率不得低于 50%，从而降低了因杠杆率因素导致的股灾隐患（张建军、胡红伟，2015）。

重不足导致的糟糕局面，也看到了1987年“股灾”中美联储的积极介入和香港金管局在亚洲金融危机中的果敢措施使得市场得到及时修复。毫无疑问，针对一些破坏力较强的“股灾”，即使很短时间的延误都可能需要未来付出成倍的代价弥补，这就需要货币当局和监管部门及时、果断地采取措施应对，防止“股灾”向银行业传导并引发金融危机或经济危机。当然，这里有一个重要的前提，那就是如何界定股市较大幅度的动荡、实质性的“股灾”以及“金融危机型股灾”——以确定是否进行政策干预和政策干预措施的组合，以及如何选择启动干预及退出的时间窗口，这就回到了前文所探讨的问题。另一方面，即使我们强调了“股灾”事中干预措施的重要性，但“股灾”后的集中反思和事后处置以及建立常态化的风险防范机制仍然更为重要。罗斯福政府在“大萧条”后推出的诸多法案确保了美国股市之后较长时间的持续繁荣和相对稳定，很多国家也在“股灾”后针对资本市场暴露出的重要缺陷进行机制的相应建设和完善——虽然这依然不能从根本上规避下次“股灾”的发生，但至少有较大可能性来降低“股灾”发生的频率和强度。

同时我们发现，各国和地区应对股灾的事中干预政策组合进一步多元化（见表11）。从早期不干预或者是仅仅发表声明来试图提升市场信心，到以传统的货币政策工具干预为主，再到逐步扩大流动性援助对象甚至实施量化宽松政策，又到更加具体的上市公司回购、成立各类救市基金积极入市、临时修改交易规则、现货和期货市场或股票市场和外汇市场的双头阻击等，央行或监管部门干预资本市场的手段更加多元化和系统化，更加注重各种政策工具的搭配和灵活运用。总的来看，在较为严重的“金融危机型股灾”中，传统货币政策工具的应用更多地是强化央行或政府救市的积极信号，无法实现对股指点对点的支撑，对短期内混乱市场的救助作用有限。而政策性流动性的注入，尤其是各类救市基金的“真金白银”真刀实枪地入市托底方能在崩溃的股票市场中力挽狂澜，有效恢复市场信心，并及时止住股指下挫的迅猛势头。当然，还有很多辅助性的政策应用在救市中也很关键，譬如暂停IPO、调降证券交易税费以及有效打击卖空势力等。

2. 资本市场政策干预的原则

关于资本市场政策干预的主要原则，已有部分文献进行了归纳和整理。Scott（2008）认为危机救助应该符合“3T”原则，即目的性（targeted）、及时性（timely）和过渡性（temporary）。中央财经领导小组的一项研究（刘鹤等，2013）指出，救市要把握四个要领，分别是“出手要快、出拳要准、措施要重、舆论要足”[①]。证券市场

---

① “出手要快”是指政府救市绝不能延误时机，久拖不决很可能导致无法挽回的局面；“出拳要准”是指政策干预决不能顾左右而言他，必须攻击要害，找到诱因根源，废其武功；“措施要重”是指政策干预不能采取“挤牙膏”、“撒胡椒面”的措施，要使用组合拳；“舆论要足”是指政策干预不能藏着掖着，要充分引导舆论导向，通过各种途径增强市场信心（尹振涛，2015）。

表 11　　资本市场干预的政策组合

	事中干预				事后干预和事前干预
救市的措施类型	政府呼吁媒体造势	常规货币政策的宽松化操作	修改交易规则	流动性注入	
具体内容	1 领导人讲话 2 央行表态 3 监管机构呼吁 4 媒体呼吁	1 基准利率下调 2 再贴现率下调 3 存准金率下调 4 公开市场逆回购	1 涨跌幅限制 2 熔断机制 3 打击卖空 4 限制交易 5 下调交易税费 6 暂停 IPO 7 休市	1 注资系统重要性金融机构 2 成立各类救市基金 3 上市公司及大股东增持或回购	1 市场重建 2 机制修复 3 监管完善 4 退出管理 5 事后惩戒

导报课题组（2016）认为，救市最主要的两条原则分别是合法性原则和适度性原则。在前期研究的基础上，我们将资本市场干预的原则主要归纳为以下几点：

其一，政策干预要注重合法性原则。大多数国内外的中央银行和金融监管部门本身都被赋予维护市场稳定的职责，在实施政策干预的过程中，各方必须符合其法律和职能权限。流动性的注入和对系统重要性金融机构的救助主要依赖中央银行或货币当局，而对于市场交易规则的修改则需要金融监管部门落实，还有一些政策权限属于各方共有、相互叠加，因此，不同救市主体的政策干预措施既不能越权和相互拆台，同时也要注重多种政策的搭配和协调，保持通畅的沟通机制。对于超出常规职权的救市措施，通常需要立法机构和更高一级的政府部门批准。譬如，美国在次贷危机中的财政救助便是通过《紧急经济稳定法案》的形式得到国会批准，而国外诸多救市基金也有着明确的管理办法和应用范围，这对于保障政策干预合法合规是非常必要的。此外，由于救市的紧迫性，很多临时性或应急性政策方案的落实如果经历提案、修订、辩论、听证和立法的整个过程，势必会延误政策干预的最佳时机，因此，必要的事后审查机制也是对救市政策合法性的有效补救。英国于 2004 年通过《国内紧急状态法案》，该方案指出，政府应急性工作在未履行法定程序的情况下可以采取“事后审查”方式，但事后必须补充履行相关法定程序。

其二，政策干预要注重透明性原则。股灾中的市场信息不对称现象会进一步加剧，投资者关于上市公司基本面的认知能力以及惯用的技术分析手段的适用性都将大为降低。因此，救市的政策干预不能“遮遮掩掩”，给信息芜杂的市场再次添乱，相反更要注重关键政策的透明度原则，同时加强前瞻性指引的应用，以发挥合理引导市场预期的积极作用。国外很多国家和地区针对股灾的事中干预，都明确给出了政策干预应用期限和退出条件及时间安排。早在 20 世纪 90 年代，美联储就开始注重货币政策的透明度和公开性，进而引导公众的合理预期，促进货币政策和资本市场政策干预有效发挥作用。在金融危机中，美联储更加强调了政策的前瞻性指引，这包括提前宣布资产购买计划的期限和规模、自 2012 年起每年年初公布调整后的中期失业率和通胀率目标、声明“零利率下限政策将维系到 2015 年年中”等等[①]。

其三，政策干预要坚持适度性原则。救市行为必须是目的导向的，也就是说每一项政策的实施必须要有清晰的政策目标，既要防止政策干预不足，也要避免政策干预过度。一方面，对应着前文对股灾类型的划分（见表 8），针对引发系统性风险越高的股灾，政策干预的力度也会越强，政策篮子中的工具内容也应该更为丰富。另一方面，政策干预还得把握小心谨慎的态度，防止过度干预给市场带来的反向扭曲。正如前文所言，救市的根本目的是促使市场机制从失灵状态回归正常运行，同时避免系统性风险的发生，这两点是政策干预的先决条件和总体目标。此外，在总体目标之下，与阶段性目标相对应的是事中干预中各种针对性的具体救市政策的运用，由于每次股灾或危机爆发的原因和诱因不尽相同，因此救市政策干预绝不可万剑齐下、以毒攻毒，而要对症下药、有的放矢。

3. 资本市场政策干预的退出机制

资本市场政策干预是一把“双刃剑”，在执行救市功能之外可能会带来一系列负面作用。一方面，中央银行、救市基金的托市行为以及对常态交易规则的暂时扭曲将会增强投资者的依赖性，降低其风险意识，并带来金融机构的道德风险问题；而且“救市”购入股票标的的种类、时机、节奏等交易策略极易被嗅觉灵敏的套利者所利用，增加市场套利交易，从而进一步增加政策干预成本。抛却事后干预和事前干预政策的常态化倾向不谈，我们不能忽略事中干预的临时性和应急性特征，也就无法回避干预政策退出的问题。一旦救市目的达成且市场趋于稳定时，各类事中干预政策要及时退出，政府需要将市场主导力量让位于市场主体，“看得见的手”由“看不见的手”所替代。

各类干预政策的退出方式不尽相同，具体来看，其一，政府呼吁和舆论造势的干预方式是最为灵活的，也是即时的，不存在退出的困扰。

其二，宽松化的货币政策退出具有时限较长的特征，正如表 12 所示，政策基准利率的下行周期通常覆盖整个股灾，而且即使在股灾结束之后也还会惯性延续一段时间。一方面，这种长周期的货币政策操作有助于避免市场情绪的反复，毕竟在股灾后刚建

---

① 根据张建平（2015）的研究，由于简单的“泰勒规则”在金融危机的深化过程中几无用处，美联储实施货币政策更加注重依托内部模型的最优控制技术，但这一技术发挥作用的前提是美联储的通胀目标充分可信，也就是说，私人部门都充分理解联储的目标并相信决策者沿着最优控制技术所得出的政策路径行事。前瞻性的利率政策指引通过向公众提供有关未来经济前景和政策调整的额外信息，使得美联储能够一定程度地克服零利率下限约束，拓展货币宽松的时间和空间。

立起来的市场信心是很脆弱的；另一方面，这有助于巩固其他临时性救市措施的救市效果，同时为临时性救市措施的顺利退出和市场主体资产负债表的修复提供较为宽松的货币环境。美联储在次贷危机中的货币政策操作实践具有典型的长周期效应，旨在增加流动性的创新型货币政策工具基本都在2010年3月前完成退出动作，三轮量化宽松的起点是2008年11月，而第三轮量化宽松和与之相匹配的扭曲操作退出的最后时限为2014年10月，这比降息周期的结束点要提前14个月（见表12）。

表12　　次贷危机中美联储政策干预的退出

货币政策工具	创设时间	退出时间
TAF	2007年12月	2010年3月
TSLF	2008年3月	2010年2月
TOP	2008年8月	2009年6月
PDCF	2008年3月	2010年2月
AMLF	2008年9月	2010年2月
MMIFF	2008年10月	2009年10月
CPFF	2008年10月	2010年2月
TALF	2008年11月	2010年3月
QEi	2008年11月启动，2009年3月扩大	2010年3月
QEii	2010年11月	2011年6月
QEiii	2012年9月启动，2012年12月扩大	2014年10月
降息周期	2007年8月	2015年12月

资料来源：Board of Governors of FRS，转引自张建平（2015b）。

其三，流动性注入在股灾救助中发挥了关键的作用，其退出自然也是尤为慎重。一方面，对系统重要性金融机构的注资或担保资金的回收，通常是通过被注资者的偿还或注资者对资产的抛售来完成。次贷危机中，美国政府向“两房”、AIG、花旗等近千家机构或公司直接或间接注资6180亿美元，在随后的数年时间里，上述机构和公司共偿还3900亿美元本金，而利息和其他收益达到2910亿美元（证券市场导报课题组，2016）。另一方面，各类救市基金的退出主要有出售所持股票标的或者成立开放式基金在交易所交易退出两种方式。中国香港特区在1987年股灾和亚洲金融风暴中都动用了外汇基金救市（见表10），其退出的主要方式是将所持股份转移至ETF指数基金。以亚洲金融风暴为例，香港金管局成立面向市场投资者的盈富ETF指数基金，以购买外汇基金所持有的蓝筹股并在交易所自由交易，在该模式下，外汇基金所持有的股份以较平稳的方式向投资者完成转移，同时稳定了市场预期，降低了对市场的冲击①。

其四，市场交易规则的正常化。首先，对于那些较为极端的交易规则修改内容，譬如暂停 IPO、限制股指期货交易、休市等，需要在尽量短的时间内加以恢复，因为此种类型的救市政策严重扭曲了市场自身运行机制，同时还会成为资本市场健康发展的绊脚石，并面临巨大的国际舆论压力。其次，对于恶意卖空行为的打击则要视具体情况而定，恶意操纵市场的力量不退场，那么相关救市措施就不能退出，更进一步的，要将限制裸卖空措施和对恶意操纵市场行为的追加惩罚延续到事后干预阶段，以儆效尤。再次，必要的涨跌幅限制和熔断机制的应用在不同国家有着不同的生命力。1987 年美国股灾后启动的熔断机制经过多次修改和完善，已经成为美国股市常规化的制度设计，并在其他国家市场中推广应用。反观中国，证监会在 2016 年的开年股灾中所推行的熔断机制仅仅只有 4 天的寿命。熔断机制本身有助于抑制程序化交易的助涨助跌效应，为救市措施的进一步实施赢取宝贵的时间，但选择熔断机制实施的时机以及处理好熔断机制与现有交易机制的关系是其发挥作用的重要前提。此外，在一些资本市场不成熟的国家，为应对股灾而曾经采用的窄幅涨跌幅限制措施本身是应急性的，对资本市场长期健康发展有害无益。

六、发展我国资本市场的思路及政策建议

20 世纪 90 年代初，处于创建萌芽期的沪深股市，只开设了主要服务于大中型国有企业的主板市场。国家在 2003 年提出创建多层次资本市场的主体思路后，2004 年增设了服务于中小企业的中小板，2009 年进一步增设服务于高新技术类中小企业的创业板。沪深股市较高的上市门槛限制了部分处于成长阶段中小企业的上市需求，针对这部分需求，2012 年全国正式成立了全国中小企业股份转让系统（即“新三板”）。至此，我国多层次资本市场体系初步形成，囊括主板（包括中小板）、创业板、新三板和区域性股权市场。这一体系不仅在经济社会发展中起到了重要作用，而且在企业融资模式发展和现代金融体系构建中也发挥了重要作用。但值得注意的是，我国资本市场总体仍处于发展初期，多层次资本市场体系虽已具雏形，但仍有较大的改革、发展和健全的空间，其中某些突出问题已经成为阻碍经济社会发展的明显掣肘。

（一）目前我国资本市场存在的主要问题

第一，直接融资占比偏低，资本市场的融资功能作用有限。当前，我国直接融资渠道并不能有效解决企业的融资需求，股权融资规模仍大幅低于银行融资总额，

① 自 1998 年 8 月外汇基金入市以后，共计动用资金 1180 亿港元（约 150 亿美元），这一退出计划持续至 2002 年 10 月 15 日最后一批待沽单位完成认购时，加上过去期内收取的股息及其他收入，盈富基金共获取资金约 1649 亿港元。

股权融资没有显著降低企业较高的负债率和融资成本，也没有明显缓解企业融资难、融资贵等问题，银行等间接融资体系仍是决定金融市场良好与否的核心因子。从社会融资规模来看，2015 年末全国社会融资规模为 138.14 万亿元，其中，非金融企业境内股票余额仅为 4.53 万亿元，占比 3.3%，股权融资规模明显偏小。银行贷款等间接融资模式具有明显的顺周期特征，当经济处于繁荣阶段时，企业申请贷款的门槛较低，当经济处于衰退阶段，银行发放贷款趋于谨慎，企业在这个阶段不仅面临着无法获取贷款的可能，甚至还可能遭遇银行提前抽贷的窘境。当间接融资主导整个社会的融资模式，负债率难免持续上升，经济衰退时少数企业违约导致的债务危机也极有可能蔓延扩大成整个金融体系的风险和危机。

第二，资本市场较高的融资门槛制约了中小企业的股权融资积极性。国家大力发展多层次资本市场体系的一个重要目的就是有效拓宽中小微企业的股权融资渠道，降低中小微企业负债比率。但当前中小微企业仍以银行贷款为主要融资渠道，资本市场融资的难度和门槛更高。据统计，2015 年 A 股有 224 只新股发行，募集资金合计 1578 亿元，从 IPO 申请受理到核准新股发行上市的审批时间长达两年以上。

第三，多层次资本市场体系结构发展失衡，区域发展不合理。从我国资本市场体系的构成来看，主板和中小板主要服务于发展成熟的大中型企业，创业板主要针对处于成长阶段的高新技术类中小企业，新三板主要服务于成长初期的小微类企业，区域类股权市场主要针对本区域内有特色的高成长类企业。根据这些企业的特点，企业规模越小，融资需求的积极性应该越高，即随着板块的下移，融资企业的数量应逐层增多，企业融资需求应趋旺盛，但我国资本市场的融资格局显然与要求不相适应。另外，资本市场区域发展不合理的特征十分显著，例如，从社会融资规模来看，直接融资渠道包括企业债券和非金融企业境内股票融资，上海、江苏、浙江和广东等发达省、市直接融资规模占比分别为 23.1%、27.4%、32.2% 和 22.6%，直接融资占比均在 20% 以上，而吉林和黑龙江等欠发达省份的直接融资规模占比仅为 10.6% 和 9.6%，直接融资占比显著偏低，企业主要通过银行贷款等获取融资。

第四，资本市场融资模式呈现“债高股低”的特征，短期资金长期资本化的趋势并不明显。近几年，资本市场中债券市场发展迅速，资本市场的债券融资总额已经显著高于股票融资总额。从社会融资规模来看，2002 年，债券融资总额明显小于股票融资总额，两者之比为 0.58。2015 年，债券融资已显著高于股票融资，两者之比为 3.9。显然，债券融资规模大幅高于股票融资，表明债券市场发展速度更为迅速，当前我国资本市场“债高股低”的特征表明资本市场不合理的发展模式，资金转化为长期资本的比例偏低，企业负债率不降反升。当前我国银行间市场交易商协会批准了九成以上的债券，债券的购买方主要以商业银行或非银行的金融机构为主，即各类金融机构成为债券的主要购买者，普通公众或各类企业参与交易的难度大。

第五，资本市场各层次之间缺乏相互连通的转板机制。我国当前已经初步建立了由主板（包括中小板）、创业板、新三板和区域性股权市场组成的多层次资本市场体系，每个层次的资本市场都针对不同类型企业的融资需求以及不同风险偏好投资者的投资需求。但处于某个层次资本市场的融资企业一般位置相对固定，缺乏向上或向下的流动机制，资本市场各层次之间并未形成一个流动自由的结构体系。例如，当前处于较低层次资本市场的某些企业已经成长壮大到有更高的融资需求，对升级转接到更高层次资本市场的需求较为紧迫，但目前资本市场层级之间相对独立，板块之间缺乏连通转接的渠道，符合条件的企业无法轻易更换资本市场，换板上市等待的时间和费用成本显著加大，大大降低了资本市场的融资效率，也限制了资本市场的融资功能。

（二）未来发展思路及政策建议

发展我国资本市场的主体思路应该是不断健全多层次资本市场体系，资本市场的层次结构分别针对不同规模企业的融资需求和不同风险偏好的投资需求。主板、创业板、新三板和区域性股权市场应协调发展，从全国性和区域性两个层级助推各类企业发展。

1. 推进资本市场以注册制为核心的市场化改革

推动证券公开发行制度由核准制向注册制转变，以注册制为重点带动资本市场的市场化改革。随着我国资本市场体系的逐步健全，企业上市的批准制度亟待改革，最初的审批制由于各类弊端已被废弃。在审批制下，企业能否上市面临着行政审核，证券资源配置有强烈的行政干预色彩，上市企业往往是地方政府重点推动的国有或知名企业，担负着推动地方经济发展的重任，干预方向会偏离企业的经营重心，投资者和股东的利益诉求往往让位于政府的行政诉求。因此，审批制存在一定的寻租行为，由于核准制上市门槛较高，IPO 审查较严，企业上市后即使经营不善也可以高价出售股市空壳，一定程度上阻碍了证券市场的资源配置功能和价格发现机制。

当前我国证券发行制度采用的是核准制，核准制是指证券发行人根据相关法律规定的具体细则向证监部门提交申请，主管当局在审查证券发行人是否具备发行证券资格时，不仅考虑资质条件和申请材料的真实性，还会根据一系列详细的既定标准对其进行更深入的核查。核准制由于主管部门的主动审查，企业上市门槛相对较高，因此，核准制存在以下两个问题：一方面，企业证券发行的申请周期较长。由于证券监管部门要求证券发行人提供各类证券发行申请材料，审查时间往往较长，明显制约了证券发行人高速发展时亟需融资的诉求。随着经济社会发展和资本市场的壮大，越来越多的企业意识到证券融资的优越性，证券发行的申请量快速攀升，主管当局审查周期很难缩短。另一方面，核准制重在审查发行环节，弱化了上市企业持续改善经营的主动性。核准制下证券主管部门会严格审查企业的发行资格，要是企业达到标准顺利发行证券，而后续的激励和监管机制却无法持续跟上，某些企业可能将上市作为圈钱的方式，上市后经营管理混乱，甚至编制虚假报表欺骗投资者。

由于核准制的低效率和高门槛，从长远来看，资本市场的发行制度面临转变，显然，我国证券市场改革的基本方向应该是从核准制到注册制，注册制改革是资本市场向市场化改革的重中之重，它要求证券发行人按照证券法向主管部门申请发行资格，主管当局只需审查发行企业的资质条件以及申请材料的真实性和全面性，只要满足这些标准，证券发行人就可发行证券。注册制强调资料的真实和公开，要求证券发行人公开披露法律要求的全部信息。作为一种发行制度，注册制反映了资本市场的市场化和自由性，主管当局重点审查发行人资质及申请资料，即以审查申请材料为主，形式审查取代了核准制下对发行申请的实质条件审查，繁琐的授权审核工作量大幅下降，周期明显缩短。在注册制下证券发行人只要符合法律规定就可公开上市，即使发展前景不明朗的夕阳企业也可进入资本市场发行低价值证券，投资者自己衡量风险与收益。显然，资本市场向注册制转轨推动了市场向自由原则转变，通过市场选择和政府监督来对证券发行人形成双重约束，以信息资料公开来不断提高市场透明度，最终实现资本市场的权责对称制度。

2. 重点发展创业板市场，培育成为我国高新产业的孵化器

创业板市场又叫第二股票交易市场，简称二板市场，是专为无法在主板上市的高成长中小企业或高新技术企业创建，作为证券市场的重要组成部分，创业板市场有效缓解了新兴高成长公司的融资困难。相对于主板而言，创业板上市门槛较低，适合资质较差但前景较好的中小企业，上市企业呈现“两高六新”的特点：高成长性、高科技性，新经济、新技术、新农业、新材料、新能源和新服务。显然，创业板成为我国多层次资本市场中的重要一环，丰富了我国资本市场的结构体系，有效引导了金融资源流向高新技术产业领域。

创业板市场是注重企业前景的前瞻性市场，强调培育企业的成长前景与发展潜力。其市盈率明显高于主板市场，风险明显偏高。创业板能否成功，取决于优质企业能否持续壮大，例如美国纳斯达克市场的巨大成功就源于大批高新技术企业在“新经济”时期的高速增长，这些企业借助资本市场筹措资金实现了资产规模的高速增长，给股东、投资人带来了高额的回报。我国创业板市场也需要不断修正市场定位，注重企业创业初期的孵化培育机制。创业板甄别上市企业时，上市条件应回归企业生命周期的初始创业阶段，有效解决这类企业亟需资金的困境。当前，我国创业板仍在创建初期，运行周期短，上市企业数量偏少，这些因素制约了投资者的市场选择，导致大规模市场资金追逐少量上市企业。但主管当局为了控制创业板的风险提高了企业上市的门槛、延长了等待时间，这从供给方面限制了上市企业数量。

当前，我国创业板市场存在非理性波动、发行制度仍在不断试错阶段。未来，

创业板市场的价格发现机制仍需要一个较长的发展和完善过程。对于创业板发行价格而言，定价标准要从当前业绩向未来前景转变，在创业板上市的企业往往属于无形资产占比较高、成长前景较好但当前经营业绩波动较大的企业，如果按照主板市场的当前业绩定价方法，依赖一系列评估指标来确定发行价格，就存在低估或错估的可能，根据当前经营水平、人力资本情况和核心技术层次等来综合评判企业发展前景才是准确评估发行价格的合理方式。当然，也应该意识到，创业板的企业具有高增长属性，当前定价即使出现泡沫，未来企业经营业绩的高增长也能够消化这些泡沫，当前高企的价格并不是主要问题，创业板上市企业能否健康发展实现业绩持续的高增长才是主要问题。

3. 加快场外资本市场的建设

场外资本市场也是我国多层次资本市场体系的重要内容，由于这类市场没有统一集中的交易场所和制度，所以我国对其发展一直持谨慎态度，直到最近几年才开始创立和发展场外资本市场，新三板和区域性股权市场就属于场外市场。当前，我国主板、中小板和创业板等场内交易市场虽得到显著发展，但企业容量仍偏小，上市门槛仍较高，对于大量中小企业而言，场内市场渠道过于狭窄是造成企业直接融资困难的重要原因。场外资本市场的成立扩宽了无法在场内市场上市企业的融资渠道，为这类企业提供了股票发行与交易的场所，有利于创立初期企业的发展成长。同时，场外交易市场也可以流通在场内交易的大宗交易股票或者从主板退市的公司股票，从而为企业收购、兼并或重组提供交易场所，对场内市场起到了渠道补充和风险缓释的作用。

当前我国场外交易市场仍处于萌芽探索阶段，许多方面亟待健全。首先，场外市场需要健全做市商制度。发达国家场外交易市场则采用了高效的做市商制度，引入做市商后，市场流动性得到激活，交易时间明显缩短，交易效率明显提升，做市商制度能够引导场外市场更为稳健地走向成熟与壮大，我国也需要不断完善做市商制度。其次，场外市场应该分层管理。我国场外交易市场的发行制度过于单一，对不同成长阶段的上市企业具有相同的挂牌要求，没有针对企业的具体条件制定多层次、全方位的发行制度。当我国场外交易市场例如新三板市场，发展到一定规模后，应该区分不同层级，每个层级对相应企业制订不同的挂牌标准，允许企业满足要求后在各层次之间自由流动。最后，持续扩大上市企业数量。相比于中小板和创业板，场外市场挂牌企业和融资规模仍然较少，扩充企业数量是发展场外市场的关键步骤。一方面，场外市场应该持续立足于国家高新技术园区，另一方面，将企业服务范围扩展到全国，只要具备挂牌条件的企业都可以申请在场外市场挂牌交易。

4. 合理发展金融衍生品市场，完善市场定价和风险管理机制

作为从资本市场中产生的新型金融工具，金融衍生品不仅具有高杠杆特征，而

且具备规避风险的功能。因此，金融衍生品市场的发展对健全多层次资本市场具有不可小觑的作用。20 世纪 90 年代，我国开始出现各类金融衍生工具，商品、国债和外汇等期货工具先后出现。随着我国经济社会的持续发展和金融市场的不断完善，金融衍生产品发展迅速，衍生品种不断丰富，涵盖了农业、工业和服务业在内的多个领域，针对金融产品价值波动性大的特点，规避高波动性的金融衍生产品也开始不断出现，2005 年债券远期开始交易后，关于利率的互换工具以及汇率的掉期工具也大量出现，更出现了我国证券市场的一项创新产品——股指期货，这种产品不仅能够降低股票市场的震荡风险，还能促进股市的进一步成熟健全。对于金融衍生品市场的发展，应该从以下几个方面进行规范：

首先，完善证券期货法律细则，及时适应衍生品市场的新情况和新问题。我国当前涉及证券期货管理的法律文件主要包括《证券法》、《期货交易管理条例》和《期货交易所管理办法》等法律法规和规范性文件，规定了证券期货市场上的违法违规行为及处罚办法，但这些规定过于笼统和宽泛，对近年来不断创新的交易工具和行为没有作出详细规定，因此需要根据衍生品市场的新情况不断完善证券期货法律法规的细则。

其次，扩充并优化机构投资者群体。证券期货市场作为分散证券市场风险的专业衍生品市场，机构投资者是主要参与者，但机构投资者过于单一，主要为券商和基金公司两类，私募、保险和信托等机构投资者较少，造成了期货持仓结构集中于券商和基金公司，但这两类公司几乎一致的操作动机使得期货市场波动过于剧烈，机构投资者队伍需要扩充和优化。另外，指引机构投资者入市的政策法规相对单一，没有全面考虑机构投资者购买期货的动机和目的，应当持续完善政策来合理监管各类机构投资者，推动各类机构投资者积极运用证券期货产品来配置资产和管理风险，丰富证券期货市场的交易策略和运行模式。

最后，丰富证券期货产品种类，适应避险和对冲等多样化投资需求。证券投资人情绪之间存在极易传染的特性，证券市场参与主体的买卖策略几乎一致，因此证券市场往往呈现单边运行的特征，证券期货工具的缺失进一步凸显了市场操作策略趋同的特征。应创立更多更新的证券期货产品，有效对冲和规避风险，推动市场操作策略走向多样化。另外，证券期货产品的丰富能扩充投资者的风险规避和财富管理工具，不断满足大型机构投资者追求长期收益的稳定发展目标。

5. 完善资本市场风险监测和危机救助机制

2015 年 6 月开始的股市大跌凸显系统性风险监测机制的重要性，由于机制的缺失，股市下跌没有引起监管部门的足够重视，造成了股市持续下跌，投资者损失严重。因此，我国急需建立完善的资本市场系统性风险监测机制，中国人民银行、证监会、银监会和保监会之间应该建立完善的信息共享和沟通交流机制，一行三会共同加强对系统重要性金融机构的常规监测，一行三会联合重要金融机构建立部门间危机商谈和应对机制，针对系统性金融危机制定合理的应对和救助措施。

一方面，完善金融业综合统计制度，以大数据为基础构建风险监测预警机制。人民银行应该积极联合三会，共同完善金融业综合统计制度，及时获取各类系统重要性金融机构的经营运行情况和风险监管状况。同时，利用大数据构建预警模型，全方位地实时跟踪证券市场的资产配置和分布状况，合理掌控证券市场的杠杆情况，提高金融风险的监测能力。

另一方面，建立完善金融危机应对及救助机制。在证券法律中应该确定紧急应对条款，在某种突发扰动导致证券价格大幅波动的情况下，主管部门可以加强对资本市场的应急监管，当出现严重危机时，主管部门可以采取强制措施暂停证券市场的交易活动。同时，应明确人民银行救助金融机构的具体条件，并且提高危机救助的决策效率。

6. 改进资本市场长效运行机制，增强投资者信心

2015 年的股市大跌暴露了我国资本市场交易机制方面的诸多漏洞，为了稳定资本市场和金融体系，资本市场基本制度需要不断丰富和完善，只有投资者信心增强后，资本市场才能高效稳健地运行。

一方面，推动定价机制逐步市场化。当前我国证券市场股票定价采用的是发行定价，这种定价机制短期对资本市场有利，但长期会制约资本市场的成熟程度。在股票定价上应该采用市场化的定价机制。

另一方面，改善资本市场投资者结构，积极培育机构投资者，促进价值投资。当前我国个人投资者比例较高，机构投资者占比偏低，导致跟风操作现象严重，股市波动频繁。主管当局应该努力培育机构投资者，鼓励养老金、社保等资金入市，引入长期的低成本资金，夯实资本市场的资金基础。另外，积极规范机构投资者的交易行为，严惩各类机构投资者参与内幕交易的违法行为，树立良好的市场投资氛围。

七、结语

本文选取了 10 余个代表性国家和地区的样本，在梳理资本市场早期发展历史的基础上，比较研究了各国资本市场的规模、完备性、波动性及其与宏观经济的相关性，同时构建了一个资本市场发展程度的评价指标体系，对各国进行量化评分，最后结合近百年来历次严重“股灾”分析了各国救市的逻辑和措施，并重点剖析了中央银行在其中发挥的作用。

归纳来看，主要有以下几点结论：第一，从资本市场早期发展经验来看，经济增长创造金融发展的需求，世界资本市场发展的中心伴随着全球经济霸权的重心迁移，而资本市场泡沫化现象从早期就伴生于资本市场的发展。第二，从当前各国资

本市场发展规模来看，金融结构类型在很大程度上决定了资本市场发展的高度，一方面，发达国家仍然占据全球资本市场的主导地位，其中，美国上市公司市值约占全球 1/3；另一方面，近些年来新兴市场国家资本市场迅速发展叠加了经济的高速增长，中国股市市值已超越英国和日本，跃居世界第二，其他国家发展速度也不容小觑。第三，考察资本市场的完备性，可以分解为资本市场的完整性（资本市场的各个层次及相互对比关系）、转板机制的健全性和开放度等多个方面。一方面，美、英等发达国家几乎都构建了层次分明、机制完善的主板、二板、场外交易及区域性交易市场，而且都具有较高的开放度，国外上市公司市值占比较高；另一方面，新兴市场国家资本市场的层次还有待完善，而且转板机制不健全，开放程度也参差不齐。第四，我们通过选取证券化程度、交易活跃度、多层次资本市场的完整性、转板机制和开放度等 6 个多元化指标，构建评价体系并对样本国家进行定量打分。结果显示，美国、英国属于第一集团，日本、新加坡、韩国、南非和德国属于第二集团，俄罗斯、巴西、印度和南非属于第三集团。第五，资本市场的波动性取决于交易机制的完善程度、投资主体结构等因素，而过早地实行国际化将使新兴市场国家资本市场的波动性加大。第六，资本市场发展与经济增长呈现较高的相关性，但这一相关系数在新兴市场国家要普遍高于发达国家，中国证券市场和经济增长表现出较高程度的背离。第七，“股灾”就像资本市场“泡沫化”的孪生兄弟一样，伴随着资本市场的发展从未消失且强度并没有实质性的减弱，具有向实体经济和国际市场传导的特性。第八，基于大量的历史统计数据，我们给出了股灾识别和政策干预启动的三个重要条件（跌幅、跌速、单边性和加速性）的量化标准，政策干预的介入时机、实施的政策组合以及干预强度都需要综合参考三个条件的外在表现具体应用。在政策干预的具体实施中，政府呼吁和舆论造势、常规货币政策的宽松化操作、市场流动性的注入和交易规则的修改各有其应用的范围和效果，全球主要经济体在应用政策干预资本市场剧烈波动的历史实践中，越来越注重救市措施的多样化和综合应用。

中国的现代资本市场发展史非常短暂，虽然目前已基本搭建起多层次资本市场的大体框架，但框架中的内容还不充实，很多市场和机制的必要元素还不具备或不够成熟。首先，沪深两大证券交易所的创立均在 20 世纪 90 年代初，而二板市场和场外市场建立的时间更短，整体呈现交易活跃度低、上市公司数量少的特征，尚未真正担当起市场“培育器”或者“二传手”的职能，且强制性退市机制和自动转板机制迟迟未落地，也不利于整个资本市场层次性和传递性的健全。除此之外，囿于资本账户开放的进度，中国资本市场的开放度还很低，除了 QFII、QDII 和沪港通外，还没有设立“国际板”，更没有相应的“外股”引进机制和风险化解机制，自然难以分享国外优质公司的价值成长。其次，相对于中国巨大的经济容量，资本市场发展的匹配能力还有较大欠缺，上市公司数量和市值总额较美国有着数量级的差距，证券化率也不足50%，不仅影响了资本市场直接融资功能的实现，也制约了当前经济结构调整和产业结构转型的顺利实施，这一缺陷也表现在资本市场发展与经济增长轨迹一定程度的背离中。最后，中国资本市场近10多年来的波动性显著放大，这里既有金融全球化和中国资本市场逐渐开放的冲击影响，又有市场投资主体结构及投资理念存在硬伤等多方面原因，当然也与资本市场体制、机制建设落后有着相当密切的联系。因为上述存在的诸多缺陷，中国资本市场被贴上了“散户市场”、“投机市场”、“政策市场”的种种标签，更令人难以接受的是，无论是2008年的“股灾”还是2015年爆发的“股灾”，都使投资者、金融市场和中国政府付出了较为惨痛的代价。为了促进我国资本市场健康发展，避免资产价格的大起大落，我们要不断健全多层次资本市场，推进资本市场以注册制为核心的市场化改革，重点发展创业板市场，将其培育成我国高新产业的孵化器，加快场外资本市场的建设，合理发展金融衍生品市场，完善市场定价和风险管理机制，健全资本市场风险监测和危机救助机制，建设资本市场的长效运行机制，增强投资者信心。

除了继续完善多层次资本市场建设以外，我们也迫切需要对中国的金融监管体系进行深入的思考和总结。通过对2008年全球金融危机的反思，各国金融监管当局和学界达成共识：分业监管的固有缺陷使其难以适应现代金融活动的混业化趋势，分业监管具有向综合性监管体系改革的必要性①，而且强化中央银行监管职责也是大势所趋（巴曙松，2015）。横向来看，金融危机后，全球主要国家纷纷对金融监管体系改革，其关键内容便是构建以中央银行为核心的综合监管体系和事后处置机制（见表13）。

表13　　各国金融监管体系改革内容

国家	改革内容
美国	• 在现有监管体系之上设立金融稳定监督委员会，加强分业监管部门合作； • 扩大美联储监管职权，负责对具有系统重要性的银行、证券、保险、金融控股公司等各类机构以及金融基础设施进行监管，牵头制定更加严格的监管标准； • 美联储与联邦存款保险公司共同负责系统性风险处置
英国	• 由金融服务局（FSA）为中心的监管体系向以英格兰银行为中心的监管体系过渡； • 在英格兰银行下设金融政策委员会（FPC）负责宏观审慎监管，设立审慎监管局（PRA）和金融行为局（FCA，设在英国财政部下）共同负责微观审慎监管； • 明确英格兰银行为银行处置机构，并赋予广泛的处置权力
法国	• 构建以中央银行为核心、审慎监管局和金融市场监管局并行的管理框架

① 联合国国际金融与经济体系改革委员会2010年提交的《全球金融监管与金融结构改革》研究报告认为，当前各国学者和金融监管当局逐渐形成一个共识：全球金融市场已经越来越融为一体，需要对金融机构、国家和金融结构进行综合性监管，否则“监管套利”就有可能发生（巴曙松，2015）。

续表

国家	改革内容
俄罗斯	• 组建隶属于中央银行的统一大金融市场监管机构； • 中央银行取代联邦金融市场局对所有金融机构的经营活动实行全权统一监管

资料来源：巴曙松（2015）。

近些年来，中国多层次资本市场体系不断向前推进，但我们也不能回避当前发展中存在的诸多缺陷和根本性问题。2015年年中以来，单发性的股灾时有发生，2016年开年后的股灾更被市场戏谑地称为股灾3.0，虽然这一期间我们的银行间市场短期利率和其他金融指标相对稳健，股灾不具有向金融危机演化的必然条件，但是如此频繁的股灾不仅严重损害了资本市场的健康发展、恶化了市场参与者的资产负债表，也对金融稳定和货币政策应对提出了巨大的挑战。总体来看，此次多方参与的救市措施整体上是有效的，但是在具体操作过程中也出现了不少瑕疵，对股灾的风险识别、救市干预的启动、救市节奏和政策配套的针对性等方面还有很大的提高余地，对于此次救市退出的路径设计还很模糊。未来随着国内资本市场的进一步壮大，以及金融混业经营和金融市场开放的向前推进，中国资本市场面临的内部市场风险和外部冲击将有增无减，尽快研究和制定常态化的救市机制，明确政府各部门在资本市场政策干预中的责任，构建顺畅的沟通机制，对于化解系统性风险、强化危机治理能力和完善多层次资本市场体系具有重要意义。

附表1　　主要国家多层次资本市场的组成

	主板市场	二板	OTC	区域性交易市场
美国	1. 纽约证券交易所（NYSE） 2. 纳斯达克市场 a. 全球精选市场（NASDAQ GSM） b. 全球市场（NASDAQ GM）	2. 纳斯达克市场： c. 资本市场（NASDAQ CM） 3. 美国证券交易所（AMEX）	4. 粉单交易市场（Pink Sheets） 5. 场外市场行情公告板（OTCBB）	费城证券交易所、辛辛那提交易所、芝加哥期权交易所、中西部证券交易所等
英国	伦敦证券交易所（LSE）： a. 主板市场（Main Market）	1. 伦敦证券交易所： b. 技术板市场（Tec Market） c. 创业板市场（AIM）	1. 伦敦证券交易所： d. 未上市公司股票交易市场（OFEX）	曼切斯特、伯明翰、格拉斯哥、利物浦等地方性资本市场
德国	德国证券交易所（DBG）： a. 高级市场 b. 一般市场	1. 德国证券交易所： c. 初级市场	2. 德国OTC交易系统	柏林、不莱梅、汉堡、汉诺威、多塞尔多夫、斯图加特等地方性交易所

续表

	主板市场	二板	OTC	区域性交易市场
日本	东京证券交易所： 1）主板市场（市场一部）	东京证券交易所： 1. 创业板市场（市场二部） 2. 日本证券自动报价系统（JASDAQ）	2. JASDAQ： 绿单市场（Green Sheet Market）	大阪、名古屋、札幌、福冈等地区交易所市场
俄罗斯	1. 莫斯科交易所（MOEX）： 2. 主板市场（Main Market）			20余家区域性的金融交易所
南非	约翰内斯堡证券交易所（JSE）： a. 主板市场	约翰内斯堡证券交易所（JSE）： b. Alt X 板块	2. 场外交易市场	
印度	1. 国家股票交易所（NSE） 2. 孟买股票交易所（BSE）		3. 印度 OTC 交易系统（OTCEI）	Ahmedabad、Bangalore、Bhubaneswar、Caiculta 等20余家交易所
巴西	巴西证券期货交易所（BM&FBovespa）		2. 场外证券市场（SOMA）	里约热内卢、巴拉那、桑托斯等各州几乎都有证券交易所
中国	1. 上海证券交易所 2. 深圳证券交易所 a. 主板市场	2. 深证证券交易所 b. 中小板 c. 创业板	3. 代办股份转让系统 a. 三板 b. 新三板	地方性产权交易中心
新加坡	新加坡交易所（SGX）： a. 第一股市（Main Board）	1. 新加坡交易所（SGX）： b. 自动报价系统（SESDAQ）	2. 新加坡 OTC 交易系统	
韩国	韩国证券期货交易所（KRX）： a. 主板市场（KSE）	1. 韩国证券期货交易所（KRX）： b. KOSDAQ	1. 韩国证券期货交易所（KRX）： c. Free Board	

资料来源：笔者根据各国交易所网站和监管机构网站资料整理编制。

注：2011年，俄罗斯银行间外汇交易所（MICEX）和俄罗斯交易系统（RTS）合并成莫斯科交易所（MOEX）；约翰内斯堡证券交易所成立于1887年，目前是非洲最大的证券市场，上市公司市值占非洲的70%以上，其中，2003年创建的Alt X板块主要为小型和中型上市公司提供融资服务；孟买股票交易所（BSE）于1875年成立，是最早的证券交易所，目前最大的证券交易所是国家股票交易所（NSE），上市交易股票在1000只左右，其他大多数在区域性交易所上市；里约热内卢证券交易所和圣保罗证券交易所分别成立于1845年和1890年，巴西证券期货交易所是2009年由巴西期货交易所（BM&F）和圣保罗证券交易所（Bovespa）合并而成，其股票交易量占拉美的80%左右；新加坡证券交易所（SEX）成立于1973年，1999年与新加坡国际金融交易所（SIMEX）合并，成为新加坡交易所（SGX），是东南亚最大的证券交易所；韩国于1956年成立大韩股票交易所，1963年更名为韩国证券交易所（KSE），1996年设立创业板块“KOSDAQ”，2000年设立场外交易市场（OTCBB），2005年，KSE、KOSDAQ和期货交易所合并为韩国证券期货交易所（KRX），并建立Free Board取代OTCBB。日本原有8家证券交易所，后来经过合并形成东京、大阪、名古屋、福冈和札幌等5家。其中，东京证券交易所为全国性的证券交易市场，它和关西地区的大阪证券交易所的交易量占全国的90%以上。

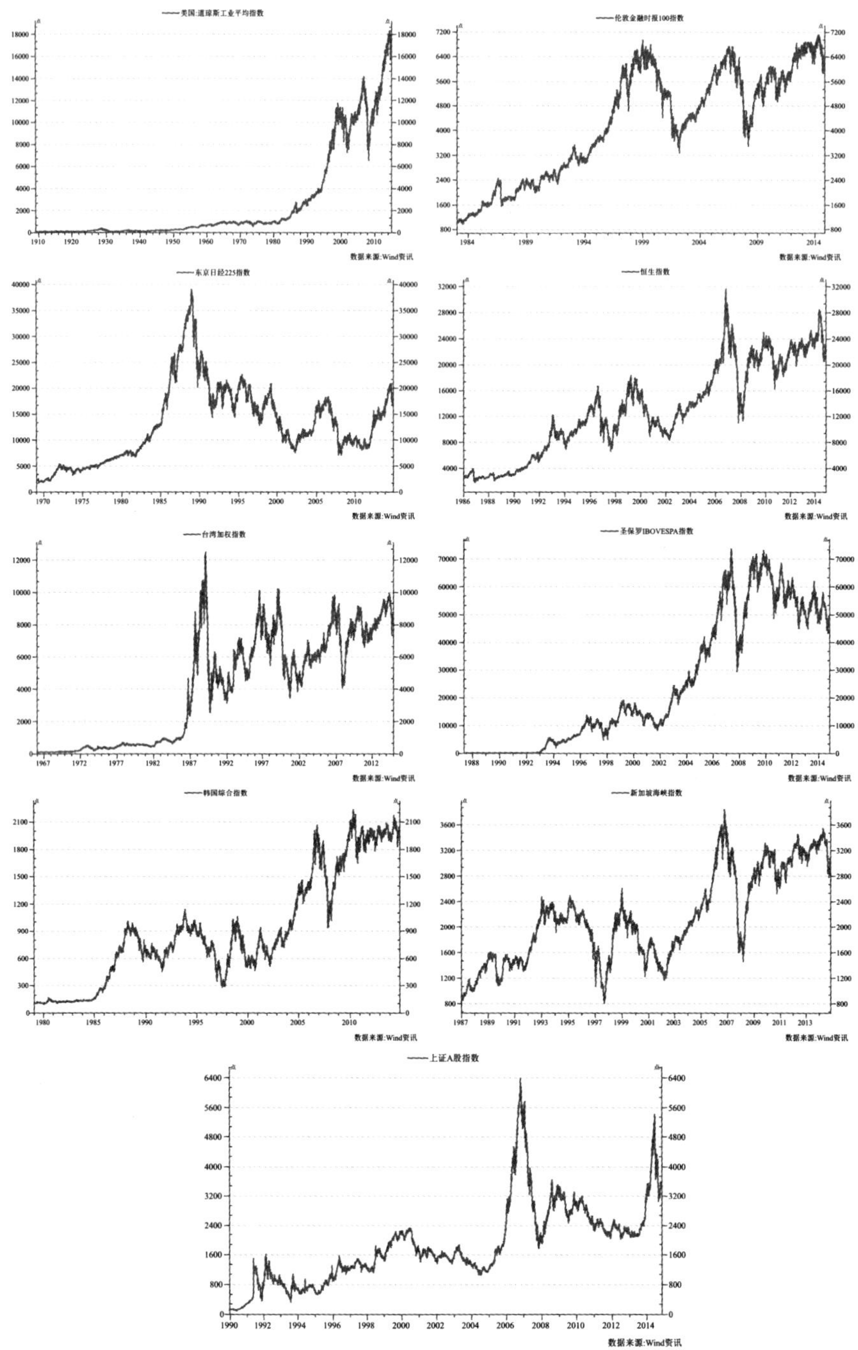

附图1 各主要国家股票价格走势

数据来源：Wind 全球数据库。

附表 2　　近百年来全球主要国家（地区）的股灾日志：周期特征（%）

	股灾名称	0（highest）	1 day	2 days	5 days	13 days	34 days	55 days	89 days	144 days	Lowest（time，	length，	volatility）
美国	大萧条危机	1929. 9. 3	-0. 4	-3. 0	-3. 6	-5. 0	-15. 8	-34. 8	-34. 3	-25. 2	1932. 7. 8	694	-89. 0
	1987 年“股灾”	1987. 8. 25	-0. 8	-1. 7	-4. 0	-4. 0	-7. 9	-30. 2	-28. 8	-24. 2	1987. 10. 19	38	-36. 1
	2008 年金融危机	2007. 10. 9	-0. 6	-0. 6	-1. 8	-2. 5	-8. 5	-5. 7	-12. 8	-8. 1	2009. 3. 9	355	-53. 8
英国	新经济泡沫危机	2000. 9. 4	-0. 7	-1. 5	-3. 1	-8. 8	-12. 4	-6. 7	-10. 9	-17. 4	2001. 9. 21	266	-34. 8
日本	日本泡沫危机	1989. 12. 29	-0. 5	-1. 6	-3. 1	-4. 0	-7. 9	-18. 2	-17. 9	-20. 8	1990. 4. 2	60	-28. 0
	新经济泡沫危机	2000. 4. 12	-1. 7	-1. 9	-8. 4	-11. 7	-19. 4	-15. 4	-23. 0	-27. 7	2001. 3. 13	226	-43. 3
	2008 年金融危机	2007. 10. 11	-0. 7	-0. 6	-2. 0	-4. 6	-11. 1	-15. 9	-20. 3	17. 9	2009. 3. 10	344	-57. 9
中国香港	亚洲金融风暴	1997. 3. 7	-0. 2	-1. 3	-1. 0	-6. 8	-11. 8	-37. 8	-35. 9	-34. 6	1997. 10. 28	53	-45. 1
巴西	2008 年金融危机	2008. 5. 20	-1. 7	-2. 8	-0. 5	-5. 8	-19. 0	-22. 4	-32. 2	-47. 6	2008. 10. 27	112	-59. 8
中国	2008 年金融危机	2007. 10. 16	-0. 9	-4. 4	-5. 2	-5. 2	-20. 1	-12. 7	-28. 9	-40. 8	2008. 11. 4	258	-72. 0
	2015 年“股灾”	2015. 6. 12	-2. 0	-5. 4	-13. 3	-24. 3	-29. 1	-37. 9	-33. 5	-42. 9	2015. 8. 26	52	-43. 3

数据来源：Wind 数据库。

注：（1）各代表性股指分别为道琼斯工业平均指数、伦敦金融时报 100 指数、日经 225 指数、恒生指数、圣保罗 IBOVESPA 指数、上证综合指数；（2）按照日线的斐波那契数据点计算各主要周期点的累计跌幅，部分周期点省略；（3）highest 代表阶段性高点，也是股灾的起点，lowest 代表阶段性低点，也是短期跌幅最深的时间点，其中，time、length 和 volatility 分别代表最低点出现的日期、交易日距离股灾起点的距离和累计跌幅。

附表 3　　近百年来各主要国家（地区）的股灾日志：波动特征（%）

	股灾名称	1. A/C 浪持续时间（交易日/天）	2. A/C 浪股市波动幅度（%）	3. 平均日跌幅（%）	4. 5 日（%）	5. 10 日（%）	6. 20 日（%）	7. 40 日（%）	8. A/C 浪中最多连续下跌周数	9. A/C 浪中下跌周数（总周数）	平均周跌幅（最大周跌幅）（%）
美国	大萧条危机	49	-47.8	0.98	-3.6	-3.3	-10.1	-31.6	5	10（11）	-4.4（-13.5）
	1987 年“股灾”	38	-36.1	0.95	-4.0	-6.3	-5.0	-25.5	3	6（9）	-3.4（-13.2）
	2008 年金融危机*	39	-15.8	0.41	-3.6	-4.8	-6.6	-15.8**	4	6（9）	-1.3（-4.2）
		15	-25.8	1.72	-2.1	-9.3	-25.8**	N. a	4	4（4）	-7.0（-18.1）
		42	-27.3	0.65	-6.2	-8.7	-11.7	-26.8	4	8（10）	-2.1（-6.2）
英国	新经济泡沫危机	13	-8.8	0.68	-3.1	-5.7	-8.8**	N. a	3	3（3）	-3.0（-3.2）
日本		31	-25.2	0.81	-4.3	-9.7	-12.8	-25.2**	7	7（8）	-2.9（-6.9）
	1989 年泡沫危机*	53	-36.0	0.68	-4.4	-6.4	-19.6	-25.8	6	10（13）	-2.5（-11.8）
	新经济泡沫危机	29	-23.1	0.80	-8.3	-12.9	-16.9	-23.1	3	5（7）	-3.2（-10.7）
	2008 年金融危机	89	-50.4	0.63	-4.3	-8.0	-11.7	-20.3	5	14（20）	-2.1（-24.3）
中国香港	亚洲金融风暴	16	-19.4	1.21	-1.0	-7.4	-19.4**	N. a	3	3（5）	-2.2（-8.4）
		16	-40.1	2.50	-6.9	-14.2	-40.1**	N. a	4	4（4）	-8.3（-18.1）
巴西	2008 年金融危机	107	-59.7	0.56	-6.1	-8.7	-9.9	-21.4	5	15（23）	-2.5（-20.0）
中国		21	-18.6	0.89	-6.1	-12.5	-17.6	-18.6**	2	3（5）	-2.6（-8.0）
	2008 年金融危机	64	-43.4	0.68	-5.6	-13.2	-18.0	-27.8	8	12（14）	-3.1（-9.3）
	2015 年“股灾”	17	-32.1	1.89	-13.3	-21.6	-32.1	N. a	4	3（4）	-9.6（13.2）

数据来源：Wind 数据库。

注：（1）“*”美国金融危机中发生多次股灾，股灾起始日分别从 2008 年 5 月 19 日、9 月 19 日、2009 年 1 月 9 日算起，日本 1989 年泡沫危机股灾起始日从 1990 年 2 月 15 日、1990 年 7 月 17 日算起，日本新经济危机从 2000 年 4 月 12 日算起，日本金融危机股灾从 2008 年 6 月 18 日算起，中国香港亚洲金融风暴中的股灾日从 1997 年 8 月 7 日、10 月 3 日算起，巴西金融危机中的股灾从 2008 年 5 月 28 日算起，其他参照表 6 和附图 1。（2）“**”交易日不足按最近的 A 浪结束日计算。

通缩紧缩的历史考察[①]

（2016 年 5 月 10 日）

一、引言

许多学者认为资产价格是通货膨胀的先行指标，能反映通货膨胀预期。Fisher（1911）是最早提出资产价格可以作为消费物价先行指标的学者，他认为货币供应量的增长首先引致资产价格上涨，然后才是消费物价上升。Goodhart 和 Hofmann（2000）以英国的数据为例考察资产价格的波动是否有助于预测 CPI，借助自回归分布滞后模型，比较了不加入资产价格与加入资产价格的两种 CPI 预测模型，发现不是所有的资产价格都可以强化对 CPI 的预测，股票价格的信息含量不是很大。但是加入不动产价格后，对 CPI 的预测能力显著增强。Ray 和 Chatterjee（2001）、Lim（2003）分别运用印度和韩国的数据得到了类似的结果。

但是，也有不少学者认为资产价格与通货膨胀之间并不存在类似于“先行”、“预示”的稳定的关系。Bordo 和 Wheelock（2004）回顾了美国近两百年的历史时期，发现在 19 世纪三四十年代和 20 世纪初出现股市泡沫时，通货膨胀水平较高；20 世纪 20 年代和 90 年代发生股市泡沫时，通货膨胀水平稳定；19 世纪七八十年代发生股市泡沫时，甚至发生了通货紧缩。

资产价格与物价之间是否存在确定的关系？我们通过总结历史上主要国家通货紧缩时期资产价格与物价的变化情况来考察通货紧缩环境下资产价格对物价的影响，主要考察 20 世纪 30 年代美国大萧条的历史、日本 20 世纪 80 年代之后长期通货紧缩的历史以及本轮危机之后美国复苏过程中的表现。

---

① 本文合作者为李倩。本文是国家自然科学基金资助项目《资本市场发展对通货紧缩预期的影响机制研究》（批准号：71541016）研究成果的组成部分。

二、20 世纪 30 年代的美国大萧条时期

（一）大萧条产生的根源分析

1. 货币主义解释还是非货币主义的解释

多年来，关于美国大萧条成因的讨论主要集中在货币因素驱动和实体经济驱动的争论。从实际数据中可以看出，在经济收缩阶段，货币供给、产出和价格都急剧下降，在经济复苏阶段则迅速上升，然而这些变量之间的因果关系却难以确定。在以往的经典文献中，Friedman 和 Schwartz（1963）对这些现象作出了一个货币主义的解释，指出因果关系的主线是从货币收缩到价格下跌、产出下降，其中货币收缩是当局决策不当和银行体系持续存在危机的结果。而与 Friedman 和 Schwartz（1963）相反，Temin（1976）则认为大部分货币收缩实际上反映了货币对产出的被动反应，大萧条的主要根源来自实体经济方面。货币主义者强调货币因素在大萧条后期（1930 年年底或 1931 年初到 1933 年）的重要作用，非货币主义者则强调非货币因素在最初低迷时期的重要性。目前被众多经济学家认可的折中立场是，货币因素和非货币因素在不同阶段都起了作用。

20 世纪 80 年代以来，经济学家将大萧条的研究不仅仅局限在美国，而是放眼于两次世界大战之间的金本位制度的运行，对大萧条的研究有了新的方法和视角。

2. 基于国际金本位制度的视角

关于大萧条根源的研究多是批评国际金本位制带来的灾难。Temin（1989）指出，两次世界大战之间的金本位制的结构缺陷，加上受金本位制的“游戏规则”支配的政策，使全球货币收缩和通货紧缩几乎无法避免。Eichengreen 和 Sachs（1985）证明，那些放弃了金本位制和与之相联系的收缩性货币政策的国家，比那些坚持金本位制的国家从大萧条中复苏得更快。Hamilton（1987、1988）的研究支持这样一种观点，即法国与美国的收缩性货币政策引发了经济大滑坡，两国对金本位平价的捍卫强化了通货紧缩压力。

由于金本位制给 19 世纪后期和 20 世纪早期带来了相对稳定的繁荣时期，因此 Bordo 和 Kydland（1990）认为，第一次世界大战后应尽快按战前的平价重返金本位制，这会给政府销售名义债券带来更多的便利，并且得到更多的铸币税，坚持这种可信的承诺有利于政府以较低的总成本为战时开支融资。20 世纪 20 年代，主要国家大多成功地重返金本位制。

然而金本位制存在以下三个局限：①盈余国和赤字国对黄金流动的货币反应不对称。Temin 认为这是金本位制最重要的结构缺陷。理论上，盈余国应该扩张货币供给、催生物价上涨，而赤字国应降低货币供给制造通货紧缩。而实际中，赤字国尽量避免黄金储备流失、使本币丧失可兑换性，却无力阻止盈余国冲销黄金流入并

无限积累黄金储备，这就使得金本位制的运行中潜藏着通货紧缩压力。②由于各国中央银行从外汇储备转向黄金储备降低了全球货币供给，增加了金本位制下的通货紧缩倾向。③中央银行权力不够。这时期中央银行的公开市场操作是不被允许或者受限制的，这就使中央银行对货币供给的控制力非常弱。

3. 基于总供给的视角

美国在第一次世界大战以后，由于科技的发展生产效率大幅提高。美国很多企业得到长足发展，企业盈利大幅增加。于是，全世界的资金大量涌入美国投资。这些资金直接或间接用于扩大美国的生产，却没有增加美国的消费。大量外资涌入美国极大地增强了美国银行的贷款能力，促进了美国银行的贷款扩张，导致美国的消费和生产同时增加，但是美国生产增加的更为迅速。同时，大量国内外投机资金不断推高美国的股市和资产价格。很多企业从股市或其他途径得到大量的资金用于生产扩建。上市企业的股票大幅升值，导致美国大量家庭进入股市或利用其他资产进行投机。这些投机的结果，导致美国股市和资产泡沫不断扩大。

在社会生产率不断提高的情况下，一旦大量的产能扩建形成新的供应，迟早会达到供过于求的地步，导致企业进入充分竞争状态，效益开始不断下降。1929 年美国股市崩溃以前，美国部分股票的市盈率已经超过 100 倍。而此时的美国上市企业效益却难以进一步提高。大部分投机者已经不可能靠上市企业的盈利来收回投资，甚至获利。因此美国股市出现了崩盘，经济陷入了长期的大萧条之中。20 世纪 30 年代，大部分金融机构都面临着巨大的压力，包括像联合土地股份银行（Joint Stock Land Banks）这样的半公共机构。其中一些机构，例如保险机构和互助储蓄银行（mutual saving banks）艰难地维持经营；而另外一些机构，例如建房贷款机构（building - and - loan）虽然能够限制存款人提前支取，但仍出现了大量破产（Maureen O'Hara 和 David Easley，1979）。银行危机极端严重，极度的金融恐慌引发了银行的挤兑。从 1930 年到 1933 年，每年营业的银行倒闭的比例分别为 5.6%、10.5%、7.8% 和 12.9%。由于倒闭和兼并，到 1933 年年底，仍在坚持经营的银行只有 1929 年的一半多一点（Cyril Upham 和 Edwin Lamke，1934）。

4. 通货紧缩与大萧条的互相强化

在 1929 年到 1933 年的大萧条时期，美国金融市场、劳动力市场和商品市场几乎停止运行，经济出现停滞。从 1929 年开始，美国 CPI 连年下跌，平均降幅达到 6.7%，1929 ~ 1933 年美国物价累计降幅达到 24.6%。同时，美国国民生产总值（GNP）也从 1929 年的 3147 亿美元降到 2394 亿美元，平均每年降幅达到 8.3%，累计降幅达 23.93%。股市方面，从 1929 年 9 月到 1932 年 6 月，标准普尔综合指数跌幅达 85%，资产价格严重缩水。大量企业和银行倒闭，这期间有超过 14 万家的企业破产，1929 年到 1932 年有 5000 家银行倒闭，1933 年初的两个星期又有 4000 家银行倒闭，导致失业率大大增加，从 1929 年的 3.2% 飙升至 1933 年的 24.9%。此外，物价的持续下跌还降低了投资者对未来投资效益的预期，美国企业的投资额从 1929 年的 560 亿美元下降至 1933 年的 84 亿美元。市场中的货币存量也持续下降，一方面由于大规模的银行倒闭，人们愿意持有更多的流通中现金；另一方面，未倒闭的银行为防止发生挤兑，纷纷增加存款准备金导致货币乘数下降，货币存量急剧下降。

通货紧缩是 20 世纪 30 年代早期很多国家发生银行恐慌的重要诱因，正如 Bernanke（1983）以美国为例所指出的，银行恐慌扰乱了正常的信贷流动，影响了实际经济的运行。一旦银行体系被严重削弱，即使没有大的恐慌，经济运行也很有可能受到影响。同时还有第二个潜在的影响，就是价格下降对金融体系的影响，即“债务型通货紧缩”（Fisher，1933；Bernanke，1983；Bernanke 和 Gertler，1990）。通货紧缩通过提高名义债务的实际价值，导致借款人无力偿债，制造出一种财务困境（financial distress）：借款人的（借款）动机被扭曲了，并且贷款机构难以发放新的信贷。这也成为价格下降对实体经济影响的一个重要途径（Bernanke 和 Harold James，1991）。

（二）大萧条时期美国的资产价格泡沫

大萧条时期，美国资产价格出现了非正常的过度波动，这反映了资产价格与基本面价值之间的长期偏离，这便是资产价格泡沫。从 Shiller（1981）的过度波动检验到 West（1987）、Diba 和 Grossman（1988）的传统泡沫检验方法，经济学家一直在探索更为精确的泡沫检验方法来衡量资产价格的波动。到目前为止，Phillips、Wu 和 Yu（2011）提出的泡沫检验更精准，他们发现，存在泡沫时股价是发散过程，不存在泡沫时是单位根过程。因此，他们将单位根过程作为原假设，发散过程作为备择假设，检验泡沫。自然地，他们结合 ADF 右尾检验和 sup 检验，提出了 supADF 检验，并由这一检验统计量渐近分布的右尾取临界值。该方法具有明显的优势，可用来一致估计泡沫产生的时间和泡沫破灭的时间。

我们使用此方法检验美国、日本的历次金融危机中是否存在资产价格的泡沫，若存在，估计出泡沫的起始和破灭时间。对于大萧条时期，结合数据的可获得性，我们选取了 1924 年 1 月 2 日至 1936 年 12 月 31 日的美国道琼斯工业平均指数日度数据，样本量为 3257 个，利用检验需要设定初始样本比例为 0.1。由于泡沫检验所使用的数据均为日度数据，样本量非常大，因此我们对泡沫检验采用的均是渐近分布的临界值，参照 Phillips、Wu 和 Yu（2011）可知，在 95% 的显著性水平下，supADF 的临界值为 1.5936。表 1 给出了有尾 ADF、supADF 检验统计量的取值和对应的 95% 的右尾临界值。

表 1　　95%显著性水平下 supADF 的渐近临界值

统计量	道琼斯工业指数	渐近临界值
ADF	-1.3739	-0.08
supADF（r_0）	3.0094	1.5936

由表 1 可知，在 95% 的显著性水平下，1924～1936 年道琼斯工业指数右侧 ADF 单位根检验统计量为 -1.3739，小于对应的临界值 -0.08，因而无法拒绝原假设。而 supADF 统计量为 3.0094，显著大于其对应 95% 的临界值 1.5936。这说明该时期的美国股市中有明显的泡沫存在。

进一步，利用 Phillips 等提出的方法，在 supADF 检验中，通过递归估计可产生一组 t 统计量 $\{DF_t\}$，将此曲线与临界值曲线 $cv=2/3*ln\ (ln\ (n))$ 相交（这个临界值曲线是非常接近 95% 显著性水平下的临界值，可近似代替（Phillips、Wu 和 Yu，2011），可以得出泡沫产生和破灭的时点，其中 n 表示对应的样本量。

图 1 是根据 1924～1936 年的道琼斯工业指数得出的泡沫产生和破灭的时间。其中实线表示ADF_r统计量，虚线表示对应临界值。如图中所示，ADF_r统计量的值第一次大于临界值的时点对应的就是泡沫产生的时点，其后第一次小于临界值的时点对应泡沫破灭的时点。由此可知，对该时期道琼斯工业指数而言，资产价格泡沫产生和破灭的时间分别是 1928 年 5 月（5 月 8 日）和 1929 年 10 月（10 月 22 日）。

图 1　大萧条时期道琼斯工业指数 supADF 检验泡沫出现和破灭的时点

将该时期资产价格泡沫的始末时间和 CPI 的图形进行对比（见图 2），可发现，泡沫出现的时间比 CPI 大幅变化的时间提前 3 个月左右。这说明资产价格的变化速度要比实体经济的反应灵敏，大约提前 3 个月左右开始带动实体经济和 CPI 的变化。

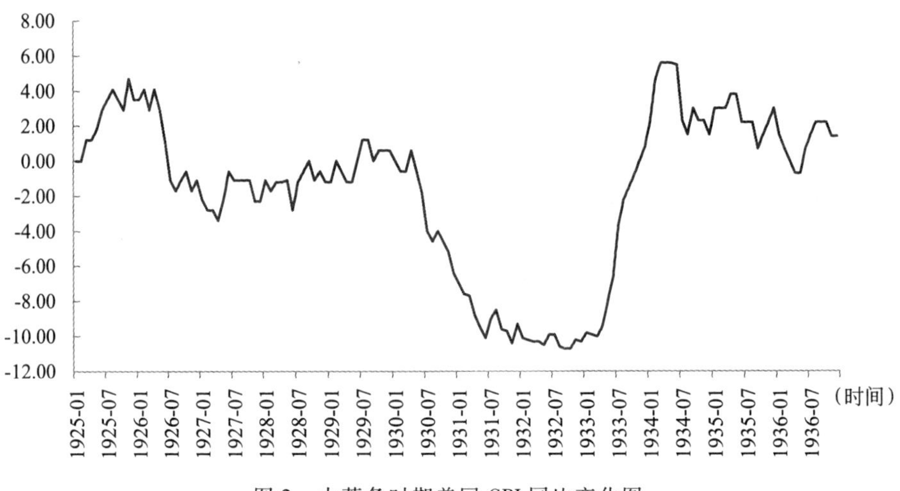

图 2 大萧条时期美国 CPI 同比变化图

（三）大萧条时期资产价格变化对物价的影响测度

为了探讨资产价格变化对物价的影响，下面分别将股票价格（即道琼斯工业指数）以及股票价格的泡沫程度对 CPI 进行检验并建模。同时，考虑到资产价格泡沫时期和泡沫破灭后的通缩时期可能是两种不同的传导机制，将估计阶段分成泡沫时期和通缩时期。由于资产价格数据及泡沫数据均为规模数据，故将 CPI 数据统一转化成定基比数据[①]。鉴于数据的可得性，本时期没有考虑房地产价格对 CPI 的影响[②]。

1. 主要指标检验

这部分的主要回归变量有物价水平（*CPI*）、股票价格（*SP*）和股票价格的泡沫水平（*SPM*）三个变量，考虑到后面的实证为基于时间序列的模型，则需要对所有回归变量的平稳性进行检验[③]。最常用的单位根检验为 ADF 单位根检验，但有时若变量带有时间趋势，则 ADF 检验结果可能仍是平稳的。而 PP 单位根检验因具有对残差假设较少、拒绝存在单位根原假设可信度更强的特点，对带有时间趋势的变量平稳性具有更高的可信度。另外，从资产价格、宏观经济变量的数据特点来看，在通货紧缩时期，这些变量通常具有长期低水平、持续下降、波动性不强等特点，ADF 单位根检验很难检验出这种带有时间趋势数据特征的平稳性，所以我们用 PP 单位根检验加以辅助[④]。

① 此处及本章后文中所使用的 CPI 数据均为定基比数据。

② 后文的两个时期均同时考虑了股票价格和房地产价格对 CPI 的影响。

③ 所有数据均来自于 Wind 数据库。

④ 本文均对变量做了 ADF 单位根检验和 PP 单位根检验两种检验。

为结合后文的分时期建模，对主要回归变量进行了分时期平稳性检验，结果如表 2 所示。

表 2　　主要回归变量平稳性检验情况①

	泡沫时期（1928 年 5 月～1929 年 10 月）		通缩时期（1929 年 11 月～1936 年 12 月）	
	ADF test statistic	PP test statistic	ADF test statistic	PP test statistic
CPI	1.5079	-0.9408	-5.6300***	-0.8360
ΔCPI	-3.0019*	-3.0019*	-4.4553***	-2.9664
SP	-1.7525	-1.7525	-0.8976	-0.8320
ΔSP	-3.9525***	-3.9518***	-9.3068***	-9.4365***
SPM	-1.3951	-1.3951	-1.6489	-1.6489
ΔSPM	-4.0177***	-4.0177***	-8.0549***	-8.0409***

可以看出，三个变量的水平值均无法拒绝存在单位根的假设，而其一阶差分均至少在 10% 的置信区间内是平稳的②。因此，CPI、SP、SPM 三个变量均为 I（1），即一阶单整序列。CPI 和 SP、CPI 和 SPM 均为同阶差分序列，若两者具有显著稳定的长期关系，则说明两者具有协整关系。

2. 股票价格对物价的影响

为考察股票价格变化及其产生的泡沫程度对物价的影响程度，建立了如下回归模型：

$$CPI_{1i} = a_{1i} + b_{1i}SP_{1i} + \varepsilon_{1i}$$

$$CPI_{1i} = c_{1i} + d_{1i}SPM_{1i} + \gamma_{1i}$$

其中SP_{1i}是该阶段第 i 期股票价格（道琼斯工业指数）；SPM_{1i}是股票价格的泡沫程度，它是资产价格变化的衡量指标；a_1、b_1、c_1、d_1分别是模型相应的截距和斜率系数，反映了股票价格及其变化对物价的影响程度。两时期的回归结果如表 3 所示。

从表 3 的结果可以看出，泡沫时期股票价格与物价的关系更紧密，模型的拟合效果更好，并且股票价格与其变化程度和物价呈负相关关系。而在通货紧缩时期，虽然各项系数大部分显著，但整体拟合效果较差，这种较差的拟合优度也从侧面抵消了系数显著性这一有力的证据。在这两个时期，股票价格对物价的影响更为有效，

① 表中所示结果，* 表示该结果在 10% 的置信区间下显著，** 表示在 5% 的置信区间下显著，*** 表示在 1% 的置信区间下显著（后文相同）。

② ADF 检验和 PP 检验对 CPI 变量的检验出现了矛盾，是因为在通缩时期 CPI 表现出非常明显的时间趋势，呈平稳逐渐下降的特征，故水平值为非平稳。其一阶差分在 14% 的置信区间内为平稳的，本文默认该一阶差分变量为平稳的。

表 3　　大萧条期间两时期的模型结果

	泡沫时期（1928 年 5 月 ~ 1929 年 10 月）				通缩时期（1929 年 11 月 ~ 1936 年 12 月）			
	a_1	b_1	R^2	F 统计量	a_1	b_1	R^2	F 统计量
模型 1.1	-102.4797 (***)	-0.0493 (***)	0.7338	44.1128 (***)	-27.9491 (***)	0.3865 (***)	0.6504	156.3022 (***)
	c_1	d_1	R^2	F 统计量	c_1	d_1	R^2	F 统计量
模型 1.2	90.0337 (***)	-1.5103 (**)	0.2724	5.9893 (**)	-7.5318	-27.7689 (**)	0.0458	4.0306 (**)

股票价格泡沫对物价，特别是通货紧缩时期几乎没有影响。虽然 F 统计量均表明四个方程通过了整体显著性检验，但股票价格与物价的方程更显著，泡沫与物价的方程呈弱显著性。对比这两个时期的结果，可以发现，泡沫时期股票价格与物价的传导机制更为顺畅，这从侧面反映泡沫时期会被大家误认为是经济上升期，人们分不清究竟是经济形势利好还是泡沫经济。在通货紧缩时期，股票价格和物价之间的传导机制不明确，这也会间接影响货币政策的调整效果。从下面的分析中可以看出，在通货紧缩时期货币政策调整成本要远大于通货膨胀时期，这就是货币政策实施效果中的不对称性。

（四）大萧条后的美国货币政策

1. 美国政策从自由主义转向凯恩斯主义

从 1933 年开始，美国实施罗斯福新政。1933 ~ 1934 年，美国政府货币政策的重点是鼓励通货膨胀以增加企业利润、提高工资、增加购买力，促进经济的恢复；1935 ~ 1938 年，美国政府从长远考虑，进行收入分配结构调整和社会保险制度改革，国会以立法形式通过了《紧急银行法》《联邦紧急救济法》《农业调整法》《国家工业复兴法》《田纳西河流域管理法》《社会保险法》等一系列法律，调整经济结构，保障政策改革的实施效果。

2. 财政政策为主，货币政策为辅

1933 ~ 1934 年的新政着重“复兴”，主要措施有：维持银行信用，实行美元贬值，刺激对外贸易，限制农业生产以维持农产品价格，避免农场主破产；规定协定价格以减少企业之间的竞争，防止企业倒闭。1935 ~ 1939 年的新政则着重“救济”和“改革”，主要措施有：更加有力地运用行政干预，实行缓慢的通货膨胀，广泛开展公共工程建设和紧急救济，实施社会保险，扩大就业机会、提高社会购买力；进行税制改革，根据纳税能力纳税，分级征收公司所得税。罗斯福新政恢复了公众对美国政治制度的信心，强化了联邦政府机构，促进了美国工业、农业的逐渐恢复。

罗斯福当政之后，全面采用了凯恩斯的需求管理政策，大量用财政政策刺激经济，对后来美国政府财政政策选择产生了深远的影响。罗斯福执政时期开始建立社会保障制度，鼓励建立独立的工会以增强劳工对资方的谈判能力，所有目的都是为了提高普通民众在社会财富中的分配比例，刺激消费，解决经济危机中的核心问题——生产过剩，需求不足。由于衰退中物价出现了大幅下跌，以实际 GDP 衡量，到了 1935 ~ 1936 年，经济已经逐步恢复到 1929 年的水平。美国这一阶段的政府政策以财政政策为主，货币政策为辅，但适宜的货币政策为财政政策发挥作用提供了必要的空间。这一阶段美国采取了连续降息的货币政策，推进国内信贷市场的复苏，降低企业的借贷成本，实体经济呈现出复苏迹象。罗斯福担任总统后的一系列扩张型财政政策，推动了美国经济的企稳复苏。

三、日本泡沫破裂前后时期

（一）日本泡沫时期的经济状况及根源

1. “广场协议”的签订

20 世纪 80 年代，日本政府追求经济增长速度，长期采取了超宽松的货币政策，日本经济高速增长，贸易顺差不断扩大，引起了欧美各国的强烈不满。1985 年“广场协议”签订后，日本面临日元升值出口萧条的压力。同时，日元升值引发了大规模国际“热钱”流入，吹大了日本的房市和股市泡沫。1986 年 1 月至 1987 年 2 月，日本政府将官定利率连续 5 次下调，将中央银行贴现率从 5% 下调至二战后最低水平 2.5%，并在日本房地产泡沫期间将 2.5% 的超低利率维持长达 27 个月之久，进一步加剧了股市的泡沫。

2. 土地价格大幅上涨

在利率调整的同时，日本政府也限制了土地投机交易并减少了土地供给。土地政策的实施使得土地的短期供给骤然下降，导致地价不降反升。另一方面，日本政府对民间融资政策的鼓励，导致民间资金大规模进入房地产市场，企业大量资金流入房地产市场，进一步加剧了房地产的泡沫。为追逐高额利润，大量资金流入了证券市场和房地产部门。1988 年到 1989 年日本的泡沫经济发展最为严重，1988 年上半年日本的土地价格上涨了 21.7%。

3. 信贷规模大幅扩张

1985 年到 1987 年，日本城市银行的贷款总额高速增长，与此同时，许多日本公司还通过伦敦债券市场大量发行可转换债券和附带认股权证的欧洲债券，筹集到大量廉价的海外资金，然后把筹集到的资金兑换成日元，从 1987 年到 1989 年，日本货币供应量 M2 年增速分别达到 11.5%、10.4% 和 10.6%，和扩张的货币政策相伴随的是日本经济增长速度在 1989 ~ 1990 年分别达到 4.8% 和 5.1%，大大超过同期其他发达国家的水平。

（二）日本资产价格泡沫的测度

我们使用 Phillips、Wu 和 Yu（2011）提出的 supADF 泡沫检验研究日本泡沫经济的始末时期。在日本的泡沫经济中，房地产价格的崩盘通常是人们最为关注的。而由于日本1990年之前的房地产数据有限，无法满足本检验的要求，因此本部分使用了日经225指数作为资产价格的指标变量，选取了1984年1月4日至2000年12月29日的日度数据进行检验，样本量为4187。表4给出了有尾ADF、supADF检验统计量的取值和对应的95%的右尾临界值。

表4　　95%显著性水平下supADF的渐近临界值

统计量	日经225指数	渐近临界值
ADF	-1.6580	-0.08
supADF (r_0)	3.0924	1.5936

由表4可知，在95%的显著性水平下，该时期日经225指数右侧ADF单位根检验统计量为-1.6580，小于对应的临界值-0.08，因而无法拒绝原假设。而supADF统计量为3.0924，显著大于其对应95%的临界值1.5936。这说明该时期的日本股市中有明显的泡沫存在。

进一步，对日经225指数进行泡沫检验的点估计，即得到图3所示的递归估计量和临界值。如图3所示，资产价格泡沫从1986年3月（3月14日）到1990年2月（2月19日）断断续续持续存在。虽然在图上看到1989~1990年间的泡沫非常小，但事实上这是由于Phillips、Wu和Yu（2011）所提出方法的局限性所致。该方法对第一个泡沫的识别非常有效，但是若存在第二个或者第三个泡沫，则此方法的识别效果将会减弱，这是1989~1990年间的泡沫感觉非常小的原因。Phillips、Wu和Yu后期对该方法又进行了改进用以识别多个泡沫，这些改进的方法在本章中没有引用。

图3　日经225指数supADF检验泡沫出现和破灭的时点

对比该时期的资产价格泡沫和CPI的走势图（图4），可发现，泡沫出现的时间比CPI的大幅变化的时间提前了6个月左右，这说明资产价格的变化非常灵敏。

图 4 日本 CPI 同比变化图

结合实际数据我们可以看出，直到 1989 年 5 月，日本金融当局对经济过热产生了警惕，开始通过提高利率的方法来挤泡沫，在随后的 15 个月内，连续 5 次加息，将基准利率从 3.25% 提高到 6%，并且还实施严格的窗口指导。受此影响，自 20 世纪 90 年代初开始，日本股价持续下跌。当 1990 年 8 月 30 日第五次上调利率至 6.0% 时，股价在一个月内从年初的 39000 点下跌至 20000 点，跌幅近 50%。至 1992 年 8 月 18 日，股市跌至 14309 点，较 1989 年的最高点下降了 63%。地价也出现了下跌，从 1991 年开始，日本全国商业和住宅用地出现下行拐点，到 2008 年降至 20 世纪 80 年代初的水平。伴随着日本政府采取的激进的货币和土地政策，日本的股价从 1989 年 12 月 29 日的顶峰急剧下滑，日元贬值、股票下跌，泡沫破灭，市场风险显现。由于股价和地价的下降导致公司抵押担保物的贬值，金融机构为避免信贷资产损失而催促借款企业提前偿还借款或追加担保，迫使借款企业转让自己手中的股票和不动产，短期内增加了地产和股票的供应量，导致股价和地价进一步下降。

房地产和股市泡沫的破灭，直接导致了日本土地价值连降 8 年，从 1990 年的 2400 兆日元下降到 1997 年的 1700 兆日元，减少额相当于日本 GNP 的 1.4 倍，1999 年地价比 1990 年峰值缩水了 80%。日本房地产业在 1993 年全线崩溃，企业大量倒闭并带来了高达 6000 亿美元的坏账。对于金融机构而言，在泡沫时期银行不仅热衷于股票及房地产投机，也为剩余资金积极寻找出路，以房地产和股票等有价证券作为抵押的贷款申请，大多被高估了资产价值，随着泡沫经济的崩溃，银行出现大量的坏账，导致大批金融机构破产。

（三）日本泡沫时期资产价格变化对物价的影响测度

为了探讨日本泡沫期间资产价格变化对物价的影响，与第一部分的研究思路类似，针对资产价格泡沫时期和泡沫破灭后的通缩时期分别对资产价格以及资产价格的泡沫程度对 CPI 进行最小二乘回归。其中资产价格分别使用股票价格和房地产价格进行分析，由于仅有 1990 年之后的房地产价格数据，而生成泡沫数据时需要 10% 初始变量，泡沫的数据更少，因此没有分析房地产泡沫程度对物价的影响。

1. 主要指标检验

本部分的主要回归变量有物价水平（*CPI*）、股票价格（*SP*）、房地产价格（*HP*）、货币供应量（*M2*）、工业生产指数（*IND*）、贴现率（*INT*）、就业人数（*EMP*）7 个变量。其中股票价格为日经 225 指数，房地产价格为新建公寓楼平均单价（单位：万日元/平方米），工业生产指数作为 GDP 的替代指标（因为 GDP 没有月度值），利率变量为日本央行贴现率。所有变量均为月度值。对所有变量进行平稳性检验，结果如表 5 所示。

表 5　　主要回归变量平稳性检验情况[①]

	泡沫时期（1986 年 3 月 ~1990 年 2 月）		通缩时期（1990 年 3 月 ~2000 年 12 月）	
	ADF test statistic	PP test statistic	ADF test statistic	PP test statistic
CPI	2.2111	4.2882	-2.4025	-2.7924*
SP	-2.7042	-2.9785	-3.4287*	-3.3684*
SPM	-2.8140	-2.8958	-3.9486**	-3.6756**
HP	—	—	-5.2100***	-5.4293***
M2	—	—	-3.1922*	-1.8414
IND	—	—	-0.9455	-1.6531
INT	—	—	-0.5068	-0.5131
EMP	—	—	-2.2080	-3.4908**

可以看出，除房价和股价的泡沫数据外，其余变量的水平值均无法拒绝存在单位根的假设，而其一阶差分在 10% 的置信区间内是平稳的。房价和股价泡沫数据的平稳性与其他不同，因为单位根的检验会因选取时间段的不同而不同。1990 年以后的 10 年，日本经济尤其是房地产行业持续低迷，价格一直低迷不振，因此从数据上看似乎呈现出一种平稳的性质。建立时间序列模型后，需要检验方程的残差项是否平稳，来判断协整关系，若残差序列平稳，则说明具有协整关系，若不平稳，则说明变量之间不存在长期平稳的协整关系。

2. 股票价格对物价的影响

① 因变量较多，限于篇幅，表 5 仅列出所有变量水平值的平稳性检验结果，一阶差分检验结果未在此列出。经检验，各变量一阶差分后均为平稳序列。

考虑日本股票价格变化对物价的影响程度，建立回归模型如下：

$$CPI_{2i} = a_{2i} + b_{2i}SP_{2i} + \varepsilon_{2i}$$

$$CPI_{2i} = c_{2i} + d_{2i}SPM_{2i} + \gamma_{2i}$$

其中SP_{2i}是第 i 期股票价格（日经 225 指数）；SPM_{2i}是股票价格的泡沫程度，它是股票价格变化的衡量指标；a_2、b_2、c_2、d_2分别是模型相应的截距和斜率系数，反映了股票价格及其变化对物价的影响程度。两时期的模型结果如表 6 所示。

从表 6 可以看出，股票价格及其泡沫能够解释物价。相对来讲，股票价格在泡沫时期对物价的解释能力更强，而股票的泡沫程度则在通货紧缩时期对物价的解释能力更强。两个模型的所有系数均十分显著，整体的拟合效果也优于本章第一部分。除泡沫时期的股价泡沫与 CPI 的模型之外，其余模型的显著性较高。

表 6　　日本泡沫破裂前后两时期的模型结果

	泡沫时期（1986 年 3 月 ~1990 年 2 月）				通缩时期（1990 年 3 月 ~2000 年 12 月）			
	a_2	b_2	R^2	F 统计量	a_2	b_2	R^2	F 统计量
模型 2.1	62.9759 (***)	0.0020 (***)	0.6914	103.0458 (***)	1055.712 (***)	-0.0296 (***)	0.6096	199.8740 (***)
	c_2	d_2	R^2	F 统计量	c_2	d_2	R^2	F 统计量
模型 2.2	119.6233 (***)	-5.0717 (*)	0.0691	3.4124 (*)	-376.4548 (***)	-535.2604 (***)	0.7028	302.7062 (***)

从股票价格对物价的影响效果来看，通缩时期股票价格对物价的影响与泡沫时期股票价格对物价影响效果相反（这与第一部分美国大萧条时期的模型结果十分类似）。这说明，通缩时期股票价格和物价之间的传导机制与泡沫时期并不对称，通缩时期的股票价格上涨对经济的正向刺激作用有限。这有可能是通缩时期资产价格的上涨可能吸引社会及公众的资金向股市聚集，间接影响资金流入实体经济，从而导致经济持续萎靡不振。

3. 房地产价格对物价的影响

考虑日本房地产价格变化对物价的影响程度，建立回归模型如下：

$$CPI_{2i} = a'_{2i} + b'_{2i}HP_{2i} + \varepsilon_{2i}$$

其中 HP_{2i}是第 i 期房地产价格，模型结果如表 7 所示。

从表 7 可以看出，在日本 1990 年 3 月至 2000 年 12 月这段持续低迷的通货紧缩时期，房地产价格与 CPI 关系比较紧密，其影响效果与股价类似，对 CPI 为负向的影响。这说明在日本通缩时期，房价对物价的传导机制并不明确，这可能跟公众持续预期的低通缩有关，即当房地产价格上升时，吸引了社会上更多的投资资金，而

表 7　　日本泡沫破裂后的模型结果

	通缩时期（1990 年 3 月 ~2000 年 12 月）			
	a'_2	b'_2	R^2	F 统计量
模型 2.3	1121.767 (***)	-9.3314 (***)	0.7870	472.8689 (***)

减少了资金在实体经济的运转，使得整体物价水平更加低迷，而此时的资本市场和实体经济市场更像是“两张皮”，相互竞争吸引资金，呈现出一种此消彼长的态势。这表明公众对于通货紧缩已经习以为常，资本市场的运作很难拉动实体经济的恢复。

4. 资产价格、宏观经济因素对物价的影响

上文分析了资产价格对物价水平的单因素影响，而在经济体中货币供应量、经济总产出、利率水平以及就业等因素也是影响实体经济乃至物价水平的重要因素。本部分在前文资产价格的基础上加入了对经济影响因素较大的宏观变量，通过模型回归和筛选对比在日本通货紧缩时期影响 CPI 的主要因素。

本部分的研究思路是：首先分析四个宏观变量对 CPI 的影响程度（模型Ⅰ）；其次，由于股票价格和房地产价格的走势很相近，分别加入这两个变量，分析对 CPI 影响的变化程度（模型Ⅱ、模型Ⅲ）；再次，将所有因素包含在模型中，分析模型回归效果（模型Ⅳ）；最后，剔除综合前面模型的不显著变量，做比较分析（模型Ⅴ）。对此五个模型的回归结果如表 8 所示。

表 8　　日本通缩时期 CPI 的主要影响因素

	通缩时期（1990 年 3 月 ~2000 年 12 月）							
	常数项	HP	SP	M2	IND	INT	EMP	R^2
模型Ⅰ	-304.2620	—	—	1.8204***	-7.5838***	-26.9523***	0.0963***	0.9615
模型Ⅱ	-346.4409*	0.8236	—	1.8684***	-7.7921***	-31.3674***	0.0947***	0.9622
模型Ⅲ	-96.2273	—	-0.0050***	1.6437***	-6.0211***	-25.2002***	0.0688**	0.9689
模型Ⅳ	-144.5201	1.1660**	-0.0053***	1.7020***	-6.2301***	-31.3550***	0.0650**	0.9704
模型Ⅴ	275.1304***	1.2303**	-0.0057***	1.6628***	-5.9370***	-34.0931***	—	0.9691

从各模型的回归结果来看，除常数项外，在 1% ~5% 的显著性水平下，绝大部分变量系数通过了显著性检验。从模型Ⅰ的回归结果来看，除了各系数均十分显著之外，四个宏观变量对 CPI 的整体解释力度也高于股价或者房价的解释力度，模型拟合优度达到了 96% 以上，说明与资产价格指标相比，这些宏观经济指标能更好地解释物价的变化。在加入资产价格因素之后（模型Ⅱ、模型Ⅲ、模型Ⅳ），拟合优度略有提高，说明资产价格对 CPI 也具有一定的解释作用，但作用相对较小。我们

注意到在模型Ⅱ中，房价系数并不显著，且与模型2.3的符号相反，这说明在日本通货紧缩的这10年，房价对于物价的传导机制并不稳定，房价可能通过原材料市场、资本市场、公众心理预期等多种渠道影响到CPI，而仅从价格方面来看，可能并无明显的关联关系。在几个模型中，宏观变量中的就业因素的显著性相对较弱，模型Ⅴ去掉了就业因素后，整体的拟合优度下降很小。

表9　各模型的主要检验

	回归方程 *F* 统计量	Heteroskedasticity Test *F* 统计量	EG test
模型Ⅰ	780.6345***	3.6663***	-3.1902***
模型Ⅱ	632.0425***	2.7867**	-3.3437***
模型Ⅲ	774.4577***	4.1768***	-2.9956***
模型Ⅳ	672.5519***	3.2741***	-3.4046***
模型Ⅴ	776.6068***	4.8741***	-3.1890***

除了对比回归结果，本部分还对模型Ⅰ～Ⅴ做了方程整体显著性、异方差和协整检验。方程整体性检验是计算回归模型的F统计量。异方差检验常用的方法有White检验和Breusch-Pagan-Godfrey检验，本部分使用了后者，由于BPG检验对模型的自由度影响较小，而我们的回归因子数量较多，样本长度只有10年（第三部分只有6年左右），这样不会因为自由度减少较多而影响检验结果。协整检验一般常用的方法有EG两步法检验和Johansen协整检验，虽然后者更适用于多变量协整检验，但是其最终只能检验出变量协整的个数，而我们已经设定了模型结构，没有必要再用此方法，只需用EG两步法检验该模型是否具有协整关系即可。

从表9的检验结果来看，所有模型的方程均十分显著，并且通过了协整检验，具有协整关系，但均未通过异方差检验。这说明模型整体上具有显著的意义，但对于干扰项的考量还有待于进一步深入研究。

（1）变量取对数后的模型结果（详见表10、表11）。

表10　日本通缩时期CPI的主要影响因素（变量取对数）

	通缩时期（1990年3月至2000年12月）							
	常数项	*LG*（*HP*）	*LG*（*SP*）	*LG*（*M2*）	*LG*（*IND*）	*LG*（*INT*）	*LG*（*EMP*）	R^2
模型Ⅰ	-23.4908***	—	—	1.9550***	-2.9299***	-0.1386***	3.5210***	0.9100
模型Ⅱ	-20.8689***	0.3817***	—	1.7015***	-2.5717***	-0.0959***	3.3975***	0.9151
模型Ⅲ	-11.1712*	—	-0.4336***	1.3261***	-2.1553***	-0.1466***	2.6469***	0.9304
模型Ⅳ	-10.2770	-0.2415*	-0.4067***	1.2048***	-1.9768***	-0.1192***	2.6230***	0.9324
模型Ⅴ	14.3875***	-0.2515**	-0.4689***	1.0012***	-1.9147***	-0.1484***	—	0.9234

表 11　　各模型的主要检验（变量取对数）

	回归方程 F 统计量	Heteroskedasticity Test F 统计量	EG test
模型Ⅰ	315.9982***	10.6016***	-3.6656***
模型Ⅱ	267.3748***	8.9263***	-4.0504***
模型Ⅲ	331.6349***	8.4739***	-3.6701***
模型Ⅳ	282.7081***	8.0564***	-3.8793***
模型Ⅴ	299.1321***	8.3719***	-3.9258***

从回归结果来看，在1%的显著性水平下，各参数基本均通过了显著性检验。同之前的模型结果类似，宏观变量依旧可以解释CPI的绝大部分变化，资产价格的变化可以部分影响CPI的变化，但影响程度相对较小。

从模型的检验结果来看，结果与变量不取对数构造的模型检验结果类似，模型整体上均十分显著，并且通过了协整检验，但均未通过异方差检验。

（2）广义最小二乘法。由于前面模型均未通过异方差检验，因此需要对表8中的各模型进行异方差修正，即使用加权最小二乘法修正异方差问题。我们使用的是Newey和West提出的方法，可以在同时存在异方差和自相关时对协方差矩阵进行一致估计，这个方法的适用面较广，估计结果具有一致性。这里应用加权最小二乘法时使用的权重为原模型残差的标准差的倒数。经过异方差修正后的模型回归结果如表12。

表 12　　日本通缩时期 CPI 的主要影响因素（加权最小二乘法）

	通缩时期（1990年3月~2000年12月）							
	常数项	*HP*	*SP*	*M2*	*IND*	*INT*	*EMP*	R^2
模型Ⅰ	168.4802	—	—	1.7908***	-7.5618***	-36.1956***	0.0278	0.9378
模型Ⅱ	271.5724	-0.0043	—	1.8593***	-7.7314***	-34.8812**	0.0117	0.9357
模型Ⅲ	307.7583	—	-0.0043	1.0634***	-4.4882*	-39.4736***	0.0336	0.9434
模型Ⅳ	402.6081	0.9066	-0.0046	1.1839***	-4.9930*	-41.8067***	0.0088	0.9439
模型Ⅴ	455.8396**	1.0274	-0.0047	1.2115***	-5.1623*	-41.8643***	—	0.9458

从回归结果来看，同表8中相应模型的回归结果相比，房地产价格和股票价格变量的系数变得不显著，宏观变量中EMP的系数显著性变得完全不显著，其余变量系数的显著性基本没有较大变化。从变量系数符号来看，除常数项外，所有变量系数的符号与表8基本没有变化。

从表13的模型Ⅰ~Ⅴ的检验结果来看，所有模型的方程均十分显著，并且通过了异方差检验和协整检验。这说明模型整体上具有显著的意义，并且加权最小二乘法修正了表 8 中原模型的异方差现象，使检验结果更有意义。

表 13　　各模型的主要检验（加权最小二乘法）

	回归方程 F 统计量	Heteroskedasticity Test F 统计量	EG test
模型Ⅰ	471.3400***	0.6644	-2.5300**
模型Ⅱ	360.9194***	0.4895	-2.4972**
模型Ⅲ	413.0060***	0.3552	-2.3955**
模型Ⅳ	345.2359***	0.2750	-2.6946***
模型Ⅴ	432.9305***	0.3827	-2.7802***

（四）泡沫破灭后的政府政策措施

1. 公定贴现率逐步降至最低

1995~2004 年间，日本政府为了实现经济复苏，实施弱势日元政策，以适度低估日元，维持日元低价位为目标，政府强力干预外汇市场，这时期美元兑日元汇率在 100~120 之间波动，整体呈现贬值态势，直到 2008 年全球金融危机后才开始升值。泡沫破灭后，日本银行长期依靠调整贴现率的手段来调节经济。从 1991 年 7 月到 1993 年 2 月，经过 5 次大幅度下调，公定贴现率降至 2.5%，在 1993 年 9 月至 1995 年期间维持在 1.75% 的水平。受日元升值的影响，日本经济于 1995 年第二季度开始再次陷入停滞，日本政府又开始了新一轮的利率下调，贴现率从 1995 年 4 月的 1.75% 下降到 1995 年 9 月的 0.5% 的低水平。

2. 零利率政策趋于无效

1995 年 9 月至 1999 年年初，公定贴现率长期维持在 0.5% 的水平。但是，随着利率自由化的实施，日本政府通过调整公定贴现率来影响市场利率结构进而调节实体经济的能力越来越弱，日本政府又把货币政策的中间目标从公定贴现率转向隔夜拆借利率。尽管隔夜拆借利率不能由日本银行完全控制，但日本银行可以通过改变同业拆借市场上的流动性影响隔夜拆借利率。1998 年 9 月日本银行将无担保银行间隔夜拆借利率的目标水平由接近公定贴现率 0.5% 的水平下调至 0.25% 的超低水平。然而，这样的低利率政策并没有达到增加银行贷款、带动投资、刺激实体经济的效果，日本经济陷入了“凯恩斯陷阱”，即利率下降无法刺激投资增加，货币政策趋于无效。自 1999 年 2 月起，日本政府开始实施零利率政策，将无担保隔夜拆借利率调至 0.15%，同年 3 月 3 日再次调至 0.03%，这意味着在扣除货币经纪商佣金后利率实际已降为零。日本政府通过零利率政策全面支持金融机构的短期资金需求，增强银行的信用，减少银行的惜贷行为，降低人们的通货紧缩预期。

日本政府的零利率政策实施了一年半之久，2000 年 8 月日本在保持贴现率 0.5% 的不变水平下，近 10 年来首次提高隔夜拆借利率至 0.25%。然而在 2001 年后，日本经济的内外环境不断恶化，经济又重新跌入低谷。为克服通货紧缩、刺激内需，日本银行于 2001 年 2 月 13 日将无担保隔夜拆借利率保持不变，贴现率下调至 0.35%。由于经济复苏势头疲软，日本银行决定 3 月 1 日将贴现率和无担保隔夜拆借利率分别下调 0.1 个百分点。3 月 19 日，无担保隔夜拆借利率下调至 0，9 月 19 日，贴现率下调至 0.1%，日本又重新回到了零利率货币政策。经过将近 5 年的零利率政策，日本央行于 2006 年 7 月 14 日将无担保隔夜拆借利率提高至 0.25%，零利率政策解除。

从上述分析可知，当通货膨胀出现时，资产价格的泡沫已经十分严重，这时日本中央银行才开始采取紧缩政策，如 1989 年 5 月开始提高贴现率，此时从图 3 的结果来看，泡沫已经出现了接近 3 年的时间，这对于抑制资产价格泡沫来说已为时过晚。因为在此之前，政策制定者对于泡沫与经济利好很难区分开，尤其是政府部门更愿意相信国内经济处于向好的新时期，而放松了对资产价格泡沫的警惕。同时，连续猛烈的紧缩政策将目光集中在抑制资产价格上涨上，直接导致了实体经济的大幅衰退。从货币政策的实施效果来看，日本泡沫破灭后长时间经济停滞也反映出衰退时期的货币政策效果非常有限。

四、2007 ~ 2008 年次贷危机及之后的金融危机时期

（一）本次金融危机的根源

对本次金融危机根源的研究，国内外学者做了大量的研究，得出了不同的结论，主要有以下几种观点：

1. 金融机构的过度创新

这是一种最为直接的观点，由于美国各金融机构过度创新，创造了大量的金融衍生工具，当危机在房地产市场爆发时通过这些金融工具的直接或间接作用使次贷危机由银行等金融机构传导至资本市场，之后又从资本市场传导至国际资本市场（North，2008）。

2. 监管体系的缺陷

Melamed（2008）认为次贷危机爆发的根本原因存在信息不对称和政府监管力度不足两个问题。一是信息不对称。次级房贷债券市场发行中存在严重的信息不透明。投资者无法清楚识别债券是否由次级抵押贷款伪装而成。这就导致了债务风险的不断积累，达到一定程度后次贷危机就会爆发。二是政府监管力度不足。Melamed 指出，政府并没有组织相应的机构对次级房贷债券这一金融衍生品进行合理评估，同时，在监管上也没有给予足够的关注，金融衍生品的估值由一些私人债券评级机构评估，利润最大化是私人债券评级机构追求的最终目的，因此在估值过程中存在道德风险，影响估值结果的准确性。

美国金融危机调查委员会于2011年2月提交的《金融危机调查报告》中，有6位委员Phil Angelides、Brooksley Born、Byron Georgiou、Bob Graham、Heather H. Murren和John W. Thompson均认为许多系统重要性金融机构的治理结构和风险管理方面存在严重失误，是引发危机的关键原因；在问责机制和道德规范方面存在系统性的缺失；抵押贷款标准降低和抵押贷款证券化引发了危机并促使危机蔓延；OTC市场上的衍生品对危机的发生起了巨大的推动作用；信用评级机构的失职是造成金融危机的重要一环。

3. 政府宏观决策失误

许多研究者通过研究认为美国在格林斯潘担任美联储主席时期所采取的宽松货币政策是次贷危机的根源。为应对2000年互联网泡沫破灭以及“911”恐怖袭击后面临的经济衰退，刺激经济增长提高就业率，美联储从2001年至2003年6月连续13次下调联邦基金利率，联邦基金利率从6.5%降至1%的历史最低水平，并且在1%的水平停留了一年之久。过低的利率刺激了居民的购房热情，扩大了信贷资金投入。持续宽松的货币政策并没有带来以CPI为代表的一般商品价格的明显上涨，而资产价格却大幅上涨，代表美国20个大城市房地产价格水平的美国标准普尔Case - Shiller 20房价指数上涨迅猛，从2001年1月的112.39一路攀升，到2007年1月时高达202.31，上涨了80%，年均上涨13.33%。虽然资产价格在快速上涨，但是美联储一贯对资产价格波动不采取直接措施：因为通货膨胀率的相对稳定，美联储没有及时停止降息的步伐，从而催生了房地产泡沫，为次贷危机的爆发埋下了导火索。

4. 经济的外部失衡

Bemanke（2005）指出在国际范围内储蓄率水平已经达到较高水平，同时，他指出1997～1998年在亚洲爆发的金融危机使很多投资者和投机者将资金撤出亚洲进入美国，美国的游资过多出现流动性过剩，正是由于亚洲各国过分节俭才导致了美国经常项目出现较大的逆差，持有相似观点的还有Rogoff（2008）、Edwards（2010）和Obstfeld（2010）等人。他们指出，可以通过调整美国贸易产品的需求结构来解决美国经常项目长期高赤字问题，亚洲经济增长方式是出口导向的，为了继续维持出口来拉动经济增长，亚洲各国愿意为美国巨额的经常项目赤字融资。

5. 国际货币体系的结构失衡

在经济全球化背景下，经济危机的表现形式更加多样和复杂。但当把经济危机同国际货币制度放在一起来研究时，就会发现经济危机与国际货币制度具有非常紧密的联系，国际货币制度在一定程度上可以决定经济危机的传导路径和传导范围。若一国货币已经成为全球初级产品定价货币、贸易结算货币和储备货币，则该国以汇率政策来调节经济失衡问题的效果会非常有限。在现代国际货币体系下，一种被普遍接受的储备货币能促进经济全球化更加顺利地进行，但这种货币制度又存在很大的缺陷和风险。危机未必是储备货币发行当局的故意行为，但却是制度性缺陷的必然结果。

6. 房贷违约危机成为全球金融危机的导火索

随着时间的推移，资产价格的上涨最终通过财富效应、资产负债表效应、居民流动性效应等逐渐传递到了一般商品价格上。到 2004 年下半年美联储迫于通货膨胀压力，经过 17 次的连续升息，将联邦基金利率从 1% 上调到 5.25%。高涨的资本市场随利率的不断提高而降温，从 2007 年 1 月到 2009 年 1 月，美国标准普尔 Case - Shiller 20 房价指数从 202.31 点降至 146.34 点，降幅达 27.7%，美国道琼斯工业指数也从 2007 年 10 月的最高点 13930 点降至 2009 年 1 月 8001 点，降幅达 42.6%。

受之前房地产价格上行诱惑，商业银行和贷款机构提供了大量的次级抵押贷款，次级抵押贷款占全部房贷的比例迅速攀升，从以往的不足 5% 快速上升到 2006 年的 30% 左右。随着房地产价格的下跌，房贷违约不断涌现，次级按揭贷款的坏账率不断攀升，金融机构的信贷风险不断上升。2007 年 4 月，美国第二大次级抵押贷款机构美国新世纪金融公司（New Century Financial）申请破产保护，标志着美国次贷危机的爆发。随后，危机迅速蔓延开来，11 月 17 日，摩根士丹利宣布损失额达到 37 亿美元；花旗银行宣布 2007 年 3 季度亏损 65 亿美元，4 季度亏损 98.3 亿美元；2008 年 3 月 16 日美国第五大投资银行贝尔斯登公司被摩根大通公司收购；9 月 14 日美国第三大投资银行美林证券被美国银行收购；9 月 17 日美国第四大投资银行雷曼兄弟倒闭；9 月 21 日美联储宣布批准美国第一大投资银行高盛和第二大投资银行摩根士丹利实施业务转型，转为联邦银行控股公司。危机在造成金融市场大幅动荡的同时，也重创了美国实体经济，使次贷危机演变成自大萧条以来最严重的金融危机。美国实际 GDP 增长率由 2007 年的 1.9% 下跌到 2009 年 -2.6%，失业率也由 2007 年的 4.6% 上升至 2009 年的 9.3%，整个经济在 2009 年陷入通货紧缩状态。与此同时，世界主要发达国家的经济增速下行，失业率上升。

（二）金融危机时期的资产价格泡沫

我们使用 Phillips，Wu 和 Yu（2011）提出的 supADF 泡沫检验方法来研究美国泡沫经济的始末时期。对 2001 年 1 月 2 日至 2015 年 12 月 15 日的道琼斯工业指数进行泡沫检验，样本量为 3769。表 5 给出了有尾 ADF、supADF 检验统计量的取值和对应的 95% 的右尾临界值。

由表 14 可知，在 95% 的显著性水平下，该时期道琼斯工业指数右侧 ADF 单位根检验统计量为 -0.5476，小于对应的临界值 -0.08，supADF 统计量为 -0.2756，小于其对应 95% 的临界值 1.5936，因而无法拒绝原假设。这说明该时期的道琼斯工业指数不存在泡沫。进一步，对道琼斯工业指数进行 supADF 泡沫检验的点估计，即得到图 5 所示的递归估计量和临界值。可以看出，所有 supADF 统计量均在临界值之下，这也进一步说明在该时期美国道琼斯工业指数中不存在价格泡沫。

表 14　　95%显著性水平下道琼斯工业指数 supADF 的渐近临界值

统计量	道琼斯工业指数	渐近临界值
ADF	-0.5476	-0.08
supADF（r_0）	-0.2756	1.5936

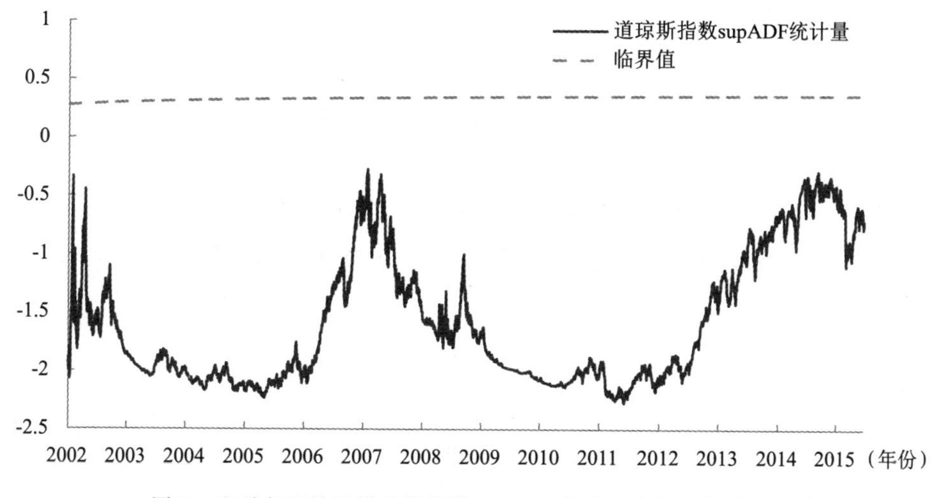

图 5　金融危机前后道琼斯指数 supADF 检验泡沫的点估计结果

除了股票价格，房地产价格也是资产价格的重要组成部分。为检验本时期内是否真的不存在资产价格泡沫，我们选取了 2001 年 1 月至 2015 年 8 月的月度房地产价格指数再次检验资产价格中是否存在泡沫。

由表 15 可知，在 95% 的显著性水平下，该时期房地产价格指数右侧 ADF 单位根检验统计量为 -2.1833，小于对应的临界值 -0.08，因而无法拒绝原假设。而 supADF 统计量为 7.6747，显著大于其对应 95% 的有限样本临界值 1.4682。这说明该时期美国的房地产市场存在明显的泡沫。

表 15　　95%显著性水平下房地产价格指数 supADF 的渐近临界值

统计量	房地产价格指数	有限样本临界值
ADF	-2.1833	-0.08
supADF（r_0）	7.6747	1.4682

进一步，对房地产价格指数进行泡沫检验的点估计，即得到图 6 所示的递归估计量和临界值。如图 6 所示，对该时期房地产价格指数而言，资产价格泡沫产生和破灭的时间分别是 2003 年 6 月和 2006 年 11 月。

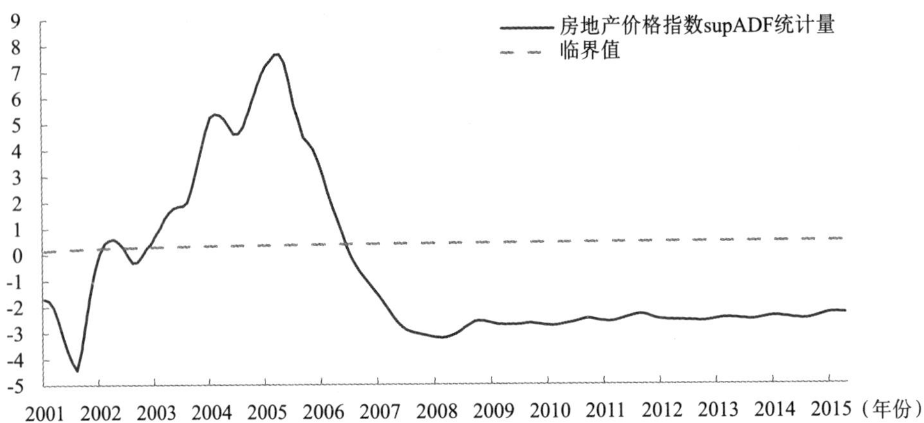

图6 金融危机前后房地产价格指数 supADF 检验泡沫出现和破灭的时点

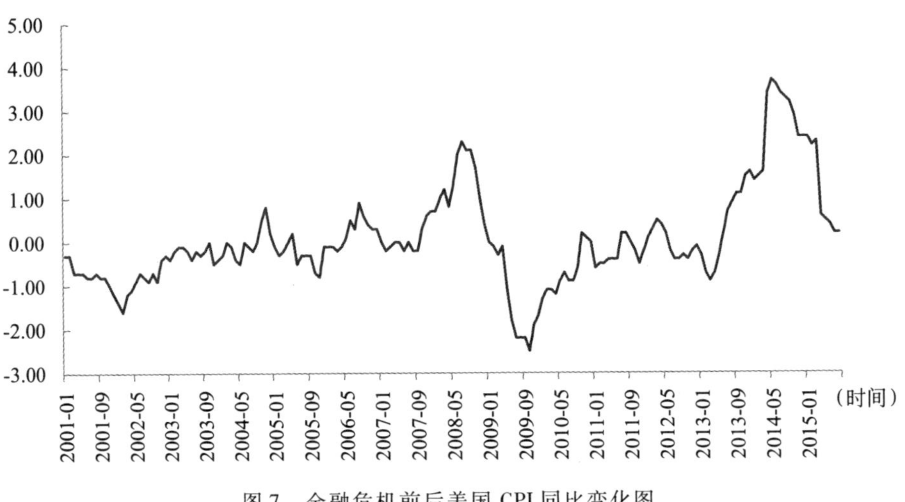

图7 金融危机前后美国 CPI 同比变化图

将该时期资产价格泡沫的始末时间跟 CPI 的图形进行对比，可以发现，该时期两者的走势图没有明显的关联特征。因此，下面通过模型回归详细分析两者的相关程度。

（三）金融危机时期资产价格变化对物价的影响测度

为深入探讨该时期资产价格变化对物价的影响，与前两部分的研究思路类似，在资产价格泡沫时期和泡沫破灭后的通缩时期，分别将资产价格（股票价格和房地产价格）以及资产价格的泡沫程度对 CPI 进行建模分析。

1. 主要指标检验

本部分的主要回归变量与日本的案例一致，仍为 7 个变量[①]。其中股票价格为道琼斯工业指数，房地产价格为标准普尔/CS 房价指数，工业总产值（单位：十亿美元）作为衡量社会经济总量、替代 GDP 的指标，利率为联邦基金利率，就业人数是将农业及相关部门与非农部门的就业人数进行了加总。所有变量均为月度值。对所有变量进行平稳性检验，结果如表 16 所示。

表 16　　主要回归变量平稳性检验情况[②]

	泡沫时期（2003 年 6 月 ~2006 年 11 月）		通缩时期（2006 年 12 月 ~2012 年 12 月）	
	ADF test statistic	PP test statistic	ADF test statistic	PP test statistic
CPI	-0.0053	-0.8475	-1.1968	-0.3453
SP	-2.3629	-2.2818	-1.2009	-1.3426
SPM	0.6719	1.0705	-1.9518	-2.1022
HP	0.6535	1.1919	-0.8485	-0.7971
HPM	0.5676	0.2430	-4.2988 ***	-5.7881 ***
M2	—	—	-0.7067	-0.7125
IND	—	—	-0.3713	-0.6890
INT	—	—	-0.8076	-0.8372
EMP	—	—	-1.5528	-1.1385

可以看出，除了通缩时期的房价泡沫数据外，其余变量的水平值均无法拒绝存在单位根的假设，而其一阶差分在 10% 的置信区间内是平稳的。房价泡沫的数据呈现平稳性的原因可从图 6 中看出，这与选取通货紧缩时期的特定数据有关，但整个泡沫的数据还是呈现非平稳的状态，故我们将其水平值与其他变量一同进行建模分析。建立时间序列模型后，仍需要检验方程的残差项是否平稳，来判断所有变量的协整关系。

2. 股票价格对物价的影响

考虑美国 2008 年金融危机前后股票价格变化对物价的影响程度，建立回归模型如下：

$$CPI_{3i} = a_{3i} + b_{3i}SP_{3i} + \varepsilon_{3i}$$

$$CPI_{3i} = c_{3i} + d_{3i}SPM_{3i} + \gamma_{3i}$$

① 第二部分日本案例中使用的工业生产指数变量在此处替换成了工业总产值数据。

② 各变量一阶差分的平稳性检验结果均为平稳序列。

其中SP_{3i}和SPM_{3i}分别是该时期第 i 期股票价格（道琼斯工业指数）和股票价格的泡沫程度，a_3、b_3、c_3、d_3分别是模型相应的截距和斜率系数，反映了股票价格及其变化对物价的影响程度。两时期的模型结果如表 17 所示。

表 17　金融危机期间股价对物价两时期的模型结果

	泡沫时期（2003 年 6 月 ~2006 年 11 月）				通缩时期（2006 年 12 月 ~2012 年 12 月）			
	a_3	b_3	R^2	F 统计量	a_3	b_3	R^2	F 统计量
模型 3.1	-883.3264 (***)	0.1038 (***)	0.7675	132.0671 (***)	523.0529 (*)	0.0368	0.0247	1.7998
	c_3	d_3	R^2	F 统计量	c_3	d_3	R^2	F 统计量
模型 3.2	577.2911 (***)	183.3155 (**)	0.1209	5.4996 (**)	-61.2400	-593.7441 (***)	0.4980	70.4250 (***)

从表 17 中可以看出，股票价格在泡沫时期能够较好地解释物价，而在通缩时期则几乎没有解释力。股价泡沫在通缩时期能部分解释物价水平，但解释力度不强。这说明，在泡沫时期，公众更愿意相信是经济形势的好转，从而加大投资对实体经济有一定的刺激作用，而通缩时期公众对通缩的预期不明朗，导致资本市场的下跌无法有效传导至实体经济。这也表明政府在泡沫时期和通缩时期的不同政策可能具有不对称的政策效果。

3. 房地产价格对物价的影响

房地产价格变化对物价的影响程度的协整模型如下：

$$CPI_{3i} = a'_{3i} + b'_{3i}HP_{3i} + \varepsilon_{3i}$$

$$CPI_{3i} = c'_{3i} + d'_{3i}HPM_{3i} + \gamma_{3i}$$

其中，HP_{3i}是第 i 期房地产价格（标准普尔房价指数）；HPM_{3i}是该房地产价格的泡沫程度，它是房地产价格变化的衡量指标；a'_3、b'_3、c'_3、d'_3分别是模型相应的截距和斜率系数，反映了房地产价格及其变化对物价的影响程度。两时期的模型结果如表 18 所示。

从表 18 中可以看出，在金融危机期间房价的解释力度更强，并且泡沫出现的时期房地产价格与物价的关系更紧密，模型的拟合效果更好。而在通货紧缩时期，各回归系数与泡沫时期刚好相反。这也印证了第一部分美国大萧条时期的部分结论：泡沫时期房地产价格与物价的传导机制更为有效，说明泡沫时期和通缩时期货币政策和经济整体的反应程度不对称；同时，通缩时期系数的负号与日本泡沫时期案例类似，说明房地产市场与实体经济可能出现了背离。

表 18　　金融危机期间房价对物价两时期的模型结果

	泡沫时期（2003 年 6 月 ~2006 年 11 月）				通缩时期（2006 年 12 月 ~2012 年 12 月）			
	a'_3	b'_3	R^2	F 统计量	a'_3	b'_3	R^2	F 统计量
模型 3.3	-389.4806 (***)	3.3416 (***)	0.8563	238.4428 (***)	3026.961 (***)	-13.3066 (***)	0.5284	79.5408 (***)
	c'_3	d'_3	R^2	F 统计量	c'_3	d'_3	R^2	F 统计量
模型 3.4	191.0376 (***)	4.6496	0.0152	0.6180	531.1509 (***)	-169.4513 (**)	0.0825	6.3831 (**)

4. 资产价格、宏观经济因素对物价的影响

除了资产价格的影响，本部分还进一步分析了加入宏观变量后的多因素影响。选取的变量和研究思路与第二部分类似，通过分步加入变量指标，对比和筛选回归模型，分析在美国金融危机前后的通缩时期影响 CPI 的主要因素。对五个模型的回归结果如表 19 所示。

表 19　　金融危机前后通缩时期 CPI 的主要影响因素

	通缩时期（2006 年 12 月 ~2012 年 12 月）							
	常数项	HP	SP	M2	IND	INT	EMP	R^2
模型Ⅰ	-6735.946***	—	—	0.4266***	0.1556**	-24.8098***	0.0249***	0.9921
模型Ⅱ	-6715.039***	-0.2114	—	0.4260***	0.1567**	-22.9093	0.0250***	0.9921
模型Ⅲ	-6693.480***	—	-0.0154**	0.4425***	0.2975***	-19.0338**	0.0214***	0.9928
模型Ⅳ	-6610.092***	-0.8230	-0.0161***	0.4406***	0.3085***	-11.3633	0.0216***	0.9928
模型Ⅴ	-6510.858***	—	-0.0193***	0.4670***	0.2158***	—	0.0208***	0.9922

从各模型的回归结果来看，在 1% ~5% 的显著性水平下，大部分变量系数均通过了显著性检验。模型Ⅰ中，宏观变量各项系数均十分显著，并且拟合优度高达 99%，说明这四个宏观变量对 CPI 的解释力度非常高。在加入资产价格因素之后（模型Ⅱ、模型Ⅲ、模型Ⅳ），拟合优度略有提高，说明资产价格对 CPI 也具有一定的解释作用，但作用相对较小。同时，在模型Ⅱ、模型Ⅳ中，房价指标均不显著，说明房价对 CPI 的影响非常小，也可能房价影响被股价所代替而不显著。在模型Ⅱ、模型Ⅳ中，利率变量不显著，在模型Ⅴ中将房价指标和利率指标去掉后进行回归，各回归系数相对稳定且十分显著。这说明，对于美国金融危机后的通缩期，货币供应量、工业总产值、就业人数、股价是影响 CPI 的主要因素。

模型Ⅰ ~Ⅴ的方程显著性检验、异方差检验以及协整检验如表 20 所示。检验方法与第二部分相同。从结果来看，所有模型的方程均十分显著，并且通过了异方差

检验和协整检验。这说明模型整体上具有显著的意义，并且回归中干扰项的性质也较好，使得模型结果很有意义。

表 20 各模型的主要检验

	回归方程 F 统计量	Heteroskedasticity Test F 统计量	EG test
模型Ⅰ	2127.622***	2.3706*	-4.3368***
模型Ⅱ	1677.751***	1.9285	-4.3118***
模型Ⅲ	1848.348***	0.8036	-4.6074***
模型Ⅳ	1527.335***	0.6739	-4.5039***
模型Ⅴ	2162.630***	1.8522	-4.0941***

（四）金融危机后的美国货币政策

为了应对危机，美联储从 2007 年开始连续降息增加市场流动性。从 2007 年 9 月开始到 2008 年 12 月底，美联储连续 9 次降息，将联邦基金利率从 5.25% 下调至 0.25%，在一年多的时间里共下调 500 个基点，将联邦基金利率降到了接近于 0 的水平，利率调整力度之大，速度之快，十分罕见。在常规货币政策的基础之上，美联储还积极进行货币政策工具的创新，在 2008 年 9 月实施了量化宽松（Quantitative Easing）货币政策，通过 TAF（定期拍卖便利）、PDCF（一级交易商信贷便利）、TSLF（定期证券借贷便利）、AMLF（资产支持商业票据货币市场共同基金流动性便利）、CPFF（商业票据信贷便利）、TABSLF（定期资产支持证券信贷便利）等创新工具直接购买抵押贷款支持证券和企业债券，向具有系统重要性的大型金融机构、特定的企业和法人注入资金，缓解资金紧张局面，降低融资成本，刺激经济活动。无疑美联储的这些措施对稳定金融市场、创造流动性、防止信贷紧缩和经济下滑发挥了积极的作用。虽然美联储应对金融危机所采取的一系列政策和措施的效果还有待时间检验，但其操作必将丰富货币政策理论与实践，并促使人们深入思考资产价格与货币政策的关系。

五、小结

从美国政府在金融危机中对资产价格波动所采取的态度和对策可以看出，货币政策仅仅盯住通货膨胀是有局限的，虽然货币政策对资产价格作出及时、准确、有效的反应有很大难度，但即使没有严重的通货膨胀或通货膨胀预期，在货币政策操作中如果忽视资产价格，任由资产价格泡沫膨胀和破裂将会对宏观经济和金融稳定带来严重的负面影响。从日本政府对金融危机的干预来看，似乎难以准确区分资产价格泡沫和金融繁荣两者的差别，虽然针对资产价格泡沫做了大量的政策干预，但因为时机不当又给国内经济造成了不可挽回的损失。

那么，货币政策应该如何干预资产价格？中央银行应该在泡沫破灭之前对资产价格进行干预，还是让市场自行消化泡沫，而仅对泡沫破裂后的危机进行救助，目前学术界有两种截然对立的观点。

Bernanke 和 Gertler（1999a）认为，货币政策能否对资产价格变动及时作出反应，主要取决于资产价格变动能否给宏观经济带来通货紧缩或通货膨胀压力，如果资产价格的变动并没有给宏观经济带来通货膨胀压力，货币政策就不必对资产价格变动作出反应；如果资产价格变动给宏观经济带来通膨压力，为了缓解这种压力，货币政策必须作出反应。Vickers（1999）、Bernanke 和 Gertler（1999a）以及 Mishkin（2008）提出，除非资产价格膨胀影响通货膨胀预期（Inflationary Expectation），货币政策才有必要对资产价格作出反应；而且即使资产价格变化影响到预期通胀率，货币政策也不应该直接对资产价格作出反应，而是对通胀率的变动（Inflation Varability）作出反应。Wadhwani（2008）认为，政策不应该仅仅根据资产价格作出调整，更应该关注通货膨胀和产出预期，并且不对假设的未来资产价格泡沫作出反应。但如果价格突然下跌，央行应该尽快采取包括降低利率在内的必要措施，防止经济衰退和通货紧缩。

但也有学者并不认同这一观点。Cecchetti 等人（2000）、Goodhart 和 Hofmann（2000）以及 Palley（2008）认为，在资产价格泡沫生成时，货币政策就应该果断进行干预，以阻止泡沫进一步膨胀，减少宏观经济波动。中央银行有责任处理由资产价格泡沫破灭引发的金融危机，并应该选择先发制人的策略，及时刺破泡沫。Kohn（2009）认为，中央银行应采取积极的（Proactive）态度，对所有影响总需求和通货膨胀预期的变量变化作出反应，包括确定金融泡沫特征的信贷快速增长和资产价格上涨等因素。Bean（2003）认为，资产价格波动原因的多样性并不是忽略资产价格的原因；通过推断和提取资产价格波动的原因，将这些因素纳入到对产出和通货膨胀的分析预测当中，并对此作出反应，优于完全忽视资产价格的情况。

这两种截然相反的观点起因于对诊断资产价格泡沫等金融失衡问题的难易程度，货币政策对资产价格和宏观经济状况影响评估的差异以及在研究中作出的特殊假设。Cecchetti 等人（2000）、Goodhart 和 Hofmann（2000）假设中央银行知道资产市场的波动是否由基本面促成，并且认为中央银行事先掌握充分的信息确定泡沫何时形成、膨胀和破裂，这些都暗示了中央银行比市场有更好的预知力和理解力。

Posen（2003、2006、2010）对此做了长期跟踪研究，认为资产价格泡沫可能源自“非理性繁荣”、技术进步、金融创新等因素，货币条件变动与资产价格变动之间的联系不断减弱，无论是扩张性货币政策与泡沫形成，还是紧缩性货币政策与泡沫破灭之间的联系都十分微弱。因此货币政策没有必要，也没有可能对资产价格变动作出直接反应。

研究表明，中央银行如果缺乏足够的信息，就很难了解资产价格泡沫发展到什么程度才变得不可持续。等清楚地看到泡沫已经形成时，收紧货币政策就变得太冒险，面临资产急剧下跌和经济大幅衰退的风险。在有的情况下，即使提高利率也不能减缓资产价格膨胀的势头，却会对实体经济状况产生不利的影响（Taylor，2007、2009、2010）。因此，要想干预资产价格，中央银行必须比投资者更熟悉资本市场和资产价格的变化趋势。但多数经济学家指出，中央银行在实践中要判断什么是泡沫非常困难。Greenspan（2003、2004）认为，中央银行没有高于私人部门的信息优势，货币政策制定者也不可能掌握比市场更充分的信息。

但是，金融危机事后救助成本远远大于事前积极干预成本。美国政府也为此次金融危机付出了高昂财政救助成本，布什政府的1500亿美元减税方案、7000亿美元的问题资产救助计划（TRAP）、奥巴马政府的7870亿美元刺激计划及减税政策等，使得危机的财政救助成本不断累积，美国财政赤字占GDP的比重由2008年的3.2%上升到2010年的10.6%。在日本的危机救助中也出现了同样的情况。日本政府采取了一系列的救援措施，包括减税、动用财政资金重组或处置金融机构的不良债权，以及用公共资金直接购买金融机构发行的特别股份和次级债，来充实金融机构的资本金。如在1999年，日本政府总共投入的公共资金高达70万亿日元，相当于当年GDP的14%。

尽管很难判断什么是泡沫、泡沫的规模、泡沫如何演化、什么时候泡沫会破裂、泡沫破裂时对经济发展、通货膨胀、金融稳定的影响如何、货币政策会如何影响资产价格，但货币政策制定者对未来的通货膨胀、经济发展、GDP缺口、失业率、均衡的实际利率面临着同样的不确定性。中央银行总是在不确定的环境下制定货币政策，甚至可以说，没有不确定性就没有货币政策。所以，中央银行在制定货币政策时考虑资产价格没有什么本质的不同。中央银行是否对资产价格作出反应取决于中央银行的判断和权衡。

附录：

SupADF 泡沫检验方法原理：

Blanchard和Watson（1982）认为当股票市场出现价格泡沫时，则可能是爆炸性过程；反之当不存在泡沫时，资产价格一般服从单位根过程。因此，检验泡沫可以归结为检验爆炸性过程。

对于一阶自回归时间序列模型：

$$y_t = \rho_n y_{t-1} + u_t,\ u_t \sim N(0,\ \sigma^2),\ iid,\ t = 1,\ \cdots,\ n \tag{1}$$

当$\rho_n=1+c/k_n$时，c为不为零的常数，且k_n的发散速度比n慢时，该过程被称为“中度偏离”单位根过程。进一步，当$c<0$时，该过程属于平稳性过程，被称为平稳性“中度偏离”过程；当$c>0$时，该过程属于爆炸性过程，被称为爆炸性“中度偏离”过程。尤其是，当$k_n=n^{\alpha}$且$\alpha\in(0,1)$时，Phillips、Wu 和 Yu（2011）证明结合向前递归回归利用上确界 ADF 右侧单位根检验（supADF 检验）可以将单位根过程（无泡沫过程）与爆炸性“中度偏离”单位根过程（泡沫过程）加以区分，成为泡沫检验的新的方法。他们对 ADF 模型（2）中的ρ是否大于 1 进行检验。

$$p_t=\mu+\rho p_{t-1}+\sum_{j=1}^{J}\varphi_j\Delta p_{t-j}+\varepsilon_t,\varepsilon_t\sim iid(0,\sigma^2) \tag{2}$$

supADF 检验的基本步骤为：对于给定的样本序列p_t（$t=1$，…，T），首先利用前部分样本p_t（$t=1$，…，$[Tr_0]$，$0<r_0<1$，$[\cdot]$表示取整数）对式（2）进行 OLS 回归，得到ρ的t统计量；随后逐渐增加样本量，利用前$\tau=[Tr]$（$r_0\leqslant r\leqslant 1$）个观测值递归回归得到一系列$\rho$的$t$统计量$ADF_r^t$：

$$ADF_r^t=\frac{\hat{\rho}_r-1}{se\ (\hat{\rho}_r)},\ t=1,\ \cdots,\ [rT],\ 且\ r\in[r_0,\ 1] \tag{3}$$

其中$\hat{\rho}_r$和$se\ (\hat{\rho}_r)$是前$[rT]$个观测值得出的ρ与其标准误的 OLS 估计量。为了检验泡沫，假设H_1：$\rho>1$，Phillips 等（2011）对式（3）中统计量的上确界（最大值）进行右侧 ADF 单位根检验，当统计量大于其右侧临界值时拒绝单位根的原假设，接受存在泡沫的备选假设：

$$supADF\ (r_0)\ =\sup_{r\in(r_0,1)}\frac{\hat{\rho}_r-1}{se\ (\hat{\rho}_r)} \tag{4}$$

在本章中，选取的初始样本比例$r_0=0.1$。根据连续映射定理，在单位根的假设下，统计量的上确界依分布收敛到其对应分布的上确界。所以，supADF 统计量收敛到如下分布：

$$supADF(r_0)\xrightarrow{d}\sup_{r\in(r_0,1)}\frac{r\int_0^r W(t)dW-W(r)\int_0^r W(t)dt}{\sqrt{r[r\int_0^r W(t)^2dW-(\int_0^r W(t)dt)^2]}} \tag{5}$$

其中W是标准的布朗运动，利用仿真实验，模拟得到基于回归方程（2）的 supADF 分布临界值。Homm 和 Breitung（2012）对单位根与爆炸性过程的检验进行了研究，发现 supADF 检验在几种检验方法中较为有效。

除了对整体区间内检验是否存在泡沫外，对泡沫时点进行估计，了解资产价格泡沫产生和破灭的时点更有意义。泡沫时点估计可以直接确定整个区间内泡沫存在的位置，对于资产价格而言，就可以直接了解泡沫或者说是过度波动存在的区域。Phiilips 等（2009）提出的泡沫时点估计方法建立模型（3）之上，是 supADF 检验的副产品。当爆炸性过程的自回归系数具有$\delta_n=1+c/n^{\alpha}$的形式时（$\alpha\in$（0，1），c为正常数），通过以下条件（6）得到泡沫产生的时点$\hat{r}_e$，即当递归回归得出的统计量第一次大于其对应右侧临界值对应的时点即是泡沫产生的时点。对应的，通过条件（7）得到泡沫破灭的时点$\hat{r}_f$，即为当该统计量再次小于对应右侧临界值的时点。

$$\hat{r}_e=\inf_{r\geqslant r_0}\{r: ADF_r^t>cv_{\beta_n}^t\} \tag{6}$$

$$\hat{r}_f=\inf_{r\geqslant \hat{r}_e+\log(n)/n}\{r: ADF_r^t<cv_{\beta_n}^t\} \tag{7}$$

其中$cv_{\beta_n}^t$是统计量ADF_r^t在100β_n%显著性水平下的右侧临界值。在单位根的原假设下，统计量ADF_r^t依分布收敛到以下非标准分布：

$$ADF_r^t\Rightarrow\frac{r\int_0^r W(t)dW-W(r)\int_0^r W(t)dt}{\sqrt{r[r\int_0^r W(t)^2dW-(\int_0 W(t)dt)^2]}} \tag{8}$$

中国通货膨胀：历史、成因及发展趋势[①]

（2011 年 3 月 10 日）

温家宝总理在2011 年3 月5 日的《政府工作报告》中明确指出：要把稳定物价总水平作为宏观调控的首要任务。维护物价稳定是货币政策的核心职能。通货膨胀率是中央银行最重视的宏观经济指标之一。中央银行需要密切关注物价的发展变化并及时作出反应。本报告系统梳理了通货膨胀相关理论，回顾了我国通货膨胀的历史，分析了当前通货膨胀率保持高位的原因，并展望了通货膨胀的未来发展趋势。

一、通货膨胀理论综述

（一）经典通货膨胀理论

通货膨胀是一种复杂的、综合性的宏观经济现象，通货膨胀理论是伴随着宏观经济学的发展而发展起来的。以货币中性是否成立为分水岭，宏观经济学可分为均衡学派和非均衡学派，均衡学派的代表如新古典宏观经济学、货币学派等；非均衡学派的代表如凯恩斯主义经济学、新凯恩斯经济学等。

1. 均衡学派通货膨胀理论

均衡学派通货膨胀理论是以新古典理论为基础、以市场完全竞争与价格均衡为一般前提条件的通货膨胀理论。

（1）货币数量论。货币数量论是建立在充分就业与均衡假定之上的，作为一种正统的通货膨胀理论一直统治着西方理论界直到 20 世纪 30 年代初。一般来说，该理论有两种较完整的表述方式，一是由费雪于 1920 年提出的“交易方程式”；二是由马歇尔与庇古共同提出的“剑桥学派现金平衡方程式”。这两个方程式分别从宏观和微观的角度论证了货币增长与价格变动的相互关系。

费雪交易方程式描述了存在于货币供应量 M、货币流通速度 V、市场真实交易量 T 和物价总水平 P 之间的下列相互关系：$PT = MV$。费雪假定货币的流通速度取决

① 本文合作者为徐峻、胡资骏。

于货币流通部门的结构性因素，在短期内这一流通速度是恒等不变的，即 $V=\overline{V}$，同时假定实际部门决定了市场的真实交易量，在短期内这一交易量也可以认为是一个不变的量，即 $T=\overline{T}$。根据这两个假定，上式就可以改写为物价总水平的定式：$P=(\overline{V}/\overline{T})\ M$。它表明，在给定流通速度与市场交易量之比的条件下，物价总水平完全取决于货币供应量。

剑桥现金平衡方程式是从微观经济的角度阐述货币供应与价格水平的关系，其理论基础是新古典经济学的边际效用理论。根据马歇尔和庇古的分析，任一微观决策者的边际效用恒等于投资的边际效用时，这一财产分配格局才是最优的。这里仅以居民对货币的需求量为例子说明这一关系。单个居民以此边际效用原则决定一定的货币需求量 M_i^D，将此需求量加总，即有全社会的总货币需求量 $M^D=\sum_{i=1}^{n}M_i^D$，该需求量与名义国民收入水平 XP 保持着一定的比例关系 K，于是有：$M^D=K\cdot XP$

将剑桥现金平衡方程式与费雪交易方程式相比，费雪交易方程式中的货币收入流通速度恰好等于剑桥现金平衡系数 k 的倒数。虽然这两个方程式描述问题的出发点与理论理解有异，但是他们在两点上是共同的。其一，国民经济永远是处在充分就业的均衡状态上。其二，当社会生产量恒等于充分就业的产量时，若假定货币流通速度或手持现金比率为一固定量，则货币供应量的增加必然带来物价总水平的同比例增加，从而导致通货膨胀。

（2）自然失业率理论。弗里德曼与菲尔普斯于20世纪60年代末70年代初分别独立提出的“自然失业率命题”（The Natural Rate of Unemployment Hypothesis）开创了当代均衡学派通货膨胀理论的先河。该理论认为，从长远与动态的角度来看，微观经济行为主体（主要指雇员与雇主）能够不断调整自己对通货膨胀的适应性预期，因而基于经济行为主体理性考虑所作出的经济决策（如就业量与雇用量的多少）不会因通货膨胀率的变化而变化，不会受到政府扩张性通货膨胀政策的影响。在这一自由竞争与价格均衡的经济体制里，存在着一种“均衡的”或“自然的”就业水平，反过来说也就是存在着一种与“自然的失业率水平”相适应的就业水平。在这一自然失业率水平上，只要通货膨胀率是被经济行为主体充分预期到的，通货膨胀率或扩张性通货膨胀政策就不会对实际产出与就业产生任何影响。这一自然失业率将对应着一系列短期的菲利普斯曲线，而长期的菲利普斯曲线是垂直的，失业率与通货膨胀率之间不存在反向的关系。换言之，通货膨胀率不仅是失业率的反函数，同时也与预期通货膨胀率正相关。不同的预期通货膨胀率对应着不同的短期菲利普斯曲线；在给定失业率的条件下，预期通货膨胀率的变化将会使短期菲利普斯曲线上移（预期通货膨胀率上升）或下移（预期通货膨胀率下降）。

（3）狭义货币学派。狭义货币学派学者承认“货币供应量的变化会在短期内对实际部门产生影响”。换言之，扩张性货币政策在短期内具有两种效应：实际增长效应与通货膨胀效应。从这个角度上来说，狭义货币学派还是承认了凯恩斯主义关于国家干预会产生短期效应的观点。但他们更强调的是，从长远看，这一干预所带来的对私有经济运行的负效应远大于短期收益，因而国家干预仍是不可取的，或者说应该降低到最低限度。

狭义货币主义模型表明，在预期通货膨胀率等于零的前提下，货币供应量增长会带来实际产出的增长与失业率的下降，同时导致通货膨胀率的提高，但这一动态过程的实际产出效应是逐步衰减的。如果适应性预期发生作用，则扩张性货币政策的实际产出效应将逐步减少，而通货膨胀效应将逐步增大。长期而言，菲利浦斯曲线将最终成为一条垂直线，通货膨胀率与失业率的反向权衡关系将不复存在，这与“自然失业率命题”和弗里德曼“名义收入理论”的基本结论相一致：通货膨胀只是一种货币现象，货币供应量增长带来的是100%的通货膨胀效应，与实际部门的产出与就业无关。

（4）理性预期学派通货膨胀理论。理性预期学派主要源于卢卡斯与萨金特等对菲利浦斯曲线提出的异议，它形成于20世纪70年代中期，标志着现代新古典学派（或均衡派）通货膨胀理论体系的最后形成。

作为一种均衡通货膨胀理论，理性预期学派与狭义货币主义学派关于资本主义私有经济的基本看法是完全一致的。两者的区别在于，前者用理性预期的概念取代了适应性预期，同时否定了政府扩张性干预政策（主要是货币政策）在短期与长期内运用的有效性。理性预期概念的引入使现代均衡派通货膨胀理论在事实上完全复归到传统的新古典学派理论框架之中。

理性预期通货膨胀理论建立在两个基本假设之上。一是市场是完全竞争的，无论在商品、劳动力还是在货币市场上，价格、工资与利息水平都是完全根据市场供求关系而唯一决定的。二是在这些完全竞争的市场上，所有经济行为主体可以在短期内拥有他们进行决策所需的所有信息，经济行为主体的决策将完全根据其自身利益、依所得信息而作出。

理性预期通货膨胀理论可概括为：①由于完全竞争与理性预期的存在，无论短期还是长期菲利普斯曲线都是一条垂直的直线；②通货膨胀仍然是一种完全的货币现象，是政府扩张性货币政策的必然结果。

2. 非均衡学派通货膨胀理论

站在均衡派理论体系对立面的是非均衡学派及制度学派通货膨胀理论。所谓“非均衡学派通货膨胀理论”指的是那些主要以凯恩斯主义国家干预经济理论为基础，以现实资本主义经济中一系列不完全竞争、非价格均衡或结构变动等为一般前提条件的通货膨胀理论。倡导非均衡与制度因素通货膨胀理论的经济学者对均衡学派理论的攻击主要集中在一点，即构成均衡学派理论与政策主张的绝大多数基本假设都与当代资本主义经济运行的现实相去甚远，因而均衡学派理论关于通货膨胀成因、特征与解决方法的分析与政策主张都不可能解决当代资本主义运行发展的问题。均衡学派开出的反通货膨胀药方充其量只是一种治标不治本的方法，通货膨胀率的下降是以经济的严重衰退为代价的。

（1）凯恩斯主义通货膨胀理论。20 世纪 30 年代资本主义世界的大危机撼动了从古典学派到新古典学派自由放任的经济思想体系，凯恩斯主义以国家干预为基础的经济理论与政策主张开始成为主流学派。

在通货膨胀理论方面，凯恩斯从两个角度修正了传统的新古典学派通货膨胀理论。①凯恩斯认为货币数量论的结论只有在充分就业的状态下才能成立，而充分就业只是资本主义经济发展中的一个特例。随着资本主义经济的发展，作为“看不见的手”的自由竞争价格机制已经不能保证充分就业与一般均衡的实现，非充分就业乃至大量的失业伴随着经济的运行。资本主义社会经济的特征是有效需求不足，只有通过政府干预刺激社会总需求，才能实现经济正常运行，减少失业。②凯恩斯否认了新古典学派的“货币中性性质”，认为货币供应的变动将同时影响物价水平与实际部门，这一主张为国家运用财政货币政策干预经济提供了理论依据。在此基础上，他第一次从社会总需求的角度论证通货膨胀的形成与发展，这就是所谓“通货膨胀的缺口模式”（The Inflation Gap Model）。

凯恩斯的通货膨胀理论有两个基本假设：其一是通货膨胀只有在充分就业的条件下才会出现；其二是工人与资本家具有不同的边际消费倾向。根据凯恩斯的观点，在充分就业的条件下，由于政府干预所致的总需求增加，通货膨胀是难以避免的。这一通货膨胀通常用所谓“通货膨胀缺口”的概念来描述。通货膨胀缺口指的是社会有效总需求超过商品与劳务的总供给。只要存在通货膨胀缺口，物价总水平必然上升，通过涨价来填补这一缺口。进而，由于商品市场上的过度需求对劳动力市场产生压力，在充分就业的条件下，这一压力会导致工人提高货币工资的要求，而这一“滞后要求”将导致在商品市场上形成新的通货膨胀缺口，进而又导致新一轮的物价上涨。

该模式具有以下几个基本特点：其一，国家干预政策导致的总需求增加是物价上涨的第一推动力，但真正使通货膨胀动态化的是货币工资与物价上涨之间的相互作用。其二，货币工资增长永远处于物价上涨之后，伴随着一定的时滞。换言之，实际工资的增长是不断受到压抑的。其三，工人与资本家之间不同的边际消费倾向是形成这一“货币工资—物价上涨”螺旋的重要原因。这一理论对当代新凯恩斯主义与后凯恩斯主义通货膨胀理论的发展具有深刻的影响。

（2）新凯恩斯主义经济学。从第二次世界大战后至 20 世纪 70 年代中后期，新凯恩斯主义（Neo - Keynesian School）一直是西方经济理论界的主流学派。从严格意义上说，新凯恩斯主义并没有形成自己独立的通货膨胀理论，他们基本上继承了凯恩斯主义的“通货膨胀缺口理论”以及通货膨胀政策和紧缩性政策两者交替运用的政策主张。新凯恩斯主义学者认为他们继承与发展了凯恩斯主义关于总需求调节与国家干预的思想，新凯恩斯经济学被认为是一种关于总需求及总需求变动对产出和价格水平影响的理论。这一理论框架主要包括以下几个方面：

其一，当代资本主义私有经济的运行本身是不稳定的，在这一运行过程中不存在一种能自动使经济恢复均衡的力量。有效需求不足与非自愿失业是最常见的现象，而通货膨胀是与此相对立的另一类现象。

其二，通过财政政策与货币政策形成的总需求扩张，在经济衰退时能对就业与产出形成促进效应，而不会触发通货膨胀，但在经济增长加快时，政策导致的总需求变动会在促进产出增加（就业增加）的同时带来一定的通货膨胀效应，即菲利普斯曲线表示的在通货膨胀率与失业率之间的权衡关系。

其三，当代资本主义经济中，商品市场上的价格与劳动力市场上的工资都已经不完全由供求关系所决定，这些刚性价格（工资）无法自发或迅速地使市场实现均衡。

新凯恩斯主义通货膨胀理论的核心是：在一般情况下，扩张性财政或货币政策在刺激总需求方面同时具有产出（就业）和通货膨胀两种效应。换言之，在通货膨胀率与失业率之间存在着可以选择的权衡，这两者一般不可能同时存在。长期看，较高的通货膨胀率将对应于一定水平上的失业率，他们同意长期菲利普斯曲线的斜率要大于短期菲利普斯曲线的斜率的观点。

就通货膨胀理论而言，在短期通货膨胀的生成机制方面，新凯恩斯主义与均衡学派有着尖锐的分歧。新凯恩斯主义不同意货币学派关于“通货膨胀在任何条件下都只是一种纯粹的货币现象”的命题。他们认为，在存在市场非均衡的条件下，货币供给量的过量增长并不是短期通货膨胀存在的主要条件。从理论上说，新凯恩斯主义者认为在短期内，货币流通速度不是固定的，而且国民经济并不经常地处在充分就业状况，因而简单的货币数量论关于货币供应与物价上涨的唯一关系并不成立。进而，并不是货币供应的每一次增长都将带来物价水平的等比例上涨（即便考虑了两者的时滞），反之物价上涨并不是一定伴随着货币供应量的实际变化。

在长期通货膨胀的成因与效应方面，新凯恩斯主义同整个均衡派通货膨胀理论都是尖锐对立的：均衡学派认为长期通货膨胀的成因完全是由于长期性国家干预政策所致，而这一长期性扩张性政策的实际产出效应为零，长期菲利普斯曲线是垂直的。新凯恩斯主义则认为长期通货膨胀的成因是现代市场经济中非均衡因素的综合产物，即便从长期看，扩张性经济政策仍有实际产出效应，尽管效应可能会有所减弱。长期菲利普斯曲线仍是一条斜率为负的曲线，尽管这一斜率的绝对值较大。只有积极有效地调整宏观经济政策才是正确的出路，而不应放弃国家干预，求助于事实上已经不复存在的“看不见的手”。

（3）后凯恩斯经济学派通货膨胀理论。后凯恩斯主义（Post - Keynesian School）是凯恩斯主义在二战后发展的另一个重要分支。后凯恩斯主义同新凯恩斯主义是相似的，两种理论都坚持从当代资本主义非均衡市场的现实出发来研究当代资本主义，都坚持用国家干预经济来缓解经济危机这一基本理论主张。但是，后凯恩斯主义者在注重国家干预经济的同时，强调应从凯恩斯主义关于收入分配的理论入手来分析当代资本主义经济的各种新现象。此外，后凯恩斯主义者通常不赞同新凯恩斯主义将凯恩斯宏观经济理论与新古典学派微观经济理论“综合”起来的做法。后凯恩斯主义通货膨胀理论在宏观政策方面沿用了凯恩斯国家干预与调节收入分配的主张，在微观上侧重分析各经济行为主体在一定社会条件下的利益关系。后凯恩斯主义者反对弗里德曼等货币学派学者关于“通货膨胀无论何时何地都是一种货币现象”的命题，而认为“通货膨胀在任何条件与任何地方都是一种复杂的社会与政策现象。”

归纳起来，后凯恩斯主义通货膨胀理论主要包括两个方面的内容：①由于当代资本主义经济的发展变化和市场非均衡状态的存在，有关利益主体在国民收入分配过程的相互作用与矛盾冲突形成了强大的潜在通货膨胀压力，这些压力同国家长期性扩张政策的通货膨胀效应一起，构成了对当代资本主义宏观经济稳定发展的重大威胁。②任何潜在的通货膨胀压力都需通过一定的生成机制转化为现实的通货膨胀。从某种意义上说，上述潜在通货膨胀压力的实现是同劳方、资方、政府诸方面在利益关系上的调整相联系的。在收入分配关系上，利益关系协调或妥协与否是决定通货膨胀率强弱的重要因素之一。后凯恩斯主义者认为，在当代劳动力与商品市场已经发生众多质的变化的条件下，过去那种交替运用松或紧的财政货币政策来放松或抑制通货膨胀的“对称现象”已经不完全存在。通货膨胀因扩张性经济政策所推进的趋向远大于因执行紧缩性经济政策所可能被压抑的程度。通货膨胀有一种螺旋式地向上发展、居高不下的倾向，这被称之为“后凯恩斯不对称现象” （Post - Keynesian Asymmetry）。从广义上说，这种不对称现象包括三种形式：一是相对工资的不对称现象。二是实际工资的不对称现象。这两种形式主要表现在劳动力市场上工资水平的居高不下。第三种则是物价水平不对称现象。后凯恩斯主义者认为这些“不对称现象”的存在表明在经济内在运行中存在着严重的潜在通货膨胀压力，这些压力是有关利益主体在市场非均衡的条件下相互作用而形成的。各利益主体对各自利益的追求包括：工人要求增加货币工资以保证在通货膨胀期间自己的实际工资不受损失；不同行业的工人要求保持工资之间的相对公平而形成攀比现象；资方要求利润最大化从而将劳方的工资压力转嫁到物价上涨等等。市场的非均衡条件仍然是“价格—工资刚性体系”。后凯恩斯主义认为，伴随着经济周期的变化和政府相应政策的运用，这些潜在通货膨胀压力将逐步体现为现实的通货膨胀。

（4）结构性通货膨胀理论。结构性通货膨胀理论（The Theory of Structural Inflation）产生于20世纪60年代，其早期的主要代表人物是美国学者斯特里坦（P. Streeten）和鲍莫（W. Baumol）。该理论试图从经济结构的角度来探讨通货膨胀这一长期困扰资本主义经济的难题，它与巴拉萨—萨缪尔森效应异曲同工。

结构性通货膨胀理论主要基于以下四个基本假设。其一，经济结构仍可以粗略地分为工业部门与劳务部门两大类，这两大部门的劳动生产率增长速度不同。一般来说，工业部门的劳动生产率增长要快于劳务部门。其二，这两个部门的货币工资水平是一致的。其三，工业部门与劳务部门的产品具有不同的价格与收入弹性。其四，在整个国民经济结构中，存在着相当强的价格与工资“刚性”。第二与第四个假设是同新凯恩斯与后凯恩斯主义关于劳动力—商品市场的基本假设一致的，这构成了非均衡派通货膨胀理论的共同特点。由于劳务部门的劳动生产率的增长慢于工业部门，而两大部门的名义货币工资又必须一致增长，因此，整个经济结构中的工资增长速度超过劳动生产率增长速度。部门间劳动生产率增长的速度差异与名义工资的一致增长，就成为劳务部门成本持续上升的压力，从而最终构成社会价格总水平上涨与通货膨胀。

（二）对我国通货膨胀原因的研究

在我国通货膨胀的成因方面，李德敏等（1997）对我国通货膨胀成因进行了实证分析，认为货币投放量过大、固定资产投资过大是引发通货膨胀的根本原因。

秦宛顺、王明舰（1997）从货币数量论出发探讨我国通货膨胀的成因，首先从货币因素的角度出发，认为每次货币供给的快速扩张时期都存在物价上涨的现象；其次从商品交易量角度考察影响我国通货膨胀变动的因素，认为国内工业生产、农业生产（粮食产量增长率）、进出口以及投资都会影响国内零售商品的供给，进而对物价水平产生影响；此外，货币流通速度通过利率和一国的货币化程度等方面来影响通货膨胀，由于我国对利率实行严格的控制，存、贷款利率都实行全国统一的标准，因此，利率对于存款和货币流通速度的影响相对较小，而决定居民持币行为的主要因素是对通货膨胀的预期。

中国人民大学经济学院联合课题组（2004）通过对通货膨胀和投资、产出、货币供给等宏观经济变量进行一系列的计量分析以后认为，投资增长是产出增长的原因，却并不是膨胀率上升的原因；通货膨胀率上升也并不是央行扩大货币供给的结果。国家统计局课题组（2005）通过对我国宏观经济形势的全面考察认为，2004年以来的中国通货膨胀是复合性质的，在需求拉动型通货膨胀的基础上叠加输入型通货膨胀和成本推动型通货膨胀，除由经济快速扩张导致的需求拉动因素外，CPI指数和 PPI 指数上涨均包含了石油和与石油有关的进口价格上涨的外部输入因素以及农产品价格与资源性基础产品价格上涨的成本推动因素。李力、杨柳（2006）考察了 1996 ~ 2005 年我国通货膨胀以及宏观环境的变化，分析央行货币供应量、固定资产投资及能源价格和通货膨胀之间的关系，实证结果表明货币供应量的变化较难解释我国通货膨胀率的变化；投资增长并非通货膨胀的直接原因，能源价格攀升是推动我国通货膨胀的主要力量。

针对 2007 ~ 2008 年来我国经济运行中出现的新一轮通货膨胀加速的情况，研究现状和争论主要可以从以下几个方面来归纳：

①需求拉动论：有的学者认为导致我国通货膨胀的原因可能包括人民消费升级导致粮食需求的上升、城市化导致固定资产投资过度膨胀、人民币过分低估引发外需过快增长，乃至经济增长对总需求的拉动作用，因此治理通货膨胀不仅需要紧缩的货币政策，同时应该配合价格管制以及通过本币的大幅度升值等措施来控制总需求。

②成本推进论：有的学者认为，中国的通货膨胀是由于经济高速发展而带来的供应短缺引致的物价上涨，例如，由于土地资源有限性导致的地租价格的上涨，以及劳动力成本、农业机会成本、实际成本和环境成本的上升，因此不应认为是需求拉动型通货膨胀。他们主张进行供给管理，具体措施是通过鼓励企业创新、减税和补贴等手段扩大企业对成本提高的消化能力，同时利用财政政策和体制改革来提高农业产量和其他瓶颈产业的供给。

③从货币数量论角度考虑的学者认为，分析中国的通货膨胀问题的依据是货币主义的创始人弗里德曼的经典论述“通货膨胀无论何时何地都是一种货币现象”。因此，我国的通货膨胀问题没有什么特殊性，在本质上就是由于货币发行过多导致的。

周其仁（2008）指出，我国当前的通货膨胀不是农产品、资源等个别商品价格上涨带动的，也不是全球资源价格上涨带来的输入型通货膨胀，只与我国自身有关，我国的货币投放增速一直大于国内生产总值的增速，我国的通货膨胀从根本上讲就是货币供应过量造成的。

中国人民银行（2008）认为中国经济转型期存在着利率软约束现象，具体体现在“投资饥渴症”和“以贷还贷”为特征的政府行政性资金配置上，央行采取数量手段比价格手段进行调控更为有效。我国银行业贷款是影响投资的重要因素，而货币供应量是引起本轮通胀的重要原因，所以规模控制能够更好地控制物价上涨。

这些研究指出，中国的通货膨胀不能简单归结为粮食价格和基础原材料价格上涨导致的成本推动型通货膨胀，因为粮食价格和基础原材料的上涨不是通货膨胀的原因，而是通货膨胀的结果，治理通货膨胀还是要从根本源头上考虑，采取紧缩的货币政策，控制货币发行量，因为只要货币发行过多，总需求出现膨胀，就会导致经济体对粮食和各种原材料需求的上升，最终引起这些商品价格的上涨。因此，货币过多仍然是通货膨胀的源头。

④结构性通货膨胀论：有的学者认为，我国物价水平的上涨既不能简单归结于需求型通货膨胀，也不能简单认为是成本推动型通货膨胀，而是具有显著的结构性上涨的特征，在本质上是一种相对价格的上涨。原因在于以下几个方面：首先，全球分工体系的调整导致我国经济非均衡发展，进而导致结构性失衡；其次，要素价格管制的放松必定带来劳动力、原材料和土地价格急剧上涨，使要素价格发生相对变动；此外，伴随着工业化、国际化和城市化进程的进一步发展，中国经济进行结构性调整和改革必然引起供求的相对变化，导致结构性通货膨胀的出现。建议采取的措施有：从纠正我国经济发展中长期积累的结构性问题出发，利用放松价格管制、减少税收等政策，纠正目前价格体系中面临的各种扭曲，调整经济增长方式以根治价格上涨的隐患，这才能从根本上治理结构性通货膨胀。与此同时，要认识到这些价格上涨的合理性和必要性，在一定范围内，特别是在中期范围内承受这些价格的上涨。

⑤也有学者认为，我国通货膨胀属于输入型通货膨胀。原因在于，随着国际化进程的加快，国际通货膨胀通过大宗商品的进口、长期的大量贸易顺差和资本与金融账户顺差等渠道输入我国。例如，国际原油、原材料和粮食价格的上涨，以及人民币升值预期带来的资本流入都是导致我国通货膨胀的重要因素。因此，治理输入型通货膨胀要从长期着眼，需要全球经济合作；从短期和中期的实际操作方面来看，我国政府需要改变汇率政策和外汇储备管理政策以及贸易政策，以纠正过度失衡的国际收支状况，同时应当推动经济增长方式的转变，减少对初级原材料进口的依赖，从根本上抑制国际价格波动因素对我国通货膨胀的影响。

2010 年以来，CPI 基本呈现逐步攀高态势，至 2010 年 11 月已经达到 5.1%，创 28 个月来的新高。2011 年 12 月由于食品价格涨幅回落 CPI 同比回落至 4.6%，而 2011 年 1 月又回升至 4.9%，表明当前通货膨胀压力仍然较大。本轮通货膨胀伴随经济复苏产生，呈现出明显的食品价格推动的特征，同时也受货币供应和外围经济影响，对本轮通货膨胀原因的讨论仍然主要在以上分析框架内进行。

二、改革开放以来我国几次高通胀的比较分析

（一）1988～1989 年的通货膨胀

1988 年 CPI 同比上涨 18.8%，比上年高出 11.5 个百分点，1989 年 CPI 涨幅依然维持在 18.0% 的高位，出现较严重的通货膨胀。

这次高通胀主要有以下几个原因：一是扩张的财政政策导致社会总需求猛增。

为满足固定资产投资快速增长的需求和解决企业的资金短缺问题，中央政府从1986年开始加大财政支出力度，1988年全国财政支出同比增长10.1%，比1987年提高7.5个百分点，导致社会需求猛增。二是随着商品价格的放开和工资改革的推进，改革旧的价格体系和经济结构中不合理因素引发高通胀。1988年3月，上海率先调整了200多种主要商品价格，接着各大中城市相继提价，提价商品约占商品总量的80%，价格平均上涨30%，最高者达到80%，尤其是家用电器、摩托车、汽油等化工产品价格上涨明显。三是货币信贷高速增长，流动性明显过剩。1988年人民币贷款增长21.9%，超过GDP实际增速10.6个百分点，流动性宽松。

此次通货膨胀的发生跟通货膨胀预期关系紧密。当时的管理层急于推进价格改革，理顺比价关系，1987年第四季度食品价格持续上升，1988年初又出现“价格闯关”的讨论及宣传，居民对物价上涨的心理预期不断强化，同时企业也随之涨价，一系列消费品和生产资料价格迅速上涨。通货膨胀预期没有得到有效引导，过猛的价格上涨诱发了抢购风潮，抢购风潮又推动了物价的进一步上涨。

针对当时物价高涨的局面，中国人民银行1988～1989年实行“紧缩银根”政策，并取得了积极的效果。主要措施有：提高利率、开办保值储蓄，收缩信贷规模、控制货币发行、减少货币投放。这次宏观调控使社会总需求膨胀的局面得到控制，通货膨胀的势头得到缓解，CPI涨幅到1990年已下降至3.1%。但也应该看到，这次采取“急刹车”式的货币信贷政策，力度过大，导致中国经济增速大幅回落，1989年和1990年的GDP增速仅为4.1%和3.8%，分别比1988年低7.2和7.5个百分点。因此，1988～1989年治理通胀的措施还有很多可以改进的地方。

（二）1993～1994年的严重通货膨胀

1993年CPI为14.7%，1994年高达24.1%，成为改革开放以来物价上涨最快的年份。

从实体经济上看，当时的投资需求和消费需求急剧扩张，严重超过社会的供给能力，导致经济过热，总量失衡。针对1988年经济过热的宏观调控措施出台后，工业生产增速持续回落。由于担心紧缩过度导致经济衰退，为刺激经济增长，宏观调控重点转向放松投资，1993年全社会固定资产投资增长61.8%。投资过度增长的直接后果是投资品短缺，价格大幅度上升。当时的企业技术水平和经济实力难以消化投资品价格的上升，投资品价格的上涨迅速向下游传导，给下游产品带来了巨大的成本推动压力。在刺激投资增长的同时，还采取了刺激消费的宏观经济政策，如1990年采取了取消储蓄存款保值贴补率和调低利率等刺激消费的措施，推动消费需求进一步扩张。

从货币方面看，当时货币投放过多，金融秩序混乱。1993年上半年，现金比上年同期多投放550亿元，比发生通货膨胀的1988年同期多投放近440亿元；1993年

6 月末 M1 增长 36.5%、M2 增长 54.1%，货币供应超常增长。当时普遍存在的乱集资、乱拆借、乱提高利率现象愈演愈烈，在银行储蓄存款增幅回落的同时，国家银行信贷供应出现了大敞口，大量信贷资金流向房地产市场和股市。这种混乱的金融秩序严重影响了经济金融的正常运行，导致物价快速上涨，民众对物价上涨的预期不断强化。

针对当时经济过热所导致的宏观经济失衡、通货膨胀严重的局面，党中央、国务院于 1993 年 6 月下发了中央 6 号文件，采取了 16 条以治理通货膨胀、消除经济过热为首要任务的综合治理措施，以整顿金融秩序为突破口，主要运用金融手段加强宏观调控：一是坚决查处乱拆借、乱集资、乱提高利率等非法行为，防止资金流失；二是适时微调，在总量从紧的原则下，改进贷款供应，实行保国有企业、保重点建设和保农业合理资金需要的“三保”政策；三是在 1993 年 5 月和 7 月先后两次调高存贷款利率，重新开办保值储蓄，稳定居民的心理预期，加快现金回笼。这些手段使当时经济、金融秩序混乱的局面得到了控制。随后几年里，中国人民银行在国务院领导下，坚持实行适度从紧的货币政策，不断强化中央银行的宏观调控能力，把货币政策中介目标从主要依赖信贷规模转向调控货币供应量，并灵活运用利率政策，适时调整利率。到 1996 年底，适度从紧的货币政策收到成效，通货膨胀得到控制，国民经济实现“软着陆”。当年，CPI 涨幅回落到 8.3%，经济增长率逐步回落到 10.0%。

（三）2007 ~ 2008 年的通货膨胀

2007 年，国民经济出现过热的苗头，CPI 涨幅从 2006 年的 1.5% 上升到 2007 年的 4.8%，2008 年继续上升到 5.9%。

这轮通胀主要由食品价格的快速上涨带动，居民消费价格上涨主要集中于食品价格，而食品价格上涨，又主要体现在猪肉、粮食和食用植物油、肉禽蛋等价格的上涨上。这些产品价格上涨的主要原因是农产品生产成本提高、产量受气候和疫情等因素影响出现下降。同时，国际价格的快速上涨也给国内价格带来上涨压力，国际大宗商品价格的 CRB 现货指数从 2006 年就开始持续上涨。最后，流动性过剩也给物价稳定造成很大压力。自我国加入 WTO 以来，我国经常项目顺差、资本和金融项目顺差增长很快，国际收支持续较大顺差带来了大量的外汇净流入，并最终通过中央银行的购汇行为转化为外汇储备。央行购买外汇的同时释放出等量的基础货币注入金融体系中，金融体系流动性过剩的现象日趋严重。从短期来看，过剩的流动性流向固定资产投资、房地产和股市等领域，直接推动了股价和房价的大幅上涨；从长期来看，它也会推动未来消费价格的上涨。当时通货膨胀预期也较高，从中国人民银行开展的全国城镇储户问卷调查中可以看出，2007 年居民对物价上涨预期呈现不断增强的趋势，居民对于物价的满意程度快速下降，通胀预期已经形成。

2007 年，针对银行体系流动性偏多、货币信贷扩张压力较大、物价不断攀升的形势，货币政策逐步从“稳健”转为“从紧”。主要采取以下措施：一是采取综合措施，加强流动性管理。人民银行搭配使用公开市场操作和存款准备金等对冲工具，加大力度回收银行体系流动性。灵活开展公开市场操作，适时开展正回购操作，重新启动 3 年期中央银行票据的发行。二是充分发挥利率杠杆的调控作用。中国人民银行在国内价格水平存在上涨压力、国际环境日趋复杂的背景下，统筹考虑总量及结构因素，灵活运用利率杠杆，先后 6 次上调金融机构人民币存贷款基准利率。三是加强“窗口指导”和信贷政策引导。中国人民银行继续加强对商业银行的“窗口指导”和信贷政策引导，传达宏观调控意图，引导金融机构合理控制信贷投放总量和节奏，坚持“区别对待、有保有压”，优化信贷结构，合理控制基本建设等中长期贷款，严格限制对“两高一资”企业贷款投放，加大对“三农”、中小企业、节能环保等领域的信贷支持。“从紧”的货币政策有效地引导了社会预期，2008 年全国城镇储户问卷调查显示未来物价预期指数基本呈现逐季下行的趋势。

（四）我国治理通货膨胀、管理通胀预期的经验和教训

我国历次治理通货膨胀、管理通胀预期积累了以下经验：

（1）及时调整利率，稳定通胀预期，防止储蓄大规模流出。在 1988 年、1993 年和 2007 年物价出现快速上涨之后，中国人民银行都及时上调了利率，尤其是在 1988 年和 1993 年物价出现两位数涨幅的情况下，两次开办保值储蓄，有效稳定了居民的心理预期，防止储蓄存款大规模从银行流出，对物价造成直接压力。

（2）协调运用本外币政策，加强流动性管理。在我国外贸进出口持续顺差的情况下，中国人民银行通过外汇市场大量买进外汇，增加了国家的外汇储备，保持了人民币汇率的基本稳定。同时，人民银行搭配使用公开市场操作和存款准备金等对冲工具，加大力度回收银行体系的流动性，合理调控金融机构贷款的扩张，并根据宏观调控的需要确定工具组合方式和对冲力度，提高对冲效率。

（3）在主要运用货币政策和金融手段的同时，也注重发挥其他宏观经济政策的作用，实行综合治理。在政策搭配上，货币政策注重与财政政策和其他宏观经济政策之间的配合，例如在 1993 年下半年开始的控制通货膨胀时期，中央银行实施适度从紧的货币政策，就得到了适度从紧的财政政策的大力支持。同时，在价格调控上，还合理运用信息引导、储备吞吐、进出口调节、价格调节基金、财政补贴等各种方式，有效平抑了物价。

（4）积极开展与公众的沟通和引导工作，增强社会公众对稳定价格的信心。人民银行通过行领导讲话、新闻发布、经济金融分析报告等形式向公众明确宣示保持价格稳定是宏观调控的重要政策目标，政府也必将采取有效措施保持物价基本稳定。同时，还向公众解释说明当前物价形势、影响因素和发展趋势，有效引导公众通胀

预期。如在分析报告中阐明能源资源价格形成机制改革主要是为了理顺价格关系，促进资源节约利用和节能减排，为发展生产力、提高人民群众生活水平创造良好的价格环境，并不意味整体价格的上涨。

我国在治理通货膨胀中也有一些教训：

(1) 政策力度过大。1988 年的通货膨胀来势凶猛，1988 年 8 月，我国出现了新中国成立以来第一次储蓄存款的净下降，同时“抢购风”达到了高潮。1988 年 9 月，党中央国务院提出用 3 年左右的时间把改革和建设的重点放到“治理经济环境、整顿经济秩序”上来，并实行财政金融“双紧”政策。这次治理整顿很快收到了抑制通货膨胀的成效，居民消费价格指数由 18.8% 降至 1990 年的 3.1%，1991 年维持在 3.4% 的水平上。但同时，这次采取“急刹车”式的政策调整，力度过大，导致中国经济增速大幅回落，1989 年和 1990 年的 GDP 增速仅为 4.1% 和 3.8%，分别比 1988 年低 7.2 和 7.5 个百分点。

(2) 需要进一步提高政策的前瞻性。1992 年邓小平同志“南方”讲话后，经济热度逐渐上升，1992 年四季度物价较快上涨的趋势已经形成，1993 年这一趋势更加明显，但相应的治理措施在 1993 年 6 月方才出台，造成物价同比涨幅在 1994 年继续上升，到 1994 年 12 月物价开始回落，直至 1996 年底通货膨胀才得到有效控制。此次的政策调整吸取了 1988 年调整太猛的教训，总体成功实现经济的“软着陆”，但若采取的措施更及时一些，力度更适当一些，可以更有效缓解经济过热的程度，保持经济的平稳健康发展。

(3) 农产品供应稳定性不强，加大了政策调控的难度。我国食品消费比重较高，食品价格对物价水平影响较大，在一定程度上讲，我国的 CPI 指数是“食品指数”或“农业指数”。我国农业年景总体上看还是“七分靠天，三分靠人”，加之农业基础设施薄弱，农产品供给受自然气候等因素影响很大，导致了我国农产品供应稳定性不强，进而造成了物价水平不平稳，加大了政策调控的难度。因此，要采取综合措施增加国内农产品供给，保持国内农产品价格的基本稳定。

(4) 需要进一步加强宏观审慎管理，防止资产价格过快上涨强化物价上涨预期。实证研究表明，房地产等资产价格上涨在刺激短期经济增长的同时，最终会推动物价水平的上升，从另一个角度讲，资产价格过快上涨会加剧公众对物价上涨的预期。因此，针对我国资本市场相对不成熟以及居民对金融资产需求逐渐增加的特点，应采取综合措施加强宏观审慎管理，将金融杠杆率保持在一个合理审慎的水平，防止房地产等资产价格过快上涨强化一般消费价格上涨的预期。

三、我国物价统计调查制度

(一) 通货膨胀的衡量

通货膨胀是通过物价变动表现出来的，一般以衡量物价水平的指标或与物价相关的指标来度量通货膨胀。经济学用来衡量通货膨胀的主要指标有：消费者价格指数（CPI）、工业生产者出厂价格指数（PPI）或批发物价指数（WPI）、国内生产总值平减指数（GDP deflator）、生活费用指数等。

消费者价格指数（Consumer Price Index，简称 CPI）是反映一定时期内城乡居民所购买并用于消费的一组代表性商品和服务项目价格变动趋势和程度的统计指标。消费者价格指数可以较真实地反映消费者购买力的变化和物价水平的变动趋势，而且这一指数统计便利、公布迅速，是各国普遍采用的衡量物价水平变动的指标。

工业生产者出厂价格指数（PPI）或批发物价指数（WPI）是反映一定时期内批发市场上商品价格变动程度的经济指标。批发价格指数主要反映的是生产者销售价格变动的情况。由于批发物价指数与产品出厂价格紧密相关，所代表的商品既有消费品也有生产资料，所以持成本推进型通货膨胀观点的经济学家认为批发物价指数最适合用来度量通货膨胀或通货紧缩。批发市场处于消费市场的上游，批发物价指数能领先反映消费市场价格的变动，因而批发物价指数经常被当作经济先行指标。

国内生产总值平减指数（GDP deflator），也叫国内生产总值折算指数，或国内生产总值缩减指数，是按当年价格计算的国内生产总值与按可比价格计算的国内生产总值的比率。国内生产总值平减指数的统计范围与 GDP 一致，包括所有最终商品和劳务，也包括进出口商品，它能反映社会物价总水平的趋势，许多经济学家认为它最适合用于衡量通货膨胀或通货紧缩。但编制国内生产总值平减指数的资料收集较难，许多国家一个季度才编制一次，不能灵敏反映通货膨胀或通货紧缩的程度和动向，因此并不常用。

（二）我国通货膨胀的衡量

现阶段我国以国家统计局为主，人民银行、发展改革委、农业部、商务部、海关总署等部门为辅，编制了多种重要的价格指数，基本涵盖了投资、生产、消费、进出口等经济生活的各个领域。决策部门在分析宏观经济形势、讨论通货膨胀问题时，经常使用的是居民消费价格指数、工业生产者出厂价格指数和企业商品价格指数，另外也关注房地产价格指数和股票指数等资产价格。

居民消费价格指数（CPI）统计的是零售商向居民销售的消费商品或服务价格的变化，是反映一定时期内城乡居民家庭购买的消费品、服务价格水平的变动趋势和程度的相对数。它综合反映食品、烟酒及用品、衣着、家庭设备用品及维修服务、医疗保健和个人用品、交通和通信、娱乐教育文化用品及服务、居住等八方面生活成本的变化。CPI 是从购买者的角度衡量居民生活成本的变动，与居民生活消费的关系最为密切，最为公众和政府所重视，是衡量价格稳定的主要指标。

类似于消费价格指数的经济指标有零售价格指数（RPI），其统计口径较窄，只包括消费者购买的商品，而不包括消费者购买的劳务，因而不能全面反映消费者支出的价格水平及其变化。

工业生产者出厂价格指数（PPI）是反映全部工业产品出厂价格总水平变动趋势和程度的相对数，包括工业企业销售给本企业以外所有单位的产品和直接销售给居民用于生活消费的产品。PPI价格指数调查包括了39个大类行业，4000多种产品，9500多个规格品，代表产品所代表的行业销售额超过全国工业品销售额的70%。它是对CPI上游价格的衡量，PPI变动对CPI水平有明显的影响。

企业商品价格指数（CGPI）是人民银行编制的物价指数。它反映国内企业之间物质产品集中交易（原则上是第一道批发环节）价格变动情况的统计指标，CGPI按月编制月环比、月同比以及定基指数。CGPI的调查范围是国内生产并且在国内销售的物质商品，既包括消费品，又包括投资品，它是我们分析通货膨胀形势的重要参考指标。

中国当前的CPI基本能够准确地反映居民生活成本的变动，但CPI不包括投资品和资产价格等方面的内容，不能反映更广阔领域经济活动的价格变化，具体体现在：（1）CPI的权重合理性受到质疑，透明度有待提高。居民消费结构发生变化，CPI的权重也要及时调整，否则难以全面准确反映农产品、服务价格变化对最终消费价格的影响。此外，统计部门也要及时公布重要农产品及公众关注的农产品在CPI中的权重，避免不必要的社会疑虑和恐慌。（2）CPI所反映的是最终消费品和服务价格的变化，不能反映整体经济活动对通货膨胀的影响。近年来，随着投资率的逐步提高（2009年为47.7%，比1978年提高9.5个百分点），消费率不断下降（2009年为48%，比1978年低14.1个百分点），用CPI来衡量整体经济活动的价格变化具有明显的局限性。（3）计量分析表明，由消费价格指数CPI、企业商品价格指数CGPI中投资品价格指数、70个大中城市房屋销售价格指数、上证综指按照动态因子方法合成的广义价格有助于提前揭示CPI的发展变化。如果仅仅依据CPI来制定和执行宏观调控政策，往往难以实现宏观调控政策的主动性和前瞻性。（4）CPI不能反映虚拟经济对价格的影响。随着虚拟经济的发展，消费品价格与货币购买力之间的相关关系弱化，消费品价格的变化并不能全面准确地反映货币购买力的变化，货币贬值更多地体现在资产价格上涨等方面，如不动产、股票及其他金融衍生产品价格的上涨。（5）大宗商品价格的变化也不能在CPI中反映出来。

反思日本20世纪90年代以来的经济萧条和2007年以来的国际金融危机，人们普遍认为资产价格的过快上涨是危机爆发的重要原因。在传统货币政策框架下，中央银行把价格稳定理解为消费价格的稳定，对资产价格关注不够，主要央行执行了过于宽松的货币政策，利率水平偏低，流动性长期过剩，助长了资产价格泡沫，教训非常深刻。

近年来，随着股票市场和房地产市场的发展，房地产和股票已成为我国居民个人财产的重要构成部分。随着居民财富的增加，资产价格变化对居民的财富效应越来越明显。由于财富效应的存在，资产价格的变动会对消费需求产生明显的影响，包含房地产和股票的资产价格应该成为我国货币政策的重要关注变量。中央银行为实现币值稳定的目标，不仅要盯住当期价格水平，也要关注未来价格变化趋势；不仅要盯住居民消费价格指数，也要更加关注包括房地产和股票等资产价格的发展变化。

四、影响我国物价的原因分析

在2009年11月摆脱负增长之后，2010年以来，CPI基本呈现逐步攀高态势，11月已经达到5.1%，创28个月来的新高。12月由于食品价格涨幅回落CPI同比回落至4.6%，而2011年1月又回升至4.9%。2010年四季度，人民银行储户调查结果显示，73.9%的居民认为物价“高，难以接受”，较上季高15.6个百分点，24.8%的居民认为物价“可以接受”，较上季低14.9个百分点，居民当期物价满意指数降至13.8%，为1999年四季度以来的最低值。

2010年之后的通货膨胀呈现出明显的食品价格推动的特征，这和2008年的情况类似；但非食品价格近几个月涨幅也持续提高，对总体物价水平影响加大，这是此轮通货膨胀的新特征。

（一）食品价格变化

1. 食品价格变化情况

食品类在CPI中约占1/3的比重，食品价格波动较大，是CPI水平波动的主要原因，2010年以来，各月食品价格上涨对CPI上涨的贡献率均在70%左右。

2010年一季度，粮食价格运行较为平稳，之后呈现逐步攀升态势。国家统计局数据显示，粮食价格同比涨幅2010年4月突破10%，5月突破11%，8月达到12%，10月为12.3%，12月粮食价格同比上涨15.6%，涨幅连续9个月上升，创2005年1月以来最大涨幅；2011年1月，粮食价格略有回落，同比上涨15.1%，仍保持高位。

除了粮食以外，鲜菜鲜果也是食品价格波动的主要推动因素。2010年蔬菜价格上涨时间长、涨幅高。国家统计局数据显示，2010年10月鲜菜价格同比上涨31%，为2004年以来第三大涨幅；11月、12月和2011年1月，受稳定物价政策措施影响，鲜菜价格涨幅回落，2010年鲜菜价格同比上涨18.7%，仍比上年高2.1个百分点。

鲜果价格也大幅上涨。国家统计局数据显示，2010年7月以来，鲜果价格连续上涨，2011年1月同比上涨34.8%，达到2006年7月以来的新高；2010年，鲜果价格累计同比上涨15.6%，比上年高5.9个百分点。

2010年上半年肉类产品价格低迷，猪肉价格较长时间里低于“猪粮平衡点”

(6:1)，下半年，以猪肉为代表的肉禽及其制品价格大幅上涨。国家统计局数据显示，猪肉、肉禽及其制品价格同比涨幅分别从2010年6月的2.3%、1.8%涨至2011年1月的12.4%和10.9%。不过，总体来讲，这一时期肉类价格的上涨属于恢复性上涨，涨幅并未失控。2010年肉禽及其制品价格上涨2.9%，猪肉价格上涨1.8%。

2. 我国粮食市场供求现状

在食品价格中，粮食价格是基础，值得特别关注。总体而言，我国农产品主要依靠国内供给，谷物的进口量都较小，只有大豆的进口量较多，国内粮食价格受国际粮食价格影响较小。以联合国粮农组织发布的世界食品价格指数中的谷物价格指数作为国际粮价的代表，考察2001年1月以来CPI中粮食价格指数和国际粮价的关系，发现它们之间的相关系数很小，不到0.1；把CPI中粮食价格同比指数作为被解释变量，先行1期的国际粮食价格同比指数作为解释变量，得到回归结果不显著，说明国际粮食价格的变化不能解释国内粮食价格的变动，我国粮食价格的变动主要由国内供求关系决定，国际粮食价格的变化更多地从预期上影响国内粮价的走势。

在政策支持、科技发展、价格拉动等因素推动下，自2004年以来，我国粮食[①]生产已经实现七连增，粮食产量连续4年保持在1万亿斤以上，不但很好地满足了新增人口的需求，而且人均粮食占有量也由2003年的333公斤逐年提高到2009年的398公斤，2010年进一步上升到407公斤（见表1）。

表1　我国粮食总产量和人均占有量情况

	粮食总产量（万吨）	产量增长（%）	全国总人口（万人）	人均粮食占有量（公斤/人）
2003年	43070		129227	333
2004年	46947	9	129988	361
2005年	48401	3.1	130756	370
2006年	49746	2.8	131448	378
2007年	50150	0.7	132129	380
2008年	52850	5.4	132802	398
2009年	53082	0.4	133474	398
2010年	54641	2.9	134100	407

注：2010年人口数为国家统计局初步估计数。

数据来源：中华粮网、国家统计局。

（1）我国主要粮食品种（水稻、小麦、玉米）供求总体平衡，对进口依赖很

① 按照我国现行农村统计制度统一规定，粮食总产量包括谷物（稻谷、小麦、玉米、高粱、谷子和其他杂粮）、豆类（大豆、杂豆）和薯类（红薯按5斤鲜薯折1斤粮食计算）产量。按照国际通用的统计口径，豆类和薯类被从粮食中分列出来，而采用谷物产量指标。

小，粮食库存水平较高，国家调控粮食价格的能力较强。

按照2009年的统计数据计算，在我国全部粮食产量53082万吨中，水稻、小麦、玉米三大粮食作物产量为46710万吨，占全部粮食产量的88%，是我国最重要的大宗农产品（见图1）。

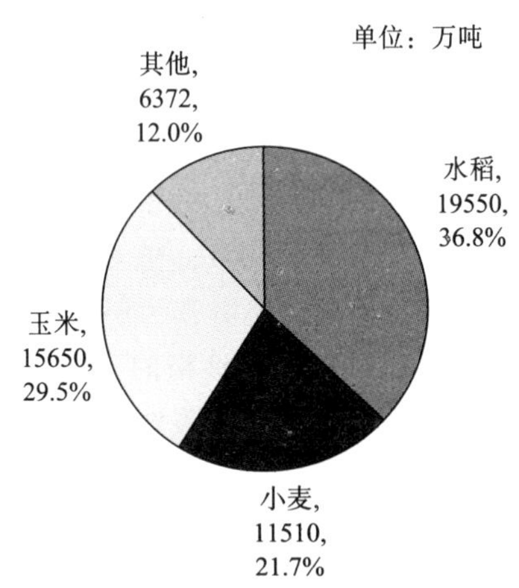

图1　2009年我国三大粮食品种产量及占比

数据来源：中华粮网。

国内水稻、小麦、玉米生产供应较为充足，对国际市场依赖程度低。根据中华粮网[①]披露的数据显示，近年来我国水稻、小麦、玉米等主要粮食品种国内产量大于国内消费量600万～1000万吨，进口量占国内消费的比重一直低于1%（见表2）。由于这些主要粮食品种绝大部分依靠国内供给，对外依存度极低，因此国际水稻、小麦、玉米价格上涨并对我国物价带来上涨影响的可能性很小。

我国水稻、小麦、玉米等粮食储备充足，国家调控价格的能力较强。目前我国已经建立较为完善的国家粮食储备制度，成立了中央储备粮管理总公司，对中央储备粮实施垂直管理，中储粮、中粮、华粮等国有特大型粮食企业在粮食收购中占主导地位。根据国务院发展研究中心调查研究报告（2010年第53号）中披露的数据，截至2009年3月底，我国国家粮食库存达22540万吨，根据2008年我国粮食产量52850万吨和净进口粮食3752万吨计算，2009年一季度我国的粮食库存消费比约为39.8%。

① 中华粮网是由中国储备粮管理总公司控股，集粮食B2B交易服务、信息服务、价格发布、企业上网服务等功能为一体的粮食行业综合性专门门户网站。

表 2　　　　近年来我国三大主要粮食品种种植、生产及消费情况

稻谷

年份	2000	2001	2002	2003	2004	2005	2006	2007	2008	2009	2010（F）
播种面积（千公顷）	29961.7	28812.4	28201.6	26507.8	28378.8	28847.2	28937.9	28918.8	29241.1	30000	30133.3
产量（万吨）	18790.8	17758	17453.9	16065.6	17908.8	18058.8	18171.8	18603.4	19190	19510	19430
消费量（万吨）	19180	19500	19300	18860	18370	17740	17973	18575	18450	18375	18650
进口量（万吨）	24.8	30.4	23.62	25.7	77	51.42	71.9	65	40	45	50
出口量（万吨）	296	177	194.8	260	85	67.2	123.7	132.6	135	110	75
结余（万吨）							-225	-35	645	1070	755

小麦

时间	2000-01	2001-02	2002-03	2003-04	2004-05	2005-06	2006-07	2007-08	2008-09	2009-10	2010-11（F）
播种面积（千公顷）	26653.3	24663.8	23908.3	21996.9	21626	22792.6	23613	23720.6	23617.2	24200	24333
产量（万吨）	9963.6	9387.3	9029	8648.8	9195.18	9744.51	10846.6	10929.8	11245	11510	11415
消费量（万吨）	10900	10830	10610	10580	10390	10150	10202	10520	10355	10475	10725
进口量（万吨）	91.9	73.9	63.2	42.42	723.3	351	58.4	15	45	140	100
出口量（万吨）	18.8	71.3	69.9	251.4	78.3	26	111.4	233.67	0	90	100
结余（万吨）							300	380	935	1085	690

玉米

时间	2000-01	2001-02	2002-03	2003-04	2004-05	2005-06	2006-07	2007-08	2008-09	2009-10	2010-11（F）
播种面积（千公顷）	23056.1	24282.1	24633.7	24068.2	25445.7	26358.3	28463	29477.5	29863.7	30733	31400
产量（万吨）	10600	11408.8	12130.8	11583	13028.7	13936.5	15160.3	15230	16590	15550	16675
消费量（万吨）	11534	11520	11930	12010	12510	13020	14185	14325	15150	15875	16300
进口量（万吨）	0	3.6	0	0	0	4	6.5	3.5	4.9	150	100
出口量（万吨）	1049	599.8	1167	1639	231.8	861	310	48.5	20	15	25
结余（万吨）							115	835	1425	-215	350

数据来源：中华粮网。

如果考虑到 2009 年和 2010 年我国粮食增产、节余①较多，库存进一步增加的情况，我国目前的库存消费比可能已超过 40%，而联合国粮农组织设定的国家粮食库存安全线为该国年粮食消费量的 18%，以此推算我国超过安全线的粮食超储库存至少在 1 亿吨以上，这些粮食储备可随时投放市场保证国内供应和稳定物价。

---

① 节余为当年产量 - 消费量 - （出口量 - 进口量）。

(2) 我国大豆[①]主要依赖进口，国际大豆价格波动对国内大豆价格具有决定性的影响。国内大豆消费对国际市场的依赖程度不断加深。改革开放以来，随着我国人民生活水平的不断提高，国内豆油和豆粕的需求量逐渐增加，增加大豆进口量成为满足国内需求增长的重要手段，自1995年我国首次从大豆净出口国变成大豆净进口国后，进口量逐年大幅攀升。

与此同时，受进口大豆越来越大的冲击，从2004年开始国内大豆种植比较收益下降，导致大豆国内种植面积和产量呈下降趋势，这也进一步加深了我国大豆消费对国际市场的依赖，我国大豆进口量占国内消费量的比重已由2000~2001年度的34%持续上升到2009~2010年度的83%，国际市场大豆价格波动对我国大豆市场价格已经具有几乎决定性的影响（见表3）。

表3　近年来我国大豆种种植、生产及消费情况

	2000~01	2001~02	2002~03	2003~04	2004~05	2005~06	2006~07	2007~08	2008~09	2009~10	2010~11 (F)
播种面积（千公顷）	9306.8	9481.8	8719.5	9312.8	9589	9591	9350	8700	9333	8800	8200
产量（万吨）	1541.1	1540.7	1650.7	1539.4	1740.4	1635	1510	1280	1555	1490	1500
消费量（万吨）	1933.5	2875	3566.5	3353	4212	4368	4475	4795	5200	6000	6500
进口量（万吨）	1007	1407	1107	2107	2007	2659	2828.4	3082.1	4110	5035	5500
出口量（万吨）	21	25	28	27	33	39.6	37.9	45.6	40	20	50
结余（万吨）							25	260	425	505	450

数据来源：中华粮网。

国内大豆价格主要受美洲大豆市场，尤其是美国大豆价格的影响。从世界大豆生产和出口情况看，美国、巴西、阿根廷三国大豆产量占到世界总产量的80%以上，出口量占到世界全部出口量近90%，其中美国的产量和出口量均居世界之首，是世界大豆市场的主要供给者，因此，美豆产量和价格也是影响世界大豆市场价格的最主要因素。反观我国，大豆产量仅占世界总产量的5.7%，但消费量却占到世界总产量的1/4左右，进口量占到世界大豆出口量的57%，是世界第一大豆进口国，美国、巴西、阿根廷三国出口的大豆中均有超过一半销往中国市场（见表4）。目前，我国国内大豆市场价格直接受到国际市场和美国市场大豆价格波动的影响。

① 大豆是豆油、豆粕、食用豆制品的主要原材料，在我国豆油约占食用植物油的40%左右，豆粕是重要的饲料用蛋白原料，占国内饲料工业蛋白质原料的60%左右，豆制品更是我国传统的主要植物性蛋白食品。

表 4　　2009/2010 年度世界大豆生产、消费及进出口情况

	世界	美国	巴西	阿根廷	中国
大豆产量（万吨）	25992	9140	6850	5500	1490
大豆出口量（万吨）	8772	4049	2400	1350	-4975
产量占世界比重（%）	—	35.2	26.4	21.2	5.7
出口量占世界比重（%）	—	46.2	27.4	15.4	-56.7
出口量占产量比重（%）	33.7	44.3	35.0	24.5	-333.9

数据来源：互联网收集整理和计算。

3. 粮食价格上涨的原因

粮食价格上涨较快的主要原因包括以下几点：

（1）成本上涨。成本上涨是粮食价格上涨的根本原因。成本上涨包括生产资料价格的上涨和劳动力价格的上涨。

调查显示，化肥、农药、种子等农业生产资料价格上涨是农副产品价格一路走高的重要推力。2010 年年初春耕期间，江西省农业厅走访农户调查的数据显示，春耕期间江西早稻优质杂交种子平均销售单价为 24～30 元/公斤，同比上涨 25% 左右，紧俏、特色种子涨幅更大。据中国人民银行景德镇市中心支行、宜春市中心支行在 2010 年 11 月进行的调查，2009 年底以来，辖内农户化肥农药价格一直呈持续上升态势，上涨幅度在 25%～40%。按每种植一亩早稻或晚稻要消耗 100 斤化肥计算，仅化肥一项成本就增加 20 元/亩；农机用柴油价格从 2009 年的 1100 元/桶上涨到 2010 年的 1300 元/桶，仅此一项每公顷种地成本又增加近 50 元。中国人民银行漯河市中心支行同期进行的调查也显示，2009 年 9 月以来，化肥价格持续上涨，主要品种价格涨幅超过 15%，柴油、农药、农膜、饲料同比分别上涨 6.2%、14.2%、6.9% 和 11.8%。

选用 2002 年第一季度至 2010 年第三季度农业生产资料价格指数（ACP）、农产品价格指数（AP）与食品消费价格指数（FPI）进行定量分析，经平稳性检验后，对变量进行 Granger 因果检验，结果显示，农业生产资料对农产品价格影响非常显著，存在服从 1～7 阶滞后的因果关系，而对食品消费价格的影响相对弱一点。对这三个变量进行回归建模，引入各期变量的滞后期并采用迭代法，得到：

$$fpi = 0.77ap + 0.18acp(-3) + [ar(1) = -0.84, ar(2) = -0.34, ma(1) = 0.78]$$

农业生产资料对食品消费价格有一定影响，在其他因素不变的情况下，农业生产资料价格指数每波动 1 个百分点，就引起滞后 3 期的食品消费价格波动 0.18 个百分点。农产品价格和农业生产资料价格的变动可以解释食品消费价格约 90% 左右的变动。

劳动力成本上涨也是农产品价格上涨的重要原因。由于农业比较效益低下，大

量农村劳动力选择进城务工、进厂务工，尤其是近年来民工荒背景下农民工工资水平快速提升，使农村劳动力不足、劳动力成本上升的问题更加凸显。中国人民银行景德镇市中心支行在2010年11月进行的调查显示，种粮人工工资已达90~100元/天，同比涨幅高达30%。以种水稻为例，以一般情况下每亩地费工时12天计算，仅人工成本上升，每亩水稻就增加成本360元。中国人民银行长春市中心支行同期的调查也显示，吉林延边插秧雇工费用平均达到100元/天，最高达到150元/天（一人一天完成0.6~0.7亩地），插秧雇工费用每亩达到143元，同比增加29元；玉米人工收割（掰包米）雇工费用为一天80~90元（一人一天收割0.7~0.9亩地），人工收割玉米每亩雇工成本平均达到119元，同比增加28元。

（2）供求关系。据中华粮网的供需平衡数据显示，包括玉米、小麦和稻谷在内的主要粮食品种虽然总体仍然保持供给大于需求的状态，但需求增速高于供给增速，尤其是受2010年雨雪冰冻及洪灾影响，部分粮食品种地域性供需不平衡加剧，导致粮食价格上升。2010年秋冬至2011年春天的北方干旱对2011年的夏粮生产不利，也会影响供求关系（见图2）。

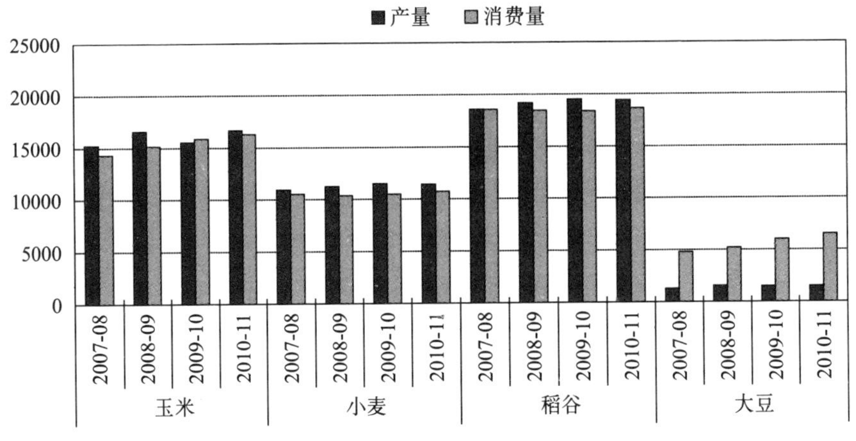

图2 全国粮食主要供需情况（2007/2008年度~2010/2011年度）

数据来源：中华粮网。

饲料和深加工行业粮食需求旺盛是粮食需求增加的主要原因。以玉米为例，2010年年初以来，针对前期国内生猪价格下跌造成的生猪养殖业亏损的局面，国家先后启动了五批冻猪肉收储政策，使生猪养殖效益开始转好，猪粮比价从7月下旬开始恢复至盈亏平衡点之上。2010年9月全国生猪存栏量为45450万头，是2010年以来连续第四个月出现增加态势，随后生猪存栏量基本保持稳定，12月为45380万头，养殖业的向好必然提升饲料玉米需求。据中华粮网数据显示，预计2010/2011年度全国饲料玉米消费量将比2009/2010年度增加150万吨。

从玉米深加工需求来看，一方面，随着玉米淀粉价格的持续上涨，淀粉生产企业对玉米的采购热情不断升温；另一方面，酒精生产企业对粮食的需求量增加，也成为推动2010年以来玉米价格走高的一个重要因素。

目前包括酒精和淀粉在内的玉米深加工产品价格仍然保持高位运行，在吉林省被调查的280户农产品生产加工企业中，有41%的企业储存比上年减少，后期仍将成为支撑国内玉米消费的一个重要因素。另据“中华粮网”数据显示，2009/2010年度国内深加工玉米消费量为4000万吨，预计2010/2011年度仍将会保持小幅增长。

（3）预期因素。2010年粮食价格在收获时节出现价格大幅上涨的态势，不仅反映了供求关系的紧张，更重要的是受到了预期的直接影响。

农民看好后期粮价走势，惜售心态明显。现在农民的信息来源不但快而且广，不少人都能从网上获取信息。2010年全球极端气候导致粮食减产、恐慌性抢购和出口禁令推高国际粮食价格，国内粮食价格也普遍走高。因此，农民对未来价格预期提高，人民银行长春中心支行2010年11月的调查显示，分别有75.5%和56.1%的农民预期2011年玉米和水稻价格继续上涨。在对全省1800位农民粮食销售情况的调查中，有53.4%的农民未售出粮食，23.2%的农民售出在30%以下。农民未售出粮食的原因主要是看涨后期粮价，占比达到93.4%。农民在对卖掉手中余粮的时间选择上，“元旦前”占比10.1%、“春节前”占比26.5%、“春节后”占比26.9%，“尚未确定”占比36.5%。

粮商也看涨粮价，纷纷抢购粮食，推动收购价格看涨。据中国人民银行南昌中心支行反映，外省粮商入市收购积极，收购主体数量增加，竞争加剧推动价格上涨。调查了解到外省粮商多为上门收购，方便农民，价格比本地个体粮商和国有粮食企业高，而且对稻谷的水分、杂质等收购要求较低，因此本地农民更愿意把粮食卖给外地粮贩。如益海嘉里（中国）集团公司在江西收购粮食时，普遍在本地收购价的基础上每百公斤加2~10元。由于益海嘉里集团资金雄厚，又具有先进的烘干设备，所以在粮食收购中，无论私商粮贩收来的粮食水分如何，全部予以收购。在价格方面，也始终以较高收购价格大量抢购粮食，导致江西晚稻尤其是优质晚稻价格飙升。

（二）国际及上游价格传导

1. 国际大宗商品价格对国内资源价格的影响

2008年年中，受国际金融危机影响，国家大宗商品CRB现货价格快速回落，2009年开始从低点回升，至2010年9月达到484.0，已超过金融危机前最高水平。2010年12月和2011年2月，受美国第二次量化宽松政策影响，CRB指数再次大幅提高，2011年1月达到554.5。国际油价也逐步上行，尤其是2010年11月下旬以来出现明显上涨，2011年1月末，布伦特原油价格升至每桶99.80美元。当前充裕的流动性意味着国际大宗商品价格在未来很可能保持在高位，会对国内物价造成压力。

我国对能源和原材料的进口需求较大。2009 年，我国石油的进口量占石油消费量的 61.7%，铁矿砂等其他原材料的进口量也较大。随着我国越来越融入世界经济，我国的物价水平，尤其是原材料等上游价格水平受到世界市场影响，和国际价格相关性较高。从传导机制看，大宗商品价格上涨首先会影响我国进口商品价格，紧跟着会影响企业原材料、燃料和动力购进价格，即资源价格。

我们利用向量误差修正模型（VEC）对 2004 年 1 月 ~2010 年 9 月期间的国际大宗商品价格（CRB）和原材料、燃料和动力购进价格（MPI）的总体关系进行了分析。研究结果表明：在 1% 的显著水平下，CRB 是 MPI 变动的 Granger 原因，且 CRB 对 MPI 的传导时间只需 2 期。从 CRB 与 MPI 长期均衡关系看，CRB 每上涨 1 个单位，我国 MPI 会上涨 0.1187 个单位。从短期动态关系看，在 CRB 指数 1 个标准单位的冲击下，我国 MPI 指数在先期会冲高，并在第 4 期达到顶峰，随后开始缓慢下降，但 CRB 对 MPI 的影响在 10 期过后仍有体现。

2. 国内上游价格上涨对最终消费价格的传导

资源价格的上升首先体现在公共资源产品（煤、电、油、气）的全面上调。油价方面，经过 22 次价格调整（其中 2009 年以来有 11 次，最近一次为 2011 年 2 月 18 日汽、柴油价格每吨均提高 350 元）之后，我国当前油价较 2005 年已经上涨超过 80%。电价方面，发改委公布了阶梯式电价调整方案征求意见稿。气价方面，不少城市已经召开天然气调价听证会。在公共资源产品价格不断上涨带动下，企业资源购进价格也在不断上升。2011 年 1 月，工业生产者购进价格指数（即原来的原材料、动力、燃料购进价格指数）同比上涨 9.7%，PPI 同比上涨 6.6%，均处于较高水平。PMI 指数中购进价格指数在 2010 年 8 月达到 60.5% 的较高水平，随后继续上升，在 2010 年 11 月达到 73.5% 的高位，12 月有所回落，2011 年 1 月又达到 69.3% 的较高水平，也表明上游价格上涨较快。上游物价的上涨使企业成本增加，会造成下游物价上涨的压力，影响最终消费价格。

选取 2007 ~2010 年的居民消费价格指数（CPI）、工业品出厂价格指数（PPI）、原材料、燃料和动力购进价格指数（MPI）月度数据进行研究。为了保证实证分析的有效性，将 PPI、MPI 转换为以 1997 年为 100 的定基比数据，CPI 转换为以 1990 年为 100 的定基比数据，并利用 PBC - X12 - ARIMA 软件对三组数据进行季节调整。经 ADF 单位根检验后，季节调整后的序列均为单位根过程，并为同阶单整序列。

（1）MPI 上涨会带动 PPI 上升，其中燃料和有色金属购进价格对 PPI 的影响最为明显。MPI 与 PPI 的因果关系检验表明，在 1% 的显著水平下，MPI 与 PPI 互为因果关系。但从 P 值看，MPI 是 PPI 的 Granger 可信度更高。Var 冲击响应模型也得到同样结果。在受到 MPI 一个标准差的冲击后，PPI 反应非常明显，冲击效果逐渐增强，而在受到 PPI 一个标准差冲击后，MPI “先冲高后回落”，且反应幅度非常小。

Johansen 协整检验表明，MPI 与 PPI 之间均存在长期的稳定均衡关系。利用 VEC 模型计算可知，MPI 每变动 1 个单位，PPI 会同向变动 0.5452 个单位。

利用 Var 模型冲击响应效应函数，进一步研究 MPI 各分类指数与 PPI 之间的关系后发现，燃料和有色金属购进价格对 PPI 的影响最为明显，而且冲击响应图是单调上升的，说明影响会在一定时期内不断扩大。

（2）PPI 上涨会带动 CPI 上升，但传导过程受阻程度逐渐增加，传导效应逐渐下降。对比 CPI 与 PPI 变动趋势图发现，近年来 PPI 的振幅明显高于 CPI，CPI 与 PPI 之间的平均差距也较 20 世纪 90 年代末有扩大趋势。因此，为了准确辨析 CPI 与 PPI 之间的关系，我们将研究时段分割为 1997～2003 年和 2004～2010 年。

分别对两个时间段的 PPI 与 CPI 数据进行 Granger 因果关系检验。结果表明，1997～2003 年，在 5% 的显著水平下，PPI 是 CPI 的 Granger 原因；而在 2004～2010 年，在 10% 的显著水平下，PPI 是 CPI 的 Granger 原因。因此，从总体来看，PPI 的上升能够带动 CPI 上涨，但因果检验中 P 值的大幅上升一定程度说明了近年来 PPI 向 CPI 传导效应的弱化。

为了更为准确地观察 PPI 对 CPI 的传导效应，我们利用 Var 模型，在两个时间段分别对 PPI 施加 1 个标准差的冲击。对比发现，在 1997～2003 年，PPI 对 CPI 的冲击是单调上升的，而在 2004～2010 年，CPI 短期内变动极小，在第 4 期达到冲击的最大幅度仅为 0.001186 个单位。冲击响应程度的减弱也说明 PPI 向 CPI 的传导越来越不顺畅。

我们引入虚拟变量 D 来对 PPI 向 CPI 的传导效应弱化进行定量分析。虚拟变量 D 的取值方法是：1997～2003 年，D 取值为 0；2004～2010 年取值为 1。这里我们选取 1997～2010 年的 CPI、PPI 数据进行分析，估计结果如下：

$$CPI = 1.211946 + 0.876658 \times PPI - 0.04341 \times D \times PPI$$

在上式中，D×PPI 实际上反映了两个时间段传导效应的差异。在 1997～2003 年，PPI 对 CPI 的影响系数为 0.88，而到了 2004～2010 年，影响系数减少了 0.04，减小幅度为 4.5%。

以上实证均表明当前我国 PPI 向 CPI 传导阻滞逐渐增大。造成阻滞的原因既有我国市场机制不完善的原因（如许多上游工业产品都属于垄断行业），也有市场本身的原因（如许多商品都已出现供过于求的现象）。正是由于这种阻滞的存在，近年来资源品价格上涨的幅度也明显高于 CPI。

（3）长期看资源价格上涨对最终物价的影响较为明显，短期看这种影响也不容小视。考虑到不同时间段，PPI 向 CPI 传导阻滞不同，这里我们确定 CPI、MPI 的数据期限为 2004～2010 年。在 MPI 与 CPI 通过 Johansen 协整检验后，利用 VEC 模型得到的误差修正项公式作为这两者之间的长期关系：

ECM = CPI - 0.4251 × MPI + 2.25687

即长期来看，CPI 对 MPI 的变动弹性系数为 0.4251，MPI 每变动 1 个单位，会引起 CPI 变动 0.4251 个单位。

利用 Var 模型的冲击响应函数来研究 CPI 与 MPI 之间短期变动关系。当受到 MPI 一个标准差冲击后，CPI 在前 4 期迅速进入上升状态，尽管第 5 期后冲击幅度开始减缓，但直至第 10 期，这种影响都是正向的。同时，从 CPI 方差分解结果来看，前 10 期内，MPI 对 CPI 变动解释程度基本都在 15% 以上。这些都说明短期内 MPI 对 CPI 的影响也不容忽视。

（4）资源价格改革影响测算。近年来，我国资源价格调整日趋频繁。以成品油价格调整为例，2008 年调整 2 次，2009 年调整 8 次，2010 年调整 4 次。2010 年 6 月 1 日，发改委发布通知，国产陆上天然气出厂基准价格由每千立方米 925 元提高到 1155 元，提价幅度为 24.9%。2010 年 10 月 9 日，发改委发布《关于居民生活用电实行阶梯电价的指导意见（征求意见稿）》，电价将有所上调。各地多个城市水价的调整也在进行之中。资源产品是整个国民产业链的上游产业，油、水、电、气支出的增加，必然会对 PPI 和 CPI 的上涨起到一定的推动作用。当前物价形势的严峻使得资源价格改革的进程减缓，但资源价格逐步正常化是大势所趋，对最终消费价格的影响也不可避免。

我们尝试计算资源价格改革对最终消费价格的影响。成品油价格在 2010 年内进行了多次调整，在 2010 年内最后一次调价后，汽油和柴油的价格约比 2009 年末上涨 9%。假设成品油在未来一年也按这个变化率调整。

根据发改委公布的第一个调价方案，我们对电价上涨幅度进行测算。测算基于如下假设：在全部用户中，70% 的用户用电量不超过 110 度，每户用电量符合 30 ~ 110 的均匀分布；20% 的用户用电量在 110 ~ 210 度之间，每户用电量符合 110 ~ 210 的均匀分布；10% 的用户用电量超过 210 度，每户用电量附合 210 ~ 350 的均匀分布。第一级电价涨幅为 0，第二级电价涨幅为 10%，第三级电价涨幅为 50%。则调价之后，对于所有用户，电价的涨幅为 5%。

2010 年以来，多个城市推出水和天然气价格调整的方案，调价幅度在 10% ~ 40% 不等。这里为了计算方便，对水和燃气价格的调整幅度取 15%。

在成品油价格提高 9%、电价提高 5%、燃气价格提高 15% 和水价提高 15% 的前提下，假设石油加工炼焦及核燃料加工业、电力热力的生产和供应业、水的生产和供应业以及燃气生产和供应业这四个行业产品的价格变化率分别为成品油、电、水和燃气价格的变化率，根据 2007 年投入产出表的数据计算，以上变化将造成最终消费价格提高 0.88 个百分点。

以上计算结果为基准情况，对成品油价格、电价、燃气价格和水价进行敏感性分析，结果显示：

最终消费价格对成品油价格和电价变动比较敏感。如果成品油价格涨幅再提高1个百分点，会造成最终消费价格提高0.05个百分点；如果电价涨幅再提高1个百分点，也会造成最终消费价格提高0.05个百分点。相对而言，最终消费价格对燃气价格和水价的变动不太敏感。如果燃气价格涨幅再提高5个百分点，仅会造成最终消费价格提高0.01个百分点；如果水价涨幅再提高5个百分点，也仅会造成最终消费价格提高0.01个百分点。

3. 劳动力成本上涨的影响

近年来，随着我国适龄人口结构的变化，劳动力供求出现结构性趋紧，尤其是以珠三角、闽东南等地区为代表的沿海地区出现的“民工荒”、“技工荒”，彰显劳动力市场供不应求的短缺信号。中国人力资源信息网监测中心对全国部分城市的职业供求信息监测显示，2010年各季度岗位空缺与求职人数的比例分别为1.04、1.00、0.99和1.01，均高于上年同期。2011年以来，“民工荒”出现新的表现形势，一些传统的劳动力输出地区对劳动力的需求也大幅提高，劳动力供求矛盾进一步凸显。进入2010年，收入倍增计划和工资集体协商制等提高劳动者工资的措施全面铺开，全国大多数省份已相继上调了最低工资标准，调整幅度都在10%以上，一些省份超过20%。

我国劳动者报酬上涨较快，2010年1~9月，我国全部单位从业人员平均劳动报酬为25066元，较上年同期增长14.02%，较1~6月同比增速高出0.87个百分点，连续4个季度呈加速上涨之势。从微观看，企业支付给劳动者工资也持续增长。据对重庆市30家工业企业的长期监测表明，2010年10月，企业人均支付工资达到1739元，同比增长接近23%。中国人民银行武汉分行的调查显示，企业月工资标准涨幅在10%~36%之间。

根据经济理论，劳动力成本上涨对物价影响主要有两条途径：一是劳动力成本上涨，挤压企业利润，企业被迫提价，产品出厂价格（即PPI）提高，进而影响CPI。二是劳动力成本上涨，劳动者收入增长，消费能力和水平随之上升，进而拉动CPI上升。基于劳动力成本对物价的影响路径，有学者提出劳动成本上升与最终物价之间存在螺旋阶梯式上涨关系，即“物价上涨→劳动者工资预期上升→劳动力成本上升→消费（预期）增加→物价上涨”。

综合考虑实际情况和数据的可获取性等因素，本文采取向量误差修正模型对劳动力成本对最终物价的影响进行分析。以“全部单位从业人员平均劳动报酬（Lab）”为劳动力成本的代表指标，PPI为产品出厂价格的代表指标，CPI为最终物价的代表指标，“城镇家庭人均消费支出（Con）”为消费支出的代表指标。将PPI、CPI转换为月度定基数据后取季度均值作为季度数据，并对各序列进行季节调整。

经 ADF 单位根检验后，季节调整后的序列均为单位根过程，并为同阶单整序列。

劳动成本增加对 PPI 的影响十分有限。通过 Johansen 协整检验分析，Lab 与 PPI 之间具有长期稳定的均衡关系。我们将 VEC 模型得到的误差修正项公式作为这两者之间的长期均衡方程如下：

$$ECM = PPI - 0.016511 \times Lab + 72.36$$

长期看，ECM 应为均值等于 0 的平稳序列。因此，Lab 每变动 1 个单位，会引起 PPI 变动 0.016511 个单位。从 Var 模型中短期冲击效应看，在受到来自 Lab 一个标准差单位冲击后，PPI 变化几乎为零。这说明当前劳动力上涨对企业利润的挤出效应尚不明显，基本上不会影响企业产品定价行为。综合以上结果，Lab 的变动无法有效传导到 PPI，传导路径一在中间过程上已经受阻，劳动力成本增加对物价上涨的推动力十分有限。

劳动力成本上升会引起消费支出增加，进而带动 CPI 上升。Granger 因果检验表明，在 1% 显著水平下，劳动力成本（Lab）是消费支出（Con）的 Granger 原因，在 5% 显著水平下，消费支出（Con）是 CPI 的 Granger 原因，说明“劳动报酬提高→消费支出增加→CPI 上涨”的传导路径可以实现。

Johansen 协整检验表明，Lab 与 Con、Con 与 CPI 之间均存在长期的稳定均衡关系。利用 VEC 模型计算得知，Lab 每变动 1 个单位，会引起 Con 同向变动 0.2742 个单位；而 Con 每变动 1 个单位，会引起 CPI 同向变动 0.477 个单位。这也再次证明了传导路径二的有效性。

不论是长期看，还是短期看，劳动力价格的变动对 CPI 的影响程度都十分有限。对 Lab 与 CPI 进行因果关系检验表明，在 1% 显著水平下，Lab 是 CPI 的 Granger 原因，但 CPI 并不是 Lab 的 Granger 原因。这一方面说明在我国，物价与劳动报酬之间螺旋阶梯式上升模式并不成立，另一方面证明我国物价与劳动报酬联动增长机制尚不完善。通过 Lab 与 CPI 的 Johansen 协整检验表明，两者有且仅有一个协整关系，即 Lab 与 CPI 之间具有长期的稳定关系。我们将 VEC 模型得到的误差修正项公式作为这两者之间的长期关系：

$$ECM = CPI - 0.08533 \times Lab - 2.902454$$

由上式可知，Lab 每变动 1 个单位，仅会引起 CPI 变动 0.08533 个单位，影响十分有限。

短期看，使用 Var 模型得到，当受到 Lab 1 个标准差的冲击后，从第 1 期到第 10 期，CPI 的变动极小。而从方差分解结果看，即使到了第 10 期，Lab 对 CPI 变动的解释度也仅为 3%。

（三）货币信贷的影响

根据传统的货币数量论，货币的增加会造成物价水平的相应提高。但经济现实中存在各种摩擦，造成货币政策的改变对物价的影响存在滞后性。从 CPI 月度同比增速和 M2 月度余额同比增速两列数据的相关关系看，M2 比 CPI 先行 11 个月时两者的相关系数最大，达到 0.269，表明 M2 增速的提高会在一段时间之后造成 CPI 的提高。但对 CPI 和 M2 的月度数据直接进行模型拟合，结果并不理想，货币信贷的增长对物价的影响并没有在统计上显著的明确数量关系。

考虑物价和货币关系的年度模型。使用 CPI 的定基比、GDP 的不变价定基指数和 M2 的绝对额的年度数据经过单位根检验和协整检验后建立协整方程，所得结果如下：

$$\log(CPI) = 2.759676 + 0.576873 \times \log(M2/GDP)$$

通过协整方程可以得知：我国物价水平与货币供应量及 GDP 之比之间存在长期稳定的关系，log（M2/GDP）前的系数 0.576873 表明，当货币供应量 M2 与 GDP 的增速之差增加 1 个百分点时，CPI 增速将上升 0.576873 个百分比，货币供应量若超过 GDP 增速过多，会对物价造成长期的压力。

经检验该方程的残差没有单位根，把残差记为 residcpi，可以对此协整方程建立误差修正方程，所得结果如下：

$$dlog(CPI) = 0.923396 \times dlog(CPI(-1)) - 0.334204 \times residcpi(-1)$$

其中建模过程中尝试使用 dlog（M2/GDP），但因不显著而剔除，说明短期内货币供应量 M2 与 GDP 的增速之差的变化对物价水平的调整并没有影响。

上述结论说明，由于货币政策滞后性的影响，货币供应量的变化对物价水平的影响在短期内很难显现出来，但是，在长期内，货币供应量超过 GDP 增速的增加会推动物价水平的提高。以此来推断，扩张的货币政策在短期内对物价水平影响有限，但是在长期终将导致物价水平的上升。

2008 年末，为应对国际金融危机，我国实行适度宽松的货币政策，货币供应量快速增长，在 2009 年 11 月，M2 的余额同比增速高达 29.7%，是 1995 年 11 月以来的最高增速。受货币供应量迅速增加影响，物价也有回升，并出现部分农产品价格受资金炒作出现暴涨的情况。资金炒作对农产品价格上涨起到推动作用，尤其在一些如大蒜、生姜、绿豆等小产量农产品价格上，但对水稻、小麦等国家控制力较强的农产品价格影响较小。目前，中国民间资金投资渠道狭窄，在国家严格控制房地产市场和股市低迷的背景下，部分资金进入农产品市场。信阳市调查显示，2009 年大蒜还未收获时，一个蒜商就提前把一个盛产大蒜的乡镇的全部大蒜买断，然后租赁当地的保鲜库囤积，造成市场供应短缺假象，价格大幅上涨；焦作市本地特产经济作物山药、地黄、菊花价格在囤积居奇、恶意炒作下平均上涨 50% 以上。

总体而言，物价上涨的程度相对于货币供应量增加的程度来说比较温和，这在很大程度上是由于房地产市场吸收了大量的流动性。考察 2008 年 10 月以来 M2 增速和 70 个大中城市房屋销售价格指数的关系，用房屋销售价格指数（HP）做被解释变量，先行6期的M2增速做解释变量，得到回归方程为：

$$HP = -13.61315 + 0.836162 \times M2(-6)$$

方程的拟合优度达到80.4%，说明近两年房屋价格的上涨大部分都可以由货币供应量的增长解释。

近期国家对房地产密集的调控政策显示了防止房价继续过快上涨的决心，2011年房地产市场过热的可能性不大，房地产市场吸收过剩流动性的能力将减弱，货币信贷对物价的影响将表现得更为显著。

五、通货膨胀预期

（一）通胀预期的定义及形成

一般来讲，预期就是对经济变量未来值的预测，通胀预期就是指经济行为者对未来通货膨胀水平的一种估计或推断。在货币经济中，各经济行为者的通胀预期会对当前需求和供给决策产生作用，并以各种方式影响价格总水平。比如工人会将预期的通胀率反映到工资谈判中，可能导致工资和物价水平的上涨；企业在给产品定价时，也会考虑未来通胀的发展趋势，从而影响当期价格总水平。

通胀预期有适应性预期和理性预期之分。适应性预期，即预期是基于过去经验所形成，预期将随时间推移缓慢变化。由于经济主体存在通货膨胀适应性预期，菲利普斯曲线所描述的通胀和失业替代关系至少在短期内是存在的，货币政策在短期内是有效的。

理性预期学派提出，经济行为者将最大限度地利用可获得的信息，消除产生预期误差的系统性来源，避免为预期误差付出高昂的代价，即经济行为者对未来通胀的预期是理性的。基于此，理性预期学派认为，即使在短期内，菲利普斯曲线也是垂直的，相机抉择的货币政策无论在短期和长期，对实际产出都没有效果。

不完美理性预期是适应性预期和理性预期的混合，它反映经济行为者在信息不完全、分析判断能力有限情况下综合考虑历史数据和各种信息而形成的对未来通胀的预期，各国中央银行普遍使用不完美理性预期来指导计量经济模型的开发和建设。

现实地看，通胀预期同时具有“瞻前顾后性”、“粘性”和“加速性”三大特征。“瞻前顾后性”指通胀预期的形成既与预期者的以往通胀经历有关，又与他们对当前形势的前瞻判断分不开。“粘性”指通胀预期形成后的变化过程比较缓慢。除“瞻前顾后性”和“粘性”外，通胀预期还具有“加速性”特征。即在特定条件下（如物价上涨程度超过最近一次通胀的最高值或政府承诺过的目标值），通胀预期会因此加速。“加速性”意味着公众或企业在作出通胀预期决定时是不完全理性的。“加速性”还能使通胀预期成为实际通胀的独立原因。认识到通胀预期的上述三个特征，对通胀预期管理有重要意义。

通胀预期对宏观经济的影响主要有两个途径：一是通过菲利普斯曲线或总供给曲线，与经济周期波动相联系；二是预期通货膨胀将导致名义和实际利率水平之间的差别，由于实际利率直接影响储蓄和投资决策，名义利率反映以货币形式持有财富的机会成本，所以通胀预期将直接影响宏观经济的均衡水平。

（二）通胀预期的衡量方法

虽然已经过去40多年，弗里德曼和费尔普斯共同提出的预期研究方法仍然是当前分析通货膨胀的主流方法。弗里德曼和费尔普斯都指出传统的菲利普斯曲线忽略了预期通货膨胀对工资率决定的影响，事实上工人还会要求对预期通货膨胀进行补偿。在20世纪70年代早期，卢卡斯对这一理论进行了解释，并进一步指出中央银行货币政策方式转变会使公众预期发生变化进而对实际通胀水平产生影响。在过去的30年里，多数经济学家使用预期理论来解释通货膨胀，各国央行也积极采取各种措施管理通胀预期，并且在通胀预期理论基础上产生了基于通胀目标制的货币政策框架。虽然本轮经济危机暴露出通胀目标制存在的种种不足，但是它仍然在各国宏观经济管理中发挥着重要作用。

衡量通胀预期的指标主要有：

一是债券—股票收益差。债券获得固定的名义收入，股票则获得按不变实际收益率计算的红利（即红利通常和通货膨胀一起增长），因此如果通胀预期提高，其他条件不变时，与股票相比，债券吸引力要低得多。

二是利用通胀指数类债券价格衡量。通胀指数债券是本金和利息的到期支付随着通胀指数的变化而调整的债券，其价格可充分反映投资者的通胀预期。如英国从通胀挂钩债券提取通胀预期；美联储以通胀保护债券（TIPS）与国债收益率之差表示预期通胀率；法国从国内消费价格指数CPI和欧洲地区消费物价调和指数（HICPXT）挂钩的通胀保护债券的差异中提取通胀预期信息。此外，通胀指数化债券掉期交易的价格波动也可作为通胀预期衡量的参考因素。

三是贷款利率。人们普遍认为，在资金贷放期内，如果有一个预期的通胀率，则放贷方会把这个预期通胀率加在原有的利率上，借款方也愿意比以往多付点利息。但实际情况比这更复杂，主要是：利率本身也可以影响通胀预期；利率还受到利润率和货币流通速度的影响，而这两者与通胀关系密切；从主要发达国家的经验看，利率的提高赶不上物价的上升，说明仅凭利率远不能解释通胀预期。

四是长期和短期利率的差异。由于对通货膨胀加速的预期会引伸出利率提高的预期，因此，借款者在利率上升之前希望得到长期贷款，放款者则偏爱短期贷款，从而在预期的更高利息率出现时避免未到期贷款的利息损失，并把这笔钱再按新利率贷放出去。所以，相对于短期利率来讲，通胀上升预期更有助于提高长期利率。

收益率曲线的水平和斜率都包含了对通胀预期的信息。债券收益率曲线是由不同期限，但具有相同风险、流动性和税负特性的债券收益率连接而成的曲线。它描述了在不同的时点上，不同期限债券的收益率水平和风险溢价程度。短期利率反映了当前通货膨胀水平和货币市场的资金供求状况，中长期利率则反映了对未来通货膨胀水平的预期和资本市场的资金供求状况。根据利率期限结构理论中的“预期”理论和流动性溢价理论，长期利率是由对未来短期利率的预期决定的，同时期限较长的债券往往要求对长期可能存在的各种不确定性给予补偿。因此，在正常情况下，收益率曲线是向上倾斜的，也就是长期债券的收益要高于短期债券的收益。倾斜的程度取决于长期利率和短期利率的利差。利差反映了长期利率的变化趋势，包含了未来真实利率和未来通胀预期的内容。

五是景气调查数据。即可以直接对消费者、企业或其他微观经济主体的通胀预期进行抽样调查得到趋势性的结果，比如英格兰银行的月度通胀意向调查以及欧央行的商业和消费者调查；也可以是对专业人士的通胀预期量化结果进行分析总结，比如美国的 Livingston 对 CPI、GDP、失业率等 18 个经济变量的预期调查。

（三）影响通胀预期的因素分析

通胀预期的高低受多种因素的影响，包括现实通货膨胀率的高低及其影响因素、过去通货膨胀率的持续时间、当前的经济形势、当前的宏观经济金融政策以及公众对相关政策特别是对货币政策的信赖程度等等。一般来说，现实的通货膨胀率越高，通胀预期就越高；通货膨胀的持续时间越长，通货膨胀的预期也就越高。而且，高通货膨胀还会导致通胀预期的高度不确定。此外，通胀预期通常还受到货币政策透明度、中央银行独立性、中央银行控制通货膨胀的历史记录等因素的影响。具体来看主要包括以下内容：

利率变动的影响。由于投资规模取决于投资预期报酬率和利率的比较，只有预期报酬率大于利率的投资才是有利可图的。当利率降低时，预期报酬率大于利率的投资机会就会增多，投资需求增大，在潜在产出水平一定的条件下，过快增长的投资需求必然拉高价格水平；反之，当利率提高时，投资需求也将减少，社会总需求受到抑制，进而影响人们的通胀预期。

此外，利率作为使公众愿意以货币形式持有的财富量（即货币需求）等于现有货币存量（即货币供给）的价格，当利率低于均衡水平时，人们愿意持有的货币量将超过现有的货币供给量；反之，利率若高于均衡水平，则有一部分货币会成为多余，因此利率更多地取决于货币的供给和需求。因此，作为一种货币现象，利率也会通过反映货币供应量的变化影响着人们的通胀预期。

汇率波动的影响。长期来看，一个国家经济持续高速增长，其实际汇率存在升值趋势，2005 年汇改以来人民币对美元汇率不断创新高也反映了这一规律。根据汇率理论，实际汇率的升值可以通过两种方式实现，一是名义汇率升值，另一种是通过通货膨胀的形式实现。而实际汇率是经过通胀调整过的汇率，所以如果名义汇率不升值，就会产生国内价格水平上涨的压力，如果要想抑制通货膨胀，就得让名义汇率升值。由于中国经济对外依存度较高，汇率波动对国内通胀预期的影响不可忽视。

劳动力成本因素。工资推动型通货膨胀是由于工资过快上涨、企业成本增加而推动的价格总水平上涨。工资是生产成本的重要组成部分，工资上涨使得企业生产成本增加，在既定的价格水平下，厂商愿意并且能够供给的产品数量减少，使得总供给曲线向左上方移动，进而提高人们的通胀预期。一国经济通常根据劳动生产率增长速度的差异而划分为不同的部门，如果不同部门内的货币工资增长率都与本部门的劳动生产率增长速度相一致，则价格水平便可以保持相对稳定，然而现实中的情况是，各部门往往要求相同的货币工资增长率，而非仅以本部门的劳动生产增长率来衡量，由于这一因素，全社会货币工资的整体增速常常向劳动生产率增长较快部门的工资增速看齐，其结果是工资出现上涨趋势，劳动力成本往往上升，一旦人们意识到这一情况，通胀预期会迅速提高。

管制价格的放松。我国正处于改革转轨阶段，转变经济发展方式和推动经济结构调整的任务十分艰巨，包括重要资源产品在内的一些生产要素价格形成机制有待进一步理顺。由于资源配置机制仍有待于通过进一步市场化改革来提高效率，资源在各部门之间的配置仍然存在不平衡：在一些部门产能严重过剩的同时，另外一些部门如能源、公共服务部门的发展却严重滞后，形成了经济发展的瓶颈。发展滞后部门的市场化改革经常是伴随着价格管制的放松，这种明显的转轨经济特点使我国的通胀预期形成因素较发达经济体更为复杂、也更具中国特色。

当前我国的水、电、油、气等资源类产品价格都面临进一步改革的压力，同时由于低收入群体的利益保障机制仍有待于进一步完善，价格改革对困难群众实际生活水平的影响较大。而投资率较高、资源消耗比重大的经济增长方式、使我国上游产品价格也更易受国际初级产品变化冲击，因此管制价格的改革过程也往往引起人们通胀预期的改变。

资本市场的影响。我国资产市场相对不成熟以及居民对金融资产需求逐渐增加的特点对通胀预期同样产生影响。股票等资产价格波动主要通过影响消费与投资，间接影响物价水平，进而影响通胀预期。从理论上讲，一方面，股票等资产价格的上涨有助于刺激消费和投资；另一方面，资产价格过分上涨，也会推动短期物价上涨，造成通货膨胀的压力。与此类似，房地产等资产价格过快上涨同样会强化一般消费品价格上涨的预期。而即使消费品价格相对稳定，资产价格的过快上涨往往使金融杠杆率超出合理审慎水平，也足以引起人们对未来发生通货膨胀的担忧。

货币供应量的影响。通胀是一种货币现象，随着货币供应量的不断增加，流动性释放，过多的货币最终必然体现为价格水平的上涨。从目前情况看，大量的货币投放，特别是货币信贷超投放形成的流动性充裕格局，直接推高了居民和企业的通胀预期。全球主要央行为应对金融海啸注入的巨额流动性、欧美央行为降低居高不下的失业率、支撑脆弱的经济复苏继续实施量化宽松的货币政策，以及大量“热钱”涌入释放的流动性，导致了通胀预期的上升。

通胀历史和当前状况的影响。对通胀预期的相关研究表明，不少经济行为者将上一期的通货膨胀率视为当期通货膨胀率，觉得它是一个相对稳定的系数；部分经济行为者不仅考虑上期的通货膨胀率而且还要考虑上上期的通货膨胀率以及通货膨胀率的变化趋势；还有一些经济行为者是将所有信息汇集起来之后对未来通胀做一个预期。因此通胀的历史、当前状况和影响未来物价变化的诸多因素都会影响经济主体对未来通胀的预期。

宏观经济运行情况和经济发展方式的影响。对任何国家来讲，未来宏观调控政策必须是在保持经济稳定增长和管理好通胀预期之间找到一个恰当的平衡点。对我国而言，目前我国经济增长速度回升很快，但回升过程中由于我国经济发展方式转变滞后、对外依赖性强，这种经济增长速度的提高会很快体现为价格上涨的压力，比如国际大宗产品价格的快速上涨带来的输入性影响，毫无疑问将加剧通胀预期。

（四）通胀预期与价格走势的关系

对于中国而言，由于利率市场化程度不高等原因，景气调查数据相对而言能够更准确地反映通胀预期程度。中国人民银行通过对5000户企业、储户和银行家调查数据合成居民、企业家和银行家价格预期指数来阐述我国的通胀预期变动情况。实证分析显示，居民、企业家和银行家价格预期普遍超前于价格变动约1个季度，是预测价格走势的良好指标。

时差相关系数分析结果显示，居民、企业和银行家价格预期指数与物价指数相关性较高（时差相关系数在0.72～0.83之间），价格预期指数普遍超前于相应的物价指数变动约1个季度（见表5）。

表5　物价与通胀预期指数之间的时差相关系数分析结果

物价指数	通胀预期指数	时差相关系数	预期指数变动超前于物价指数变动
CPI	储户消费物价预期指数	0.8042	超前1季度
	银行家消费品及服务价格预期指数	0.8306	超前1季度
PPI（工业品出厂价格指数）	企业家产品销售价格预期指数	0.7306	同步
	银行家投资品价格预期指数	0.7236	超前1季度
原材料购进价格指数	企业家原材料购进价格预期指数	0.7858	超前1季度

注：本表中涉及的价格指数均指当季同比指数（由月同比指数算术平均而得）。

表 6　　物价与通胀预期指数之间的回归分析结果

物价指数	通胀预期指数	回归表达式	F、Q 统计量
CPI	储户消费物价预期指数	CPI = 0.60 × CPI（-1）+0.12 × 储户消费物价预期指数（-1）+33.45	F = 84.85 Q = 12.65
	银行家消费品及服务价格预期指数	CPI = 0.45 × CPI（-1）+0.16 × 银行家消费品及服务价格预期指数（-1）+45.71	F = 58.66 Q = 7.43
PPI（工业品出厂价格指数）	企业家产品销售价格预期指数	PPI = 1.21 × PPI（-1）-0.40 × PPI（-2）+0.18 × 企业家产品销售价格预期指数（-1）+11.04	F = 277.14 Q = 3.66
	银行家投资品价格预期指数	PPI = 0.72 × PPI（-1）+0.22 × 银行家投资品价格预期指数（-1）+14.63	F = 43.53 Q = 0.78
原材料购进价格指数	企业家原材料购进价格预期指数	原材料购进价格指数 = 0.65 × 原材料购进价格指数（-1）+0.37 × 企业家原材料购进价格预期指数（-1）+13.49	F = 95.47 Q = 9.71

注 1：回归方程中，CPI 指当期 CPI 指数，CPI（-1）指上一期 CPI 指数；其他指标以此类推；

2：本表中涉及的回归分析均基于变量的平稳性检验和协整分析结果，且回归系数均显著不为 0，考虑到篇幅所限，平稳性检验、协整分析和 t 检验的结果均未在本表列出。

回归分析结果显示（见表 6），居民、企业和银行家价格预期指数能够显著地解释下一期的物价变动，同时回归系数为正，表明物价水平将随着价格预期指数同方向变动。

（五）2010 年四季度企业家、银行家和居民预期物价继续上涨

对下游产品价格，2010 年四季度居民和银行家消费物价预期指数继续上升。2009 年以来，城镇居民物价预期指数总体呈上升趋势，2010 年四季度为 81.7%，比上季提高 8.5 个百分点，达到 1999 年四季度此指数编制以来历史最高水平；银行家消费品及服务价格预期指数 2009 年以来也持续上升，2010 年四季度为 77.7%，比上季提高 7.8 个百分点，升幅较上季扩大 7.2 个百分点。

对上游产品价格，企业家和银行家均预期会继续上涨。2010 年四季度，企业家产品销售价格预期指数为 59.1%，比上季上升 5.6 个百分点；企业家原材料购进价格预期指数为 75.8%，比上季上升 8.1 个百分点，升幅较上季扩大 7.9 个百分点；银行家投资品价格预期指数为 72.9%，较上季大幅提高 10.4 个百分点。

六、物价形势展望

（一）我国“十二五”期间存在较大通货膨胀压力

在“十一五”期间，我国成功抑制了 2007 年至 2008 年上半年的经济过热，2009 年又从国际金融危机中率先复苏，总体保持了经济的较快增长和物价的基本稳定。“十二五”期间，预计经济仍将较快增长，但通货膨胀存在较大压力，“十五”

期间高增长低通胀的历史重现的可能性较低。

一是全球市场上流动性充裕。由于实体经济复苏相对缓慢，金融体系远远没有复苏到危机前水平，失业率居高不下，美、欧、日等发达国家均采用了宽松的货币政策，美联储重启“量化宽松”货币政策（QE2），向市场注入大量流动性，欧洲央行继续推行宽松货币政策，特殊流动性支持政策至少维持到2011年4月，日本央行追加执行资产购买计划。为了支持经济增长，促进充分就业，预计发达经济体在未来数年内货币政策都将比较宽松。与发达经济体情况不同的是，以中国为代表的新兴经济体由于经济复苏进程较快，面临的最大问题已经不是经济增长乏力，而是通货膨胀压力增大。为应对通胀压力，许多新兴经济体采取了加息、提高准备金率等收紧流动性的措施，由于资金逐利的本性，2010年初以来大规模资金由发达经济体流入新兴市场。为了防止“热钱”流入，新兴经济体抵御通货膨胀的手段会受到限制，陷入通货膨胀或“热钱”流入的两难境地。总之，美国为首的发达国家的宽松货币政策造成全球流动性充裕，增大了通货膨胀压力。

二是居民收入的上涨会推动物价上涨。虽然实证检验证明当前劳动力价格变动对物价影响较小，但这个结论的前提是近年来劳动力价格提高速度并不快。国家“十二五”规划建议稿明确提出“城乡居民收入普遍较快增加”的目标，要求“努力实现居民收入增长和经济发展同步、劳动报酬增长和劳动生产率提高同步”，这将改变我国劳动力价格长期低估的现实，使消费增加，物价上涨压力加大。从韩国和日本的经验来看，国内劳动力价格的上涨将在较长的一段时间内推高国内通胀水平。

三是生产资料价格会进一步提高，推高最终消费价格。改革开放以来，我国经济发展总体属于粗放式的增长，生产模式也停留在高耗能、高污染、低效率的落后轨迹上。造成这种现象的一个很重要的原因就是资源价格的扭曲，不能很好地体现出资源的稀缺性，也不能表现环境污染成本。当前经济发展方式的转变已经成为我国经济发展的核心，经济发展方式的转变要求进一步深化资源价格改革，促使资源价格与其价值等价，能够充分反映其开发（生产）成本、使用成本和环境成本。同时，国家推进节能减排、淘汰落后产能的努力在短期内也会造成生产资料供应减少，价格提高的现实。

（二）2011年物价水平预测

总体而言，未来物价上涨压力较大，但总体涨幅可控。

粮食价格未来可能高位趋稳。2010年虽然自然灾害比较严重，但粮食产量仍比2009年有所提高，已经连续7年增产。2010年秋冬至2011年春天的北方干旱对2011年的夏粮生产也会造成影响，但对全年产量影响有限，预计主要粮食品种仍将保持供大于求的态势。此外，国家政策性粮食储备充足，并对中储粮管理政策进行了大幅度调整，库存三年轮换一次改为两年轮换一次，停止中储粮企业市场化收购，削弱了中储粮企业经营对市场价格的影响。

投入品价格将继续较快增长。在现实的供需矛盾以及促进居民收入增长的政策导向下，劳动力价格将继续保持快速增长，而国家继续推进节能减排、加快淘汰落后产能，推进资源产品价格改革会对生产资料市场供求关系产生一定影响，支持价格走高。

输入性通胀压力存在，但不会失控。美国现在实行的量化宽松政策和可能继续实施的进一步量化宽松政策将增加美元流动性，可能造成国际大宗商品价格继续上涨，增加我国的输入性通胀压力；但由于全球经济复苏步伐缓慢，没有实际需求的支持，国际大宗商品不可能保持稳定的上涨态势，而且人民币的渐进升值也会缓解一部分输入性通胀压力。

政策层面的信号有利于缓解通货膨胀压力。一是国务院出台的“国十六条”有利于控制物价过快上涨的势头，其中一些措施已经取得了明显的效果；二是货币政策从“适度宽松”转向“稳健”，中国人民银行近期出台了提高利率、上调存款准备金率的措施，将对市场流动性起到一定收缩作用，能为稳定通胀预期创造有利的货币条件。

2010 年 CPI 涨幅较大，也会影响到 2011 年，2011 年 CPI 的翘尾因素较高。2011 年翘尾因素的最高点出现在 1 月和 6 月，分别为 3.9% 和 3.8%；一季度和上半年的翘尾因素分别为 3.3% 和 3.4%，全年翘尾因素为 2.6%，比 2010 年高 1.3 个百分点。考虑翘尾因素及政策效应的影响，2011 年全年 CPI 走势将呈现前高后低的态势，预计全年 CPI 涨幅在 4.5% 左右（见图 3）。

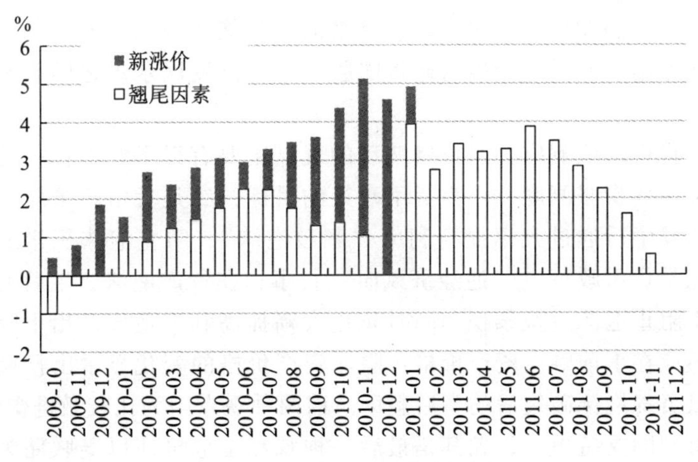

图 3　2011 年的 CPI 翘尾因素

数据来源：国家统计局。

资产价格和货币政策研究[①]

（2011 年 11 月 27 日）

随着资产市场的发展，资产价格对经济的影响日益深刻，货币政策如何应对资产价格的上涨一直是学者和中央银行家们非常关注的问题，美国次贷危机引发的全球金融危机更是对危机之前的主流共识提出了挑战。本文梳理了货币政策应对资产价格上涨的各方观点，总结了危机后理论和实践的发展，提出了我国货币政策改进的建议。

研究资产价格和货币政策首先要考察资产价格在货币政策传导中的作用。资产价格在货币政策传导机制中发挥作用主要分为两个阶段：首先，货币政策影响资产市场参与者的经济行为，从而改变资产价格；其次，资产价格变动对微观经济主体的投资和消费造成影响，从而影响产出和通货膨胀。在实证方法上，国外最初一般采用 VAR 模型的脉冲响应函数与方差分解技术分析资产价格在货币政策传导机制中的作用，事件分析法也是常用的方法，目前则更多使用结构向量自回归法。通过研究中国的数据，我们发现，我国房地产价格的上涨能造成未来 CPI 的上涨，并对经济发展有推动作用，而股票价格与通货膨胀率、经济发展水平之间并不具有长期稳定的关系。

危机前，货币政策响应资产价格波动的观点主要有以下四种：一是将资产价格直接纳入广义通货膨胀测度，作为货币政策的目标；二是货币政策应积极响应资产价格，在泡沫发生后通过大幅提高利率“刺破泡沫”，防止泡沫积累最终破裂造成严重损失；三是货币政策应“逆经济风向”行事，在资产泡沫产生后通过比正常情况略提高利率阻止泡沫过快累积，同时防止大幅提高利率造成产出下降的后果；四是货币政策不应在事前响应资产价格，除非资产价格的变化显示出预期通货膨胀的变化，而应只负责泡沫破裂后的事后救助。前两种观点因为比较激进受到很多批评，后两种观点得到的支持更多，尤其是最后一种观点是危机前以美联储为代表的中央

① 本文合作者为陈涤非、戴国海。

银行家们的主流观点。

2008 年爆发的金融危机从事实和逻辑上都使“事后救助论”遭遇了普遍质疑，“事前反应说”逐渐占据上风。通过此次危机，学界和中央银行界都认识到，价格稳定并不必然带来金融稳定，长期的价格稳定助长了非理性的乐观情绪，价格、产出稳定环境下的低利率政策，进一步加剧了风险承担行为，反而造成金融体系不稳定。另外，识别和预测资产价格泡沫的研究也有了一些新的进展，再加上危机证明泡沫清理的成本十分高昂，货币政策应该至少在一定程度上响应资产价格上涨成为新的共识。在政策实践方面，也有一些进展，一是积极探索利率之外的非传统的货币政策工具，包括资产购入、量化宽松等；二是继续探索将资产价格纳入货币政策框架中，这方面的努力仍是理论层面的；三是宏观审慎政策与货币政策的配合与协调，这已经成为学界和中央银行界的共同观点。

从国际经验看，明确使用货币政策和审慎政策减缓资产价格上涨的例子并不多，几个经常被讨论的例子包括 1991 ~ 1995 年使用宏观审慎政策的中国香港特区、2000 ~ 2005 年使用宏观审慎政策的西班牙与 2005 ~ 2006 年通过和公众沟通以及提高利率干预资产价格上涨的瑞典。研究各国央行的货币政策是否响应资产价格上涨的实证研究也很多，但并没有得出明确一致的结论。

从我国的情况看，通过数据进行实证检验，结果表明央行的货币政策会对我国资产价格造成影响，政策对房价的影响明显较强，对股价的调控能力有限。分不同工具看，利率对房价和股价的调控效应都极为有限，货币供应量对房价的调控能力较强，汇率则对股价的影响更大。因此，通过货币政策来干预资产价格上涨尤其是房价的上涨是可行的。结合国际经验，我国货币政策的改进方向主要包括以下几个方面：一是继续完善多工具、多目标的货币政策框架，提高货币政策的灵活性和有效性；二是积极推进利率市场化，增强利率工具对物价稳定的调控效果；三是对资产价格波动尤其是房价波动进行适度的事前反应；四是构建金融稳定早期预警指标，及时发现和干预金融不稳定的状况；五是进一步明确金融稳定政策的工具与目标，实现“消费价格/产出稳定”、“资产价格/金融稳定”的协调发展。

一、资产价格与货币政策传导机制

作为资产价格和货币政策研究的前提，我们首先来考察资产价格在货币政策传导中的作用。

（一）资产价格在货币传导机制中的作用

随着资产市场发展和金融结构变迁，资产价格的波动令货币政策传导机制变得更加复杂。传统的信贷渠道不再具有像以前那样的决定性作用，而资产价格在货币政策传导机制中的作用则日益增强。格林斯潘（Greenspan）早在 1999 年就指出，实施货币政策不能再只肤浅地分析商品和服务的流量，对于资产价格的走势和它对家庭和企业决策的影响，还有很多重要的难题，对这些问题我们只能迎难而上。

资产价格在货币政策传导机制中发挥作用主要分为两个阶段：首先，货币政策影响资产市场参与者的经济行为，从而改变资产价格；其次，资产价格变动对微观经济主体的投资和消费造成影响，从而影响产出和通货膨胀。

国外对股票价格在货币政策传导机制中的作用已基本形成共识。Mishkin 在 2001 年就总结出股票价格的如下效应：（1）股票市场价格对投资的效应。扩张性的货币政策造成利率下降，使得相对债券来说股票的吸引力上升，于是对股票的需求增加，股票价格上升。托宾 Q 理论认为，变量 Q 表示企业的市值除以企业资产的重置成本。对于任何资本资产而言，如果 Q 值大于 1，这就意味着市场对该资本资产的估价超过其重置成本。股票价格上升，使得相对于一个企业的市场价值而言，新的厂房设备等比较便宜，在这种情况下企业可通过发行较少的股票而得到较多的投资品，从而刺激投资，进而提升总需求。这一过程可以表述为：货币↑→股票价格↑→托宾 Q 值↑→投资支出↑→总需求↑。（2）企业的资产负债表效应。股票价格提高，使得企业的净值提高，企业借贷就会有更多的抵押品，银行对企业违约的担忧减轻，从而发放更多贷款，企业有资金进行更多投资，总需求增加。这一过程可以表述为：货币↑→股票价格↑→企业净值↑→贷款↑→投资支出↑→总需求↑。（3）住户的流动性效应。如果住户遭遇突然的收入减少，急需一笔现金来防止破产，出售耐用消费品和住房换取流动性可能遭受损失，因为这些东西流动性很差，要迅速出手只能压低售价，而出售金融资产则马上能得到其全部市场价值。因此，如果住户认为自己可能遭遇财务困境，则会更愿意持有金融资产而不是耐用消费品和房地产。如果股票价格提高，住户持有的金融资产的价值增加，则住户认为自己遭遇财务困境的可能性降低，会更愿意增加对耐用消费品和住房的消费，从而提升总需求。这一过程可以表述为：货币↑→股票价格↑→金融资产↑→发生财务困境的可能性↓→耐用消费品和住房支出↑→总需求↑。（4）住户财富效应。Modigliani 的生命周期理论表明消费者的消费由他一生的财富决定。消费者的金融财富是全部财富的重要组成部分，而股票是其中的重要内容。如果股票价格提高，使住户的财富增加，会使得消费增加。这一过程可以表述为：货币↑→股票价格↑→住户财富↑→消费支出↑→总需求↑。

目前，国外关注较多的是房地产市场和房地产价格在货币政策传导中的作用。

Aoki 等（2004）和 Iacoviello（2004）分别在一般均衡模型和动态一般均衡模型中分析了货币政策冲击影响消费时房地产价格发挥的作用。他们都认为房地产价格波动影响消费主要是通过信贷渠道。Mishkin（2007）总结了房地产价格传导货币政策的六大渠道。第一，利率会直接影响资本使用者成本。当货币当局提高短期利率，长期利率也会上升，资本使用者成本随之上升，房地产需求下降，房地产建设减少，总需求下降。第二，由于第一个渠道，则预期未来从紧的货币政策会降低房地产价格预期增值率，从而提高现期资本使用者成本，这又会导致房地产需求下降，房地产建设减缓，总需求下降。第三，更高的短期利率将提高建造新房的成本，减少房地产建设活动，影响经济。这三个是利率通过房地产价格产生的直接效应。另外，利率通过房地产价格影响经济还有三个间接效应。第一，利率影响房地产价格，进而通过财富效应影响消费。第二，利率通过房地产价格的资产负债表效应影响消费，房地产价格提高，使得住户可以通过抵押房产取得更多贷款进行消费。第三，利率通过资产负债表效应影响房地产需求。当短期利率上升，家庭的利息支付增加，现金流减少，家庭可承受的抵押贷款下降，房地产需求下降。不过，Mishkin 认为房地产价格对货币政策传导的作用以及每个效应的强度仍存在很大的不确定性。Elbourne（2008）也分析了房地产市场在货币政策影响消费中的作用。他认为货币政策会影响居民的资产组合、购房成本和初始利率支付，从而影响房地产需求。在房地产供给弹性较小的情况下，房地产价格就会产生变动，进而通过财富效应和资产负债表效应影响居民消费。Calza 等（2009）分析了房地产金融的结构对货币政策冲击传导机制的影响。他们建立一个假设价格黏性和存在抵押限制的两部门的 DSGE 模型分析以下两个制度特征如何影响消费和住宅投资对货币政策冲击的反应：一是首付比例；二是抵押贷款的利率结构（固定利率还是浮动利率）。结果表明，首付比例越低，消费和住宅投资对货币政策冲击越敏感，而浮动利率的抵押贷款制度下消费和投资对货币政策冲击也较敏感。

（二）实证研究：方法和结论

实证方法上，国外最初一般采用 VAR 模型的脉冲响应函数与方差分解技术分析资产价格在货币政策传导机制中的作用。Giuliodori（2005）对 9 个欧洲国家分别建立两个 VAR 模型来分析货币政策冲击对房地产价格的影响和房地产价格冲击对居民消费的影响。另外，他还使用两种技术来测算房地产价格在利率冲击影响居民消费时的贡献大小，一种方法是将估计出的 VAR 模型中房地产价格影响居民消费的系数设为 0，再将这种情况下得到的脉冲响应函数和原 VAR 模型的脉冲响应函数对比，其差异可以理解为房地产价格在货币政策传导中的作用。另一种方法是在 VAR 模型中将房地产价格看做外生变量，即 VAR 模型中不包含房地产价格方程，但房地产价格的滞后值仍出现在其他变量方程中，再将这种情况下的脉冲响应函数和原 VAR 模型的脉冲响应函数对比，也可以测算出房地产价格在货币政策传导中发挥的作用大小。Iacoviello 和 Minetti（2008）建立 VECM 模型和递归 VAR 模型分析了芬兰、德国、挪威和英国四国的房地产市场是否存在货币政策传导的信贷渠道，并将信贷渠道分解为银行信贷渠道和借款人的资产负债表效应渠道。对比四个国家的结果发现，信贷渠道在房地产市场上存在与否与金融机构制度安排和房地产金融效率有紧密的关系。

国外研究资产价格与货币政策传导机制相关问题时，除使用 VAR 系统外，还经常使用事件研究法，尤其是在研究货币政策影响资产价格变动这一阶段，如 Thorbecke（1997）、Bomfim（2003）等。事件研究法的本质是在货币政策变化时，对资产价格变动响应政策利率变动的反应系数进行最小二乘估计。Rigobon 和 Sack（2004）指出，事件研究法中这一系数的估计值不一致，因为资产价格变动与利率变动是相互影响的，并且还可能忽略了一些同时影响资产价格和利率的因素。要使估计值一致，需要假设在政策利率变动日，货币政策冲击的方差相对于其他来源冲击无限大，即货币政策冲击占主导地位。而传统的使用事件研究法的文献都没有指明这一点，更没有验证这一假设是否成立。Rigobon 和 Sack 提出了一种基于异方差（heteroskedasticity）的识别法。这种方法只要求在政策日货币政策冲击相对于非政策日的重要性提高，其他来源冲击在政策日和非政策日不变，而不要求货币政策冲击在政策日占主导地位。他们利用货币政策利率和资产价格的协方差在政策日和非政策日的变化，通过工具变量法或者广义矩估计法来估计出资产价格对货币政策的反应系数。

目前，国外在分析资产价格在货币政策传导中的作用时使用较多的是结构性向量自回归法（SVAR）。Crowder（2006）利用 SVAR 分析了股票市场和货币政策的相互作用。作者对包含股票市场收益率和联邦基金利率的二元 VAR 和还包含商品价格指数的三元 VAR 施加协整约束和弱外生性约束。由于协整和弱外生性约束都是可以通过计量方法检验的，所以这种约束不会像 Cholesky 正交分解那样受到缺乏理论支撑的批评。Elbourne（2008）利用一个八变量的 SVAR 模型分析了英国房地产市场的货币政策传导作用。他指出简单 VAR 模型使用的 Cholesky 分解技术对模型施加了一种递归的同期因果结构，即顺序排在前面的变量能引起排在后面变量的同期变化，后面变量则不能在同期引起前面变量的变化，对前面变量只有滞后影响。这一点不符合实际，因为在研究货币政策传导机制时，使用的政策利率和其他金融变量一般是联合决定的。VAR 只能在每个模型中分析一种冲击，这使得每个模型只能分析货币政策传导机制的一半，要分析整个传导过程需要两个 VAR 模型。而在两个模型分析中，两个冲击又可能是相关的。作者因此构建 SVAR 模型来分析货币政策的传导，明确地对货币政策冲击和其他冲击施加一些具有理论含义的约束。这样可在一个系统中分析货币政策的两个阶段，并且货币政策冲击和房地产价格冲击是不相关的。如果假设不管什么原因导致的房地产价格变动，对消费的影响都是一样的，则只要把货币政策冲击导致房地产价格变动与房地产价格冲击导致消费变动相乘，就可以测算出货币政策通过房地产价格这一渠道对居民消费的影响。

也有一些学者通过国际比较研究不同的制度特征对资产价格在货币政策中的传导作用的影响。之前对传导作用进行国际比较的数量研究很困难，因为自由度太低，估计结果并不准确。Goodhart 和 Hofmann（2008）建议使用面板 VAR 模型来提高分析的效率。他们使用 17 个 OECD 国家 1973 年至 2006 年的数据评估了实际产出、货币变量和房地产价格之间的关系，发现这些变量之间有明显的联系，而且这种联系在抵押贷款市场自由化后的 1985 年至 2006 年变得更强了。Assenmacher – Wesche 和 Gerlach（2008）也对同样国家 1986 年至 2006 年的数据进行了面板 VAR 模型估计。为了评估抵押贷款市场的不同制度特征对货币政策传导机制的影响，他们根据一系列反映抵押贷款市场特征的指标把样本国家分成了几组，得出的结论是抵押贷款市场的制度特征会造成房价对货币政策冲击的不同反应，但这些区别在数量上是非本质的。Carstensen 等（2009 年）使用 12 个欧洲国家的数据分析住房和抵押贷款市场的不同特征对货币政策传导机制的重要意义。他们使用 1995 年至 2006 年的数据估计面板 VAR 模型，用这个模型产生关键的宏观经济变量对货币政策的脉冲响应函数，并使用数据分析的方法把这些国家根据货币政策冲击对房地产价格的不同影响分成两组。他们的结论表明，房价受货币政策冲击影响较大的国家，实体经济指标受货币政策冲击影响也较大，说明房地产价格在货币政策冲击的传导中起到放大器的作用。

（三）中国的资产价格和货币政策传导机制

在国际上，也有一些学者对中国的货币政策传导中资产价格的作用进行研究。Peng 等（2005）使用中国 31 个省市 1998 ~ 2004 年的面板数据研究了资产市场和宏观经济的关系，发现资产价格变化主要通过投资渠道影响 GDP 增长，而没有发现通过财富效应影响消费支出的证据。Koivu（2010）使用 SVAR 模型得出结论，中国货币政策放松导致了更高的资产价格，资产价格上涨和居民消费相关，但在中国财富渠道作为货币政策传导机制组成部分的作用仍然非常有限。

在国内，随着我国资本市场的飞速发展，使用国内数据对资产价格在货币政策传导机制中的作用进行经验研究的文献也逐渐丰富。在股票价格的作用方面，易纲、王召（2002）认为扩张性货币政策将引起股价水平上升；但长期来看，希望利用股市财富效应拉动需求的做法反而会增加经济的不安全性。余元全（2004）通过将股票市场因素引入扩展 IS – LM 模型，并采用 TSLS 定量分析，结果表明我国股票市场传导货币政策的机制并不畅通。陈平、张宗成（2008）对货币政策的传导机制与股票市场的关联机制进行分析，结果显示股票市场已经成为传导货币政策的一个主要渠道，中央银行制定货币政策时必须要考虑股票市场。冯科（2010）分别从货币政策对股票市场的传导和股票市场对实体经济的传导两个阶段来研究股票市场在货币政策传导机制中的作用。实证结果表明，货币供应量对股价有显著的正向影响，货币需求对股价和成交量有正向预期；我国股市存在较弱的负财富效应和投资效应。

在房地产价格方面，屠佳华（2005）运用VAR模型对推高上海房地产价格的各种因素进行了分析，发现贷款利率下调对上海房价影响不明显。丁晨、屠梅曾（2007）运用向量误差修正模型（VECM）考察了房价在货币政策传导机制中的作用，结果表明房价在货币政策传导机制中的作用较为显著，房价渠道的总体传导效率较高。段忠东（2007）则运用协整检验、脉冲响应函数与方差分解等方法检验了我国房地产价格与通货膨胀、产出的关系，结果发现短期内房地产价格对通货膨胀与产出的影响有限，长期则对通货膨胀与产出产生重要影响，并且房价与通货膨胀、产出之间存在正反馈作用机制。高波、王先柱（2009）构建了5个向量自回归模型，探讨了中国房地产市场货币政策传导机制的有效性。胡浩志（2010）运用SVAR方法对货币政策、房地产市场与宏观经济波动之间的动态关系进行了经验研究，发现存在通过房地产市场影响宏观经济的货币政策传导渠道，在货币政策调控房价方面，选择金融机构信贷规模作为中介目标较为有效；房地产市场的波动在短期将引起宏观经济大幅波动。

（四）中国资产价格波动对货币政策目标影响的实证研究

为判断资产价格波动对货币政策目标的影响，以及这种影响是否长期存在，我们使用协整分析研究资产价格与货币政策目标变量的长期关系。

1. 变量选取及数据处理

资产的种类很多，包括股票、房地产、债券、外汇等，但从已有的文献来看，房地产、股票市场价值在资产总量中占有绝大部分①，并且房地产价格和股票价格变动较为频繁，因此选取房地产价格、股票价格作为资产价格的代表变量。同时，根据相关理论，资产价格的波动可能通过财富效应、托宾Q效应以及金融加速器效应影响总需求，并进而影响未来的通货膨胀，所以本文选择通货膨胀CPI、经济增长GDP作为货币政策目标变量的代表。各具体变量选择及数据处理过程如下：

房地产价格PH：由于采样规模、数据来源、计算方法等的不一致，导致现行我国房地产价格统计的版本较多，较权威的有国房景气指数中的商品房平均销售价格分类指数、中房指数等，但这些指数都是同比数据，难以反映房价的连续变化性。因此，本文通过商品房销售额除以商品房销售面积来表示房地产价格，其中每年1月的商品房销售额和销售面积根据1、2月份工作日的比重来确定，房地产价格以PH表示。

股票价格PS：虽然沪深股市在波动的幅度上有所差异，但两者波动走势有较强的相关性，比较而言，沪市更具代表性，因而本文选取上证综合指数来代表我国股

① 王晋斌（2008）计算的2006年城市房产市值约35.2万亿元，约占GDP的168%；易纲、宋旺（2008）研究的中国金融资产结构表明，中国的股票市值占比达到了85%，大大高于储蓄存款。

票市场价格的总水平，以 PS 表示。

通货膨胀 CPI：衡量通货膨胀率的指标主要有消费物价指数（CPI）、批发物价指数（WPI）以及国内生产总值平减指数。我国主要以 CPI 来衡量通货膨胀，因此本文也采用 CPI 来表示我国的通胀水平。本文根据统计局公布的 CPI 的月同比数据和月环比数据，构建以 1998 年 1 月为基期的 CPI 定基指数。

经济增长 GDP：这里以 GDP 来反映月度经济水平，由于我国只公布季度 GDP，很多研究直接采用工业增加值来替代月度 GDP，未能包括发展很快的第三产业经济，为弥补这种缺憾，本文将月度工业增加值作为结构权重来测算月度 GDP。

由于 1998 年我国结束了福利分房制，房地产开始市场化之路，本文以 1998 年 1 月到 2010 年 12 月的月度数据为考察区间。为反映真实水平，房地产价格（PH）、GDP 都经过了定基 CPI 平减，且各变量都以 1998 年 1 月为基期进行指数化处理。

2. 实证分析结果

考虑到部分变量存在季节波动，为消除季节影响，对除上证综指外的其他变量运用 X11 方法进行季节调整，调整后的变量分别以 CPISA（通货膨胀率）、GDPSA（经济发展水平）、PHSA（房地产价格）表示。

在进行协整分析之前，先对变量进行平稳性检验。这里采用 ADF 方法对所有变量进行单位根检验，具体检验结果如表 1 所示。从检验的结果来看，在 1% 的显著性水平下，各变量都为非平稳变量，经过一阶差分之后平稳，说明所有变量都为一阶单整（I（1））的序列，符合协整分析的要求。

表 1　　各变量的 ADF 检验结果

变量	ADF 值	P 值	变量	ADF 值	P 值
CPISA	0.31737	1.000	D（CPISA）	-4.08537	0.000*
GDPSA	4.37091	1.000	D（GDPSA）	-15.82293	0.000*
PHSA	0.32623	0.979	D（PHSA）	-8.49094	0.000*
PS	-2.10787	0.242	D（PS）	-6.45476	0.000*

注：*、**、*** 表示分别在 1%、5%、10% 的显著性水平下显著。

（1）房地产价格对货币政策目标的影响。首先考察房地产价格（PHSA）对 CPI 的影响。这里使用 Engle - Granger 两步法进行检验，回归方程如下：

$$CPISA = \alpha + \beta PHSA + \varepsilon$$

回归方程的残差序列 $\varepsilon = CPISA - \alpha - \beta PHSA$，对其进行 ADF 检验，结果显示在 1% 的显著性水平下，残差不存在单位根，说明 CPISA 与 PHSA 之间存在协整关系。根据回归结果，其长期均衡关系为：

$$CPISA = 73.96 + 0.23 PHSA \quad (1)$$

t 值　　(30.78)

从（1）式可以看出，房地产价格波动对CPI具有正向影响，房地产价格提高1个单位，CPI将同向变化0.23个单位。为了解房地产价格波动对未来CPI是否存在影响，本文考察PHSA及其滞后期与CPISA的关系，根据AIC、SC准则，选择PHSA最大滞后期为6，通过逐步剔除最不显著变量，最终得到回归式为：

$$CPISA = 71.57 + 0.11PHSA(-2) + 0.15PHSA(-6) \quad (2)$$

t 值　　(5.63)　　(7.53)

从（2）式可以看出，房地产价格的波动对CPI具有滞后影响，并且在滞后6期的时候这种影响较为显著，总弹性为0.26（提前2个月弹性为0.11，提前6个月弹性为0.15），也就是说能够根据房价变化提前2~6个月预测CPI变化，意味着房地产价格包含了通胀预期信息，能够根据房价变化对未来通胀水平作出一定预测。再考察房地产价格对经济增长的影响。检验PHSA与GDPSA回归方程的残差同样发现，在1%的显著性水平下残差平稳，PHSA与GDPSA之间存在协整关系，其协整关系式为：

$$GDPSA = -185.50 + 3.29PHSA \quad (3)$$

t 值　　(44.36)

（3）式表明，房价对总需求的影响比CPI更大，并具有放大效应，说明从房改至今，房地产作为支柱产业对国民经济的发展具有重要推动作用。而从房地产价格对未来经济的影响来看，房地产价格的当期波动也会造成4~5个月后经济增长的变化，总弹性合计为1.95。说明我国房地产价格变化通过财富效应、托宾Q效应和金融加速器效应，间接推动了总需求的增长。不仅如此，房价的上升，还刺激了房地产投资的增加，直接拉动经济增长。

$$GDPSA = -204.24 + 1.52PHSA + 0.97PHSA(-4) + 0.98PHSA(-5) \quad (4)$$

t 值　　(8.62)　　(3.81)　　(3.79)

进一步考察房地产价格与CPI、经济发展水平之间的因果关系，根据AIC、BC准则，Granger检验最佳滞后阶数为4，检验结果显示，在5%的显著性水平下，PHSA是CPISA、GDPSA的Granger原因，这再次表明房地产价格对CPI与经济发展水平具有影响能力。Granger因果关系检验同时也显示，CPISA并不是PHSA的Granger原因，而GDPSA是PHSA的Granger原因，这表明CPI的上涨并不能拉升房地产价格，但经济增长却能带动房地产价格的上升。

（2）股票价格对货币政策目标的影响。实证过程与房地产价格对货币政策目标的影响类似，结果显示，PS与CPISA、GDPSA之间不存在协整关系。从回归方程上看，虽然PS上升1个百分点对CPISA和GDPSA分别具有0.07个和0.92个百分点的正向影响作用（与房地产价格的传导能力相比，股票价格的传导能力偏弱），但从长期来看，这种影响并不可靠，说明我国的股票价格与通货膨胀率、经济发展水

表 2　　Granger 因果关系检验结果

原假设	*F* 值	*P* 值	检验结果
PHSA 不是 CPISA 的 Granger 原因	3.28653	0.01304	拒绝原假设
CPISA 不是 PHSA 的 Granger 原因	2.00507	0.09694	接受原假设
PHSA 不是 GDPSA 的 Granger 原因	3.94748	0.00454	拒绝原假设
GDPSA 不是 PHSA 的 Granger 原因	5.63711	0.00031	拒绝原假设

平之间并不具有长期稳定的关系，这与王虎等（2008）的部分研究结果相似(见表 3)[①]。

表 3　　PS 与 CPISA、GDPSA 之间的协整检验结果

因变量 / 系数	CPISA	GDPSA
α	94.30 (76.56)	115.11 (6.67)
β	0.07 (10.47)	0.92 (9.82)
残差单位根检验（P 值）	0.55	0.35
结论	非协整	非协整

出现这种情况的主要原因，一方面受股票市场不完善的影响，上市公司固定资产投资收益明显低于股票投资收益，加之企业预算软约束，使得股票价格的上涨无法引导股市资金进入实体进行投资，新增资金重新投入股市，从而托宾 Q 值对投资的促进效应无法充分发挥（夏斌、廖强，2001；中国人民银行研究局课题组，2002)。另一方面，我国居民资产结构中，股票占比远低于房地产（见表 4)，即使在股市高涨的 2007 年，股票占居民资产的比重也只有 11.5%，比房地产占比低 41.2 个百分点，这也使得股票价格通过财富效应影响居民消费的力度远低于房地产价格。此外，我国股票市场资金市、政策市的特征，造成股票市场的羊群效应、短视行为更为明显，也导致股票价格相对房地产价格波动更加频繁，与通胀预期的关联较弱。

二、危机前货币政策响应资产价格波动的观点

货币政策是否该响应资产价格波动，该如何响应资产价格波动，这些问题一直

① 王虎、王宇伟、范从来（2008）的研究结果表明，股票价格与通货膨胀具有稳定的同向关系，但对实际产出的影响并不稳定，即影响比较微弱。

表 4　　我国居民存量资产结构变化

年份	现金	储蓄存款	股票	债券	其他金融资产	房地产
1998	4.51%	23.50%	2.70%	3.37%	3.72%	62.21%
1999	4.75%	23.74%	3.44%	3.63%	3.52%	60.93%
2000	4.60%	23.59%	5.98%	3.49%	3.52%	58.82%
2001	4.43%	24.57%	4.81%	3.40%	3.62%	59.16%
2002	4.37%	26.26%	3.74%	3.31%	4.03%	58.29%
2003	4.46%	27.99%	3.51%	3.14%	4.47%	56.43%
2004	4.26%	28.20%	2.63%	2.72%	4.76%	57.43%
2005	3.94%	27.37%	1.96%	2.28%	5.01%	59.43%
2006	3.88%	27.54%	4.00%	2.08%	5.94%	56.57%
2007	3.46%	23.48%	11.48%	1.65%	7.25%	52.67%

数据来源：2001 年金融资产存量数据引自易纲、宋旺《中国金融资产结构演进：1991～2007》一文，发表于 2008 年第 8 期《经济研究》，其他年份金融资产存量根据历年《中国统计年鉴》、《中国金融年鉴》资金流量表推算，计算过程中流量、存量都用 1998 年 1 月为基期的 CPI 折实，2008 年后的资金流量统计还没有公布，本文计算截至 2007 年。房地产市场价值的估算借鉴王晋斌、刘元春《中国资产结构的变化及其对宏观经济政策的影响》一文中的方法，发表于 2008 年第 2 期《中国人民大学学报》，其中房价经过 1998 年 1 月为基期的 CPI 折实。

是学界和中央银行界争论的问题。学者们对此提出了多种观点，对每种观点都有支持的理由和反对的意见。归纳起来，主要观点有以下四种：

（一）将资产价格纳入广义通货膨胀测度

该观点认为央行盯住的通货膨胀应该是一种广义通货膨胀测度，其中不仅包含当前商品和服务价格，还应纳入当前资产价格。

最早提出这一观点的是 Alchian 和 Klein（1973），他们认为传统的价格指数只反映商品价格的当期变动，不能反映商品价格的未来走势，而对未来价格的预期会影响居民的行为决策，因此度量通货膨胀的良好指标应包含未来商品的价格。由于未来商品价格不存在，可以使用资产价格来替代，即通货膨胀指标中应包含资产价格。Shibuya（1992）证明在一定条件下，Alchian 和 Klein 的通货膨胀测度可以写成消费价格通胀和资产价格通胀的加权平均。

许多支持将资产价格纳入通货膨胀测度的学者不是从生活成本的角度考虑的，而是因为资产价格变动能预测未来的通货膨胀趋势。Goodhart（1995）认为应将资产价格，尤其是房地产价格纳入到通货膨胀测度中，其权重可由商品和服务与各种资产的支出比例来确定。资产价格是否真的能预测未来通货膨胀？证明股票价格能预测通货膨胀的证据很少，Stock 和 Watson（1999）考虑了在 1 年内 168 个经济指标预测美国通货膨胀的能力，结论是实体经济指标的表现最好，股票价格和菲利普斯曲线相比表现很差。相对来说房地产价格预测能力强一些，Goodhart 和 Hofmann（2000）发现在 12 个国家房地产价格都对 CPI 有明显影响，但 Cecchetti 等（2000）和 Filardo（2000）发现虽然房地产价格和未来的通货膨胀存在一定相关性，但加入房价并不能明显改善通货膨胀预测结果。

Bryan、Cecchetti 和 O'Sullivan（2002）从另一个长期的角度考察了这个问题，他们通过使用动态因子指数法指出，如果不包含资产价格会造成编制货币当局感兴趣的通货膨胀统计数据时存在“排除商品偏差”，使结果偏低。在美国，这种影响达到每年 0.25 个百分点，在考虑的三种资产股票、债券和房产的价格中，不包含房价造成的影响最大。

对于将资产价格纳入通货膨胀测度有许多反对意见。第一，资产价格并不是未来商品价格的很好的代表，从理论上讲，相对资产价格应该包含一系列资产，包括人力资本和耐用消费品等，而且资产价格的变动的原因可能不是对未来通胀预期的改变，而是基本面的改变（Smets，1997；Filardo，2000；Dievert，2002）。第二，通过将资产价格纳入价格指数来盯住资产价格并建立一个政策反应机制会产生道德风险，投资者会承担更多风险，因为他们知道货币政策会试图稳定资产价格（Goodhart 和 Huang，1999）。第三，对于目前大多数实行通货膨胀目标制的央行，这种做法并不必要。将资产价格纳入广义通货膨胀测度主要是基于如下考虑：央行只关注当前商品和服务价格通货膨胀会忽视未来的通货膨胀压力，而未来的通货膨胀压力正好可以由资产价格来反映。但是，实际上大多数实行通货膨胀目标制的央行关注的并不只是当前的通货膨胀率，而是包括预期的未来通货膨胀率的变动路径。因此，在通货膨胀测度中加入资产价格不仅没有额外的好处，反而看起来是中央银行在自己的信息集中重复考虑了消费价格未来的压力（Bernanke 和 Gertler，2001；Cecchetti、Genberg 和 Wadhwani，2003）。第四，要把资产价格纳入通货膨胀测度，还要决定当前消费价格和资产价格的权重。根据传统的支出占比计算，资产价格的权重很容易超过 90%，这会造成剧烈波动的货币政策。另一种决定方法是根据资产价格对未来消费价格的预测能力赋权，根据具体选择的方法不同，结果也可能有巨大差异（Bryan、Cecchetti 和 O'Sullivan，2003）。第五，将资产价格纳入广义通货膨胀测度可能会导致货币政策调控失当，因为资产价格变动的原因并不一定是未来通货膨胀的变动。对于资产价格波动采取合适的货币政策还需依赖于其波动的原因，而不能将资产价格笼统地纳入通货膨胀测度（Kent 和 Lowe，1997）。

（二）货币政策应积极响应资产价格，“刺破泡沫”

该观点主张货币政策对资产价格进行积极响应来维护金融稳定和物价稳定，即央行在泡沫发生时及时刺破泡沫，以避免泡沫破灭后的严重危害。持这一观点的学者大部分赞成央行货币政策的目标是产出稳定和物价稳定，但他们认为资产价格泡沫的形成与破灭会严重影响金融稳定，进而影响未来产出和物价稳定，因此货币政策应该在事前积极响应资产价格泡沫。具体而言，中央银行应在有足够证据证明存在资产价格泡沫时，通过货币政策的大幅紧缩来干预市场，打击投机。Kent 和 Lowe（1997）指出，由于资产通常可作为贷款的担保，故资产价格上升会促使信贷膨胀。当资产价格上升无法维持并转而下跌时，担保可能无法维持，整个金融体系和经济体系就会受到影响。实行通货膨胀目标制的央行应该利用货币政策积极响应资产价格，哪怕短期内会使通货膨胀偏离目标，但可保证中长期通货膨胀的稳定。Borio 和 Lowe（2002）也指出，低而稳定的通货膨胀率在促进金融稳定的同时，也使得过剩需求通过信贷总量和资产价格而不是商品与服务价格表现出来的可能性增加，因此，在某些情况下，货币政策对信贷和资产市场作出反应有助于保持金融和货币稳定。

更激进地，少数学者主张将资产价格波动也纳入央行的损失函数，即将稳定资产价格也作为货币政策的目标之一。Disyatat（2005）指出，在弹性通货膨胀目标制框架下，在标准预测模型中，要让货币政策对金融失衡作出反应，在操作上等价于将金融失衡明确地加入中央银行的损失函数。Castro（2008）也提到将资产变量的波动纳入央行的损失函数并求最小化以得到央行的利率规则。

另外，Bordo 和 Jeanne（2002a、2002b）认为，泡沫并不是分析的关键，即使是有基本面支撑的资产价格膨胀，其反转下跌也会严重影响金融稳定。因此，他们并没有用资产价格泡沫（bubbles）这一术语，而使用资产价格的膨胀与萎缩（boom - busts）。

（三）货币政策应“逆经济风向（lean against the wind）”行事

另一种对货币政策作出反应但不那么激进的方法是逆经济风向行事。欧央行（2005）描述了这种反应方式：中央银行在面对资产价格上涨时使货币政策比面对类似宏观经济前景但资产价格稳定时的货币政策紧一点。通过这种方式，中央银行可以在资产价格上涨的较早阶段就选择谨慎的处理方式，防止扩张性的政策导致泡沫的产生。因此，中央银行可能需要容忍短期内对价格稳定目标的偏离，换取未来的物价和经济稳定。中央银行认为大的、偏离基本面的资产价格波动造成的成本越大，就越应该采取这种政策应对。

如果股票市场的价格上涨源于对未来生产率增长的预期，那么采用“逆经济风向”行事的货币政策风险有限。如果这种预期在事后被证明确实夸大了，那么在早期采取略紧的货币政策就是正确的，因为它可以减少货币政策对非理性的集体兴奋情绪的贡献，前期较严格的信贷条件可以限制股票价格的上涨，进而减小最终市场逆转对整体经济的损害。相反，如果乐观的私人预期在事后被证明是正确的，那么经济扩张的生产能力和更高速的增长前景也使得较紧的货币政策造成的成本有限。

支持“逆经济风向”行事的论点之一是对称性。通过这种政策，中央银行证明货币政策不是只在资产价格快速下降时进行干预，而在资产价格上涨时无动于衷。由于投资者不再认为中央银行会保证资产价格上涨，对市场上的风险评估会更加理性，交易者进行投机行为和银行持有更多风险头寸的动机会减弱，使得泡沫失去继续发展的条件。另外，对称性也有利于在泡沫破裂后进行政策决策，因为在实施对抗通货紧缩的政策时不用担心在未来会鼓励有道德风险的行为。

虽然有以上良好性质，但这种政策也可能造成风险。首先，资产价格泡沫经常是基础结构失衡的结果，可以通过其他政策解决。比如审慎监管政策、税收调整政策和停止政府补贴和转移的政策，都常常是纠正不可持续的资产价格上涨背后的结构失衡的最优选择。第二，即使政策干预是在较长时期内逐渐实施的，政策干预造成的市场扭曲也是不可能完全避免的。

Kohn（2006）也仔细分析了这种政策反应。他认为“逆经济风向”行事这种表达方式长期以来都用作描述中央银行的标准行为，因此他把这种政策反应叫做“额外行动（extra action）”。他指出，这种政策和刺破泡沫的政策有一定的相似之处，两者都使用同样的分析框架试图达到同样的货币政策目标，但刺破泡沫会造成大的利率改变导致衰退的风险，而“额外行动”仅通过略收紧货币政策试图为未来发生资产价格反转的可能提供有限的保险。

（四）货币政策不直接响应资产价格，只负责事后救助

以美联储为代表的一些著名的且受人尊敬的中央银行家们大都认为货币政策不应该干预资产价格，比如Bernanke、Greenspan。Bernanke（1999、2001）认为，“货币政策不应该对资产价格的变化有所反应，除非资产价格的变化显示出预期通货膨胀的变化”。Bean（2003）认为，虽然价格稳定不能保证金融稳定，但在设计货币政策时考虑金融失衡不需要改变通货膨胀目标制，因为金融不稳定对经济活动和通货膨胀有巨大的影响，通过直接盯住货币政策的最终目标，可以顺便达到维持金融稳定、防止资产价格错配的目的。Kohn（2006）在详细比较了不对资产价格作出反应的传统策略和应对资产价格上涨提前略收紧货币政策的“额外行动”策略后，指出只有在以下三个严格的条件都满足的情况下货币政策才应该对资产价格上涨作出反应：第一，政策决策者需要有一定的信心能及时辨识资产泡沫；第二，温和的紧缩政策能阻止未来的投机行为的概率很高；第三，资产价格泡沫规模减小使未来经济预期得到的改善相当大。他认为这三个条件在实践中很难满足，因此仍支持传统策略。总之，他们认为，对于资产价格膨胀，货币政策应该采取“善意忽略”。货币政策仅仅作为“清理残局”的工具，即在泡沫破灭之后，中央银行行使“最后贷款人”的职责，及时向市场注入流动性，减轻泡沫破灭对经济产生的冲击。这是危机前最流行的货币政策框架，在实践上各主要中央银行均以这个框架为指导。

从理论出发，一些学者指出了货币政策不应响应资产价格波动的原因。理由之一来自卢卡斯批判。Woodford（1994）指出将有良好预测能力的资产价格纳入央行反应函数是不可取的，因为一旦央行响应资产价格，其预测能力可能被损害。另一个原因集中于央行响应资产价格会导致无均衡或多重均衡。Bernanke 和 Woodford（1997）指出资产价格确定和前瞻性的货币政策之间循环的结果是造成“通货膨胀无法确定（inflation indeterminacy）”。如果中央银行对资产价格变化作出反应来执行政策，而资产价格又是至少部分地由对未来货币政策的预期决定，那么在一定条件下，通货膨胀预期将自我实现，通货膨胀率将变得“不确定（indeterminate）”，可能波动非常剧烈。Carlstrom 和 Fuerst（2007）则指出，如果货币政策对股票价格作出反应，会将非均衡引入经济，因为通货膨胀率提高会减少公司利润，造成股票价格下降，对此货币政策会放松，削弱货币政策在抑制通胀方面的努力，造成均衡无法确定。

Smets（1997）对 Bernanke 和 Woodford 的批评作出了回应。首先，在央行的结构模型中，新信息会被重新评价，并且对通货膨胀的预测并不仅仅依赖于资产价格的预测能力，因此卢卡斯批判不成立。其次，在他构建的结构模型中，允许央行过滤掉私人部门对货币政策反应的预期而造成的资产价格变动，这可以解决自我实现的预期引发的环状问题。而对于 Carlstrom 和 Fuerst 的结论，Nutahara（2010）在模型中设定公司的营运资金受到担保品限制（collateral constraint）之后，通货膨胀率的提高会减少公司利润，但由于担保限制变得低效，而股票作为担保品的溢价增加，股票价格不会发生变化，即在模型中引入金融摩擦后，均衡无法确定的情况就不会发生了。

持不干预论观点的学者和政策制定者也主要考虑以下几点实际的原因：

1. 资产价格泡沫难以识别

资产价格泡沫难以识别是不干预论者的一个重要理由。Kohn（2006）指出，如果将资产价格的上涨错误识别为泡沫并对其采取措施，会造成很大的成本。中央银行试图消除不存在的问题，会无端将经济增长和通货膨胀降至低于合意值的水平。在中央银行发现自己的错误后，又将希望经济增长超过合意值一段时间来弥补之前的损失。中央银行发现自己的错误需要一定时间，与此同时，错误的判断会导致在宏观经济中引入无谓的波动造成福利损失。在一个包含资产价格泡沫的简单宏观经济模型中，Gruen、Plumb 和 Stone（2005）考虑了最优货币政策规则的模型模拟结果表明，资产价格泡沫特征的相关信息对于最优货币政策具有重要影响，如果央行并不足够了解泡沫的随机特性，那么相对于“善意忽视”而言，央行贸然对资产价格泡沫干预将导致次优结果。

对于资产价格泡沫的存在与否，经济学家依然存在争论。比如，信奉有效市场假说的经济学家通常否认泡沫的存在。Bernanke 和 Gertler（1999）表示，试图稳定资产价格的货币政策是不可取的。造成这一现象的原因很多，其中一个重要的原因是几乎不可能知道资产价格变动是源于经济的基本面，还是非基本面，还是两者兼有。Bernanke（2002）认为，由于央行无法有效地识别资产价格泡沫，货币政策不应该对资产价格作出反应。美联储副主席 Kohn（2006）认为，当且仅当中央银行能够及时地识别泡沫时，才应该对资产价格作出反应。他们认为，相对于个人而言，中央银行在评估资产价值的时候既没有信息优势，也没有技术优势。正如 Greenspan 的一句名言："我们不可能比市场知道的更多。" Detken 和 Smets（2004）研究了 1970 年以来 18 个 OECD 国家 38 个繁荣时期，根据繁荣过后经济增长的表现将它们分为高成本繁荣和低成本繁荣。在考察了 28 个经济指标的表现后，他们发现，从货币政策制定者的角度看最有意义的能预知两者不同的指标很少，只有高成本繁荣在开始前的实际货币增速更高，以及开始后第一年实际信贷增速更高，无法明确地作出判断。Miskin 和 White（2002）对美国整个 20 世纪 15 个股票市场崩溃事件的研究表明，泡沫很难事前识别。他们同时发现，许多股票市场泡沫的破灭并没有引起金融动荡。

关于资产价格泡沫的识别问题，学界也有不同意见。Cecchetti、Genberg、Lipsky 和 Wadhwani（2000）认为，资产价格泡沫难以识别并不能成为我们忽视它的理由。几乎所有的政策都是在不确定的环境下制定的（比如，需要估计潜在产出和通胀预期）。衡量资产价格失衡（misalignments）的难度并不高于衡量潜在产出，并且我们有时确实能够观察到明显的资产价格失衡。Filardo（2004）也回应到，央行对处理潜在产出、自然失业率和均衡实际利率等观测不到的变量已有丰富经验，那么也能处理好资产价格泡沫的测度。Orphanides（1998）对美国数据研究发现，1980～1992 年间，实际产出缺口估计值平均为 -3.99%；然而到了 1994 年，这一数据被修正为 -1.64%。如果中央银行把对产出缺口的估计值机械应用于泰勒规则来制定利率，那么利率误差将超过 100 个基点。此外，对产出缺口的估计依赖于资产泡沫的识别。Bernanke、Gertler 和 Gilchfist（1998）研究表明，资产价格膨胀通过资产负债表效应影响供给和需求。所以，资产价格泡沫的存在与否不仅同总需求相关，并且还与总产出相关。

也有一些实证研究为识别资产价格泡沫提供了很好的方法。Borio 和 Lowe（2002）分析了 20 世纪 60 年代以来部分工业和新兴市场经济国家各种指标对预测金融危机的效果。他们主要分析了信贷缺口、资产价格缺口和投资缺口的预测作用。结果表明，信贷缺口是预测金融危机的最优指标。Machado 和 Sousa（2006）采用分位点回归（quantile regression）方法来识别资产价格的繁荣和萧条。他们识别了欧洲股票市场三次繁荣和萧条。Taiplaus（2006）基于计量方法设计的衡量股市泡沫的指标已经被芬兰央行所采用。这种方法的核心思想是：在一个特定时期内资产收益和资产价格不可能偏离太大。如果股票价格上涨幅度显著超过股利增长的幅度，就表明存在泡沫。把这种方法应用到美国和芬兰时，能够很好地识别股票价格对正常水平的偏离。

总之，对资产价格泡沫的辨识在危机前还没有明确的结果。可以用 Gürkaynak（2005）的结论作为总结：资产价格泡沫的计量经济学识别方法还不能达到让人满意的确定程度。对于每篇找到泡沫证据的论文，都有另一篇假设泡沫不存在的论文用数据拟合得一样好。我们仍不能将泡沫和随时间改变或者结构改变造成的基本面变化区分开。

2. 货币政策是一种“钝的工具（Blunt Tool）”

Bernanke（2002）表示，即使央行能够识别泡沫，现有的货币政策工具也无法有效地干预泡沫；或者说，从调控资产价格波动的效果衡量，货币政策只能是“钝的工具（Blunt Tool）”。他认为，只有当利率提高到足够高的时候才能抑制资产价格泡沫，而这又会很容易导致经济整体增速放缓。Bean（2004）也认为，温和的利率调整对资产价格泡沫几乎不起作用，而大幅的利率提高又会对实体经济产生很大的负面作用。ECB（2005）总结说，实践证明市场对当前货币条件改变的反映很难预测，而且试图刺破泡沫可能需要利率很大的变化，这会对经济产生很大的风险。另外，在泡沫的第一阶段，泡沫可能对即使很大的利率改变也保持弹性，调高利率无法阻止泡沫的累积；而在泡沫的第二阶段，即使是利率微小的改变也可能促发广泛的资产价格下跌，进一步放大紧缩政策的收缩效果。Greenspan（2007）、Goodhart 和 Persaud（2008）也表达了同样的观点。他们认为，刺破泡沫所要求的利率水平可能会使经济大伤元气。

3. 货币政策的干预弊大于利

部分学者认为，相对于“善意忽视”而言，央行对资产价格的干预会导致经济遭受更大的损失。Bemanke 和 Gertler（1999）在 BGG 模型的基础上引入外生资产价格泡沫，模拟存在资产价格泡沫情形下不同货币政策准则的具体效果。模拟结果表明，如果货币政策对资产价格泡沫有所反应，将会导致经济更加不稳定。所以，他们建议货币政策应该仅对通货膨胀作出反应，而不应该关注资产价格。Iacoviello（2005）研究结果表明，对资产价格作出反应并没有给政府在稳定产出和控制通胀方面带来多少好处。Bernanke（2002）在讨论 20 世纪 30 年代大萧条期间的货币政策时指出，政府在 1928 年前期试图通过紧缩货币政策来阻止股票市场的上涨，却导致了经济增长的放缓。经济增长的放缓，再加上利率的提高共同导致股票市场大崩盘。Mishkin（2008）认为，试图刺破资产价格泡沫的努力可能会弊大于利。

对于他们的看法，也有学者提出反对意见。Bordo 和 Jeanne（2002）指出，相对于将资产价格直接纳入央行的目标函数，货币政策对通胀预期和产出缺口过多的依赖，在有些情况下会导致更大的损失。Cecchetti、Genberg、Lipsky 和 Wadhwani（2000）总结到："一国中央银行要实现一定时期内的通胀目标，又要尽量保持通胀稳定，如果他的货币政策不仅仅根据通胀（或通胀预期）以及产出缺口来调整，而且还根据资产价格来调整，那么它很可能会做得更好。一般来说，这样修正货币政策框架可以减小产出的波动。"对于 Bernanke 和 Gertler（1999）的结论，Cecchetti、Genberg、Lipsky 和 Wadhwani（2000）认为其并不准确。他们运用 Bernanke 和 Gertler（1999）的模型，考虑了多种情形下的货币政策反应。模拟结果表明，在大多数情况下，货币政策对资产价格进行反应是明智的；虽然这种反应不必很强烈，但是确实应该被执行。此外，还有许多研究结果表明，对资产价格泡沫事前反应不仅能够减小经济波动，同时也能带来福利改进（Carlstrom 和 Fuerst，2001；Kontonikas 和 Montagnoli，2003；Filardo，2004；Berger 和 KilBmer 等，2007）。

三、危机后货币政策应对资产价格的理论和实践发展

2008 年爆发的金融危机从事实和逻辑上都使"事后救助论"遭遇了普遍质疑，"事前反应说"逐渐占据上风。连一贯秉持不干预政策的 Mishkin（2010）也认为，应当在区分信用驱动型泡沫、过度乐观预期驱动的非理性繁荣泡沫的基础上，积极干预信用驱动型的资产价格泡沫。不仅如此，金融危机还对危机前众多中央银行一贯秉持的众多信条形成了强烈的冲击与挑战，关于应该如何应对资产价格上涨，也有了一些新的看法。

（一）价格稳定并不必然带来金融稳定

危机对"事后救助论"有关"价格稳定能够自动带来金融稳定"的信条造成了强烈冲击。首先，价格稳定本身的测度存在一定的缺陷。新兴发展中国家对全球化的参与，给工业化国家提供了大量廉价的消费品，导致这些国家的 CPI 并没有真实反映本国的实际通胀水平，在此基础上建立的通胀目标制，并不能真正基于本国经济状况作出正确决策（吴培新，2008）。

其次，长期的价格稳定助长了非理性的乐观情绪，导致过度的风险承担。Gambacorta（2009）指出美国长期相对稳定的物价和产出环境，助长了投资者的乐观情绪，致使其低估市场风险，采取过于激进的风险承担行为，推动信用利差大幅下降、贷款标准极度放松，导致本不稳健的金融体系更加脆弱。

而稳定的价格和产出环境下的低利率政策，进一步加剧了这种风险承担行为，Borio 和 Zhu（2008）称之为货币政策的"风险承担渠道"。这个渠道通过两种机制发挥作用：第一个是收益追求效应，当整体利率水平较低时，只有从事高风险投资才会给资产管理者带来高收入，增强了其风险承担诱因；第二个是估值效应，低利

率使得金融企业持有的金融头寸价值增加，提高了他们的杠杆水平和风险承受能力。

微观层面的实证研究也验证了风险承担渠道的存在，如 Jimenez 等（2008）利用西班牙信贷登记数据，发现低利率虽然在短期内降低了违约的可能性，却导致了风险更高的信贷和中期内更多的违约。Ioannidou 等（2009）通过一个半控制的实验发现，较低的美国联邦基金利率促使银行增加了对劣质客户的信贷，结果却是在低利率价差水平上出现了更高的违约率。Delis 和 Kouretas（2010）通过欧元区的银行数据发现，利率水平和银行信贷的风险具有显著的负向关系。

（二）泡沫并非不可预测

“事后救助论”支持者坚称，资产价格泡沫难以识别和测度，但这并不代表泡沫无迹可寻。最近几年，在识别泡沫方面的研究又有了一些新的成果。国际货币基金组织（IMF，2008）运用负担能力比率、短期利率、长期利率、信贷增长率、股价变化和劳动人口变化等指标来度量房价缺口（对房价上涨无法用基本因素解释的部分）。他们发现，爱尔兰、荷兰和英国的房价缺口高达30%；法国、澳大利亚和西班牙的房价缺口约为20%。Alessi 和 Detken（2009）运用 1970～2007 年 18 个 OECD 国家的数据，检验一系列金融和经济指标预测资产价格繁荣和萧条的效果，他们发现，全球流动性是其中最好的预测指标。Gerdesmeier，Reimers 和 Roffia（2009）第一次使用预测货币危机的方法来预测资产价格失衡，他们构建了一个同时考虑股票和住房价格的复合（composite）资产价格指标，并采用该指标来识别资产价格萧条。根据统计检验，他们发现信贷总量、长期名义利率和投资占 GDP 比率的变化是提前 8 个季度预测资产价格萧条的最好指标。IMF 的 Kannan、Rabana 和 Scott（2009）针对 21 个发达经济体的研究也表明，当信贷/GDP、经常项目差额/GDP、房地产投资/GDP 明显偏离历史趋势并超过某个基准阈值时，能够以 56% 的精度预测未来 1～3 年内的资产泡沫。

另外，Wadhwani（2008）强调，识别资产价格泡沫并不需要中央银行比私人部门具有更多的信息和洞察力。Kohn（2008）也指出，即使私人部门和中央银行同时识别出资产价格泡沫，私人部门可能也不会采取措施通过套利使得泡沫消失。他提到，有研究指出某些市场参与者识别出了泡沫的存在，但他们不确定别人是否也能识别，因此他们可能试图“骑在”泡沫上赚取尽可能多的利润，目标是刚好在泡沫破裂前出售资产（Abreu 和 Brunnermeier，2003）。还有研究表明某些机构的结构可能使得跟泡沫反方向交易的成本太高，因此即使该机构认识到泡沫的存在，进行反方向交易也无利可图（Liu、Longstaff 和 Mandell，2006；Stein，2005）。总之，这些研究表明，政策制定者可能监测到经济中不会很快被套利交易平息的泡沫。

（三）事后救助隐藏风险，泡沫清理成本十分高昂

“事后救助论”的理由之一是：货币政策干预资产泡沫造成的损失，大于让泡

沫自然破灭的成本。只要救助及时，中央银行就能够将泡沫破灭的损失控制在可接受的水平。事实上，事后干预策略意味着中央银行在面对不断膨胀的资产价格泡沫时无动于衷，市场投资者就会无所顾忌，加剧了市场投资者的顺周期行为。同时事后策略暗含"泡沫破灭将会实施宽松的货币政策"的承诺，即所谓的"格林斯潘期权"，容易引发道德风险的不断积累。本次危机进一步证实资产泡沫会带来风险，"最好在危机发生后收拾残局，而不是防止本身难以识别的泡沫的形成"的观点值得质疑（Blanchard 等，2010）。

同时，泡沫破裂产生的后果也十分严重。IMF 的 Kannan 等人（2009）的研究显示，资产泡沫破灭会造成明显的产出和物价下跌，对宏观经济极为不利（见表 5）。Reinhart 等人（2010）通过对二战后 15 次严重的金融危机的分析也表明，危机后 10 年内实际 GDP 增长率中位数的下跌幅度在 1% 左右，失业率也持续维持高位，发达经济体失业率中位数的上升幅度达 5%。

表 5　　1970 ~ 2008 年资产泡沫破灭损失情况

	1970 ~ 2008 年		其中：1985 ~ 2008 年	
	房地产	股票	房地产	股票
泡沫破裂事件	47	98	25	57
每个国家平均泡沫数	2.76	4.67	1.47	2.71
泡沫破裂持续时间（季度）	10.02	6.98	9.74	6.29
物价累计降幅（%）	-17.71	-37.38	-15.58	-38.9
产出累计降幅（%）	-4.27	-1.31	-3.27	-1.29

资料来源：Kannan 等（2009）。

本轮危机更是证实了这一点：2008 年 9 月雷曼兄弟公司的破产，导致整个金融体系失灵，推动信用利差（如"Baa 级债券—国债"利差或"垃圾债券—国债"利差）和流动性利差（如 TED 利差或 LIBOR - OIS 利差）暴涨。之后，美国实际 GDP 在 2008 年第四季度下降了 1.3%，2009 年第一季度下降了 5.4%，第二季度下降了 6.4%；世界其他经济体的实际 GDP 也在 2008 年第四季度下降了 6.4%，2009 年第一季度下降了 7.3%。美国和许多发达国家的失业率急剧攀升至 10% 以上，即使在世界经济开始恢复时，失业率也依然僵持不下。

不仅如此，本轮金融危机的潜在问题仍在持续发酵。一方面，巨额的援救开支、财政刺激计划，与经济急剧紧缩导致的税收下降叠加，推动政府债务急剧攀升。在美国，政府债务上限被迫调高，美国主权评级被标准普尔下调，在欧洲则发生了希腊、爱尔兰、西班牙等国的主权债务危机，且危机迟迟得不到解决，还从外围国家蔓延到核心国家，经济增长受到严重影响。另一方面，为了应对危机，在之前全球一轮前所未有的宽松货币政策后，美国仍继续采取宽松的货币政策，未来通货膨胀压力大。

（四）积极探索利率之外的非传统的货币政策工具

在资产价格上升时期，由于市场预期经济持续向好，即使央行提高政策利率，由于借助金融中介和金融创新流动性仍然可以得到满足，市场上的长期利率并不会随短期利率的提高而提高，资产价格仍会不断上涨。在资产价格泡沫破灭之际，利率政策同样不能发挥出应有作用，严重的经济危机可能使政策利率降低至0，这时，由于公众的避险情绪远远超过了利率对消费和投资的刺激，利率政策已无法有效刺激总需求，使用非传统手段会更加有效（Blanchard 等，2010）。例如，2008 年美国次贷危机全面爆发不久，金融机构在日常业务经营中出现了严重的流动性短缺，2008 年 9 月到当年 12 月，美联储采取快速下调连续降低联邦基金利率累积达 125 个基点，从 1.5% 降低至 0.25%。然而，由于危机期间金融机构对信贷风险特别是交易对手风险的恐惧，以及资产证券化产品价值缩水导致的自身资产负债表状况的不确定性，联邦基金利率的调整无法缓解金融机构的流动性危机问题。金融市场上短期资金利率受“名义利率不可能在零以下”的限制，当通胀预期为负时，货币政策很难通过名义利率调整实现负的实际利率，导致降息无法带动经济走出衰退阴影。当美联储在 2008 年底将联邦基金利率降至接近于 0 时，美国 CPI 也于 2008 年 12 月出现通缩迹象，直到 2009 年底才逐步走出通缩阴影。也就是说，在危机逐步深化的阶段，实际利率却一直为正，在 2008 年 12 月至 2009 年 7 月甚至是有所上升的，这极大地制约了降息效应的充分发挥。

此外，调整政策利率能有效影响经济的运行状态，但在解决金融体系脆弱性上并不十分有效。如果频繁运用利率政策来实现金融稳定，势必会与保持价格稳定的首要目标冲突，导致实体经济活动的较大波动（Blanchard 等，2010）。

本轮危机中，当持续降息面临零利率下限约束时，美联储采取了一系列非传统的货币政策措施。这些措施包括：一是流动性支持，即中央银行扩大向银行和其他金融机构的贷款，大量研究显示这项措施降低了银行间的风险溢价，促进了金融市场的稳定（Wu，2008；Christensen、Lopez 和 Rudebusch，2009；Baba 和 Packer，2009；Sarkar 和 Shrader，2010；Goldberg、Kennedy 和 Miu，2010）；二是资产购入，即中央银行购买政府债券和私人资产以降低居民的借贷成本，研究显示，央行的资产购入降低了长期债券、抵押贷款支持证券的利率（Gagnon、Raskin、Remache 和 Sack，2010）；三是量化宽松，即中央银行大幅扩张自身资产负债表；四是预期管理，即当政策利率触及零利率下限后，中央银行承诺长期维持短期政策利率不变。迄今为止，一些学者（Curdia 和 Woodford，2009；Mishkin，2010b）认为后两项政策的效果有待进一步观察。

除美联储外，一些发展中国家也采取了一系列非传统的货币政策，但是这些措施在目标、时间、类型和程度等方面与发达国家都存在显著差异（见表6）。首先，发达经济体采取非传统政策的主要原因，是政策利率已接近于零，无法采取进一步的降息策略，而很多新兴经济体并非如此；其次，发达经济体的央行广泛运用信贷和量化宽松措施，这导致了央行资产负债表的急剧扩张，新兴经济体则没有出现这种情况；最后，发达经济体财政支持的主要目的，是拯救处于危机状态的金融部门，而新兴经济体主要是应对总需求不足。

表6　　危机中发展中国家非传统货币政策一览

政策类型	实施国家	具体措施
国内流动性安排	菲律宾	为抵御债券赎回而扩大合格抵押品的范围
	以色列	用不同种类、期限的政府债券进行公开市场操作
	智利	扩大货币操作的合格抵押品的列表
外汇流动性注入	巴西	卖出一个月的美元流动性资产
	菲律宾	开放美元回购协议
	土耳其	引入每日美元竞价卖出
信贷和量化宽松	韩国	央行资助股票基金购买商业票据
	以色列	央行声明购买政府债券

资料来源：Mohanty（2011），经本文作者修改。

（五）继续探索将资产价格纳入货币政策框架中

虽然"事前反应说"已获得广泛的认同与支持，但在具体的措施与方法上，经济学界和中央银行仍在积极地探索研究之中。鉴于低利率导致的过度风险承担，Cecchetti（2010）建议将资产价格纳入货币政策框架，在泰勒规则通胀缺口、产出缺口两个变量外，直接增加资产价格项，使其成为利率的直接调节目标。

但Mishkin（2010b）指出，用货币政策压制信用泡沫并进一步抑制资产泡沫并不轻松，这意味着中央银行需要在"消费价格/产出稳定"、"资产价格/金融稳定"之间作出权衡，而这两者并不总是一致。一些研究（Ioannidou等，2009；Adrian和Shin，2010；Mishkin，2010）表明，只有当信贷迅速扩张、杠杆率不断提高、风险利差持续下降、金融机构贷款标准持续放松时，加息才能够阻止信用泡沫的生成，同时不会对"消费价格/产出稳定"造成显著的负面影响。

（六）宏观审慎政策与货币政策的配合与协调

鉴于货币政策应对资产价格的两难处境，一些学者提出运用宏观审慎政策实现"资产价格/金融稳定"目标。国际货币基金组织的政策模拟（Kannan、Rabana和Scott，2009）显示，与利率工具相比，宏观审慎工具对宏观经济的负面影响更小。

Mishkin（2010）则进一步指出，宏观审慎政策与货币政策的配合使用，更加有利于“消费价格/产出稳定”、“资产价格/金融稳定”目标的同时实现。例如：单纯的宏观审慎政策，可能会减缓信贷增长，降低总需求，影响经济增长；而以刺激经济复苏为目标的货币政策又可能会引发信用泡沫，导致金融失调。只有将两者配合使用，才能够取得比较理想的政策效果。

运用宏观审慎工具抑制资产泡沫的优势在于，宏观审慎政策既可以统揽全局，又可以针对局部过热运用专门的监管工具。通用型的审慎工具包括：逆周期的资本充足率要求、动态拨备、信贷扩张期间较低的贷款抵押比率。而在针对性的监管工具方面，Palley（2008）提出了基于资产价格的准备金要求框架（Asset Based Reserve Requirement，ABRR），ABRR 中要求金融机构基于资产价值计提准备金，中央银行则可以根据实际情况设定不同资产的损失准备计提要求，计提标准会根据资产价格的变化自动调节，价格上涨时，自动增加损失准备计提比率，这样准备金计提就会自动稳定过热的资产价格。此外，运用宏观审慎政策调控资产价格的另一个好处是，一些宏观审慎政策指标如信用泡沫，比资产价格泡沫更加容易识别（White，2009；Mishkin，2010）。

2008 年金融危机后，以 Borio 为代表的学者以及 Bernanke 等央行决策者逐渐达成共识，对“消费价格/产出稳定”、“资产价格/金融稳定”采取两套不同的政策工具。其中，短期利率等货币政策工具以“消费价格/产出稳定”为首要目标，贷款抵押比率、损失准备计提标准等宏观审慎工具则以“资产价格/金融稳定”为首要目标。而 Mishkin（2010b）和 French 等人（2010）进一步指出，考虑到不同部门间协作的困难，只有在中央银行同时负责货币政策和宏观审慎政策的情况下，两种政策的协调才会落到实处并发挥应有效力。

四、政策反应的国际经验

从理论上看，该如何应对资产价格波动有许多种观点，在实践中，根据每次资产价格波动的原因、经济环境和各国央行政策目标侧重点的不同，应对资产价格波动的政策决策也各不相同。这一节我们考察各国（地区）应对资产价格波动的实际例子。

（一）几个案例

世界范围内，明确使用货币政策和审慎政策减缓资产价格上涨的例子并不多。这里我们讨论几个经常被引用的例子。

1. 中国香港特区

香港在 1984 年至 1997 年限制了土地供应，再加上它的联系汇率制度，使得它面对房地产市场繁荣和萧条的循环尤为脆弱。在 1990 年左右，随着内地对来自香港的投资和贸易更加开放，香港的房地产价格快速上涨。从1989年到1992年，香港住宅价格年均上涨约30%。香港银行账上的住房贷款高度集中，占全部贷款的40%，这意味着如果房地产价格迅猛上涨的趋势发生快速反转，银行系统将面临巨大的风险。

在1991年5月，香港银行业协会敦促金融机构收紧借贷标准，并降低能够出借的净值的比例。一些金融机构自己采用了贷款与估值比率（LTV）上限，但直到1991年11月，信贷增长并没有明显减缓，于是金融机构被要求采取进一步行动。一些大银行把它们的LTV上限从约80%～90%降至70%，造成1991年12月开始住房信贷增长明显放缓。1994年，香港利率随美国联邦基金利率上涨，结束了香港资产价格的繁荣，这正是检验以上措施保持金融稳定有效性的时候。虽然在接下来的18个月中房地产价格从高点下跌25%，抵押贷款损失仍低于资产的0.5%，而且在1995年银行利润还有提高（McCauley、Ruud和Iacono，1999）。

香港的法定管制是以一种有弹性的方式实施的，首先由银行业委员会实施，然后由香港货币当局实施。另外，规则随着金融体系的变化而变化。例如，随着贷款者抵押贷款保险（LMI）的使用，LTV的上限也提高了（Yam，2009）。虽然房地产价格变动剧烈，但银行体系一直比较稳健，即使在1997～1998年金融危机期间，银行仍然能迅速恢复（Gerlach和Peng，2009）。2009年年末，由低利率造成的资产价格上涨再一次引起了信贷和资产价格激增的担忧。为此，香港货币当局把豪华物业（2000万港元及以上）的LTV降低至60%。

中国香港的经验常被引用作为使用宏观审慎政策应对金融不平衡的成功例子，但它的房地产市场和金融体系的性质决定了它的经验在一定程度上是不可复制的。

2. 西班牙

从1995年到2000年，西班牙住户的贷款按年均18%的速度增长，这一方面是因为西班牙加入欧元区后利率水平下降，另一方面是因为竞争激烈使得贷款标准放松。同时，随着不良贷款的下降，特种拨备也减少了（Griffith－Jones等，2009）。作为应对，西班牙银行在2000年实施了动态贷款损失拨备体系，这个体系迫使金融机构在贷款进入资产负债表时就识别贷款损失的风险，而不是在贷款发生损失后才确认。这种方法试图在资产价格上升时提高银行发放高风险贷款的成本，并在资产价格下降、不良贷款上升时向银行提供缓冲来保护它们的资产负债表，以此来降低银行的信贷增长和盈利在商业周期中的波动。

在2005年，由于动态贷款损失拨备体系和国际会计准则冲突，该体系受到很大影响，但拨备仍占西班牙存款性机构合并资产约1.9%，而总权益约占8.3%（Bank of Spain，2010）。Griffith－Jones等（2009）指出，支持动态拨备减小西班牙信贷或房地产价格周期波动幅度的证据很少。然而，Saurina（2009）指出，自动态拨备计划开始以来积累的拨备中的相当一部分在2009年逐步消耗了，这对于支持金融机构渡过全球金融危机起到了重要作用。总之，现在要判断在西班牙这种政策工具的使用在何种程度上维持了金融稳定还为时尚早。

3. 瑞典

2005~2007年，瑞典的房地产价格和房地产信贷分别年均增长11%和13%。与此同时，瑞典中央银行将它的政策利率提高了200个基点，并公开表示了对扩张的可持续性和房地产价格快速转向给金融体系和实体造成影响的担忧。在2005年，在政策决策后发表的7篇媒体声明里的6篇都明确表达了对房地产价格和房地产信贷发展形势的担忧（Hoerova等，2009），而在2006年，政策利率提高了，并在政策声明中提到了对快速上涨的房地产价格和住户负债的担忧。因为这种行动，瑞典中央银行受到批评。在一份由瑞典议会委托完成的报告中，Giavazzi和Mishkin（2006）指出政策考虑和CPI通货膨胀率无关的资产价格发展是个错误。然而，最近Hoerova等（2009）声称，紧缩政策和关于房地产市场迅猛增长危险性的公告组合起来，有助于缓和金融市场的向上趋势。

（二）央行是否响应资产价格的实证研究

除以上案例外，大部分中央银行都公开否认对资产价格波动进行干预。Greenspan（2002）指出："最近的经验表明，并不存在低风险、低成本的抑制资产价格泡沫的紧缩性货币政策；那是不是有其他政策，既可以有效抑制泡沫的规模，同时又不至于对经济造成很大的伤害？截止到目前的证据表明，并不存在这种政策。"

现实中中央银行有没有对资产价格作出过反应呢？许多学者通过实证检验实践中中央银行是否对资产价格作出反应。现存文献中关于央行是否考虑了资产价格的研究，主要是对纳入资产价格的货币政策反应函数进行实证检验。

Smets（1997）将名义有效汇率、十年期债券名义收益率和股票市场指数纳入加拿大和澳大利亚的货币政策反应函数并加以估计，发现汇率和股票市场指数的变动引发了加拿大利率显著的调整。但是，在澳大利亚的货币政策反应函数中，这三个金融变量的系数均不显著。Bernanke和Gertler（1999）对美联储和日本央行的实际货币政策操作进行了检验，以分析两国央行在稳定通货膨胀预期和产出缺口外还是否对股票价格进行了响应。他们的研究表明，美联储在从1979年10月至1997年12月期间对通货膨胀预期和产出缺口采取了强有力的稳定行为，除此之外，未对股票价格波动进行响应，除非股票价格波动包含了关于产出和通货膨胀的信息。而对日本货币政策的估计结果有些复杂：在1979年4月至1997年12月整个样本期间内，股票价格在利率设定中的作用并不显著。但是将样本在1989年6月分开，发现前半段样本内股票价格对利率设定有显著的负向作用，而后半段样本内股票价格对利率设定有显著的正向作用。Bernanke和Gertler认为日本央行的这种货币政策操作导致在1987年至1989年期间表现得过于宽松，在1990年后又对通货紧缩反应不足而显得过于从紧。两个央行货币政策的对比支持了他们认为货币政策除了响应未来产出和预期通货膨胀外不需响应资产价格的观点。Cecchetti（2003）对联邦公开市场操作委员会（FOMC）1981～1997年间的会议记录和笔录的研究表明，美联储确实曾经使用联邦基金利率来应对资产价格的失衡。Cecchetti和Li（2005）对德国和日本的研究表明，1979～1993年间，德国央行在设定利率的时候确实考虑过国内股票市场和银行系统的杠杆状况。Chadha、Sarno和Valente（2003）发现，美联储和英国银行曾经直接对股票市场作出反应，而日本央行却没有。Kontonikas和Montagnoli（2004）对英国在1992年至2003年期间的货币政策进行了实证分析。他们将股票价格和房地产价格分别纳入以及同时纳入前瞻型货币政策反应函数中，采用GMM方法进行估计，结果表明，英国的货币政策对股票价格和房地产价格都进行了显著的响应，但是对房地产价格波动响应的力度更大。D'Agostino、Sala和Surico（2005）也认为，在资产价格波动剧烈的时候，美联储对股票价格指数确实作出了强烈反应。而Hayford和Malliaris（2004）认为，美联储没有对股票市场作出反应。Finocchiaro和Heideken（2007）也得出了同样的结论。Semmler和Zhang（2007）对欧元区1979年一季度至2005年四季度期间的利率反应函数进行了实证分析。他们加入不同时期的股票价格泡沫，发现同期的股票价格泡沫和基于t期信息预期的t+1期股票价格泡沫和t+2期股票价格泡沫在利率反应函数中是显著的，而基于t期信息预期的t+3期股票价格泡沫和t+4期股票价格泡沫则不显著。因此，他们推测股票价格在欧元区利率设定中可能发挥了作用。

五、对我国的借鉴与启示

与发达国家以利率为主要调控手段相比，我国货币政策实行的是多目标（经济增长、物价稳定、增加就业和国际收支平衡），数量型工具和价格型工具并用，以数量型工具为主的调控模式。受利率尚未完全市场化、存差规模较大、信贷市场和金融市场相互割裂等因素的制约，迄今为止，我国微观经济主体还没有建立起利率的灵敏反应机制，相反，他们更为关注贷款可得性为主的数量型指标[①]。这一部分，我们先进行计量分析检验我国货币政策工具是否能对资产价格波动产生影响，然后结合理论分析和国际经验为我国货币政策的改进方向提出建议。

（一）我国货币政策与资产价格关系的计量检验

由于资产价格主要是房地产价格对物价稳定、经济增长等最终目标有明显影响，需要引起货币政策的关注。但现有货币政策工具能否起到调控资产价格的作用，仍

---

① 参见李扬为曾刚《货币流量分析法》作的总序，第7～11页。

需要进一步的计量检验。这里主要考察货币政策对房地产价格影响的有效性，而股票价格虽然对最终目标不具有长期稳定影响，但作为比较，本文一并纳入分析。

1. 模型和变量的选择

研究货币政策工具影响资产价格的有效性，主要考察的是短期内的调控作用，因此这里采用 VAR 模型。而对于货币政策变量的选择，则根据我国的货币政策执行情况以及资产市场的实际情况，选择了货币供应量、利率和汇率作为代表变量。主要原因是，货币供应量反映了市场流动性充裕程度，理论上将对居民资产结构产生一定影响。利率既反映了货币价值，同时也反映了资金使用的成本，能控制进入房地产、股票等市场的资金流量。汇率的变化能够引导国际资本的流进流出，房地产和股市正是这些资本追逐利润的地方。具体的变量和数据说明如下：

（1）货币供应量 M2。我国从 1994 年开始统计和公布货币供应量指标，1996 年确定将货币供应量 M1 作为货币政策中介目标，1998 年中国人民银行正式取消了信贷规模控制，确立了以货币供应量作为唯一中介目标的货币政策框架，并以 M2 为主要的货币政策中介目标。

（2）利率 R。为了准确反映利率变化对资产价格的影响，应该选取市场化程度高，能够及时准确反映整个金融市场的资金供求关系的利率指标。我国银行间同业拆借市场是目前我国利率市场化程度最高的市场（王虎等，2008），因此本文选取银行间七天同业拆借利率的月度数据作为利率指标代表，以 R 表示。

（3）汇率。我国长期以来实行的是有管理的浮动汇率制度，汇率水平并不能完全反映市场供求关系，为准确反映人民币汇率水平，本文采用国际清算银行（BIS）公布的实际有效汇率（REER）作为汇率指标。

资产价格仍以房地产价格（PHSA）、股票价格（PS）作为代表变量。样本期为 1998 年 1 月至 2010 年 12 月，与 PHSA 和 PS 变量一样，M2、R 和 REER 都以 1998 年 1 月为基期进行定基化处理，并对价格调整后的 M2 进行季节调整得到 M2SA。

建模时，用 M2、R 和 REER 分别与 PHSA、PS 建立两个分析系统，协整检验显示两个系统分别存在两个协整关系（限于篇幅，检验结果略）。货币政策变量对资产价格的影响主要通过基于 VECM 的脉冲响应函数和方差分解刻画。

2. 计量结果分析

（1）脉冲响应函数。脉冲响应函数表示系统对每个变量的单位冲击所产生的反应，它具体刻画了在扰动项上增加一个数值等于标准差的冲击对于各变量当期值和未来值的影响，对一个变量增加一个冲击将直接影响这个变量，并且通过 VECM 模型的动态结构传导给其他变量。图 1、图 2 分别给出了 M2、R、REER 对 PHSA 和 PS 的脉冲响应函数。其中横轴表示冲击作用的滞后期数（月度），纵轴表示对冲击的响应程度。

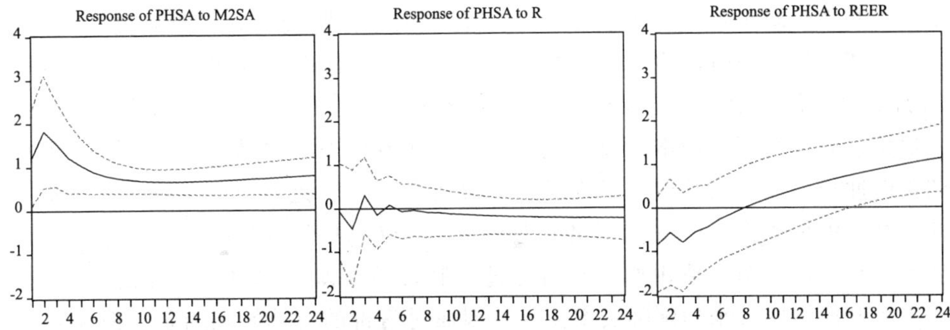

图 1　货币政策对 PHSA 的脉冲响应函数图

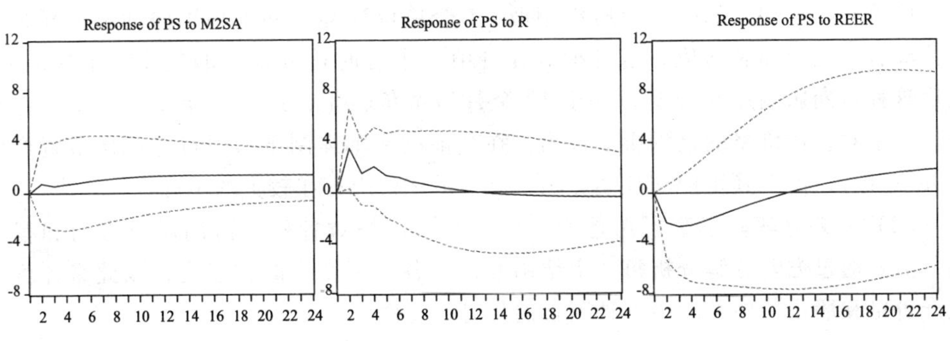

图 2　货币政策对 PS 的脉冲响应函数图

结合图 1、图 2，我们看到虽然房地产价格、股票价格对货币政策的反应程度、反应时间有所不同，但这两种资产价格对货币政策调控的中长期稳态反应方向基本是一致的。总体而言，房价对货币政策的反应时滞较短，但股票价格对货币政策的反应程度较强，意味着货币政策调控对股票市场影响的不确定性也较大，也更易造成股票市场的波动。

具体来看，1 个标准差 M2 的正向冲击，对房价、股价都会产生一定的正面影响。其中，房价在 2 个月的响应达到 1.8 个标准差的最大值，然后缓慢下降，9 个月后在 0.72 个标准差左右趋于稳定。而股票价格则会逐步上升，并于 8 个月后稳定在 1.3 个标准差左右。这说明针对市场流动性的调控，会明显同向影响到资产价格的变化，央行可以通过流动性控制一定程度上调节资产价格变化。

与理论预期一致，长期看，实际利率的上升将抑制房价、股价的上升。房价受到实际利率 1 个标准差的正向冲击，在前 6 个月表现为上下震荡反应，表明加息对房价的短期影响并不确定，但 6 个月后对房价的影响由正转负，并于 12 个月后稳定在负的 0.22 个标准差。股票价格与此类似，但在前 8 个月对利率冲击的响应为正，这种同向影响于第 2 个月达到最大的 2.9 个标准差，之后趋于下降。我们认为出现这种现象的主要原因在于，短期内投资者对利率走势的预期比利率本身对股价的影响更大，利率受政策影响上调伊始，市场利空出尽，股价上升。但从较长时期看，利率的上调还是对股价产生了一定的负面影响，一个标准差实际利率的正向冲击在12个月后对股价的影响稳定在负的0.36个标准差。

房价、股价对汇率冲击的反应类似，都是先跌后升。具体来看，1个标准差汇率的正向冲击，会在当月促使房价下跌0.91个标准差，之后负向影响逐步减弱，并于8个月后由负转正，14个月后正向影响稳定于0.81个标准差。出现这种情况的主要原因在于，汇率升值伊始，升值通过抑制贸易顺差对国内流动性的收缩效应，大于汇率升值预期带来的国际资本流入，因而对房价的总体影响为负。但随着时间推移，升值预期对国际资本流入的吸引大于升值本身的收缩效应，从而导致房价上升。股价对汇率冲击的响应与房价相似，1个单位标准差的汇率正向冲击，开始对股价具有一定的抑制效应，这种抑制在升值3个月时达到最大的负2.8个标准差，之后这种负向影响逐步减弱，并于12个月后由负转正，最终稳定于正1.2个标准差。汇率对资产价格的这种影响说明，在当前的汇率体制下，通过汇率调节资产价格并不可行，由于其短期和长期影响相反，最终效应存在较大的不确定性。

（2）方差分解。了解了房地产价格和股票价格对各种冲击的反应方向和程度后，需要通过方差分解分析每一个结构冲击对各变量变化的贡献度，以此来评价房地产价格和股票价格波动中各种因素的相对重要性。

表7　PHSA、PS的方差分解表

滞后期	PHSA方差分解				PS方差分解			
	PHSA	M2SA	REER	R	PS	M2SA	REER	R
1	93.487	4.757	1.717	0.038	96.593	0.279	1.653	1.475
6	81.418	14.886	2.783	0.912	87.199	1.209	7.375	4.218
12	78.060	18.132	2.792	1.016	88.058	1.487	6.965	3.490
18	74.030	20.737	4.022	1.212	88.939	1.826	6.151	3.085
24	68.053	22.959	7.571	1.416	89.236	2.166	5.723	2.876
30	60.756	24.679	13.014	1.551	89.038	2.488	5.714	2.761
36	53.123	25.918	19.355	1.605	88.522	2.789	5.999	2.690

表7的方差分解结果显示：①36个月内，房价自身冲击对房价波动的影响最大，但对预测方差贡献度随着时间逐步递减，由第1个月的93.5%降至36个月的53.1%。而货币供应量、汇率、利率三个政策变量冲击对房价的影响逐步增强，其中，货币供应量对房价预测方差的贡献由第1个月的4.8%升至36个月的25.9%，汇率的贡献度则由第1个月的1.7%升至36个月的19.4%，但利率对房价波动的贡献度很小，最终贡献度在1.5%左右。②相对房价而言，股价自身冲击对股价波动

的影响较大，第1个月对预测方差的贡献度为96.6%，之后贡献度缓慢下降，第36个月时对预测方差的贡献度依然高达88.5%。政策工具中，汇率对股价波动的影响最大，但第36个月时贡献度也只有6%，货币供应量、利率的贡献度更低，第36个月时分别只占2.8%、2.7%。

比较货币政策对房价与股价的影响，我们发现，政策对房价的影响明显较强，对房价预测方差的最终贡献度高达47%，但对股价预测方差的最终贡献度只有11%，意味着货币政策对房价的调控能力强于股价。分不同工具看，利率对房价和股价的调控效应都极为有限，这与我国当前利率市场化程度不高、利率调整难以对微观主体的资产选择产生显著影响有关。货币供应量对房价的调控能力较强，汇率则对股价的影响更大。这与我国房地产市场由于对外资购房设置了一定的管制、房地产价格主要受国内流动性影响有关，而股票市场则对国际资本流动较为敏感。

（二）我国货币政策的改进方向

我国货币政策在调控手段上以数量型工具为主、价格型工具为辅；在调控目标上，兼顾物价稳定和经济增长平稳；在调控效果上，对产出的调控比较有效，对通胀的抑制相对不足（万晓莉，2011）。尽管如此，在应对本轮金融危机时，我国货币政策还是表现出了应有的灵活性和扩张力度，推动我国经济先于发达国家步入复苏通道。但是，应当看到，我国当前面临的通胀压力依然较大，房地产价格持续高位运行，宏观经济中还潜伏着一些不稳定因素和未知风险。通过对危机前后各国货币政策经验与教训的梳理，未来一段时间我国的货币政策应当朝以下几个方向努力：

1. 多工具、多目标的货币政策框架更为灵活有效

金融危机前，主流观点认为，应该选择单一工具、单一政策目标作为最优的货币政策框架。这可以从本轮危机中发达国家政策工具的使用顺序中得到验证，最初发达国家中央银行诉诸于利率调节，直到政策利率逐步降至零利率下限时，才不得不借助于流动性支持、量化宽松等非传统政策工具，但这给央行与相关政府部门、社会公众的政策沟通带来了很大困难，一定程度上影响了政策实施的时效。

相比发达国家，新兴经济体（例如中国、印度和俄国）实行的是多目标、多工具的货币政策框架，由于不用面对零利率约束，在应对危机时更为灵活有效。因此，我国应当继续坚持和深化多目标、多工具的货币政策调控思路，建立并完善包括社会融资规模、货币供应量、利率、汇率、宏观审慎工具在内的多层次、立体化的货币政策调控体系。这不仅能够提高货币政策实现多重目标的灵活性，还能够有效避免零利率边界的约束，同时可以在央行面临零利率下限约束时增强货币政策的传导效果。

2. 市场化的利率调节对于物价稳定至关重要

尽管发达国家以利率为主的货币调控在应对危机时灵活性不足，但也应当看到

这种政策框架有利于物价稳定的实现。而我国的现实是，由于利率还没有完全市场化，造成管制利率和市场利率对我国通胀的反应均有所不足（万晓莉，2011），通胀高涨时期“负实际利率”的现象时有发生，利率对通货膨胀的逆向调节作用大大减弱。

纵观近年来我国通货膨胀的外在表现，“结构性”上涨特征十分明显，其中，工业消费品受益于工业生产能力、供给能力的增强，价格涨幅相当有限；而资源品、投资品由于供给弹性较小，其价格极易受投资过热拉动出现大幅上涨。而我国恰恰在后一个环节上，利率对投资的调节并不敏感，很大程度上抑制了利率调节的物价稳定效应。

鉴于以上几点原因，我们认为我国利率调控的深化与完善任重道远，这不仅需要循序渐进地推进存、贷款利率的市场化定价，还需要逐步建立起替代性的目标基准利率，更需要国有企业、地方政府预算约束的硬化，以使其投资决策受制于成本约束。

3. 央行需要对资产价格波动进行适度地事前反应

最近的金融危机使我们深刻认识到，资产价格对金融稳定，乃至整个宏观经济的平稳运行至关重要。大量实证研究和历史经验也表明，房地产市场对我国金融稳定、宏观经济的影响远大于股票市场。因此，央行需要高度关注房地产市场的发展变化，并适时给予事前调节。

实际上，我国央行已经初步建立了专门针对房地产市场的调控工具，如首付比率、房贷利率等。但这些政策的调整大多是一种被动的事后调节，只有在房价已出现大幅上涨后，相应的政策才逐步跟进。截至目前，我们还缺乏针对房地产价格变化的自动反应机制。如在房价涨幅超过历史趋势的某一具体阈值时，首付比率、房贷利率乃至房贷规模按照一定的规则，自动进行逆向调节以平抑资产价格的异常波动。

但也应当看到，我国央行在实施这样的调控时面临多重制约。其中，由于统计技术和数据可得性的限制，我国现有的房地产价格统计还不能真实反映市场的实际情况。不过已有的研究表明，有关的信用泡沫指标，如信贷/GDP 对历史趋势的偏离、投资/GDP 对历史趋势的偏离等指标，能够在很大程度上指示资产泡沫的生成与破灭。我国央行可以在此基础上建立类似的先行指标，如房地产贷款增速对历史趋势的偏离，来监测房地产市场的异常变化，并对之作出前瞻性、自动的逆向调节。

4. 构建金融稳定早期预警指标

在关注房地产价格本身的同时，我国央行也应积极探索建立符合我国国情的金融稳定早期预警指标，及时辨别我国金融市场和金融系统的风险。随着金融统计标准化的推进，除银行信贷增长率和房地产价格外，还应逐步构建反映金融中介活动、衍生产品和表外业务、杠杆比率变化的变量，作为金融不稳定的早期预警指标，以判断其是否呈现顺周期特性和“形成流动性螺旋”的可能，并纳入综合警情信号系统。

5. 应当进一步明确金融稳定政策的工具与目标

危机的惨痛教训表明，“消费价格/产出稳定”并不等同于“资产价格/金融稳定”。在正常状态下，金融稳定对于货币政策不会产生任何影响，但在危机发生时，它会破坏货币政策的传导机制。

危机使我们认识到，货币政策必须与金融稳定政策紧密配合，才能够同时确保经济部门和金融部门的正常运作。但金融稳定并不像物价稳定那样拥有准确的衡量标准。实践中，很多新兴经济体已经将金融稳定作为他们货币政策框架的额外目标，并使用了包括现金—储备比率在内的多种工具，去缓和国内流动性扩张以及大量资本流入造成的不利影响（如印度和俄罗斯）。很多新兴经济体，还运用审慎工具来实现金融稳定，如针对住宅贷款、商业地产贷款和消费贷款计提额外的损失准备，以抑制这些部门贷款的快速膨胀（Moreno，2011）。

根据现有的研究和实践探索，我们倾向于建立一种以宏观审慎政策为手段、以抑制信用泡沫为目标、旨在稳定资产价格的金融稳定政策框架。通过货币政策与金融稳定政策的紧密配合与协作，实现“消费价格/产出稳定”、“资产价格/金融稳定”的协调发展。

基于 PPP 的人民币均衡汇率研究[①]

（2015 年 1 月 6 日）

一、绪论

关于人民币汇率升值的争论由来已久，对人民币币值被低估的批评一直没有平息，要求人民币升值的声音也一直存在。从中国自己的角度来看，国际收支失衡导致货币政策的独立性受到制约，外汇市场干预成本上升，更重要的是我国经济结构调整、资源配置优化的需求也需要进行汇率制度改革。人民币到底是否存在低估，低估程度有多严重，要回答这个问题，其核心问题是确定人民币汇率的均衡水平。

自从 Nurkse 首次提出均衡汇率这一概念以来，许多学者就开始从不同的角度度量均衡汇率。目前广泛应用于均衡汇率测算实践的理论主要有：购买力平价理论（PPP）、基本要素均衡汇率理论（FEER，Williamson，1983）、自然均衡汇率理论（NATREX，Stein，1994）、行为均衡汇率理论（BEER，Clark 和 MacDonald，1999）和均衡实际汇率理论（ERER，Edwards，1989）等。

在这些理论中，最受关注也最多争议的就是购买力平价（Purchasing Power Parity，PPP）理论。一方面，购买力平价的理论基础是货币数量论，即认为汇率完全是一种货币现象。而理论界较为普遍的认识是，均衡汇率的决定因素中应该有诸如劳动生产率、贸易条件和资本流动等真实变量。两者反差巨大，许多学者据此认为应该放弃将购买力平价作为均衡汇率的一个衡量标准。然而，另一方面，购买力平价理论又一直很有吸引力，“它常常成为探求均衡汇率的首选模型”（MacDonald，2000）。近年来，Taylor（2003）、Jenkins 和 Snaith（2005）、Wagner（2008）、Cushman 和 Michael（2011）、Wu、Lee 和 Wang（2011）等学者采取了更严谨的方法，

---

① 本文合作者为王宗林、章丽盛、魏金明。本文是国家统计局中国 2011 年 ICP 调查研究课题重点项目的研究成果。

放松线性模型的假设，进一步从交易成本等方面检验购买力平价理论，许多研究认为购买力平价是成立的。

谈到购买力平价，BS效应是必须要考虑的。Balassa（1964）和Samuelson（1964）从实体经济出发，研究了贸易部门和非贸易部门生产率的差异对实际汇率的影响，详细分析和解释了实际汇率与购买力平价之间的偏离，被称为巴拉萨—萨缪尔森效应（简称BS效应）。之后许多学者通过实证分析证明了BS效应的存在。

我国学者进行很多研究来验证购买力平价在中国是否成立。张彻（2009）介绍了验证购买力平价理论的单变量、双变量和三变量模型，运用1980~2007年度数据对购买力平价理论进行了实证检验，结果显示购买力平价对长期人民币汇率具有一定的解释作用。项后军和潘锡泉（2010）应用LM结构突变检验以及Gregory－Hansen等变结构协整方法，对人民币汇率购买力平价问题进行了重新研究，研究发现样本期内人民币汇率分别在2005年7月和2006年12月发生了两次结构突变，实证结果显示在未考虑结构突变情况下，样本期内购买力平价不成立，但在考虑结构突变情况下，两种变结构协整方法都支持购买力平价成立。杨长江和钟宁桦（2012）比较了几种购买力平价理论的几种方式，指出结合中国实际修正的扩展型购买力平价方法能够较好地适应人民币汇率分析。

我国学者也考虑了BS效应。卢锋和韩晓亚（2006）用1995~2005年我国贸易品部门和非贸易品部门的劳动生产率相对于美国和13个OECD国家劳动生产率的变化情况及人民币兑美元的实际汇率变化情况进行实证检验，结果发现BS效应具有一定的解释力。但是，林毅夫（2007）认为BS效应阐述的劳动生产率的相对变化对真实汇率的影响在我国并不成立，认为中国的贸易顺差增长中有虚假的成分。丁志杰、郭凯和闫瑞明（2009）将人民币汇率的波动归咎于以技术冲击为代表的供给冲击和以货币冲击为代表的需求冲击两类冲击，构建出一个动态随机一般均衡的两国模型，并结合人民币汇率波动进行了模拟。结果发现，相对于导致经济短期波动的需求冲击来说，技术冲击所代表的供给冲击更能拟合人民币汇率的波动，证明了BS效应是用来解释和预测人民币汇率波动的一个合理的途径。

总之，购买力平价是一种有用的汇率决定理论，在中国也适用。可以认为BS效应是对购买力平价理论的一种补充，在以购买力平价理论为基础确定两国之间的汇率时，应该考虑两国的劳动生产率差异，经过劳动生产率指数调整的贸易品价格水平能够更好地反映购买力。

通过购买力平价方法测算我国均衡汇率，并将所得结果与其他方法得到的结果相比较，可以得到人民币汇率长期均衡水平，并测算人民币实际汇率错位的程度，据此可以提出人民币汇率改革的现实途径，这无论对理论界还是政策当局来说，都具有重要的学术参考价值和现实指导意义。

二、基于购买力平价理论的人民币均衡汇率水平

（一）购买力平价理论的演进与发展

购买力平价的思想在16世纪西班牙的萨拉曼卡（Salamanca）学派对货币数量、物价和汇率之间关系的研究中就已经出现，此后经过17世纪至19世纪金本位主义、重商主义和古典经济学的发展后，1922年瑞典著名经济学家卡塞尔（Cassel）在其《Money and Foreign Exchange，After 1914》一书中完整地阐明了购买力平价学说的理论体系。购买力平价理论是所有的汇率决定理论中最有影响力的理论之一，也是决定一国长期均衡汇率水平的重要参考标准。购买力平价分为绝对购买力平价和相对购买力平价两种形式。

1. 绝对购买力平价

购买力平价理论是由一价定律衍生而来。一价定律是指同一种商品在不同国家的售价，在换算成同一种货币后应该相同。一价定律以商品无套利条件为基础，如果没有运输成本、关税或者非关税壁垒等贸易成本，不同国家的同种商品价格上的任何差异都会因贸易商的套利活动而消除。以等式来表示一价定律，即：$P_{i,t}^{*}=S_t\cdot P_{i,t}$

其中，$P_{i,t}$表示i商品在t时刻在本国的价格；$P_{i,t}^{*}$表示i商品在t时刻在外国的价格；S_t代表本国货币的名义汇率，即一单位本币的外币价格。如果等式不成立，就会存在套利机会，套利行为的发生会使得等式重新成立。在固定汇率制（或钉住汇率）下，如果$P_{i,t}^{*}<S_t\cdot P_{i,t}$，由于存在套利交易（从国外买，在国内卖），则i商品在国外的价格就会上升，在国内的价格就会下降，使$P_{i,t}^{*}$趋向于$S_t\cdot P_{i,t}$。在自由浮动汇率制下，如果$P_{i,t}^{*}<S_t\cdot P_{i,t}$就会出现以本币兑换外币的压力，本国居民就可以用外币购买较便宜的外国商品，导致本币贬值。这样，在价格水平不变的情况下，依靠汇率变化的调节即可使等式重新成立。

绝对购买力平价认为，一国货币的价值及对它的需求，是由单位货币在国内所能买到的商品和劳务的量——即货币的购买力决定的。也就是说，本国居民持有外国货币是为了购买外国的商品和劳务，外国居民持有本国货币是为了购买本国的商品和劳务，因此，本国货币与外国货币进行交换的过程实际上就等于本国与外国的购买力进行交换。汇率决定的基础是两国货币的购买力之比，汇率的变动是由两国货币购买力之比变化引起的。由于购买力实际上是一般物价水平的倒数，因此两国之间的货币汇率可由两国物价水平之比表示，本国物价上涨将意味着本国货币相对外国货币的贬值。

把一价定律中的单个可贸易品价格通过加权的方式构建加总的价格水平（同一种商品在不同国家赋以相同的权重来构造各国的价格水平）形式，可将一价定律转化为绝对购买力平价，即：

$$\sum_{i=1}^{n} \alpha_i p_{i,t}^* = s \cdot \sum_{i=1}^{n} \alpha_i p_{i,t}$$

上式中，α_i 代表第 i 种可贸易品在商品篮子中所占的权重，其他符号含义与前相同。如果分别用 P_T 和 P_T^* 代表两国可贸易品构成的商品篮子的价格，也就是物价水平，则上式可改写为：

$$P_T^* = s \cdot P_T$$

上式表明，用同一种货币计量的不同国家可贸易品的物价水平是相等的。绝对购买力平价成立的前提条件是：第一，在物价指数的编制中，两国商品篮子中选取的可贸易品的种类相同；第二，各可贸易品在商品篮子中所占的比重相同；第三，各可贸易品的价格满足一价定律。在现代分析中，有的学者认为一国的非贸易品与可贸易品之间，以及各国非贸易品之间存在着种种联系，这些联系使得一价定律对于非贸易品也成立。也就是说，所有国家的一般物价水平以同一种货币计算时是相等的。如果分别用 P 和 P^* 代表两国的一般物价水平，则上述结论可表示为：

$$P^* = S \cdot P$$

变形可得：

$$S = P^* / P$$

上式即为绝对购买力平价的基本公式，即汇率为不同货币表示的一般物价水平之比。两边取对数，我们可以得到对数形式的绝对购买力平价：

$$s_t = p_t^* - p_t$$

2. 相对购买力平价

由于交易成本的存在使得一价定律不能完全成立，同时各国一般价格水平的计算中商品种类及其权重存在差异，因此各国物价水平以同一种货币计量时并不完全相等。对此，Cassel（1922）还提出了购买力平价的另一种形式——相对购买力平价理论。

设 S_0 为本国货币的基期汇率，符合绝对购买力平价，即

$$S_0 = P_o^* / P_0$$

设 S_t 为 t 时刻本国货币的汇率水平，如果购买力平价成立，则

$$S_t = P_t^* / P_t$$

设本国和外国在 0 - t 时刻的通胀率分别为 π_t 和 π_t^*，则上式可以改写为：

$$S_t = \frac{P_t^*}{P_t} = \frac{P_0^*(1+\pi_t^*)}{P_0(1+\pi_t)} = S_0 \frac{1+\pi_t^*}{1+\pi_t}$$

上式即为相对购买力平价的基本公式。

进一步变形，可得：

$$\frac{S_t - S_0}{S_0} = \frac{\pi_t^* - \pi_t}{1+\pi_t}$$

若国内通胀率很低，则上式可以简化为：

$$\dot{S}_t = \frac{S_t - S_0}{S_0} = \pi_t^* - \pi_t = \dot{P}_t^* - \dot{P}_t$$

其中，变量上方的“·”代表变动率。上式为相对购买力平价的简化等式，即汇率的变动率等于两国通胀率之差或价格变动率之差。对上式取对数，可得：$s_t = p_t^* - p_t$

由于交易成本的存在，国内外相对价格与汇率变动不一定成比例，因此，在实证检验中，较多采用的检验等式是：

$$s_t = \alpha + \beta_1 p_t^* - \beta_2 p_t + \mu_t$$

绝对购买力平价解释的是汇率决定的基础，相对购买力平价解释的是汇率变动的内在规律。与绝对购买力平价相比，相对购买力平价更具有应用价值，因为通胀率的数据更易于得到，同时也避开了前者过于脱离实际的假定。如果绝对购买力平价成立，则相对购买力平价一定成立。反之，若相对购买力平价成立，绝对购买力平价不一定成立。

3. 购买力平价中的巴拉萨—萨缪尔森效应

自从购买力平价理论被提出至今，已有很多检验 PPP 的文章，1940 年之前，购买力平价假说得到计量经济学的支持。

但第二次世界大战之后，宾夕法尼亚大学研究团队的一系列研究表明：在跨国的价格比较中，一国用市场汇率折算后得到的相对价格水平（即实际汇率）与其人均 GDP 之间存在着稳定的正向关系，经济越发达的国家物价水平越高。实际汇率与经济发展程度的正相关关系被称为 Penn 效应（宾大效应）。

1964 年，巴拉萨和萨缪尔森（Balassa，1964；Samuelson，1964）同时提出对于原始 PPP 的修正版本：当一国可贸易品部门的相对生产率提高幅度高于另外一国家时，在可贸易品部门一价定律成立的情况下，该国的非贸易品部门价格将相对提高，从而使得该国的实际汇率升值。这一理论被称为巴拉萨—萨缪尔森效应（简称 BS 效应），被认为是从理论上对“Penn 效应”最合适的解释。

巴拉萨和萨缪尔森假设将发展中国家的国民经济部门划分为可贸易部门与非贸易部门，由于可贸易部门生产率的增长往往高于非贸易部门，从而实际汇率的变动反映了一国范围内可贸易与非贸易部门生产率增长的相对差异，经济增长快的国家的实际汇率是上升的。

BS 效应共有三个理论前提：（1）生产率增长速度的差异会导致可贸易部门与非贸易部门的相对价格的变化，其中可贸易部门的生产率增长速度高于非贸易部门。（2）在经济快速增长的国家中，非贸易部门的商品价格高于贸易部门的商品价格。（3）国际间的可贸易品平价是不变的，即一价定律是成立的。

根据购买力平价理论，一价定律决定汇率，但一价定律只在两国可贸易品之间成立，即：$S = P_T^* / P_T$

一国价格水平是由可贸易品和非贸易品共同组成，在根据购买力平价求解均衡汇率时，实际采用的指标是包含了可贸易品和非贸易品的一般价格水平，即：

$$S_{PPP} = \frac{P^*}{P} = \frac{P_T^{*,\alpha} P_N^{*,1-\alpha}}{P_T^{\alpha} P_N^{1-\alpha}}$$

其中，S_{ppp}为购买力平价汇率；P_N^*、P_N分别为外国非贸易品价格、本国非贸易品价格；α、1－α分别为一般价格水平中可贸易品和非贸易品的权重，假定两国可贸易品和非贸易品的权重一样。

在价格等于边际成本的假定下，不同国家可贸易品部门的工资差异将与该部门的生产率水平差异相对应，两国可贸易品部门的不同生产率决定了两国不同的工资水平。同时一国内部劳动力流动会使国内工资均等，即非贸易品部门工资等于贸易品部门工资。与可贸易部门相比，非贸易部门的国际生产率差异较小，在各国内部工资均等化的作用下，生产率较高的国家由于工资水平高，其非贸易品价格也相对较高，假定外国是生产率相对较高的发达国家，本国是生产率相对较低的发展中国家，则有：$\frac{P_N^*}{P_N} > \frac{P_T^*}{P_T}$

进而可得：$S_{PPP} = \frac{P^*}{P} = \frac{P_T^{*,\alpha} P_N^{*,1-\alpha}}{P_T{}^{\alpha} P_N^{1-\alpha}} > \frac{P_T^*}{P_T} = S$

即市场汇率会低于购买力平价的均衡汇率，一单位本币的外币价格会低于均衡汇率，相对于均衡汇率水平，本币被低估，外币被高估。进而可以得出一个重要结论：如果一国相对生产率提高幅度高于另一国，则该国实际汇率将升值，相对生产率与实际汇率存在正相关关系。

BS效应通过引入非贸易商品价格因素和考察贸易部门与非贸易部门的生产率差异①，很大程度上解释了汇率由于生产率国际差异而偏离传统购买力平价水平的原因。因此，BS效应是对购买力平价的有效补充，有力解释了购买力平价汇率与市场汇率出现偏离的深层原因，是研究国家经济增长和实际汇率之间关系的最有影响力的理论假说。对于中国这样的发展中国家来说考虑BS效应尤为重要，因为作为相对价格的实际汇率会在不同经济发展阶段呈现不同的特征，而加入这种效应可以从这个角度对汇率的水平进行更合理的解释。

4.“购买力平价之谜”

---

① 相对于贸易品部门，非贸易品部门生产率提高有限。因此，高收入国家主要通过贸易品部门的生产率提高来增加收入的。也就是说，收入增长越快的国家，贸易品部门的生产率增长越快，价格上升越快。这样，BS效应就可以表示成实际汇率和收入之间的正相关关系，实证检验中也通常检验这两者正相关关系。

大量有关购买力平价的实证检验主要是基于对实际汇率的考察，实际汇率的表达式如下：

$$q = s + p - p^*$$

上式各变量均为对数形式。如果购买力平价成立，实际汇率 q 应该为常数。这实际上是检验 $q_t = \alpha + \beta q_{t-1} + \varepsilon_t$ 是否是单位根过程。如果 $\beta = 1$，可以认为该式是一个单位根过程，则实际汇率等于常数项加不可预测的随机项。随着外部随机冲击的累计，其长期水平也无法预测，从而长期内购买力平价也不成立。早期的检验大多无法拒绝单位根的原假设，但 Frenkel（1986）认为时间序列较短会限制检验的解释力。随着时间序列长度的增加，检验结果支持长期购买力平价成立，但是汇率向长期购买力平价的调整十分缓慢。Rogoff（1996）把短期汇率大幅偏离购买力平价且波动剧烈，长期汇率又缓慢收敛于购买力平价的现象称为“购买力平价之谜”。

Rogoff 自己对这种现象的解释是，虽然全球化贸易相当发达，但是世界市场仍然存在分割性，运输成本、交易成本、信息成本等摩擦的存在使得相对价格的变化相对于汇率的频繁波动显得十分缓慢。但 Rogoff 本人也认为这种解释并不充分。现存文献中对 Rogoff 之谜的研究可以归结为两个方面，其一是解释和检验 Rogoff 之谜，这一方向主要是基于实际汇率的数据生成过程用不同的方法重新计算实际汇率的半生命周期，着重于提高半生命期的计算精度；其二是基于实际汇率重新检验 PPP，即检验实际汇率（度量对 PPP 的偏离）的数据生成过程是否具有稳定性，如果 PPP 成立或实际汇率为平稳过程，源于有效市场对实际汇率的冲击应朝着 PPP 收敛，半生命期也可能相对较小。

对于短期汇率大幅偏离购买力平价且波动剧烈，Betts（1996）认为，同一种商品在不同国家的市场定价不一样会导致贸易品价格不遵循一价定律，从而使名义汇率和实际汇率对购买力平价偏离较大，Chari（2002）的实证检验证明了这一观点。Burstein（2003）认为，在价格粘性的非贸易品部门占经济份额过半的情况下，即便是小的货币扰动也将导致汇率出现较大的波动。

有关长期汇率向购买力平价收敛十分缓慢的原因，众多研究表明汇率收敛缓慢主要是其非线性调整所致，如 Dumas（1992）通过假设存在贸易成本得到了汇率的非线性调整；Taylor（2003，2004）则进一步指出，非线性来自于外汇市场上人们关于均衡名义汇率的意见差异以及中央银行对外汇市场的干预性操作。

（二）对中国购买力平价的实证检验

目前对人民币购买力平价检验的研究主要可以分为两类：一是对传统购买力平价的检验；二是对扩展的基于 BS 效应的购买力平价进行检验。

对传统购买力平价的检验主要集中在中美汇率之间，检验结果也各异，部分研究认为中美之间购买力平价成立，如 Chou 和 Shih（1998）、杨忻（2004）、刘阳

(2004)、邱冬阳（2006)、张卫平（2007）等，也有研究认为购买力平价不成立，如张晓朴（2000)、李卓琳（2010）等。结果各异的原因可能在于其样本区间和价格指数的选择不同。我国汇率调整市场化程度较低，采用较早时期的中美汇率进行检验，购买力平价成立的可能性较小；在物价指数的选择上，由于 CPI 包含了较高权重的非贸易品，因此 PPI 或者 WPI 较 CPI 相对更为合理（见表 1)。

表 1　有关人民币购买力平价的研究

作者	样本国家	样本区间	价格指数选择	主要结论
Chou 与 Shih（1998)	中美	1978～1994（季度)	中国 CPI、美国 WPI	成立
张晓朴（2000)	中美	1979～1999（月度)	CPI	不成立
杨忻（2004)	中美	1982～2002（月度)	美国 WPI、中国 CPI	成立
刘阳（2004)	中美	1980～2003（季度)	CPI	成立
邱冬阳（2006)	中美	1997～2005（月度)	PPI	成立
张卫平（2007)	中美	1985～2005（月度)	CPI	成立
孙晓峰（2007)	中美、中日	2001～2006（月度)	CPI、PPI	中美分别取 CPI、PPI 不成立，中日均取 CPI 不成立，中国 CPI、日本分别取 PPI、WPI 均成立
李卓琳（2010)	中美	1982～2008（年度)	CPI	不成立

对基于 BS 效应的扩展购买力平价进行检验的主要有：张晓军（2005）利用亚洲 10 个国家和地区的面板数据检验了 BS 效应，其实证结果表明 BS 效应不存在。彭国富（2007）检验了中美之间 BS 效应，结果表明 BS 效应存在。陈科（2008）检验了中美之间的 BS 效应，认为人民币兑美元汇率存在显著的 BS 效应。周克(2011）基于 BS 效应的购买力平价方法，运用多个数据来源对人民币兑美元双边汇率进行实证检验，结果表明 BS 效应存在。总体上看，支持 BS 效应存在的较多。

从现有文献看，目前的研究存在两个不足：一是基于购买力平价的研究，几乎都是建立在双边汇率的基础上，而忽略了多边汇率；二是针对多边汇率的考察，主要采用宏观经济均衡模型，大多忽视了购买力平价模型和 BS 效应。单独针对双边或者多边汇率的研究都不完善，双边汇率分析最明显的缺点是不能准确描述一国货币币值是升还是降，因为人民币对一种货币高估的同时，有可能对另一种货币低估，但在总体汇率上则是基本均衡的；而多边汇率研究则不能直观刻画出人民币兑某种具体币值的失衡程度。

（三）对我国汇率的购买力平价检验

我们的研究同时考虑双边和多边汇率。考虑双边汇率时，本文主要考虑人民币兑美元、欧元、日元、港币等主要贸易伙伴国家和地区货币的双边汇率。考察多边汇率时，本文通过以上多个国家和地区加权构建一个“其他经济体”，对中国与“其他经济体”多边汇率进行BS效应检验。

1. 模型变量及数据来源

要检验考虑BS效应的购买力平价理论，需要的变量主要有实际汇率、相对生产率，此外还要考虑两个变量。一是开放度，一般来讲，限制自由贸易的政策（主要是限制进口）将导致一国进口产品价格提高，并且在某种程度上导致非贸易品价格上涨，因此开放度越高实际汇率越低。二是政府支出，如果与私人支出相比，政府支出更倾向于非贸易品，贸易品的价格会相对于非贸易品价格下降，实际汇率上升；反之，如果政府支出更倾向于贸易品，则实际汇率下降。

具体数据处理方法如下：

（1）汇率：为了便于直观比较与政策操作，考虑双边汇率时，直接使用市场名义汇率，同时在解释变量中加入中国和“其他经济体”的物价水平。为了和其他均衡汇率测算方法具有可比性，多边汇率变量取国际清算银行的人民币实际有效汇率。

（2）相对生产率：将欧元区、美国、日本、中国香港、中国内地[①]等国家（地区）的GDP（2005年不变价）换算成美元。再分别用欧、美、日、中国香港特区、中国内地的GDP除以总就业人数（因各经济体就业人数只有年度数，本文假定年内各季度的就业人数大致等于当年就业人数）得到各国（地区）生产率。最后以四国（地区）中在GDP总额占比为权重，对欧、美、日、中国香港特区生产率加权平均构建“其他经济体”生产率，用中国生产率除以“其他经济体”生产率，从而得到中国的相对生产率。

（3）开放度：使用我国进出口总额占GDP的比重。

（4）政府支出：使用我国国家财政支出占GDP的比重。

表2　　相关变量及数据来源说明

指标名称	符号	来源	单位	描述
多边汇率	REER	国际清算银行	—	以2010年为基期，间接标价法，REER上升表示人民币升值；下降表示贬值
人民币兑美元汇率	USA	中经网	—	间接标价法
人民币兑欧元汇率	EMU	中经网	—	间接标价法
人民币兑日元汇率	JPN	中经网	—	间接标价法
人民币兑港币汇率	HK	中经网	—	间接标价法

① 选择欧元区、美国、日本和中国香港的原因在于四者是中国内地的主要贸易伙伴，同时，欧元、美元、日元也是国际贸易结算的主要货币。

续表

指标名称	符号	来源	单位	描述
美国价格指数	PUSA	中经网	—	以2010年为基期
日本价格指数	PJP	中经网	—	以2010年为基期
欧元区价格指数	PEMU	中经网	—	以2010年为基期
中国香港价格指数	PHK	Wind	—	以2010年为基期
中国价格指数	PCHN	作者计算	—	根据wind数据库的PPI环比数据，以2010年为基期，计算出PPI定基数据
相对生产率	DY	作者计算	—	分别计算欧、美、日、港、中GDP除以就业人数得到各国（地区）生产率，再对欧、美、日、港以GDP占比为权重进行加权平均得到外国生产率，最后以中国生产率除以外国生产率得到相对生产率
开放度	OPEN	国家统计局	%	用进出口总额占GDP的比率来衡量，进出口总额用当年平均汇率折算后再根据GDP平减指数换算成1994年的不变价
政府支出	GOV	国家统计局	%	用国家财政支出占GDP的比重来衡量，财政支出根据GDP平减指数换算成1994年的不变价
对美国相对生产率	DY_ usa	作者计算	—	分别计算中国、美国不变价GDP除以总就业人数得到人均生产率，再用中国人均生产率除以美国人均生产率得到相对美国的生产率
对欧元区相对生产率	DY_ emu	作者计算	—	分别计算中国、欧元区不变价GDP除以总就业人数得到人均生产率，再用中国人均生产率除以欧元区人均生产率得到相对欧元区的生产率
对日本相对生产率	DY_ jpn	作者计算	—	分别计算中国、日本不变价GDP除以总就业人数得到人均生产率，再用中国人均生产率除以日本人均生产率得到相对日本的生产率
对中国香港相对生产率	DY_ hk	作者计算	—	分别计算中国内地、中国香港不变价GDP除以总就业人数得到人均生产率，再用中国内地人均生产率除以中国香港人均生产率得到相对香港的生产率
内外利差	$r-r^*$	中国人民银行、美国房地美	—	使用中国一年期存款利率和美国3个月存款年利率来衡量国内外利率差。为了避免负值，本文使用两者的商来表示国内外利率差
国外净资产	NFA	国家统计局	—	用外汇储备占GDP的比重作为替代变量

注：①模型中变量均进行了季节调整。

②为消除异方差，且便于计算弹性，除OPEN和GOV外，模型中变量均取自然对数。

为避免“伪回归”（Phillips，1986），我们对所有变量（见表2）进行了ADF单位根检验。结果显示，所有变量都在1%的显著性水平下1阶单整。

2. 双边购买力平价检验

（1）中美购买力平价检验（见表3）。

表3　　Johansen协整检验结果

协整方程个数	特征值	最大特征统计量	5%概率临界值	似然概率
没有	0.414828	80.22206	69.81889	0.0059
最多一个	0.285098	44.85600	47.85613	0.0931
最多两个	0.214071	22.70575	29.79707	0.2608

首先，检验人民币兑美元汇率、中国相对生产率（相对于美国）、政府支出、开放度、中国PPI、美国PPI之间是否存在协整关系。根据AIC信息准则，我们选择了无约束VAR的最优滞后期为3阶。据此，Johansen检验的滞后期选择为2，检验结果表明，在1%的显著水平上拒绝了不存在协整关系的零假设，也即变量间存在一个协整关系。

经过调整，去除不显著的变量，我们得到BS效应下中美汇率的长期协整关系：

$$USA = 0.212DY\_usa - 0.124OPEN - 0.032PCHN + 0.155PUSA - 1.653$$

$$(-8.614) \qquad (12.135) \qquad (0.852) \qquad (-1.693)$$

从协整关系式可以看出，各变量符号与理论预期相吻合：人民币兑美元汇率与中国相对生产率正相关，与中国开放度负相关，与中国物价变动负相关，与美国物价变动正相关。因此，可以判断BS效应在中美两国之间存在。

（2）中欧购买力平价检验。

首先，检验人民币兑欧元汇率、中国相对生产率（相对于欧元区）、政府支出、开放度、中国PPI、欧元区PPI之间是否存在协整关系。根据AIC信息准则，我们选择了无约束VAR的最优滞后期为4阶。据此，Johansen检验的滞后期选择为3，检验结果表明，在1%的显著水平上拒绝了不存在协整关系的零假设，也即变量间存在一个协整关系（见表4）。

表4　　Johansen协整检验结果

协整方程个数	特征值	最大特征统计量	5%概率临界值	似然概率
没有	0.374714	77.68015	69.81889	0.0103
最多一个	0.256516	46.69010	47.85613	0.0641
最多两个	0.217354	27.12717	29.79707	0.0986

由此，我们得到人民币兑欧元汇率与中国相对生产率（相对于欧元区）、政府支出和开放度的长期协整关系：

$$EMU = -0.453DY\_emu - 0.532OPEN - 3.158PCHN + 4.254PEMU - 8.977$$
$$(1.362) \quad (0.132) \quad (3.899) \quad (-2.453)$$

但是，从协整关系式可以看出，相对生产率与汇率关系与理论预期相反，表明中欧之间BS效应不存在，这可能与欧元区的复杂性有关。欧元区内虽然货币统一，但各成员国生产率差异较大。且不同国家间劳动力不能自由流动，从而导致不同国家之间贸易部门与非贸易部门工资趋同的现象基本不存在（Florence Jaumotte 和 Hanna Morsy，2012），造成BS效应的理论前提不复存在，是欧元区BS效应不显著的关键原因。

我们进而通过检验人民币兑欧元汇率、中欧价格指数之间是否存在协整关系来检验购买力平价是否成立。根据AIC信息准则，我们选择了无约束VAR的最优滞后期为4阶。据此，Johansen检验的滞后期选择为3，检验结果表明，在5%的显著水平上拒绝了不存在协整关系的零假设，也即变量间存在一个协整关系（见表5）。

表5　Johansen 协整检验结果

协整方程个数	特征值	最大特征统计量	5%概率临界值	似然概率
没有	0.270406	54.48008	54.07904	0.0460
最多一个	0.215108	33.67245	35.19275	0.0723
最多两个	0.145676	17.68661	20.26184	0.1089

由此，我们得到人民币兑欧元汇率与中、欧价格指数的长期协整关系：

$$EMU = -1.534 - 3.586PCHN + 3.332PEMU - 0.426OPEN$$
$$(8.976) \quad (-9.984) \quad (6.505)$$

从协整关系式可以看出，各变量符号与理论预期相吻合：人民币兑欧元汇率与中国物价变动负相关，与欧元区物价变动正相关，与开放度负相关。因此，可以判断购买力平价在中欧之间成立。

（3）中日购买力平价检验。

首先，检验人民币兑日元汇率、中国相对生产率（相对于日本）、政府支出和开放度之间是否存在协整关系。Johansen检验的结果表明，在5%的显著水平下拒绝了不存在协整关系的零假设，也即变量间存在一个协整关系（见表6）。

表6　Johansen 协整检验结果

协整方程个数	特征值	最大特征统计量	5%概率临界值	似然概率
没有	0.418851	73.25244	69.81889	0.0259
最多一个	0.203515	37.43107	47.85613	0.3275
最多两个	0.168848	22.41299	29.79707	0.2761

进而得到 BS 效应下中日汇率的长期协整关系：

$$JPN = 0.3234DY\_jpn - 1.583PCHN + 2.083PJPN + 0.21OPEN - 2.905$$

$$(-6.883) \quad (9.022) \quad (-4.518) \quad (-3.196)$$

从协整关系式可以看出，各变量符号与理论预期基本吻合：人民币兑日元汇率与中国相对生产率正相关，与中国物价变动负相关，与日本物价变动正相关。因此，可以判断 BS 效应在中日两国之间存在。开放度与人民币兑日元汇率正相关，与理论预期不符，这可能是由于中日之间贸易受多重因素影响，尤其是政治因素，与汇率的相关性不完全吻合经济理论。

（4）人民币兑港币购买力平价检验。

由于中国香港地区 PPI 数据自 2005 年才公布，关于香港地区的样本区间统一取 2005 年一季度至 2014 年一季度。

首先，检验人民币兑港币汇率、中国内地相对生产率（相对于中国香港）、政府支出、开放度、中国内地物价、中国香港地区物价之间是否存在协整关系。根据 AIC 信息准则，我们选择了无约束 VAR 的最优滞后期为 3 阶。据此，Johansen 检验的滞后期选择为 2，检验结果表明，在 1% 的显著水平上拒绝了不存在协整关系的零假设，也即变量间存在一个协整关系（见表 7）。

表 7　　Johansen 协整检验结果

协整方程个数	特征值	最大特征统计量	5% 概率临界值	似然概率
没有	0.700686	89.35773	69.81889	0.0007
最多一个	0.434255	48.34482	47.85613	0.0449
最多两个	0.330884	28.97804	29.79707	0.0619

经过调整，去除不显著的变量，我们得到 BS 效应下人民币兑港币汇率的长期协整关系：

$$HK = 0.181DY\_hk - 0.543OPEN + 2.612PHK - 3.802PCHN + 5.462$$

$$(-1.316) \quad (3.983) \quad (-5.027) \quad (5.437)$$

从协整关系式可以看出，各变量符号与理论预期相吻合：人民币兑港币汇率与中国内地相对生产率正相关，与中国内地开放度负相关，与中国内地物价变动负相关，与中国香港物价变动正相关。因此，可以判断 BS 效应在中国内地和中国香港特区之间存在。

3. 多边购买力平价检验

我们检验我国实际有效汇率、相对生产率（相对于上面构造的“其他经济体”）、政府支出、开放度之间是否存在协整关系。根据 AIC 信息准则，我们选择了无约束 VAR 的最优滞后期为 4 阶。据此，Johansen 检验的滞后期选择为 3，检验结果表明（见表8），变量间存在一个协整关系。

表8　**Johansen 协整检验结果**

协整方程个数	特征值	最大特征统计量	5%概率临界值	似然概率
没有	0.406241	57.32557	47.85613	0.0050
最多一个	0.212574	23.96349	29.79707	0.2020
最多两个	0.089778	8.668392	15.49471	0.3970

协整关系等式如下：

$$REER = 5.007 + 0.0793DY - 0.437OPEN + 0.239GOV$$

$$(-4.556) \qquad (22.350) \qquad (-6.481)$$

从协整等式可以看出：（1）相对人均收入的系数符号显著为正，证明BS效应是存在的。（2）开放度的系数显著为负，政府支出比重的系数显著为正，均与理论预期一致。

（四）基于购买力平价的人民币均衡水平测定

根据以上得到的协整等式，可以估算基于购买力平价的人民币长期均衡汇率。MacDonald与Clark（1998）将均衡汇率分为当前均衡汇率和长期均衡汇率。其中，将基本经济变量的当前值代入协整方程得到的估计值为当前均衡汇率[①]，将基本经济变量的长期趋势值代入协整方程得到的估计值为长期均衡汇率。我们使用HP滤波方法提取解释变量的长期趋势，然后将它们的长期趋势值代入协整方程，即可得到在BS效应成立的基础上估计的人民币实际汇率长期均衡值。

1. 双边均衡汇率水平测定

（1）中美均衡汇率水平。根据得到的BS效应下中美汇率的长期协整关系：

$$USA = 0.212DY\_usa - 0.124OPEN - 0.032PCHN + 0.155PUSA - 1.653$$

我们使用HP滤波方法提取DY_ usa、OPEN、PCHN、PUSA的长期趋势，然后将它们的长期趋势值代入协整方程，即可得到人民币兑美元汇率长期均衡值。人民币兑美元长期均衡汇率与名义汇率之间的失调程度如图1所示。

从图1可知，1997年以来人民币兑美元汇率大致经历了六个发展阶段，即1997年至2002年二季度的高估、2002年三季度至2007年四季度的低估、2008年至2009年的高估、2010年的低估、2011年至2012年二季度的高估、2012年三季度至2014年一季度的低估。其中，2014年一季度，人民币兑美元汇率仅低估了1%。也就是说，当前人民币兑美元汇率基本处于均衡状态，并没有出现明显失调。

① 鉴于我们主要研究长期均衡汇率，因此我们主要估算了长期人民币实际有效汇率的失衡程度。

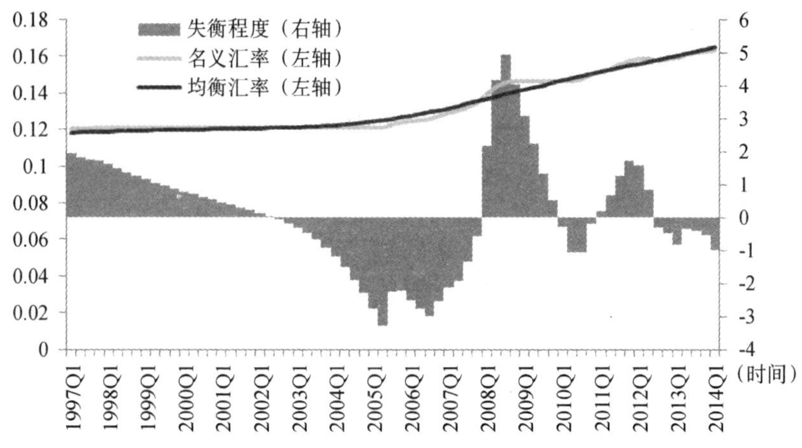

图 1　BS 效应下人民币兑美元均衡汇率及失调程度

注：①汇率失衡程度 =（名义汇率 - 长期均衡汇率）×100/长期均衡汇率；

②间接标价法下，零值线下表示低估，零值线上表示高估。

（2）中欧均衡汇率水平。经上文检验，中欧之间 BS 效应不成立，对此，对中欧双边长期均衡汇率，本文改用相对购买力平价进行估算。

在间接标价法下，购买力平价方法估计均衡汇率的等式是：

$$E_t^{ppp} = E_0 \frac{P_t^* / P_0^*}{P_t / P_0}$$

其中，E_t^{ppp} 为满足购买力平价的 t 期汇率或均衡汇率；E_0 为基期汇率。

本文选择 1997 年汇率为基期汇率计算均衡汇率。1997 年发生在人民币汇率并轨与经常项目可兑换之后，使得 PPP 与可贸易商品价格，进而与 PPI 之间存在更广泛的内在联动关系，同时又处在东南亚金融危机这个预期贬值而没有贬值的转折点，所以 1997 年官方汇率具有基期汇率的重要参考价值。计算得出人民币兑欧元均衡汇率及失衡程度如图 2。

从图 2 可知，1997 年以来人民币兑欧元汇率大致经历了六个发展阶段，即 1997 年至 2002 年高估、2003 年至 2005 年三季度的低估、2005 年四季度至 2006 年二季度的高估、2006 年三季度至 2008 年三季度低估、2008 年四季度至 2012 年四季度总体高估、2013 年一季度至 2014 年一季度的低估。其中，2014 年一季度，人民币兑欧元汇率低估了 8.3%。

（3）中日均衡汇率水平。根据得到的 BS 效应下中日汇率的长期协整关系：

$$JPN = 0.3234DY\_jpn - 1.583PCHN + 2.083PJPN + 0.21OPEN - 2.905$$

我们使用 HP 滤波方法提取 DY_ jpn、OPEN、PCHN、PJPN 的长期趋势，然后将它们的长期趋势值代入协整方程，即可得到人民币兑日元汇率长期均衡值。人民币兑日元长期均衡汇率与名义汇率之间的失调程度如图 3 所示。

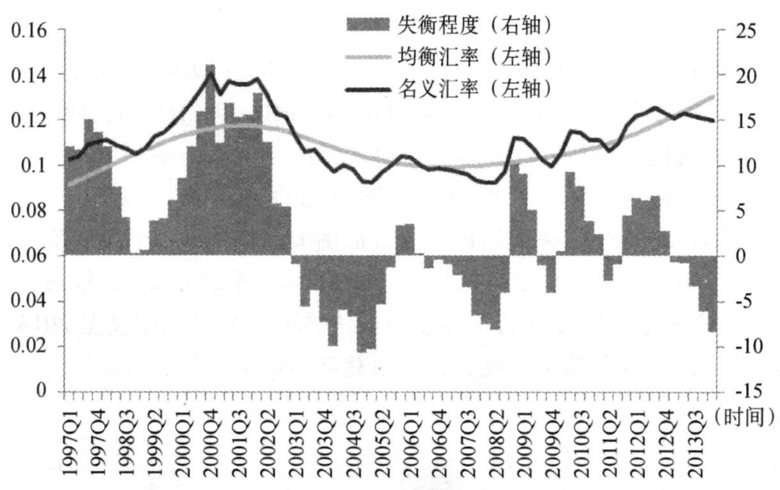

图 2　相对购买力平价下人民币兑欧元均衡汇率及失调程度

注：①汇率失衡程度 =（名义汇率 - 长期均衡汇率）×100/长期均衡汇率；

②间接标价法下，零值线下表示低估，零值线上表示高估。

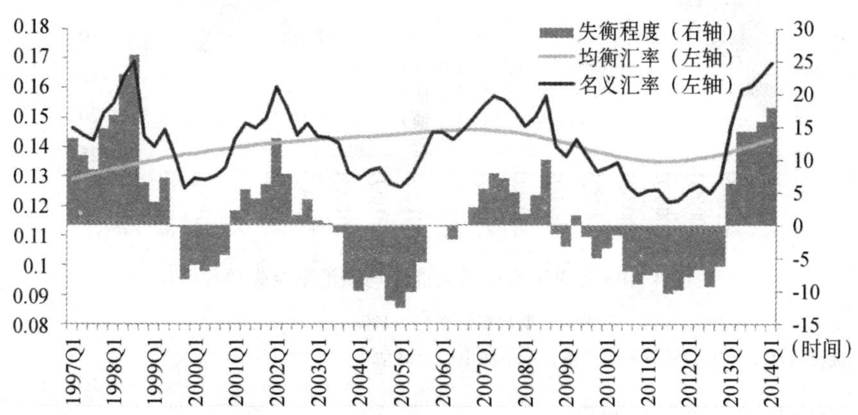

图 3　BS 效应下人民币兑日元均衡汇率及失调程度

注：①汇率失衡程度 =（名义汇率 - 长期均衡汇率）×100/长期均衡汇率；

②间接标价法下，零值线下表示低估，零值线上表示高估。

从图 3 可知，1997 年以来人民币兑日元汇率大致经历了 7 个发展阶段，即 1997 年至 1999 年二季度的高估、1998 年三季度至 2000 年四季度的低估、2001 年至 2003 年二季度的高估、2003 年三季度至 2006 年二季度的低估、2006 年三季度至 2008 年三季度的高估、2008 年四季度至 2012 年四季度的低估、2013 年一季度至 2014 年一季度的高估。其中，2014 年一季度，人民币兑日元汇率高估了 18%。

（4）人民币兑港币均衡汇率水平。根据得到的 BS 效应下人民币兑港币汇率的长期协整关系：

$$HK = 0.181DY\_hk - 0.543OPEN + 2.612PHK - 3.802PCHN + 5.462$$

我们使用 HP 滤波方法提取 DY_ hk、OPEN、PHK、PCHN 的长期趋势，然后将它们的长期趋势值代入协整方程，即可得到人民币兑港币汇率长期均衡值。人民币兑港币长期均衡汇率与名义汇率之间的失调程度如图 4 所示。

从图 4 可知，2005 年以来人民币兑港币汇率大致经历了 4 个发展阶段，即 2005 年第一季度至 2007 年第一季度的低估、2007 年第二季度至 2010 年第三季度的高估、2010 年第四季度至 2013 年第二季度的低估、2013 年第三季度至 2014 年第一季度的高估。其中，2014 年第一季度，人民币兑港币汇率高估了 3.8%。

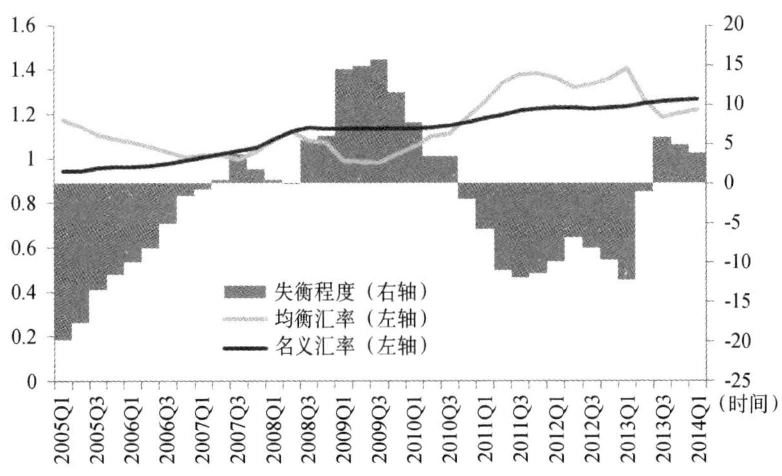

图 4　BS 效应下人民币兑港币均衡汇率及失调程度

注：①汇率失衡程度 =（名义汇率 - 长期均衡汇率）×100/长期均衡汇率；

②间接标价法下，零值线下表示低估，零值线上表示高估。

2. 多边均衡汇率水平测定

（1）根据购买力平价理论测定的多边均衡汇率。根据上文得到的中国多边实际有效汇率的协整关系等式如下：

$$REER = 5.007 + 0.0793DY - 0.437OPEN + 0.239GOV$$

使用 HP 滤波方法提取 DY、OPEN、GOV 的长期趋势，然后将它们的长期趋势值代入协整方程，即可得到人民币实际汇率长期均衡值。具体结果如图 5 所示。

从图 5 可知，1997 年以来人民币实际有效汇率大致经历了 6 个发展阶段，即 1997 年至 2000 年的低估、2001 年至 2002 年的高估、2003 年至 2006 年的低估、2007 年至 2009 年的高估、2010 年至 2011 年的低估、2012 年至 2014 年第一季度的高估。其中，2014 年第一季度，人民币多边汇率高估 3.8%。

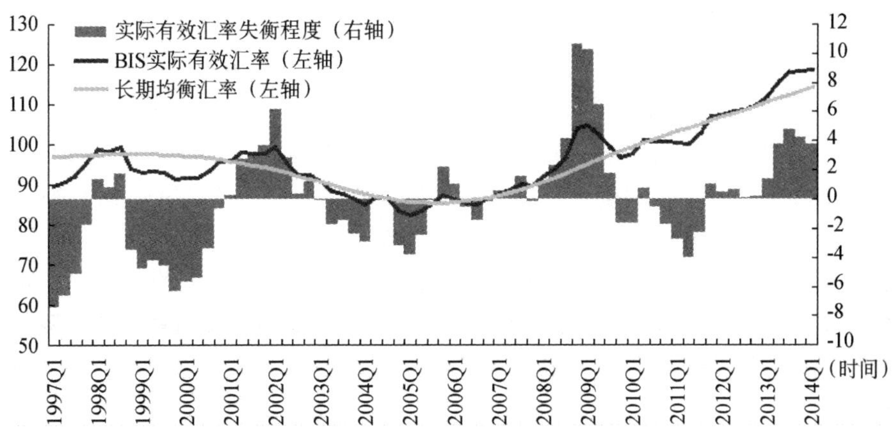

图 5 BS 效应下均衡汇率及失衡程度

注：①汇率失衡程度 =（BIS 实际有效汇率 - 长期均衡汇率）×100/长期均衡汇率；

②实际有效汇率失衡程度：零值线下表示低估，零值线上表示高估。

（2）对购买力平价的扩展。除了购买力平价以及生产率差异通过贸易部门与非贸易部门的相互作用对汇率水平产生影响之外，决定汇率的还有许多其他因素。这里我们主要考虑对中国影响较大的两个因素。一是外汇储备占 GDP 比重。在汇率管制的国家，外汇占款、货币供给与货币政策调控紧密相关，外汇储备增加，直接导致货币供给的增加，本币贬值。外汇储备占 GDP 比重与实际汇率负相关。二是内外利差。根据利率平价条件，国内外利差对一国汇率有着必然的影响，相对利差的波动势必带来大量资本的转移，影响汇率的变化。我们用 NFA 国外净资产来代表外汇储备占 GDP 的比重，用 $r-r^*$ 代表国内外利差，使用中国一年期存款利率和美国 3 个月存款年利率之差来衡量国内外利率差。为了避免负值，本文使用两者的商来表示国内外利率差。通过加入新的变量，我们可能更全面地评估汇率水平。

根据 AIC 信息准则，我们选择了无约束 VAR 的最优滞后期为 4 阶。据此，Johansen 检验的滞后期选择为 3，检验结果表明（见表 9），变量间存在两个协整关系。

表 9　　Johansen 协整检验结果

协整方程个数	特征值	最大特征统计量	5% 概率临界值	似然概率
没有	0. 568615	132. 3460	95. 75366	0. 0000
最多一个	0. 405679	76. 85630	69. 81889	0. 0123
最多两个	0. 259899	42. 51416	47. 85613	0. 1448

协整关系等式如下：

$$REER = 5.616 + 0.197DY - 0.415OPEN + 0.22GOV - 0.003(r - r^*) - 0.0006NFA$$

$$(-5.016) \quad (14.75) \quad (-6.64) \quad (2.126) \quad (2.599)$$

从协整等式可以看出：①相对人均收入的系数符号显著为正，证明 BS 效应是存在的。②开放度的系数显著为负，政府支出比重的系数显著为正，国内外利差系数为负，外汇储备系数为负，均与理论预期一致。

根据以上协整等式，可以估算基于购买力平价的人民币长期均衡汇率。我们使用 HP 滤波方法提取 DY、OPEN、GOV、(r - r*)、NFA 的长期趋势，然后将它们的长期趋势值代入协整方程，即可得到人民币实际汇率长期均衡值。具体结果如图 6 所示。

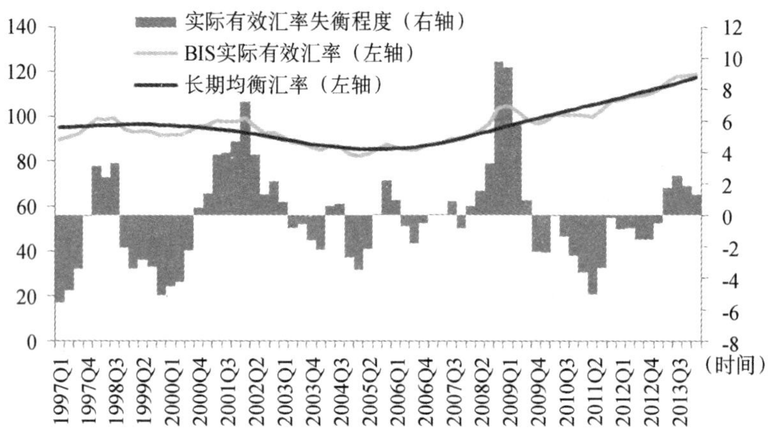

图 6　加入其他变量后的均衡汇率及失衡程度

注：①汇率失衡程度 =（BIS 实际有效汇率 - 长期均衡汇率）×100/长期均衡汇率；

②实际有效汇率失衡程度：零值线下表示低估，零值线上表示高估。

从图 6 可知，1997 年以来人民币实际有效汇率大致经历了 8 个发展阶段，即 1997 年的低估、1998 年一季度至三季度的高估、1998 年四季度至 2000 年三季度的低估、2000 年四季度至 2003 年一季度的高估、2003 年二季度至 2007 年四季度的波动调整、2008 年一季度至 2009 年三季度的高估、2009 年四季度至 2013 年一季度的低估、2013 年二季度至 2014 年一季度的高估。其中，2014 年一季度，人民币多边汇率仅高估 1.3%，基本达到均衡。

（五）结论

本章运用购买力平价方法测算了人民币多个双边汇率以及多边汇率，结果表明近期我国人民币汇率基本保持在均衡状态，并不存在系统性高估现象。

考察期间，尽管人民币兑部分货币的双边汇率出现一定程度的失衡，但人民币多边汇率总体维持均衡状态，没有出现系统性的高估或低估。人民币兑美元、欧元、日元、港币汇率在考察期的平均失衡程度分别为1.4%、6.7%、7.2%、7.6%①，而人民币多边汇率平均失衡程度只有2.4%。

货币当局汇率政策的主要目标是国际收支平衡，这一平衡是对所有贸易伙伴国的总体平衡，而不是对具体某一国的双边收支平衡，因此货币当局应当关注的是总体多边汇率，而不是人民币与某单一货币的双边汇率，多边汇率才是人民币汇率水平的参照系和调控的参考。在多边汇率基本维持均衡状态的同时，可能会出现部分双边汇率失衡的现象，这既是由各国经济发展差异的复杂性所决定的，也符合贸易多元化的内在要求。因此，人民币汇率是否低估，应当看多边汇率而非具体的双边汇率，很少有国家能达到多边汇率和双边汇率同时均衡的理想状态，应在维持总体均衡的同时，允许部分双边汇率在合理的范围内波动。

三、基于其他方法的人民币均衡汇率测算

测算均衡汇率，除了购买力平价方法之外，还有基于宏观经济平衡角度的各种方法。在这一部分我们使用其他方法测算人民币均衡汇率，并将得到的结果与基于购买力平价理论测算的结果进行比较。

（一）均衡汇率的其他测算方法评述

1. 基本要素均衡汇率模型

基本要素均衡汇率（Fundamental Equilibrium Exchange Rate，FEER）模型首先由Williamson于1983年提出并开始使用，他将均衡汇率定义为宏观经济均衡一致的实际有效汇率。这里的宏观经济均衡概念，包括内部均衡和外部均衡两个方面。内部均衡被认为是充分就业（尤其是由自然率决定的就业水平）和低的、可持续的通货膨胀率相一致的产出水平。外部均衡的特征是，当各国保持内部均衡时，在各国之间出现合理的、可持续的资本的净流动。

Williamson（1983）认为，用于衡量外部均衡的合理的资源净流动可以用一个经济周期内各年经常账户差额平均值来代替。由于国际收支经常账户差额和资本账户差额之和总是等于零，也把该平均值称为基础资本流动（ucf）。同时一国经常账户差额（CA）会受到贸易条件（tot）、失业率（ue）和实际汇率（reer）的影响，即：CA = CA（tot，ue，reer），因此，在经济周期平均失业率（ue）和平均贸易条件（tot）的约束下，使经常账户差额等于基础资本流动的实际汇率即为基本因素均衡汇率：

$$CA = CA(tot, ue, FEER) = ucf$$

---

① 从样本期平均失衡程度看，人民币兑欧元是低估，兑美元、日元、港币是高估，人民币多边汇率也是低估。

上述分析清楚地表明，计算 FEER 要求进行相当多的参数估计和判断，包括：(1) 经常项目模型；(2) 本国和主要贸易伙伴国潜在产出的估计；(3) 关于资本项目均衡值的估计或判断。在前两个方面已经有许多相关的理论和经验分析，在概念和计算方法上已经很明确。但是，资本项目的含义和计算方法仍值得研究。从国际一致协调的角度看，一般经常账户差额占国内生产总值的比率达到 1% ~2% 是相对合理的。

FEER 模型提供了一种简明和系统的估计均衡汇率的方法，为政策制定者评价汇率提供了依据。但是，FEER 模型的局部均衡方法也存在明显的缺点，其中，最大的不足在于 FEER 模型所测算的汇率是理想的经济条件相一致的均衡汇率，但是资本项目均衡值的估计或判断等都涉及价值判断问题，带有较强的主观性。而且该方法的主要缺陷在于估计结果对模型参数设定比较敏感，有时参数的微小变动会引起估计结果的较大变化。

FEER 方法中资本账户差额的含义和计算方法尚无统一标准。Williamson (1994) 曾根据债务周期因素决定的投资需求和人口的年龄结构对储蓄行为的影响等因素，并结合可持续性和一致性判断，推断出 14 个国家和地区 1995 年的经常账户目标。Bayoumi (1994) 根据史密森协定磋商期间美国所提出的各国经常项目收支目标，假定目标经常项目等于经常项目顺差占国内生产总值的 1%，但这些经常账户目标都具有主观性。Isard 和 Faruqee 等 (1998) 将经常项目均衡视为在充分就业条件下所需要的储蓄和投资之差。储蓄和投资可以根据在充分就业条件下实际产出与潜在产出的缺口以及财政赤字等变量的函数得到，这为经常账户目标的设置提供了一种客观的方法。

2. 均衡实际汇率模型

均衡实际汇率 (Equilibrium Real Exchange Rate，ERER) 模型最早是由 Edwards 于 1989 年提出来的。按照 Edwards (1989) 的定义，ERER 是指在给定其他变量 (如税收、国际贸易条件、资本流动和技术等) 的可持续或均衡值时，使得内外部均衡同时实现的贸易品对非贸易品的相对价格。内部均衡是指非贸易品市场在当期出清，并且在未来处于均衡状态；外部均衡是指当前和未来经常账户差额同长期可持续的资本流动相一致。

ERER 模型构造了包括资产决定、需求部门、供给部门、政府部门和外部部门 5 个部门的 16 个方程。当非贸易品市场出清、外部部门实现均衡、财政政策可持续和资产组合实现均衡这四个条件同时成立时，经济处于稳定状态，此时汇率达到了长期可持续均衡状态。利用这些条件，结合所构造的方程就可以得出长期均衡汇率是贸易条件、资本流动、关税水平、劳动生产率和政府消费等基本经济因素的函数。在短期内，货币变量等的变化也将影响实际汇率的变化。

ERER 理论主要针对发展中国家的现实状况，首次系统地考虑了诸如平行汇率、贸易限制、交易管制以及资本流动等政策性变量影响均衡汇率的动态调节机制。但是，由于 ERER 主要是针对南美等小国提出的均衡汇率决定理论，其前提条件一般包括贸易条件不变等，因而不适合发展中的大国经济体。此外，在运用 ERER 理论计算均衡汇率时，不仅面临基期的选择，更重要的是要进行贸易品与非贸易品的划分，这往往带有较强的主观性。

3. 发展中国家均衡汇率模型

鉴于 Edwards（1989）的发展中国家的均衡汇率模型没有解决理论与实证相结合这一问题①，Elbadawi（1994）提出了修正的 ERER 模型（简称 ELBADAWI 模型）。ELBADAWI 模型从国内总吸收的等式开始，即：

$$A = EXP_p + EXP_G$$

其中，A 表示国内吸收；EXP_p 表示私人部门的国内支出；EXP_G 表示政府部门的国内支出。假设政府支出与国内生产总值（Y）间存在固定的比例，即：

$$EXP_G = gY$$

进一步，假设政府非贸易品支出（EXP_{GN}）与政府支出（EXP_G）之间存在固定比例，即：

$$EXP_{GN} = g_N \cdot EXP_G = g_N \cdot gY$$

此外，Elbadawi 还假设私人部门的非贸易品消费（EXP_{PN}）占私人部门总消费的比例由系统内生决定，并且是出口品国内价格（P_x）、进口品国内价格（P_m）和非贸易品国内价格（P_N）的函数：

$$\begin{aligned} EXP_{PN} &= d_{PN}(P_x, P_m, P_N) \cdot EXP_P \\ &= d_{PN}(P_x, P_m, P_N) \cdot (A - EXP_G) \\ &= d_{PN}(P_x, P_m, P_N) \cdot (A - gY) \end{aligned}$$

则对非贸易品的总需求 EXP_N 的函数为：

$$EXP_N = EXP_{GN} + EXP_{PN} = g_N \cdot gY + d_{PN}(P_x, P_m, P_N) \cdot (A - gY)$$

非贸易品供给（SN）与国内生产总值（Y）之间的比率也是出口品国内价格（P_x）、进口品国内价格（P_m）和非贸易品国内价格（P_N）的函数：

$$S_N = s_N(P_x, P_m, P_N) \cdot Y$$

当非贸易品的供给与需求相等，即 $EXP_N = S_N$ 时，非贸易品市场就实现了均衡，实现的均衡的条件是：

① Edwards 模型中包含 5 个部门的 16 个方程，应用中存在一些不可克服的矛盾。一是模型中某些变量的数据不易获取；二是反映发展中国家转型经济特点的某些变量，可能会出现回归不显著的现象；三是模型所得的均衡实际汇率是无法直接观察的，如何测度它的精确性还值得研究。

$$d_{PN}(P_x,P_m,P_N)\cdot\left(\frac{A}{Y}-g\right)+g_N\cdot g=s_N(P_x,P_m,P_N)$$

再来看贸易品，出口品和进口品的国际价格不妨分别记为 P_x^* 和 P_m^*（以美元计价），对于发展中国家，尤其是小国，P_x^* 和 P_m^* 可以看做是外生变量，以 t_x 和 t_m 分别表示出口和进口的净税率，则：

$$P_x=E\cdot(1-t_x)\cdot P_x^*$$

$$P_m=E(1+t_m)P_m^*$$

其中，E 表示名义汇率，定义实际汇率 e 为：

$$e=\frac{P_N}{E\cdot P_x^{*\,a}P_m^{*\,(1-a)}}$$

进一步，我们可以求出使非贸易品市场实现均衡的汇率水平：

$$e=f\left(\frac{A}{Y},TOT,t_x,t_m,\frac{EXP_G}{Y}\right)$$

其中，TOT 代表贸易条件，代表 P_x、P_m、P_x^*、P_m^* 对实际汇率的影响。为了便于实证分析，将上式改写为线性形式：

$$\ln e=\alpha_0+\alpha_1\ln\left(\frac{A}{Y}\right)+\alpha_2\ln(TOT)+\alpha_3\ln(OPEN)+\alpha_4\ln\left(\frac{EXP_G}{Y}\right)$$

其中，$OPEN=\frac{IM+EX}{GDP}$，用以综合反映进出口关税税率（t_x 和 t_m）和贸易政策、汇兑管制政策等对均衡汇率的影响。

由于一国经常项目差额等于总产出和总吸收的差，即 CA = Y - A。在一国实现收支平衡时，正（负）的经常项目的差额将等于负（正）的资本与金融账户差额①，即 CA = -KA。而 KA 受净资本流入、国际利差和汇率预期变动等因素影响，因此对于 KA 有：

$$\frac{KA}{Y}=f\left(\frac{NKI}{Y},r^*,\delta\cdot(\ln(e_{t+1})-\ln(e_t))\right)$$

式中 NKI 表示可持续的净资本流入（或可持续的国际直接投资流量）；r^* 表示国际利差；δ 是非贸易品占总消费的比重；ln（e_{t+1}）是在时间 t 时 ln（e_t）的期望值。由于在均衡状态下 CA = -KA，因此：

$$\frac{A}{Y}=1+f\left(\frac{NKI}{Y},r^*,\delta(\ln(e_{t+1})-ln(e_t))\right)$$

上式线性形式为：

---

① 复式记账法下，不考虑误差与遗漏因素时，经常账户差额必然引起数量相同、方向相反的资本与金融账户差额。

$$\ln\left(\frac{A}{Y}\right)=\beta_0+\beta_1\frac{NKI}{Y}+\beta_2 r^*+\beta_3(\ln(e_{t+1})-\ln(e_t))$$

这样，我们可得到实际汇率的动态方程：

$$\ln e_t-\lambda_t\ln e_{t+1}=\delta_0+\delta_1\ln(TOT)_t+\delta_2\ln(OPEN)_t+\delta_3\left(\frac{NKI}{Y}\right)_t+\delta_4 r_t^*+\delta_5\ln\left(\frac{EXP_G}{Y}\right)_t$$

当上式右边的变量具有可持续性时，对应的实际汇率就是均衡汇率。令 δ、F 表示向量，且 $\delta=(\delta_0, \delta_1, \delta_2, \delta_3, \delta_4, \delta_5)$，

$$F=\left(1,\ln(TOT),\ln(OPEN),\frac{NKI}{Y},r^*,\ln\left(\frac{EXP_G}{Y}\right)\right)$$

在向量 F 的值具有可持续性（记为 $\overline{F}$）时，根据上式利用递推的方法，就可以得到均衡汇率 $\overline{e}$ 的动态方程：

$$\ln\overline{e_t}=\sum_{j=0}^{\infty}\lambda^j\delta_t\overline{F}_{t+j}$$

这一动态方程表明：均衡汇率是由贸易条件（TOT）、经济开放度（$OPEN$）、净资本流入占 GDP 比重（$\frac{NKI}{Y}$）、政府支出占 GDP 的比重（$\frac{EXP_G}{Y}$）和国内外利率差（r^*）决定的。

ELBADAWI 的优点：一方面，ELBADAWI 结合了发展中国家的均衡汇率理论，根据发展中国家的特点给定外生变量和政策变量；另一方面，很好地解决了理论和实证相结合的问题。

ELBADAWI 的缺陷：部分假定过于理想化，一些函数的设定（如资本项目函数）带有主观性，导致其最终的简化函数与 BEER 具有一定的相似性。

4. 自然均衡汇率模型

自然均衡汇率（Natural Real Exchange Rate，NATREX）是内外同时均衡时的汇率，它通过对宏观经济处于均衡状态下的自然失业率的估计，计算出相应的自然均衡实际汇率。NATREX 模型由一系列方程构成，主要包括：

（1）充分就业时的产品市场均衡条件：

$(S-I)(K, F, R; Z)=CA(Q, K, F, R; Z)$

$(S-I)^*(K^*, F, R, R^*; Z^*)=-CA(Q, K, F, R; Z)$

其中，S、I、CA 分别为储蓄、投资和经常账户；K 为资本密度；F 为债务密度；R 为实际利率；Q 为实际汇率；Z 为其他经济基本变量，带星号的变量表示外国相应的变量值。

（2）消费行为。消费者在跨期预算约束 Ω 下，选择消费路径，以最大化其终身效用值：

$$V(X(t)) = \max_{\Omega} E_t\left[\int_t^{\infty} U(C(t))e^{-\rho t}dt\right]$$

其中 $X(t)=K(t)-F(t)$。根据随机最优增长模型，可以推出最优消费路径满足：

$$C(t)=\rho X(t)=\rho(K(t)-F(t))$$

（3）储蓄：

$$\begin{aligned}S &= GNP - C = (GDP - RF) - C \\ &= (Y - RF) - \rho(K - F) \\ &= (Y - \rho K) + (\rho - R)F\end{aligned}$$

（4）投资。根据随机最优增长模型，投资取决于托宾 q 值。而托宾 q 值是资本密度、实际汇率、实际利率和基础经济因素的函数。

$$\frac{dK}{dt}=I(q_{\text{Tobin}}),I(1)=0,I'(q_{\text{Tobin}})>0$$

$$q_{\text{Tobin}}=q_{\text{Tobin}}(K,Q,R;Z)$$

这样，投资函数就可以写成：

$$\frac{dK}{dt}=I(K,Q,R;Z),I_K<0,I_Q<0,I_R<0$$

（5）贸易平衡。贸易平衡主要是产品和服务的净出口平衡。国内贸易品产出是该部门投入的函数。假定本国的国内外贸易品消费与本国的国民收入成比例，该比例系数为实际汇率的函数。则贸易平衡方程为：

$$B=y_T-\upsilon(Q)Y$$

$$y_T=y_T(L_T,K_T)$$

$$L_T=L(W/P_T,K_T)$$

其中，y_T 表示贸易品生产部门的单位有效劳动产出；L_T 是贸易品生产部门所投入的劳动；K_T 是贸易品生产部门的资本比例；W 为名义工资；P_T 为贸易品价格指数。由上述三式，贸易平衡可写成：

$$B=B(Q,K,Y;Z)$$

（6）跨期预算约束。可以用两种方式表示外债比例的变化率。一种是直接把其看成是经常账户赤字，另一种是投资和储蓄之差。

$$\frac{dF}{dt}=RF-B(Q,K,Y;Z)$$

$$\frac{dF}{dt}=I(Q,K,R;Z)-S(K,F;Z),S_F>0$$

在实证研究中，各国的经济环境不同，需要采用不同的 NATREX 模型。比如，Stein（2002）将欧元区 NATREX 模型变形为：

产品市场：$CA(Q;Z)-RF+I(Q;Z)-S(F;Z)=0$

资本形成：$\frac{dF}{dt}=I(Q;Z)-S(F;Z)-gF$

经济增长：$\frac{dY/dt}{Y}=g$

由此可见，在具体应用中NATREX模型没有固定的形式，根据各国实际可以对NATREX模型进行适当地修正。但无论如何变化，大都围绕消费（储蓄）方程、投资（资本形成）方程、净出口（经常账户）方程、资本平衡（利率平价）方程和恒等方程来建立联立方程对NATREX进行测算。

NATREX的优点：一是NATREX是一种均衡汇率的决定理论，刻画了动态均衡，由此推导出的测算方法具有坚实的理论基础；二是NATREX结合了存量和流量概念，兼顾了经常账户和资本账户的互动关系。

NATREX的缺陷：一是采用联立方程模型进行估计，对方程设定和数据要求较高；二是它是不考虑周期性因素情况下的一种长期均衡汇率，故没有办法提供短期的政策指导。

5. 行为均衡汇率模型

Clark和MacDonald（1988）[①] 发展了一种通过简约方程估算均衡汇率的方法——行为均衡汇率（Behavioral Equilibrium Exchange Rate，BEER）法。它并不计算内、外均衡同时实现时的实际汇率，而是运用一系列对实际汇率有影响的基本经济变量来解释实际汇率的变动。认为现实中的实际汇率是由长期和中期的基本经济因素、短期性因素以及随机干扰因素共同决定的。其表达式为：

$Q_t=b_1Z_{1t}+b_2Z_{2t}+b_3T_t+\mu_t$

其中，Q_t表示在现实中可观测到的实际汇率；Z_{1t}与Z_{2t}分别代表在长期和中期内影响汇率的基本经济因素；T_t表示影响实际汇率的短期性因素；b_1、b_2和b_3是影响因素前的系数；μ_t则是随机项。

如果定义当前均衡实际汇率是由中、长期基本经济因素的当前值确定的均衡汇率，即：

$Q'_t=b_1Z'_{1t}+b_2Z'_{2t}$

那么实际观测到的汇率与当前均衡汇率之差便可定义为当前汇率错位，即：

$CMIS=Q_t-Q'_t=b_3T_t+\mu_t$

实际观测到的汇率与长期均衡实际汇率之差定义为长期均衡汇率错位：

---

① Macdonald（1997）通过理论分析和推导给出了影响均衡汇率的相关基本经济变量，成为相关BEER方法选取变量的理论基础。Macdonald认为，决定均衡汇率的基本经济变量包括反映巴拉萨—萨缪尔森效应（B－S效应）的劳动生产率差异、总需求差异、相对财政收支、私人部分的储蓄、石油价格、本国与国外利差、本国与外国政府债务比等。

$$LMIS = Q_t - b_1\overline{Z}_{1t} - b_2\overline{Z}_{2t}$$

其中，$\overline{Z}_{1t}$、$\overline{Z}_{2t}$分别表示长期和中期基本经济因素的长期均衡值。将 Q_t 的表达式代入上述方程，得到：

$$LMIS = b_1(Z_{1t} - \overline{Z}_{1t}) + b_2(Z_{2t} - \overline{Z}_{2t}) + b_3T_t + \mu_t$$

因此，BEER 理论认为汇率失调由四个因素决定：长期基本经济因素与长期均衡值的偏离程度、中期基本经济因素与中期均衡值的偏离程度、短期性因素和随机干扰因素。在具体应用中，主要通过计量经济学方法建立函数关系得到均衡实际汇率估计值。

相对于 FEER，BEER 不仅考虑了中期基本经济因素，而且还考虑了短期暂时性因素与长期基本经济因素，因而对于分析汇率波动更具有现实性。BEER 将汇率失调划分为三个不同的部分，有利于区分汇率失调的性质以及采取相应的政策，因而更具有可操作性。BEER 将存量因素引入均衡汇率的决定因素当中，弥补了 FEER 忽视存量因素的缺陷。

BEER 的不足之处在于：（1）BEER 只考虑到资产市场的均衡，而没有考虑到货币市场的均衡，也是局部均衡分析方法，因而分析也是不完备的。（2）如同 FEER，对短期变量以及中长期基本经济因素的划分具有较强的主观性。（3）BEER 也是通过给定外生变量的办法来估计均衡汇率，因而就方法本身而言，BEER 也不是均衡汇率的决定理论；由此衍生出 BEER 也无法给出均衡汇率的动态调整过程。（4）由于 BEER 所定义的均衡汇率取决于计量经济学中的协整方法，均衡汇率的计算结果对模型方程的设定具有较强的敏感性，并且容易出现多重解，BEER 无法对这种情况给出合理的经济逻辑解释。多重均衡汇率的可能出现，是所有利用协整方法的均衡汇率理论所具有的共同缺陷。（5）最后需要注意的是，BEER 并没有直接要求内外均衡的同时实现，这与要求内外均衡同时实现的 FEER 存在根本的区别。原因在于：一是 BEER 的出发点是假定非抵补利率平价（UIP）成立，因而对外部失衡的融资没有明确的约束限制；二是 BEER 模型体现了这样的调节机制，即为实现外部均衡，它形成了同政府债务规模和净国外资产变化相适应的实际汇率均衡变化，结果导致外部均衡至少在长期的情况下才会实现。

（二）测算人民币均衡汇率水平

在以上各种测算均衡汇率的方法中，常用于发展中国家均衡汇率研究的，大体上有三类：行为均衡汇率理论（BEER）、发展中国家均衡汇率理论（ELBADAWI）和自然均衡汇率理论（NATREX）。前两类都是行为均衡类模型，后一种属于自然均衡类模型。接下来，本文以这三种方法计算人民币均衡汇率。

需要使用的相关变量及数据来源见表 10。

表 10　　相关变量及数据来源说明

指标名称	符号	来源	单位	描述
劳动生产率	PROD	国家统计局	—	GDP/城镇单位就业人口
国外净资产	NFA	国家统计局	亿元	（净出口累计额 + 1993 年末外汇储备余额） × 美元兑人民币名义汇率
相对贸易条件	TOT	中经网	—	出口价格指数比进口价格指数
货币供应量	M2	中经网与人大经济论坛	亿元	1994 ~ 1995 年数据来源于人大经济论坛，其他来源于中经网
国民生产总值	Y	国家统计局	亿元	根据 GDP 平减指数换算成 1994 年的不变价
经常项目差额	CA	中国人民银行	%	经常项目差额主要受净资本流入影响，用经常项目差额/GDP 来替代净资本流入占 GDP 的比重，经常项目差额用当年平均汇率折算后再根据 GDP 平减指数换算成 1994 年的不变价
国内外利率差	DIS	中国人民银行、美国房地美	—	使用中国一年期存款利率和美国 3 个月存款年利率来衡量国内外利率差。为了避免负值，本文使用两者的商来表示国内外利率差
社会消费品零售总额	C	国家统计局	亿元	根据 GDP 平减指数换算成 1994 年的不变价
固定资产投资完成额	I	国家统计局	亿元	根据 GDP 平减指数换算成 1994 年的不变价
贸易顺差	B	国家统计局	亿美元	现价，以美元为单位是为了更好地衡量 REER 对贸易顺差的影响
资本边际产量	MPK	作者计算	—	根据张军的研究，MPK 可以用 $\Delta Y_t/I_{t-1}$ 来代替 MPK。考虑到资本边际产量的平稳性，我们使用年度 GDP 增量/资本形成总额，接着使用 EVIEWS 变频处理为季度数据
中国利率	R	中国人民银行	—	为了更好地反应利率的市场化程度，我们用加权平均银行间同业拆借利率来替代，1992 ~ 1995 年缺少同业拆借利率数据，我们取上海融资中心的所有期限的加权利率（谢平、罗雄，2002）
世界利率	R^*	美国房地美	—	用美国 1 年期抵押贷款浮动利率来代替
世界 GDP	Y^*	中经网	—	用 OECD 支出法 GDP 定基指数代替（1994 = 100）
外债率	F	国家外汇管理局	%	年末的外债余额 × 美元兑人民币名义汇率/当年 GDP，再使用 EVIEWS 变频处理为季度数据

注：①1994 年初实行外汇调剂价格和官方汇率并轨，因此样本区间为 1994 年 1 季度到 2014 年 1 季度。

②模型中除 TOT、DIS、CA 外，其他变量均进行了季节调整，此外为了消除端点值对季调结果的影响，我们把部分时序做了相应扩充。

③为消除异方差，且便于计算弹性，模型中除 CA、MPK、R 和 R^* 外其他变量均取自然对数。

④部分指标没有季度数据，只有月度数据，需月度数据进行累加得到季度数据。

⑤MPK 的计算参考张军：《资本形成、投资效率和中国的经济增长——实证研究》，清华大学出版社 2005 年版。

1. 基于 BEER 模型的估计

根据 Macdonald（1997）的研究，结合国内学者的建议（施建淮、余海丰，2005；唐亚晖、陈守东，2010），本文 BEER 模型选取的变量有：反映 B－S 效应的劳动生产率（PROD）、开放度（OPEN）、国外净资产（NFA）、相对贸易条件（TOT）、政府支出（GOV）、货币供应量（M2）（指标说明及来源见表 10）。用函数可表示为①：

$$BEER = F(PROD^{+}, OPEN^{-}, NFA^{+}, TOT^{?}, GOV^{?}, M2^{-})$$

（1）模型估计。为避免“伪回归”（Phillips，1986），我们对所有变量进行了 ADF 单位根检验。结果显示，所有变量都在 1% 的显著性水平下 1 阶单整。根据 AIC 信息准则，我们选择了无约束 VAR 的最优滞后期为 2 阶。据此，Johansen 检验的滞后期选择为 1，检验结果表明，变量间存在四个协整关系（见表 11）。

表 11　　Johansen 协整检验结果

协整方程个数	特征值	最大特征统计量	5% 概率临界值	似然概率
没有*	0.417770	103.0554	69.81889	0
最多一个*	0.255243	60.86598	47.85613	0.0019
最多两个*	0.213329	37.87958	29.79707	0.0047
最多三个*	0.180917	19.16381	15.49471	0.0134
最多四个	0.045072	3.597335	3.841466	0.0579

注：上标*表示在 5% 的显著性水平下拒绝原假设。下同。

由于部分解释变量 t 值不显著，采用逐步剔除的方法重新估计，最终，我们得到人民币实际有效汇率与基本经济变量之间的长期协整关系如下：

$$REER = 6.18 - 0.55OPEN - 0.01NFA + 0.02GOV + 0.28PROD$$
$$(-15.72) \quad (-0.62) \quad (0.31) \quad (9.60)$$

从协整系数可以看出，各经济变量对人民币汇率的影响与理论相符。具体表现为：①对外开放度（OPEN）每提高 1%，人民币实际汇率将升值 0.55%。一般来说，发展中国家会采取限制进口、鼓励出口的政策，随着对外开放度的提高，进口限制会逐步减弱，这将推动进口，促使汇率贬值。②政府支出（GOV）每增加 1%，人民币实际汇率升值 0.02%，可能的解释是政府支出主要集中于贸易品消费，其比重超过了非贸易品，即政府从国外进口的产品多于从国内采购。③劳动生产率（PROD）每提高 1%，人民币实际汇率升值 0.28%，因为贸易部门的劳动生产率提高，将提高本国的出口竞争力，导致出口增加和本币升值。④对外净资产（NFA）每提高 1%，人民币实际汇率贬值 0.01%。

① 基本变量上标为＋表示对汇率的影响为正效应，上标为－表示对汇率的影响为负效应，上标？表示对汇率的影响不确定。

(2) 人民币均衡汇率及汇率失衡程度。我们使用 HP 滤波方法提取 OPEN、NFA、GOV 和 PROD 的长期趋势，然后将它们的长期趋势值代入协整方程即可得到人民币实际汇率的 BEER 长期均衡值。从图 7 可知，1994 年以来人民币实际有效汇率大致经历了四个发展阶段，即 1994 年至 1995 年的低估、1996 年至 2002 年的高估、2003 年至 2011 年的低估、2012 年至 2014 年一季度的高估。

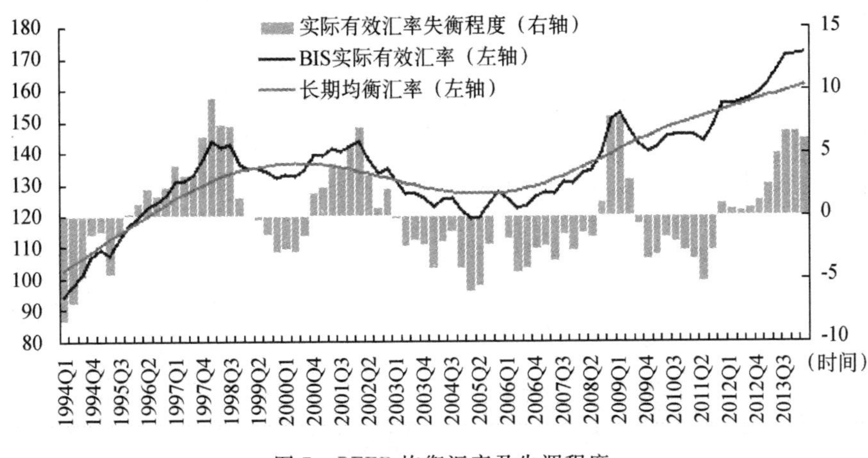

图 7　BEER 均衡汇率及失调程度

注：①实际有效汇率失衡程度 =（BIS 实际有效汇率 - 长期均衡汇率）×100/长期均衡汇率

②实际有效汇率失衡程度：零值线下表示低估，零值线上表示高估。

2. 基于 ELBADAWI 模型的估计

根据 ELBADAWI 的均衡汇率理论，均衡汇率由贸易条件（TOT）、经济开放度（OPEN）、净资本流入占 GDP 的比重（CA）、政府支出占 GDP 的比重（GOV）、国内外利率差决定（DIS）（指标说明及来源见表 10）。用函数可表示为①：

$$ELBADAWI = F(TOT^{?}, OPEN^{-}, CA^{+}, GOV^{+}, DIS^{-})$$

(1) 模型检验与估计。ADF 单位根检验显示，所有变量都在 1% 的显著水平下 1 阶单整（结果见表 12）。进一步的 Johansen 协整检验显示，它们之间存在两个协整关系。

表 12　　Johansen 协整检验结果

协整方程个数	特征值	最大特征统计量	5% 概率临界值	似然概率
没有*	0.461391	105.3484	68.81889	0
最多一个*	0.437788	62.65366	47.85613	0.0011
最多两个	0.184453	22.91822	29.79707	0.2501

① 基本变量上标为 + 表示对汇率的影响为正效应，上标为 - 表示对汇率的影响为负效应，上标为？表示对汇率的影响不确定。

据此，我们得到人民币实际有效汇率与其基本经济变量之间的协整关系式。由于部分解释变量 t 值不显著，采用逐步剔除的方法重新估计，最终结果如下：

$$REER = 6.18 - 0.17TOT - 0.44OPEN + 0.48GOV + 0.23CA$$

$$(-1.69) \qquad (-12.79) \qquad (19.85) \quad (4.63)$$

从协整方程中可以看出，与实际汇率负相关的变量有贸易条件和开放度，正相关的变量有政府支出和经常项目差额，与理论预期基本一致。

（2）人民币均衡汇率及汇率失衡程度。与 BEER 类似，我们使用 HP 滤波方法提取 TOT、OPEN、GOV 和 CA 的长期趋势，然后将它们的长期趋势值代入协整方程即可得到人民币实际汇率的 ELBADAWI 长期均衡值①。由图 8 可知，ELBADAWI 模型估算结果与 BEER 基本一致，1994 年以来，人民币实际有效汇率经历了类似的四个发展阶段。

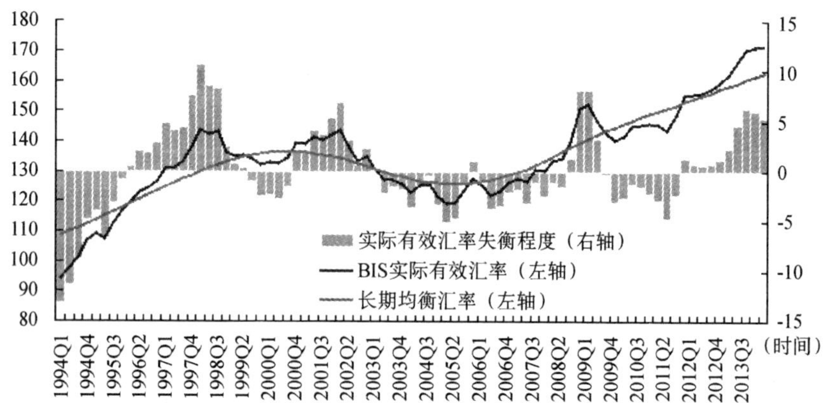

图 8 ELBADAWI 均衡汇率及失调程度

注：①实际有效汇率失衡程度 =（BIS 实际有效汇率 - 长期均衡汇率）×100/长期均衡汇率

②实际有效汇率失衡程度：零值线下表示低估，零值线上表示高估。

3. 基于 NATREX 模型的估计

NATREX 汇率是指内外均衡同时实现时的汇率水平，NATREX 模型一般会建立包括消费（储蓄）方程、投资（资本形成）方程、净出口（经常账户）方程、资本平衡（利率平价）方程等一系列方程②。然后，根据下面的恒等式将不同方程联系起来：

$$KA = -CA = I - S$$

其中，KA 为净资本流动；CA 为经常项目差额；I 和 S 分别为投资与储蓄。假

---

① 为了消除端点值的波动对长期趋势的影响，本文在计算得到长期均衡汇率的基础上往后预测一期，即得到 2014 年二季度的长期均衡汇率，并通过新的序列进行 HP 滤波处理，得到最终的 ELBADAWI。

② 各方程的具体形式参见 Jerome L. Stein，Polly Reynolds Allen and Associates：《Fundamental Determinants of Exchange Rates》，Oxford University Press. 1998。

定以上各经济指标是在充分就业、通胀预期正确的条件下获得。据此，可通过计算得到相关的均衡汇率。

结合 NATREX 模型的理论基础和发展中国家的实际情况，我们采用 Gandolfo 和 Feettigh（1998）、孙茂辉（2006）的 NATREX 模型的结构方程来测算人民币自然均衡汇率水平（见表 13）。结构方程如下：

$$\begin{cases} I_t = \alpha_{I,1} I_{t-1} + \alpha_{I,2}(MPK_t - R_t) + \varepsilon_{I,t} \\ C_t = \alpha_{C,1} C_{t-1} + \alpha_{C,2} Y_t + \alpha_{C,3} F_t + \varepsilon_{C,t} \\ B_t = B_{t-1} + \alpha_{B,1} Y_t + \alpha_{B,2} Y_t^* + \alpha_{B,3} REER_t + \varepsilon_{B,t} \\ R_t = \alpha_{R,1} + \alpha_{R,2} R_t^* + \alpha_{R,3} REER_t + \varepsilon_{R,t} \\ Y_t \equiv C_t + I_t + B_t + NFP_t \end{cases}$$

其中，Y、C、I、B、NFP 分别表示国民收入①、消费、投资、净出口和净要素收入；MPK、R、F、REER 分别表示资本边际产量、实际利率、外债余额、人民币实际有效汇率；带星号的变量表示全球相应的变量值（指标说明及来源见表 10）。

（1）模型检验与估计。计量联立方程式模型首先要解决识别问题。在实际应用中，建模应遵循如下原则：建立某个结构方程时，至少含有一个前面所有方程没有涉及的变量，同时使前面的每一个方程都至少包含一个该方程没有的变量，并且互不相同。经分析发现，联立方程组中所有方程都是可识别的。

联立方程估计方法主要有二阶段最小二乘法（TSLS）和三阶段最小二乘法（3SLS）。一般来说，对大样本而言（样本量≥30），3SLS（允许不同结构式方程的随机误差项同期相关）估计量比 TSLS 估计量更有效。结合模型识别类型和估计方法优劣对比，本文采用 3SLS 估计。

表 13　　NATREX 模型估计结果

	估计量	系数	T 统计量	调整后 R^2
投资方程	$\alpha_{I,1}$	0.9985***	310.10	0.9964
	$\alpha_{I,2}$	0.0141*	1.7160	
	$\alpha_{I,3}$	0.0994***	2.9744	
消费方程	$\alpha_{C,1}$	0.9232***	20.291	0.9993
	$\alpha_{C,2}$	0.0767*	1.7656	
	$\alpha_{C,3}$	-0.0226*	-1.8289	

① 当我们考虑了要素的国际流动，采用 GNP 计算国民收入时，国民收入除消费、投资、净出口外，还应包括从国外取得的净要素收入。也就是说，国民收入中因为经济开放而从国外获得的部分由贸易账户差额和从国外取得的净要素收入两者之和构成，即经常账户差额。

续表

	估计量	系数	T 统计量	调整后 R^2
净出口方程	$\alpha_{B,1}$	-0.1345	-0.5309	0.6512
	$\alpha_{B,2}$	2.0567 **	1.9759	
	$\alpha_{B,3}$	-1.7342 ***	-2.6586	
	$\alpha_{B,4}$	-2.6269 ***	-7.9400	
利率平价方程	$\alpha_{R,1}$	128.0281 ***	5.5185	0.3370
	$\alpha_{R,2}$	0.7995 **	2.1112	
	$\alpha_{R,3}$	-26.1571 ***	-5.6470	

注：①工具变量为：常数、投资、资本的边际产量、外债、实际利率、滞后一期的世界利率、滞后一期的世界 GDP、滞后一期的净出口、虚拟变量（2004Q1 和 2011Q1 为 1，其他季度为 0）。

② *、**、*** 分别表示参数在 10%、5%、1% 的水平下显著不为 0。

③$\alpha_{1,3}$、$\alpha_{B,4}$分别为虚拟变量的系数。设置 2004Q1 和 2011Q1 为 1 的虚拟变量是因为净出口在此季度出现了急剧变化。分析中我们也发现，加虚拟变量的效果明显要好于没有加虚拟变量前的效果。

④为了保证 B（净出口的对数）存在，我们添加了校准参数 90，即净出口统一加上 90 使其全部大于 0。

⑤NFP 占经常账户差额的比例较小（2011 年占比仅为 6.64%），NATREX 模型中已近似地认为 Y = C + I + B。

计量分析发现，联立方程各变量都能通过显著性检验，且符号与理论相符，说明我们的估计是行之有效的。NATREX 汇率是内外同时实现均衡时的汇率水平。其中，内部均衡是指充分就业，产出达到潜在产出水平；外部平衡是指经常账户与外债处于相对稳定的状态。这就要求贸易收支与外债之比维持在稳定状态，即：

$$\frac{B_t + b}{D_t + b} = \frac{B_{t-1} + b}{D_{t-1} + b}$$

其中，D 为中国外债余额。将上式代入净出口方程，各系数分别取联立方程模型 3SLS 估计结果，校准参数 b 取 90，得到人民币长期自然均衡实际汇率决定方程为：

$$NATREX_t = \frac{\ln(D_t + b) - \ln(D_{t-1} + b)}{\alpha_{B,3}} - \frac{\alpha_{B,1}\overline{Y}_t}{\alpha_{B,3}} - \frac{\alpha_{B,2}Y_t^*}{\alpha_{B,3}}$$

其中，$\overline{Y}$ 为潜在产出水平，表示内部均衡；$\alpha_{B,1}$、$\alpha_{B,2}$、$\alpha_{B,3}$ 为相应系数的估计值。

（2）人民币均衡汇率及汇率失衡程度。根据 NATREX 计算结果，人民币实际有效汇率失衡大致经历了 3 个阶段（见图 9），即 1994 年到 1995 年二季度的低估、1995 年三季度到 2002 年一季度的高估和 2002 年二季度至今的相对低估。

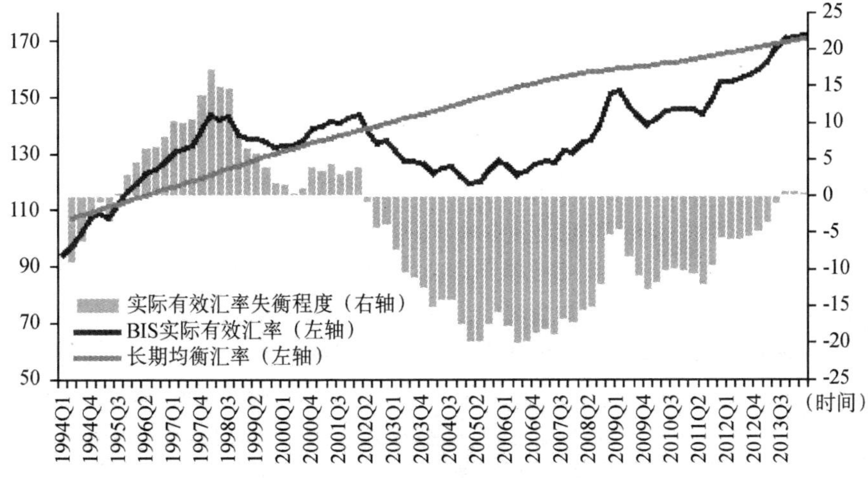

图 9　NATREX 均衡汇率及失调程度

注：① 实际有效汇率失衡程度 =（BIS 实际有效汇率 - 长期均衡汇率）×100/长期均衡汇率

② 实际有效汇率失衡程度：零值线下表示低估，零值线上表示高估。

③长期均衡汇率是对 NATREX 汇率进行 HP 滤波得到的。

4. 三种估算结果的比较评价

由于影响长期均衡汇率的绝大部分因素是基本经济变量，如果估算的长期均衡汇率反映了汇率变化中的长期趋势，实际汇率和均衡汇率之差应该只含有随机波动的成分（Davidson，2002）。因此，它应当是一个平稳序列。本研究定义两者之差为 DIF，具体为：

$DIF = LN(REER) - LN($测算的均衡汇率$)$

如果 DIF 满足平稳性要求，说明实际有效汇率中的长期趋势能够被长期均衡汇率完全解释。

表 14　DIF 的单位根检验

模型	检验形式 (C，T，L)	ADF 统计量	1% 显著水平下的临界值	5% 显著水平下的临界值	10% 显著水平下的临界值
BEER	(0，0，1)	-3.37***	-2.60	-1.95	-1.61
ELBADAWI	(0，0，1)	-3.45**	-2.60	-1.95	-1.61
NATREX	(0，0，1)	-1.54	-2.60	-1.95	-1.61

注：(C，T，L) 分别表示单位根检验模型中的截距项、时间趋势项和滞后阶数；*、** 和 *** 分别表示在 10%、5% 和 1% 的水平上显著。

对三种均衡汇率与实际汇率之差的平稳性检验结果显示（见表 14），在无截距、无趋势的情况下，BEER 模型和 ELBADAWI 模型的 DIF 在 5% 的显著性水平下显著，说明 BEER 模型和 ELBADAWI 模型完全捕捉了 REER 中的长期变化趋势；NATREX 模型的 DIF 在 10% 的显著水平下并不平稳，意味着 NATREX 模型没有完全解释 REER 中的长期变化趋势，但拒绝存在一个单位根原假设的概率为 11%，接近 10% 的显著水平，可以认为 NATREX 吸收了 REER 的绝大部分长期趋势。整体上我们认为三种模型均能有效估计出人民币长期均衡实际有效汇率。

（三）均衡汇率测算方法的整合创新

前文讨论的各种均衡汇率方法多侧重于计算“事后均衡汇率”和人民币实际有效汇率，而较少测算“事前均衡汇率”以及人民币与主要货币之间的双边汇率，因而测算所得结果的政策参考作用也相对有限。本文创新性地整合国际货币基金组织（International Monetary Fund，IMF）宏观均衡法（Macroeconomic Balance Approach，MBA）和美国皮特森国际经济研究所的贸易权重矩阵法，以此测算出未来人民币的均衡汇率水平及其对主要货币的双边汇率。

1. 基本思路

首先，运用 IMF 的 MBA 方法，结合 IMF 对各国经济指标未来预测值，测算出未来人民币的实际有效汇率，然后在此基础上，进一步运用美国皮特森国际经济研究所（2007、2011）的贸易权重矩阵方法，测算出人民币与主要货币的双边汇率。

（1）宏观经济均衡法。MBA 实质上是一种 FEER 方法。MBA 测算分为三个步骤：

第一，根据经济基本面因素估计出经常账户标准（CA Norm），即以 CA 占 GDP 比重为因变量，以包括财政差额、老年人占比、总人口增长率、国外净资产、石油进出口净额占 GDP 比重、经济增长率、与美国比较的相对收入水平、金融危机和金融中心等为自变量，建立面板模型（包括普通面板模型和固定效应面板模型）。

以方程形式可表述为：

CA = CA（Fiscal balance，old - age dependency，population growth，initial NFA，oil balance，output growth，relative income，banking crisis，financial center）

第二，模型建立完毕后，将各自变量未来预测值[①]代入方程后所得的经常账户差额占 GDP 比重，即所谓的经常账户标准值，并与 IMF 对各国经常账户差额占 GDP 比重的预测值相比较，两者的差即为经常账户缺口。

第三，计算使经常账户缺口为零，即经常账户预测值等于经常账户标准值时的中期实际有效汇率。这里，还需对一国经常账户差额占 GDP 比重对实际有效汇率变化的弹性进行估计（通常由 IMF 地区部提供）。同时，考虑到各币种汇率之间的联动效应，即在其他币种实际有效汇率已定的情况下，剩余一种货币的实际有效汇率

---

① 包括 IMF World Economic Outlook（WEO）对方程中某些自变量的预测值及 IMF 工作人员对其他自变量的预测值。

就已经决定了，IMF为此做了相应的纠正（参见Isard和Faruqee，1998）。

（2）贸易权重矩阵法。IMF的均衡汇率测算方法所得的汇率为实际有效汇率，这是一个综合的汇率，并无法直接给出与主要货币之间的双边汇率，为此，我们需要引入贸易权重矩阵法。

贸易权重矩阵法由均衡汇率研究方面的另一家权威机构美国皮特森国际经济研究所的William R. Cline和John Williamson独创。

为清楚说明这一方法，我们先从三国模型推导。

$$\Delta c_1 = \alpha_1 \times \Delta r_1 \qquad (1)$$

$$\Delta c_2 = \alpha_2 \times \Delta r_2 \qquad (2)$$

$$\Delta c_3 = \alpha_3 \times \Delta r_3 \qquad (3)$$

其中，Δc表示为达到均衡汇率水平时经常账户占GDP比重需要调整的幅度；α表示经常账户对实际有效汇率的弹性；Δr表示实际有效汇率的变化。

假定国家1为基准国（比如美国），则有如下方程：

$$\Delta r_1 = -\phi_{12} z_2 - \phi_{13} z_3 \qquad (4)$$

$$\Delta r_2 = -\phi_{21} z_2 + \phi_{23}(z_2 - z_3) \qquad (5)$$

$$\Delta r_3 = -\phi_{31} z_3 + \phi_{32}(z_3 - z_2) \qquad (6)$$

z_i为i国货币对美元双边汇率的升值幅度；ϕ_{ij}为j国家在i国家贸易中所占的份额。

将(1)~(3)方程带入(4)~(6)，最终可以得到如下方程组：

$$\frac{c_1}{\alpha_1} = -\phi_{12} z_2 - \phi_{13} z_3 \qquad (7)$$

$$\frac{c_2}{\alpha_2} = z_2 - \phi_{23} \times z_3 \qquad (8)$$

$$\frac{c_3}{\alpha_3} = z_3 - \phi_{32} \times z_2 \qquad (9)$$

方程(7)~(9)中，在$\frac{c}{\alpha}$和z为已知的情况下，方程组有两个未知变量三个方程，属于过度决定（over determined）。我们可以通过排除一个方程求解另外两个方程的方式，可以求得三套z值。

进一步地，将其扩展到n国模型，方程组写成矩阵形式为：

$$R = (I - \phi) Z \qquad (10)$$

其中$R = \left(\frac{c_1}{\alpha_1}, \frac{c_2}{\alpha_2}, \frac{c_3}{\alpha_3}, \cdots \frac{c_n}{\alpha_n}\right)^T$

最终推导得到：$Z = (I - \phi)^{-1} \times R$ (11)

在解决过度决定问题上，美国皮特森国际经济研究所提供了两种思路：一是对求得的几套值直接进行算术平均；二是对求得的几套值以其偏离平均值的程度为权重（偏离程度越大，权重越小），计算加权平均值。所得的这些解即为最终解，用于决策参考。

2. 人民币均衡汇率的测算

在本部分中，我们首先依据 MBA 方法测算人民币的均衡实际有效汇率，然后在此基础上，依据美国皮特森国际经济研究所提供的 35 国贸易权重矩阵（ϕ），测算出人民币对美元、欧元和日元的均衡汇率水平。

（1）测算人民币均衡实际有效汇率。

①变量的选取及数据来源。参照 IMF 的做法，我们选取了如下几个变量：经常账户差额占 GDP 比重（CA），财政盈余占 GDP 比重（FB），工作人口占总人口比重（ADR），人口增长率（PGR），国外净资产占 GDP 比重（NFA），能源净进口占其国内能源使用量的比重[①]（OB），GDP 增长率（GDP），相对收入（RI）和金融中心（FC）（虚拟变量）。

为方便利用皮特森经济研究所（2008）提供的贸易权重矩阵，我们选取了 32 个国家和地区：阿根廷（AGR）、澳大利亚（AUS）、巴西（BRA）、加拿大（CAN）、智利（CHN）、中国（CHN）、哥伦比亚（COL）、捷克（CZE）、欧元区（EMU）、中国香港（HKG）、匈牙利（HUN）、印度（IND）、印度尼西亚（IDN）、以色列（ISR）、日本（JPN）、韩国（KOR）、马来西亚（MYS）、墨西哥（MEX）、新西兰（NZL）、挪威（NOR）、菲律宾（PHL）、波兰（POL）、俄罗斯（RUS）、沙特（SAU）、新加坡（SGP）、瑞典（SWE）、瑞士（SWZ）、泰国（THA）、土耳其（TUR）、英国（GBR）、美国（USA）和委内瑞拉（VEN）。在这 32 国家和地区中，我们视中国香港、新加坡、瑞士为金融中心，相应的虚拟变量设为 1。

考虑到样本数据的平衡性，保证所有变量在样本区间段都有数据，我们选取的时间段为 1999 ~ 2010 年共 11 年。上述数据部分源于世界银行数据库，部分源于 IMF World Economic Outlook Database。

②建立面板模型。在实际建模过程中，发现人口增长率和经济增长率未通过检验，故舍弃这两个变量，最终建立如表 15 的面板模型。

总体看，模型的结果较好，各变量都通过了 t 检验，除了相对收入的回归系数为负值与 IMF 不一样外，其他变量的回归系数在方向上均与 IMF 保持一致，而且也能符合经济意义。

回归方程表明：金融中心对经常项目盈余影响最大，系数达到了 6.64，其次是政府财政盈余，系数为 0.46，即财政盈余占 GDP 比重每提高一个百分点，经常项目

---

① 由于未能在 IMF 和世界银行数据库中找到石油净出口占 GDP 比重，故用石油净进口占其国内全部能源使用量比重代之。

余额占 GDP 比重就可以提高 0.46 个百分点；石油平衡的回归系数较小，这可能与我们选取的替代指标有一定关系，因为替代指标虽然能在一定程度上反映石油进出口情况，但由于该指标为数量型，缺少了价格因素，因而未能充分反映石油净出口对原油主要输出国经常账户的影响。

表 15　　宏观经济平衡法：经常账户差额回归

Dependent Variable：CA？（经常账户差额占 GDP 比重）

Method：Pooled Least Squares

Total panel（balanced）observations：384

Variable	Coefficient	Std. Error	t – Statistic	Prob.
FB？（财政结余占 GDP 比重）	0.462860	0.056650	8.170497	0.0000
ADR？（工作人口占总人口比重）	0.047645	0.010456	4.556707	0.0000
NFA？（国外净资产占 GDP 比重）	0.061412	0.009538	6.438826	0.0000
OB？（能源净进口占国内能源使用量的比重）	–0.011958	0.002048	–5.837524	0.0000
RI？（相对收入）	–0.027032	0.009105	–2.968923	0.0032
FC？（金融中心虚拟变量）	6.640537	1.431999	4.637248	0.0000
R – squared	0.538995	Mean dependent var		2.810765
Adjusted R – squared	0.532897	S. D. dependent var		7.299440
S. E. of regression	4.988796	Sum squared resid		9407.696
F – statistic	88.38963	Durbin – Watson stat		0.377938
Prob（F – statistic）	0.000000			

根据这一方程，我们将自变量的历史值代入方程，计算 1999 ~ 2010 年经常账户差额拟合值，比较拟合值与实际值的差距。从图 10 中我们可以清晰地看到，除了 2000 年和 2001 年实际值低于拟合值外（表明汇率存在高估），其他年份实际值均高于拟合值，表明汇率存在低估。在具体计算高估或低估程度时，我们需要引入实际有效汇率弹性。这里我们假定弹性系数为 Cline（2008）中基准情景时的值（–0.3），即人民币贬值 1 个百分点，经常账户占 GDP 比重即可提高 0.3 个百分点。根据拟合值与实际值的差和弹性系数，即可推得人民币实际有效汇率低估（或高估）程度。

图 10 显示，在 2006 ~ 2008 年，人民币实际有效汇率严重低估，2007 年最高低估 16.1 个百分点，近年来则有所降低。

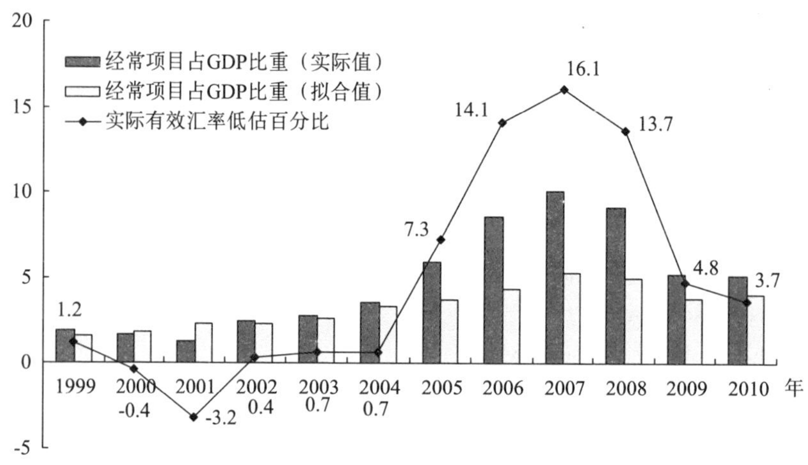

图 10　1999 ~ 2010 年人民币实际有效汇率低估情况

③计算 2015 年我国实际有效汇率低估情况。根据 2014 年 10 月 IMF 对主要经济指标的预测值（即未来值）和本文作者对一些指标的初步估算值，代入上面的回归方程，可得到 2015 年经常账户拟合值（也即均衡值）的一个向量，其中，我国经常账户占 GDP 比重的均衡值为 2.526%，而 IMF 对我国 2015 年的预测值（未来值）为 1.955%。又根据皮特森国际经济研究所提供的数据，我国经常账户对实际有效汇率弹性系数为 -0.31，即实际有效汇率每升值 1 个百分点，我国的经常账户占 GDP 比重下降 0.31 个百分点。据此，可以计算 2015 年我国人民币汇率的低估程度 =(2.526% -1.955%)/(-0.31) = -1.84%。由于是负数，表明人民币实际有效汇率高估 1.84 个百分点。

（2）测算 2015 年人民币对主要货币的双边均衡汇率水平。

宏观经济平衡法虽然能够测算出各国实际有效汇率的低估（或高估）程度，但无法测算出与其他国家之间的双边汇率。如方程（10）所示，要测算对主要货币的双边均衡汇率水平，就必须要知道贸易权重矩阵。Cline（2008）提供了 2006 年时的贸易权重矩阵（见本文附表 1），但由于南非、中国台湾以及其他国家和地区（the rest of the world）的数据不可得，并未包含在面板模型中，所以我们必须对贸易矩阵进行处理，删除附表中有关这三个地区的数据。同时，为保证权重相加等于 100，我们还需要对权重进行重新调整，确保调整后的权重相加等于 100。另外，由于人民币汇率对自身始终是 1，即方程（10）中的向量 Z 实际由 $n-1$ 个待求解的变量组成，所以还需要对 Z、$(I-\phi)^{-1}$ 和 R 进行约简处理，其中 $(I-\phi)^{-1}$ 中含中国的行和列都需要删去，这并不会造成信息的损失（Cline，2008），如此即可测算出人民币与其他国家货币实际有效汇率的低估情况。简化后的贸易权重矩阵见本文附表 2。在此基础上，根据 IMF 预测的 2015 年各国（地区）的通胀水平，即可计算出人民币与其他国家（地区）货币名义汇率的低估情况（参见表 16）。

表 16　　2015 年人民币与主要货币双边汇率的升贬情况

	人民币对主要货币实际有效汇率升（贬）情况	各国通胀水平与中国通胀水平之差	人民币对各国货币名义汇率升（贬）情况
欧元	-2.7	-1.578	-4.278
日元	2.2	0.465	2.665
美元	0.7	-0.374	0.226

如表 16 所示，2015 年人民币对美元实际有效汇率需升值 0.7%，但由于 2015 年中国的通胀水平（2.5%）要高于美国的通胀水平（2.126%）0.374 个百分点左右，为此，人民币对美元的名义汇率需要升值 0.226%。以此类推，人民币对欧元的名义汇率需要贬值 4.278%，对日元的名义汇率需要升值 5.665%，如此可使人民币名义有效汇率达到均衡水平。

（四）本文测算结果与 PPP 均衡汇率估算结果的比较

基于 PPP（BS 效应）、BEER 、ELBADAWI 和 NATREX 测算的人民币汇率失衡程度对比显示，四种模型估算的失衡程度走势大体一致（见图 11）。总体来看，人民币实际有效汇率先后经历了亚洲金融危机期间的高估，2003 ~2008 年的低估和近两年高估后又渐趋平衡三个重要的发展阶段。2014 年一季度，人民币实际有效汇率是在前期高估的情况下明显回调，PPP（BS 效应）、BEER 、ELBADAWI 和 NATREX 四个模型中人民币汇率分别高估 1.3%、6.2%、5.4% 和 0.4%，高估程度分别比 2013 年的最高点回落 2.0、0.6、0.9 和 0.3 个百分点，揭示人民币汇率高估情况明显改善并日趋均衡。

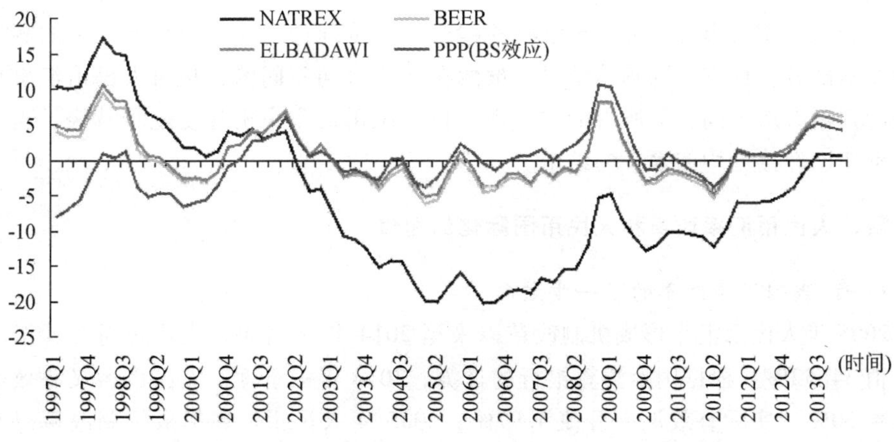

图 11　四种模型估算均衡汇率失衡程度对比

注：实际有效汇率失衡程度：零值线下表示低估，零值线上表示高估。

比较而言，PPP（BS 效应）与 BEER 、ELBADAWI 在均衡汇率趋势上更加一致，这主要因为三者尽管理论基础不一样，但在模型估计上都考虑开放度和政府支出变量与多边汇率的长期协整关系，模型差异性相对较小。而 NATREX 则主要是通过求解宏观经济方程组的方法，估算方法与前三者差异较大。

尽管四种方法求解的汇率失衡走势大体一致，但在 1997 年至 1999 年、2003 年至 2014 年一季度，四种模型得到的汇率失调的方向出现分化，部分模型结果甚至完全相反。1997 年至 1999 年，PPP（BS 效应）估算的长期均衡汇率明显要高于其他三种模型估算结果，这主要是因为 PPP（BS 效应）主要是考虑相对生产率对汇率的影响，1997 年至 1999 年中国人均生产率提高了 13.4%，而同期美国人均生产率仅提高了 6.8%，欧元区更是下降了 5.6%，这导致 PPP 方法计算的均衡汇率在 1997 ~ 1999 年高于其他三种模型计算的均衡汇率。2003 年至 2014 年一季度，NATREX 测算的长期均衡汇率大幅高于其他三种方法测算的均衡汇率，这主要是因为，NATREX 模型兼顾了内、外均衡，2003 年以来，我国出口增长较快，贸易顺差持续增长，2003 ~ 2013 年贸易顺差年均增速达 33.5%；而贸易对象国如欧美等国家和地区对中国的贸易状况则恰恰相反，其逆差不断增加。在这种情况下，兼顾了贸易对象国产出均衡的 NATREX 模型，则要求人民币相对升值，以刺激这些国家对我国出口，改善贸易对象国逆差增加、产出下滑的局面，导致估算得到的均衡汇率明显高于人民币实际汇率。由此可见，由于考察的立足点不同，会导致某些特殊时期的估算结果出现一定的偏差。

我们尝试的新方法得到的是年度结果，因此不放在图中一起比较，但可以看出其总体结论与 NATREX 模型的结论相近，这主要是因为两种方法同样是以内外均衡为前提建立模型进行估计的。

综合上一部分基于考虑 BS 效应的购买力平价理论的人民币均衡汇率的测算结果以及本部分各种方法的测算结果，虽然在某些时期不同的方法对人民币汇率均衡水平的判断有所不同，但所有的方法都支持人民币汇率失衡程度逐步减轻、当前人民币汇率已经接近均衡水平的结论。

四、人民币汇率改革和人民币国际化的建议

（一）我国汇率改革的下一步方向

2005 年人民币汇率形成机制改革以来至 2014 年 9 月末，人民币对美元汇率累计升值 34.52%。根据国际清算银行的计算，2014 年三季度，人民币名义有效汇率升值 4.50%，实际有效汇率升值 4.97%；2005 年人民币汇率形成机制改革以来至 2014 年 9 月，人民币名义有效汇率升值 34.11%，实际有效汇率升值 43.36%。

经过多年的人民币汇率形成机制改革，人民币汇率保持基本稳定，双向浮动特

附表 1

2006 年世界各国贸易权重矩阵

单位：%

	ALA	NZ	JPN	CHN	HK	TAI	KOR	IND	INS	PHL	THA	MLS	SGP	ISR	SAR	SAF	EUR	UK	SWE	SWZ	NOR	CZH	HUN	POL	TUR	RUS	US	CAN	MEX	ARG	BRZ	CHL	COL	VEN	ROW
ALA	0	4.6	15	12	2.4	3	5.4	3.1	2.6	0.5	3.1	2.7	5.5	0.2	1.1	1.2	11	4.3	0.9	0.6	0.1	0.1	0.1	0.1	0.2	0.2	10	1.1	0.4	0.1	0.5	0.1	0	0	8.2
NZ	24	0	9.4	6.1	1.8	2.1	3.2	0.8	2	0.8	1.7	2.1	3.7	0.1	1.2	0.5	9.9	3.8	0.4	0.4	0.1	0	0	0	0.2	0.2	13	1.5	0.7	0.1	0.2	0.1	0	0.3	9.7
JPN	3.1	0.4	0	16	4.4	5.5	6.3	0.7	2.5	1.4	3.4	2.3	2.9	0.2	3.3	0.9	9.6	1.9	0.4	0.7	0.2	0.2	0.2	0.1	0.2	1	18	1.6	0.9	0.1	0.6	0.6	0.1	0.1	11
CHN	1.7	0.2	11	0	18	6.4	6.4	1.4	1.1	0.6	1.3	1.5	3	0.2	1.1	0.5	12	1.8	0.4	0.3	0.2	0.2	0.2	0.3	0.5	1.9	15	1.3	0.6	0.3	0.9	0.5	0.1	0.2	7.9
HK	0.9	0.1	7.7	45	0	4.7	3.6	1.1	0.5	0.9	1.5	1.6	5	0.6	0.1	0.2	7.4	2.2	0.2	0.2	0.1	0.1	0.2	0.1	0.1	0.1	9.7	0.7	0.3	0.1	0.3	0.1	0	0	4.6
TAI	1.6	0.2	14	23	6.7	0	4.3	0.6	1.6	1.3	1.8	2.4	5.3	0.3	2	0.3	8.9	1.3	0.3	0.4	0.1	0.2	0.2	0.1	0.4	0.4	13	1.1	1.3	0.1	0.6	0.1	0.1	0.2	6.3
KOR	2.3	0.3	13	19	4.2	3.5	0	1.4	2	0.9	1.1	1.8	3	0.2	3.4	0.4	9.5	1.4	0.3	0.4	0.3	0.1	0.2	0.5	0.5	1.2	13	1.1	1.1	0.1	0.8	0.8	0.2	0.2	13
IND	3.1	0.1	3.3	9.8	2.9	1.1	3.3	0	2.1	0.2	1.3	2.6	4.9	1	1.6	1	17	4.2	0.7	0.8	0.2	0.2	0.1	0.2	0.7	1.5	13	1.3	0.7	0.5	1	0.7	0.2	0.1	19
INS	3.3	0.5	15	9.2	1.6	3.7	5.9	2.7	0	0.6	3.3	4.3	19	0	1.8	0.3	8.1	1.2	0.4	0.2	0.1	0.1	0.1	0.1	0.5	0.3	8.1	0.8	0.4	0.2	0.6	0.2	0.1	0	7
PHL	1.2	0.4	16	9.9	6.1	5.9	4.8	0.5	1.2	0	3.8	4.6	8.2	0.2	2.6	0.1	11	0.9	0.1	0.2	0	0.1	0.1	0	0.1	0.1	16	0.6	0.2	0.3	0.3	0.1	0	0	4.3
THA	3.1	0.3	16	8.7	4.2	3.5	2.6	1.3	2.6	1.6	0	6.1	8	0.4	2.1	0.6	8.1	1.8	0.3	0.7	0.1	0.2	0.1	0.1	0.3	0.3	11	0.7	0.3	0.3	0.6	0.3	0.1	0	13
MLS	2.3	0.3	9.5	8.7	3.7	4	3.6	2.2	3	1.7	5.2	0	21	0	0.9	0.4	9.1	1.6	0.3	0.3	0.1	0.1	0.2	0.1	0.2	0.2	15	0.5	0.4	0.2	0.4	0.1	0	0	5.1
SGP	2.9	0.4	7.2	10	7.1	5.2	3.6	2.5	8	1.8	4.1	13	0	0.2	1.9	0.3	8.1	2.4	0.2	0.5	0.2	0	0.2	0.1	0.1	0.3	11	0.3	0.3	0	0.5	0	0	0.1	7.5
ISR	0.6	0.1	2.2	3.9	4.4	1.4	1.5	2.8	0.1	0.2	1.1	0.1	0.8	0	0	1.1	26	4.4	0.5	1.7	0.2	0.4	0.5	0.4	2.6	2.3	32	1.1	0.4	0.2	0.8	0.1	0.6	0.1	5.9
SAR	1	0.2	15	7.4	0.3	3.7	7.8	1.5	1.4	1.1	2	1	3.6	0	0	1.5	17	2.1	0.5	0.5	0.1	0	0.1	0.1	1.2	0.1	15	0.8	0.2	0.1	1.2	0	0	0	14
SAF	2.5	0.2	8.6	6.6	1.1	1	2.1	2	0.5	0.1	1.1	0.9	1.3	0.8	3.3	0	27	7.3	1.1	1.9	0.2	0.3	0.2	0.3	0.8	0.1	8.8	0.9	0.2	0.9	1.6	0.1	0.1	0.1	16
EUR	0.8	0.1	3.3	6	1.5	1.2	1.6	1.2	0.5	0.3	0.6	0.8	1.1	0.7	1.2	0.9	0	14	3.5	5.1	2.2	3.2	2.4	3.9	2.4	5.5	12	1.1	0.9	0.4	1.3	0.5	0.2	0.3	19
UK	1.1	0.2	2.3	3.1	1.5	0.6	0.9	1.1	0.2	0.1	0.5	0.5	1.2	0.4	0.5	0.9	51	0	2	1.5	3.8	0.7	0.5	1.1	1.2	1.5	11	1.7	0.2	0.1	0.5	0.1	0.1	0.2	8.5
SWE	0.8	0.1	1.5	2.3	0.5	0.4	0.6	0.6	0.3	0.1	0.3	0.3	0.3	0.2	0.4	0.5	44	7.1	0	1	7.9	0.9	0.5	2.4	0.8	1.7	6.6	0.7	0.3	0.1	0.5	0.3	0.1	0.2	16
SWZ	0.5	0.1	2.5	1.9	0.5	0.5	0.7	0.7	0.1	0.1	0.6	0.3	0.8	0.5	0.4	0.7	56	4.8	0.9	0	0.3	0.8	0.5	0.7	0.9	4.4	9.9	1	0.4	0.3	0.6	0.1	0.1	0.1	7.6
NOR	0.2	0	1.5	1.9	0.3	0.4	0.8	0.3	0.1	0	0.2	0.1	0.6	0.1	0.1	0.1	41	20	12	0.5	0	0.7	0.1	1.8	0.4	0.8	5.1	3	0.1	0	0.5	0.1	0	0	8.1
CZH	0.1	0	1.3	1.5	0.4	0.4	0.3	0.3	0.1	0	0.2	0.2	0.1	0.2	0.1	0.2	59	3.7	1.3	1.4	0.7	0	3	6.3	0.5	3.6	1.8	0.2	0.1	0	0.1	0	0	0	13
HUN	0.1	0	1.4	2.7	0.8	0.8	0.9	0.2	0.1	0.1	0.2	0.3	0.5	0.3	0.2	0.2	56	3.2	1	1	0.2	3.7	0	4.3	1.1	5.6	2.2	0.2	0.2	0	0.1	0	0	0	13
POL	0.1	0	0.5	2	0.2	0.3	1.1	0.2	0.1	0	0.1	0.1	0.1	0.1	0.1	0.2	56	4.2	2.7	0.9	1.3	4.8	2.7	0	1	6.8	1.7	0.3	0.1	0.2	0.2	0.1	0	0	12
TUR	0.3	0	1.2	3.8	0.4	0.8	1.4	0.8	0.5	0.1	0.4	0.3	0.3	1.1	1.4	0.5	38	5.4	1	1.3	0.4	0.4	0.8	1.1	0	8.3	5.1	0.4	0.1	0.1	0.4	0.2	0.1	0.1	23
RUS	0.1	0	2.6	6.9	0.2	0.4	1.5	0.8	0.1	0	0.2	0.2	0.3	0.5	0.1	0	41	3.1	1	3	0.3	1.4	1.8	3.6	3.9	0	3	0.2	0.1	0.2	0.9	0	0	0.1	22
US	0.9	0.2	7.3	9.1	2.3	2.2	2.5	1.1	0.6	0.6	1	1.5	1.8	1	1.3	0.4	14	3.7	0.6	1.1	0.3	0.1	0.1	0.1	0.4	0.5	0	19	12	0.3	1.5	0.6	0.6	1.5	8.8
CAN	0.4	0.1	2.5	3.1	0.7	0.7	0.9	0.4	0.2	0.1	0.2	0.2	0.2	0.1	0.3	0.1	5.2	2.2	0.3	0.4	0.7	0.1	0	0.1	0.1	0.2	75	0	1.2	0.1	0.5	0.2	0.1	0.2	3
MEX	0.2	0.1	2.4	2.3	0.4	1.3	1.4	0.4	0.2	0	0.2	0.2	0.3	0.1	0.1	0	6.5	0.5	0.2	0.2	0	0	0.1	0	0	0.1	75	2	0	0.5	1.2	0.7	0.6	0.6	2
ARG	0.3	0	1.4	7.1	0.6	0.5	1	1.5	0.6	0.4	0.8	0.9	0.2	0.3	0.4	1.3	16	1.1	0.3	1	0.1	0.1	0	0.5	0.4	1.4	12	0.8	3.2	0	26	6.7	0.8	1.1	13
BRZ	0.5	0	3	6.8	0.9	1.2	2.1	1	0.5	0.1	0.6	0.5	1	0.3	1.3	0.8	19	1.9	0.6	0.9	0.4	0.1	0.1	0.2	0.3	1.8	19	1.5	2.4	8.5	0	2.9	1	1.8	17
CHL	0.3	0.1	7.8	8.8	0.5	0.3	5.3	1.8	0.4	0.2	0.7	0.2	0.1	0.1	0.1	0.1	20	1.1	0.7	0.3	0.1	0	0	0.2	0.5	0.2	17	1.9	3.5	5.7	7.3	0	0.9	0.7	13
COL	0.1	0	2.7	3.5	0.3	0.7	2	1.1	0.2	0	0.3	0.1	0.3	1.1	0	0.1	13	1.5	0.3	0.9	0.1	0	0	0.1	0.5	0.3	32	2.1	5.8	1.2	4.9	1.7	0	8.5	15
VEN	0	0.1	1.4	3.9	0.2	0.7	0.9	0.1	0.1	0	0.1	0.1	0.3	0	0	0.1	8.7	1.4	0.4	0.2	0	0	0	0.1	0.1	0.5	42	1.7	2.6	0.8	3.9	0.6	4	0	26
ROW	1	0.2	6.1	6.5	1.5	1.4	3.6	2.3	0.7	0.2	1.6	0.7	1.8	0.3	1.7	0.9	32	4	2	1.2	0.7	1.1	0.9	1.4	2.4	4.9	12	1.1	0.5	0.5	1.9	0.6	0.4	1.3	0

附表 2

简化后的贸易权重矩阵

单位：%

	CHN	ARG	ALA	BRZ	CAN	CHL	COL	CZH	EUR	HK	HUN	IND	INS	ISR	JPN	KOR	MLS	MEX	NZ	NOR	PHL	POL	RUS	SAR	SGP	SWE	SWZ	THA	TUR	UK	US	VEN
CHN	0.0	0.4	2.0	1.1	1.5	0.6	0.1	0.2	14.5	21.3	0.2	1.6	1.3	0.2	12.9	7.5	1.8	0.7	0.2	0.2	0.7	0.4	2.2	1.3	3.5	0.5	0.4	1.5	0.6	2.1	18.1	0.2
ARG	8.3	0.0	0.4	29.9	0.9	7.8	0.9	0.1	18.2	0.7	0.0	1.8	0.7	0.4	1.6	1.2	1.1	3.7	0.0	0.1	0.5	0.6	1.6	0.5	0.2	0.4	1.2	0.9	0.5	1.3	13.4	1.3
ALA	13.1	0.1	0.0	0.6	1.3	0.1	0.0	0.1	12.7	2.7	0.1	3.5	3.0	0.2	16.8	6.2	3.1	0.5	5.3	0.1	0.6	0.1	0.2	1.3	6.3	1.0	0.7	3.5	0.2	4.9	11.7	0.0
BRZ	8.4	10.5	0.6	0.0	1.8	3.6	1.2	0.1	23.8	1.1	0.1	1.2	0.6	0.4	3.7	2.6	0.6	3.0	0.0	0.5	0.1	0.2	2.2	1.6	1.2	0.7	1.1	0.7	0.4	2.3	23.2	2.2
CAN	3.2	0.1	0.4	0.5	0.0	0.2	0.1	0.1	5.4	0.7	0.0	0.4	0.2	0.1	2.6	0.9	0.2	1.2	0.1	0.7	0.1	0.1	0.2	0.3	0.2	0.3	0.4	0.2	0.1	2.3	78.1	0.2
CHL	10.2	6.6	0.3	8.4	2.2	0.0	1.0	0.0	22.9	0.6	0.0	2.1	0.5	0.1	9.0	6.1	0.2	4.0	0.1	0.1	0.2	0.2	0.2	0.1	0.1	0.8	0.3	0.8	0.6	1.3	19.9	0.8
COL	4.2	1.4	0.1	5.8	2.5	2.0	0.0	0.0	15.1	0.4	0.0	1.3	0.2	1.3	3.2	2.4	0.1	6.9	0.0	0.1	0.0	0.1	0.4	0.0	0.4	0.4	1.1	0.4	0.6	1.8	37.8	10.1
CZH	1.7	0.0	0.1	0.1	0.2	0.0	0.0	0.0	68.2	0.5	3.5	0.3	0.1	0.2	1.5	0.3	0.2	0.1	0.0	0.8	0.0	7.3	4.2	0.1	0.1	1.5	1.6	0.2	0.6	4.3	2.1	0.0
EUR	7.6	0.5	1.0	1.7	1.4	0.6	0.3	4.1	0.0	1.9	3.0	1.5	0.6	0.9	4.2	2.0	1.0	1.1	0.1	2.8	0.4	5.0	7.0	1.5	1.4	4.4	6.5	0.8	3.0	18.2	15.0	0.4
HK	49.7	0.1	1.0	0.3	0.8	0.1	0.0	0.1	8.2	0.0	0.2	1.2	0.6	0.7	8.5	4.0	1.8	0.3	0.1	0.1	1.0	0.1	0.1	0.1	5.5	0.2	0.2	1.7	0.1	2.4	10.7	0.0
HUN	3.1	0.0	0.1	0.1	0.2	0.0	0.0	4.3	64.5	0.9	0.0	0.2	0.1	0.3	1.6	1.0	0.3	0.2	0.0	0.2	0.1	5.0	6.5	0.2	0.6	1.2	1.2	0.2	1.3	3.7	2.6	0.0
IND	12.5	0.6	3.9	1.3	1.7	0.9	0.3	0.3	21.3	3.7	0.1	0.0	2.7	1.3	4.2	4.2	3.3	0.9	0.1	0.3	0.3	0.3	1.9	2.0	6.2	0.9	1.0	1.7	0.9	5.3	16.0	0.1
INS	10.3	0.2	3.7	0.7	0.9	0.2	0.1	0.1	9.1	1.8	0.1	3.0	0.0	0.0	16.6	6.6	4.8	0.4	0.6	0.1	0.7	0.1	0.3	2.0	21.8	0.4	0.2	3.7	0.6	1.3	9.1	0.0
ISR	4.3	0.2	0.7	0.9	1.2	0.1	0.7	0.4	28.1	4.8	0.5	3.1	0.1	0.0	2.4	1.6	0.1	0.4	0.1	0.2	0.2	0.4	2.5	0.0	0.9	0.5	1.9	1.2	2.8	4.8	34.6	0.1
JPN	19.0	0.1	3.7	0.7	1.9	0.7	0.1	0.2	11.6	5.3	0.2	0.8	3.0	0.2	0.0	7.6	2.8	1.1	0.5	0.2	1.7	0.1	1.2	4.0	3.5	0.5	0.8	4.1	0.2	2.3	21.4	0.1
KOR	22.4	0.1	2.8	1.0	1.3	1.0	0.2	0.1	11.4	5.0	0.2	1.7	2.4	0.2	15.5	0.0	2.2	1.3	0.4	0.4	1.1	0.6	1.4	4.1	3.6	0.4	0.5	1.3	0.6	1.7	15.0	0.2
MLS	9.6	0.2	2.5	0.4	0.6	0.1	0.0	0.1	10.0	4.1	0.2	2.4	3.3	0.0	10.5	4.0	0.0	0.4	0.3	0.1	1.9	0.1	0.2	1.0	23.1	0.3	0.3	5.7	0.2	1.8	16.3	0.0
MEX	2.4	0.5	0.2	1.2	2.1	0.7	0.6	0.0	6.7	0.4	0.1	0.4	0.2	0.1	2.5	1.4	0.2	0.0	0.1	0.0	0.0	0.0	0.1	0.1	0.3	0.2	0.2	0.2	0.0	0.5	77.7	0.6
NZ	7.0	0.1	27.6	0.2	1.7	0.1	0.0	0.0	11.3	2.1	0.0	0.9	2.3	0.1	10.7	3.7	2.4	0.8	0.0	0.1	0.9	0.0	0.2	1.4	4.2	0.5	0.5	1.9	0.2	4.3	14.4	0.3
NOR	2.1	0.0	0.2	0.5	3.3	0.1	0.0	0.8	44.4	0.3	0.1	0.3	0.1	0.1	1.6	0.9	0.1	0.1	0.0	0.0	0.0	2.0	0.9	0.1	0.7	12.7	0.5	0.2	0.4	21.8	5.6	0.0
PHL	11.0	0.3	1.3	0.3	0.7	0.1	0.0	0.1	12.7	6.8	0.1	0.6	1.3	0.2	17.9	5.4	5.1	0.2	0.4	0.0	0.0	0.0	0.1	2.9	9.1	0.1	0.2	4.2	0.1	1.0	17.4	0.0
POL	2.3	0.2	0.1	0.2	0.3	0.1	0.0	5.5	63.7	0.2	3.1	0.2	0.1	0.1	0.6	1.3	0.1	0.1	0.0	1.5	0.0	0.0	7.8	0.1	0.1	3.1	1.0	0.1	1.1	4.8	1.9	0.0
RUS	8.9	0.3	0.1	1.2	0.3	0.0	0.0	1.8	53.2	0.3	2.3	1.0	0.1	0.6	3.4	1.9	0.3	0.1	0.0	0.4	0.0	4.7	0.0	0.1	0.4	1.3	3.9	0.3	5.1	4.0	3.9	0.1
SAR	9.1	0.1	1.2	1.5	1.0	0.0	0.0	0.0	20.5	0.4	0.1	1.9	1.7	0.0	18.6	9.6	1.2	0.2	0.2	0.1	1.4	0.1	0.1	0.0	4.4	0.6	0.6	2.5	1.5	2.6	18.5	0.0
SGP	12.0	0.0	3.3	0.6	0.3	0.0	0.0	0.0	9.3	8.2	0.2	2.9	9.2	0.2	8.3	4.1	14.5	0.3	0.5	0.2	2.1	0.1	0.3	2.2	0.0	0.2	0.6	4.7	0.1	2.8	12.5	0.1
SWE	2.7	0.1	1.0	0.6	0.8	0.4	0.1	1.1	52.9	0.6	0.6	0.7	0.4	0.2	1.8	0.7	0.4	0.4	0.1	9.4	0.1	2.9	2.0	0.5	0.4	0.0	1.2	0.4	1.0	8.5	7.9	0.2
SWZ	2.1	0.3	0.5	0.7	1.1	0.1	0.1	0.9	61.2	0.5	0.5	0.8	0.1	0.5	2.7	0.8	0.3	0.4	0.1	0.3	0.1	0.8	4.8	0.4	0.9	1.0	0.0	0.7	1.0	5.2	10.8	0.1
THA	10.6	0.4	3.8	0.7	0.8	0.4	0.1	0.2	9.8	5.1	0.1	1.6	3.2	0.5	19.3	3.2	7.4	0.4	0.4	0.1	1.9	0.1	0.4	2.5	9.7	0.4	0.8	0.0	0.4	2.2	13.6	0.0
TUR	5.0	0.1	0.4	0.5	0.5	0.3	0.1	0.5	50.8	0.5	1.1	1.1	0.7	1.5	1.6	1.9	0.4	0.1	0.0	0.5	0.1	1.5	11.0	1.9	0.4	1.3	1.7	0.5	0.0	7.1	6.7	0.1
UK	3.4	0.1	1.2	0.6	1.9	0.1	0.1	0.8	56.1	1.7	0.6	1.2	0.2	0.4	2.5	1.0	0.6	0.2	0.2	4.2	0.1	1.2	1.7	0.6	1.3	2.2	1.7	0.6	1.3	0.0	12.0	0.2
US	10.3	0.3	1.0	1.7	21.8	0.7	0.7	0.1	16.2	2.6	0.1	1.2	0.7	1.1	8.3	2.8	1.7	13.8	0.2	0.3	0.7	0.1	0.6	1.5	2.0	0.7	1.2	1.1	0.5	4.2	0.0	1.7
VEN	5.3	1.1	0.0	5.3	2.3	0.8	5.4	0.0	11.8	0.3	0.0	0.1	0.1	0.0	1.9	1.2	0.1	3.5	0.1	0.0	0.0	0.1	0.7	0.0	0.4	0.5	0.3	0.1	0.1	1.9	56.3	0.0

征明显，汇率弹性增强。2014年以来，人民币汇率呈现先贬后升的态势。2月至3月，人民币兑美元汇率中间价总体呈现贬值走势，3月末人民币兑美元中间价为6.1521元/美元，比上年末贬值0.90%。即期汇率比中间价变动更加剧烈，2月25日，人民币即期汇率近一年多来首次跌至中间价之下，当天即期汇率大跌0.46%，创2010年以来最大单日跌幅。3月末，人民币兑美元即期汇率为6.2180元/美元，比上年末贬值2.64%。随后人民币兑美元汇率中间价总体表现平稳，在6.14元/美元至6.17元/美元的区间内波动。但即期汇率自6月以来则呈现出明显的升值趋势，截至10月27日，人民币兑美元即期汇率为6.1167元/美元，比6月末升值2.14%，但仍比上年末贬值1.03%。截至10月27日198个交易日中，人民币兑美元交易中间价有85个交易日较上日升值，113个交易日较上日贬值。

我们要继续按主动性、可控性和渐进性原则，进一步完善人民币汇率形成机制，坚持以市场供求为基础，参考一篮子货币进行调节，增强人民币汇率弹性，逐步退出对汇率的直接干预。

1. 我国汇率改革历史沿革

改革开放以来，我国人民币汇率制度先后经历了四个重要的发展阶段（见表17）。

表17　　我国汇率制度历史沿革

时期	汇率制度与汇率政策
1981~1984年	官方汇率与贸易内部结算汇率并存的双轨汇率制度
1985~1993年	官方汇率与外汇调剂市场汇率并存的双轨汇率制度
1994~2005年	以市场供求为基础的、单一的、有管理的浮动汇率制度
2005年以后	以市场供求为基础、参考一篮子货币进行调节、有管理的浮动汇率制度

（1）内部结算价与官方定价并存期（1981~1984年）。内部结算价主要用于进出口贸易外汇的结算，国家直接规定1美元兑2.8元人民币；官方汇率主要用于非贸易外汇的兑换和结算，用一篮子货币加权平均的计算方法，定为1美元兑1.5元人民币。这一阶段汇率制度是典型的双重汇率制度，汇率制度主要服从于贸易政策，为出口创汇服务。

（2）统一公开牌价制度运行期（1985~1993年）。随着外贸体制改革的深化，需要人民币汇率发挥更大的调节作用，内部贸易结算价的弊端显现。因此，1985年1月1日，国家取消了人民币内部贸易结算价格，人民币形成统一的公开牌价，官方汇率定为1美元兑换2.8元人民币。

从1991年4月9日起，中国政府对官方汇率的调整由以前大幅度、一次性调整的方式转为逐步缓慢调整的方式，实行有管理的浮动汇率制度。同时，放开外汇调剂市场汇率，汇率波动的幅度变大。

（3）官方汇率、外汇调剂市场汇率并轨期（1994～2005年）。1994年1月1日，取消双重汇率制度，人民币官方汇率与外汇调剂市场汇率实行并轨，实行以外汇市场供求为基础的单一的有管理的浮动汇率制。1994年4月4日，银行间外汇市场正式运营，各外汇指定银行依照中国人民银行公布的汇率，在人民银行规定的上下幅度内决定挂牌汇率，对客户买卖外汇。

1996年12月1日，人民币全面实现了经常项目下可兑换，这对维持人民币汇率稳定起到了重要作用。在1997年的亚洲金融危机中，人民币汇率顶住了压力不贬值。亚洲金融危机后，人民币汇率基本稳定在1美元兑8.28元人民币的水平。

（4）人民币汇率形成机制深入完善期（2005年至今）。2005年7月21日中国人民银行宣布我国实行以市场供求为基础、参考一篮子货币进行调节、有管理的浮动汇率制度。人民币汇率不再钉住单一美元，形成更富弹性的人民币汇率定价机制。中国人民银行于每个工作日闭市后公布当日银行间外汇市场美元等交易货币对人民币汇率的收盘价，作为下一个工作日该货币对人民币交易的中间价格。每日银行间外汇市场美元对人民币的交易价仍在人民银行公布的美元交易中间价上下千分之三的幅度内浮动。当日人民币兑美元一次性升值约2%。

2005年9月23日，中国人民银行又重新调整了银行间外汇市场和外汇指定银行的汇价管理办法。2006年1月4日，银行间外汇市场引入询价交易方式和做市商制度，人民币汇率中间价改由15家中外资银行做市商报价产生，人民币汇率形成机制的市场化程度进一步提高。

2008年7月，为应对金融危机的不利影响，我国适当收窄了人民币波动幅度，人民币汇率改革步伐有所放缓。2010年6月19日，中国人民银行宣布重启人民币汇率形成机制改革，增强人民币汇率弹性，将银行间即期外汇市场人民币兑美元交易价浮动幅度扩大至千分之五，人民币汇率形成机制改革步伐再度加快。自2012年4月16日起，中国人民银行将银行间即期外汇市场人民币兑美元交易价浮动幅度由千分之五扩大至百分之一，自2014年3月17日起，银行间即期外汇市场人民币兑美元交易价浮动幅度再度由百分之一扩大至百分之二，汇率浮动弹性进一步增强。

2. 我国国际收支失衡状况改善

我们一般从贸易差额、经常项目差额以及两者占GDP的比重来考察国际收支的平衡状况（见表18）。

（1）贸易顺差有所下降。贸易差额是商品出口与进口之间的差额，贸易差额是我国经常项目的主体，因此，贸易差额是经常项目差额趋势的及时性指标。此外，海关进出口贸易统计的频率较高，甚至可以提供旬度的进出口统计数据，滞后时间短，一般月度数据在下月10日前即可对社会公布。虽然海关的进出口差额统计数据口径与国际收支的贸易差额并不完全相同，但也是使用最为普遍的一个指标。

表18　我国国际收支的平衡状况　单位:%

年份	贸易差额/GDP×100	进出口差额/GDP×100	经常项目差额/GDP×100
1998	4.57	4.26	3.09
1999	3.32	2.70	1.95
2000	2.88	2.01	1.71
2001	2.57	1.70	1.31
2002	3.04	2.09	2.44
2003	2.70	1.54	2.62
2004	3.05	1.67	3.57
2005	5.93	4.53	5.85
2006	8.00	6.57	8.52
2007	9.02	7.62	10.08
2008	7.94	6.65	9.28
2009	5.00	3.93	4.88
2010	4.28	3.07	4.00
2011	3.31	2.13	1.85
2012	3.91	2.80	2.62
2013	3.91	2.83	1.99

数据来源：Wind资讯。

从贸易差额（国际收支口径）占GDP的比重看，在2004年以前，我国贸易差额占GDP的比重总体较小。2005年贸易差额占GDP的比重第一次超过5%，达到5.93%，2006年、2007年上升至8.00%、9.02%。从进出口差额（海关口径）占GDP的比重看，基本呈现与贸易差额相同的发展趋势，2005年进出口差额占GDP的比重为4.53%，比上年高2.86个百分点，2006年进出口差额占GDP的比重攀升至6.57%，2007年继续提高至7.62%，比上年提高1.05个百分点。2007年以前，我国的贸易不平衡呈快速上升的态势，已经达到相当严重的程度。从历史数据看，出口导向型的日本在1985~2006年期间从未出现过我国这么高的贸易不平衡；韩国在1987~2006年期间只有1998年贸易顺差占GDP的比重达到了12.05%，主要原因是金融危机导致进口下降36.2%以及平均汇率贬值32.1%导致以美元计算的GDP缩水，其余年份最高的贸易不平衡为1999年的6.38%。此外，俄罗斯1999年贸易顺差占GDP的比重达到18.38%，比上年高12.32个百分点，主要原因是当年贸易顺差增长119.2%以及平均汇率贬值60.6%的综合影响，2003年以后资源产品出口的快速增加导致贸易顺差不断扩大，贸易顺差占GDP的比重也持续维持高位。

2008年全球金融危机之后，一方面全球经济增长放缓，外需减弱，另一方面我国国内加强结构调整，我国贸易顺差占 GDP 的比明显下降。2007 年贸易差额占 GDP 的比达到 9.02% 的高位之后出现持续下降，2013 年贸易差额占 GDP 的比为 3.91%，进出口差额占 GDP 的比下降至 2.83%。2013 年我国贸易差额占 GDP 的比已经低于德国（7.64%）、韩国（6.18%）和俄罗斯（8.68%），贸易不平衡改善明显。

（2）经常项目顺差明显改善。经常项目差额是商品、服务、收益和经常转移项目贷方和借方的差额，该指标是经常使用的考察国际收支平衡与否的指标。如果出现持续的经常项目逆差，特别是达到 GDP 的一定比例以上（例如 5%），投资者对该国维护固定汇率的信心往往会发生动摇，引起货币危机和金融危机。

中国面临另外一种不平衡，即经常项目顺差持续攀升，国际收支失衡日益加重。与贸易不平衡类似，我国的经常项目顺差在 2005 年以后快速攀升。2005 年我国经常项目顺差占 GDP 的比重达到 5.85%，比上年高 2.28 个百分点；2006 年、2007 年我国经常项目顺差占 GDP 的比重为 8.52%、10.08%，分别比上年提高 2.67、1.56 个百分点。

考察其他国家的情况，2001～2006 年以来俄罗斯经常账户顺差占 GDP 的比重一直在 10% 左右，2007 年为 6.07%，比上年下降 3.48 个百分点；从 1985～2007 年的数据看，日本经常账户顺差占 GDP 的比重最高是 2007 年的 4.83%，其次是 1986 年的 4.21%，2003～2006 年一直在 3%～4% 之间。从 1980～2007 年的数据看，韩国经常账户顺差占 GDP 的比重除 1987 年、1988 年、1998 年、1999 年超过 5% 外，其余年份较低，2006 年、2007 年仅为 0.60% 和 0.61%；2002 年以前德国经常账户顺差占 GDP 的比重一直较小，2004 年第一次超过 4%，达到 4.65%，比上年高 2.62 个百分点，2005～2007 年分别为 4.6%、5.05% 和 7.60%。我国经常项目不平衡的程度已经相当严重。

全球金融危机之后，我国经常项目不平衡状况迅速改善。2007 年经常项目差额占 GDP 的比达到 10.08% 的高位之后出现持续下降，2013 年经常项目差额占 GDP 的比为 1.99%。同时德国经常项目顺差保持高位，韩国经常项目顺差持续增长，至 2013 年分别达到 7.00% 和 6.12%，明显高于我国水平。

从贸易差额和经常项目差额看，我国历史数据和世界主要国家的数据都表明，我国 2007 年国际收支不平衡程度相当高，但在金融危机后表现出明显改善。2010 年以来，我国出口增速总体呈下降态势。2011 年以来，我国出口商品在欧、美、日的市场份额已悄然回落，而在新兴市场占比并没有大幅提升。受不断上涨的劳动力成本和人民币汇率升值等因素的影响，我国企业出口成本不断上升，出口产品价格竞争优势大幅削弱。整体看，未来国际市场拓展空间有限，进出口顺差不可能持续增长。同时，服务贸易表现为逆差，且逆差逐年扩大。预计未来我国经常项目顺差占 GDP 的比将保持在较低水平。这也与人民币汇率逐步升值至接近均衡水平的结论是相吻合的。

（3）基础货币投放渠道发生重大变化，货币政策独立性提高。2001年我国加入WTO之后，顺差快速积累，特别是2005年汇改后人民币升值预期强化，外汇占款快速增加。2005年至2008年，人民银行外汇占款年增量分别为1.7万亿元、2.2万亿元、2.6万亿元和3.4万亿元，逐年多增趋势明显。截至2013年末，央行资产负债表外汇占款26.43万亿元，占央行总资产的83.3%，占比比2002年末提高40.1个百分点。外汇占款的快速增长，使得外汇占款成为基础货币投放的主渠道。同时，为了防止基础货币增长过快，央行进行了大规模冲销操作，通过发行央票和正回购及提高存准率回收流动性。2003年至金融危机前，央行先后20次上调存准率。金融危机后，央行12次上调存准率，截至2011年6月，大型金融机构存款准备金率最高达21.5%。央票存量规模最多时达到4.8万亿元。

由于贸易顺差增长放缓，经常账户差额增速回落，人民银行外汇占款快速增长的势头得到缓解。2009年之后，人民银行外汇占款年增量呈双向波动态势。2012年以来，外汇占款增速继续下滑，跌至个位数，2014年二季度和三季度，央行外汇占款连续两个季度回落。外汇占款的增长无法满足基础货币投放需求，央行不再需要被动冲销流动性，货币政策主动性增强，公开市场操作、再贷款、再贴现作为基础货币投放渠道的重要性增加。2009年以来，公开市场操作从货币净回笼转为货币净投放。2014年1~9月，金融机构再贷款增加14518亿元，比上年同期多增10110亿元；人民银行外汇占款增加7748亿元，比上年同期少增9131亿元；金融机构再贷款比人民银行外汇占款增量多6770亿元。

3. 汇率改革的国际经验

（1）波兰的经验见表19。

表19　　波兰汇率制度演进经历

时间	汇率制度	较详细的内容
1990年1月至1991年10月	钉住（美元）汇率制	1990年1月1日，钉住美元，汇率为9500兹罗提/美元 1991年5月16日，兹罗提贬值14%；由钉住美元转向钉住篮子货币。兹罗提的篮子货币由美元、德国马克、英镑、法郎和瑞士法郎5种货币组成，它们在货币篮子中的权重分别为45%、35%、10%、5%、5%
1991年10月至1995年5月	爬行钉住汇率制	1991年10月14日，爬行钉住汇率（钉住篮子货币） 允许名义汇率在很窄的区间（±0.5%至±2%）内爬行浮动，中心汇率根据美元、德国马克、英镑、法郎和瑞士法郎5种货币的篮子决定，爬行率根据波兰与主要贸易伙伴国的通胀差决定 1991年波兰中央银行规定兹罗提的每月爬行区间为±0.5% 1992年2月26日，兹罗提贬值14%。1992年月爬行区间为±1.6% 1993年8月27日，兹罗提贬值8%。1994年月爬行区间为±1.5% 1995年月爬行区间为±2%

续表

时间	汇率制度	较详细的内容
1995 年 5 月至 2000 年 4 月	汇率爬行区	1995 年 5 月 16 日，汇率爬行区（钉住篮子货币） 1995 年 12 月 22 日，市场汇率绕中心汇率波动范围为 ±7%，对货币篮子升值 6% 1998 年 2 月 26 日，市场汇率绕中心汇率波动范围为 +10% 1998 年 10 月 28 日，市场汇率绕中心汇率波动范围为 +12.5% 1999 年 1 月 1 日，货币篮子包含 45% 美元、55% 欧元 1999 年 3 月 25 日，市场汇率绕中心汇率波动范围为 ±15%
2000 年 4 月至今	独立浮动制	2000 年 4 月 12 日，独立浮动。实行“没有浮动区间、没有中心平价、没有人为贬值、没有政府干预”的自由浮动汇率制度，即波兰中央银行不再干预外汇市场，兹罗提汇率完全由市场供求决定

资料来源：赵伍：“波兰汇率制度改革的国际经验与启示”，《西安金融》2005 年第 4 期。刘园等：“中国汇率制度改革的现实选择：波兰模式”，《浙江师范大学学报（社会科学版）》2006 年第 4 期。

波兰政府用 10 年的时间尝试了几乎所有的汇率制度形式：从单一钉住美元到钉住一篮子货币，从钉住一篮子货币到爬行钉住一篮子货币，再到汇率爬行区，最后实现了完全自由浮动的汇率制度。其中，波兰中央银行首先用 5 年的时间实行较为狭窄的爬行钉住制度，以使市场有一个适应过程；然后再用 5 年的时间不断扩大爬行浮动区间，逐步增加汇率政策的灵活性和汇率制度的弹性。随着兹罗提浮动幅度的不断扩大，最后实行完全自由浮动的汇率制度已是水到渠成、自然而然的事情了。因此，在波兰由固定汇率制度向浮动汇率制度的转轨过程中，没有出现较大的波动。波兰被 IMF 誉为汇率制度平稳转型的成功典范①。

（2）智利②的经验。20 世纪 60 年代初期，智利开始实行钉住美元的汇率制度。1960 ~ 1962 年比索实际升值 12%。比索升值提高了出口成本，影响了出口增长，造成了智利经常账户逆差。为弥补贸易赤字，智利从“钉住美元”转向“爬行钉住美元”，对比索进行小幅度贬值。

20 世纪 80 年代初期，智利开始实行“爬行钉住区间”的汇率制度，并通过对浮动区间的逐渐放宽，使汇率浮动的空间越来越大。1982 年智利央行将汇率波动区间规定为 ±2%，1985 年扩大到 ±5%，1992 年又扩大到 ±10%，1997 年达到 ±12.5%。在此期间，为了减少美元波动对比索的影响，智利于 1995 年将被钉住货币由单一美元调整为一篮子货币。篮子中的货币主要包括美元、日元和德国马克。随着爬行区间

① 刘园等：“中国汇率制度改革的现实选择：波兰模式”，《浙江师范大学学报（社会科学版）》2006 年第 4 期。

② 朱德忠：“经济转型国家汇改的剖析与借鉴”，《技术经济》2006 年 6 月。

的不断扩大，央行对汇率干预越来越少，汇率市场化程度越来越高。

亚洲金融危机之后，智利央行进一步放宽了对汇率波动幅度的限制。1998年底克服了亚洲金融危机的影响后，智利又将汇率波动区间恢复扩大到±10%。1999年9月，智利政府宣布结束“爬行钉住”的汇率制度，开始实行“自由浮动”的汇率制度。外汇市场和企业对这一制度转变的反应相当平静，比索未出现大的波动。至此，智利成功实现了从爬行钉住汇率向浮动汇率的过渡。

(3) 成功汇率改革的基本经验。从国际上看，多数国家是在危机的压力下不得不改变汇率制度的，成功的案例不多。从固定汇率制度到自由浮动汇率制度，波兰用了10年时间，智利花了17年。在汇率转型期间，这两个国家宏观经济没有出现大的波动，出口竞争力未受到重大影响，通货膨胀始终被控制在低水平。

汇率要与国内经济金融状况相适应。在市场经济条件下，要不断根据国内宏观经济、国际收支的发展变化，灵活调整汇率制度和汇率水平。

要根据资本账户的开放进程逐步增强汇率的弹性。随着资本账户的开放，国内外的资本流动增强，外汇管制的效力下降，要充分发挥市场机制的作用，特别是在面临升值压力的情况下，要逐步释放外汇市场的压力，掌握汇率改革的主动权，保持国内经济的健康发展。在这方面，日本是个负面的典型。

4. 完善汇率形成机制的建议

中国当前汇率并未完全实现市场化，实行有管理的浮动汇率体制，实际上是一种中间汇率制度。要加快汇率市场化建设，增强汇率弹性。

(1) 继续完善人民币汇率中间价形成机制、适当扩大人民币汇率波动区间。汇率制度的改革主要包括两方面内容：一是减少对中间价的干预。中间价的定价机制应更多地与前一交易日收盘价挂钩，适度拉长中间价的公布期间，以鼓励市场化价格发现体系的形成与完善。二是继续适当扩大人民币汇率（日）波动区间。人民币汇率制度改革的进一步推进可以使汇率更加有弹性，并能够随国际资本流动和贸易差额等外汇市场供求关系的变化而自行调整。汇率制度改革逐步推进的过程也能逐步增强货币当局对汇率波动的调控能力和汇率风险的防范能力，为人民币最终实现汇率市场化和可自由兑换打下基础。

(2) 采取积极措施，防范汇率风险。汇率改革的进一步推进，也意味着人民币汇率不再像之前那样稳定，波动幅度会逐渐加大，增大汇率风险。为此，我们要采取积极措施，在推进改革的同时确保金融市场的稳定。

一是要增加外汇交易品种，积极开发多种汇率产品。外汇市场的发展需要有充足数量的汇率产品，才能使各交易主体更有效地规避汇率风险，也才能满足不同层次、群体的需要。丰富的外汇产品，有效地对冲了风险，是能够形成一个有效市场的必要条件。

二要加快国内经济结构调整步伐，增强经济增长的内生动力。从国际经验看，一国币值的稳定与其国内经济增长的稳健性和可持续性有着密切联系，如中美两国经济增长差异对人民币汇率的影响深远。因此，在人民币汇率改革进程中，要注重国内经济结构调整，转变经济增长方式，实现经济健康持续增长和人民币币值稳定的良性循环。尤其是在新的发展阶段，应提升外资利用质量，引导国际资本参与我国经济结构调整，大力发展先进制造业和现代服务业，扩大国内消费需求，增强我国经济增长的内生动力。

三是采取有效措施防止短期资本异常流动。要审慎放开资本项目管制，加强对资本项目、经常项目及套利资本的监测、统计和管理，同时加大对“热钱”的专项打击力度，增加跨境投机资本流入的交易成本和套利风险。

四要更加关注国内国际货币政策的相互影响。随着人民币汇率进入均衡状态，以及我国对外开放的不断扩大，人民币汇率的灵敏度将大大增加，在调节国际经济金融活动，尤其是投资活动中的作用更加明显，人民币汇率将和利率一起，成为我国货币政策传导的重要环节，同时，作为一个具有国际影响力的大国，中国的货币政策效果也会通过人民币汇率的相应变化传递到世界其他国家，同样，主要发达国家的货币政策也会更容易地通过人民币汇率渠道传递到国内。

（二）人民币汇率接近均衡水平为人民币国际化提供了条件

早在1989年，国内学者就提出了人民币国际化这一命题，但由于当时中国经济增长的模式尚不明确、经济规模尚小、贸易实力较弱、金融体系不健全、经济开放程度还不高，那时对人民币国际化的思考仅是一个前瞻性的理念问题，不具有现实操作性。随着经济体制改革的深化和对外开放程度的提高，中国与全球经贸联系越来越密切，中国经济规模和贸易规模跃居全球第二、第一位，金融体制改革不断深化、金融开放程度有了很大提高、金融体系越来越完善。中国开始在全球经济中发挥举足轻重的作用。

随着参与全球化程度的加深，人民币的货币地位较低也使中国面临的各种来自外部经济冲击的风险日益加剧。历史经验表明，在开放的国际经济环境中，一国具备了经济和贸易的比较优势后只有再辅之以货币的比较优势，才能更好地抵御来自国外的冲击，降低外部成本，提升在国际经济中的地位和话语权，增强对世界经济的主导权和影响力，这就内在地要求提高人民币的国际地位，使之与中国的经济地位、贸易地位相匹配。可以预见，在未来几十年内，提升人民币的国际地位、推进人民币国际化，既是我国扩大对外开放深化市场经济体制改革的内在需要，也是我国政府的正常利益诉求。近年来，我国切实感受到了美元霸权对我国经济发展的钳制，中央政府也日益认识到提高货币话语权的重要性，并着力通过与一些国家签订双边货币互换协议、推进人民币跨境贸易结算、加快促进上海国际金融中心建设等方式来推动人民币国际化。

一国货币的币值稳定程度对于国际货币持有者的信心有十分重要的意义。一方面，货币发行国的宏观环境良好，通货膨胀率在较低水平稳定说明币值对内稳定，能增强国际持有者的信心；另一方面汇率变化波动较小并且在长期内有升值倾向的货币更容易被接受作为国际货币。目前我国经常项目差额占GDP的比重已经连续3年保持在2%左右，反映人民币汇率已经基本接近均衡水平。长期看人民币仍将缓慢升值，因为决定长期人民币币值变动的因素主要是经济增长和绝对购买力平价，而中国经济在未来数年仍将保持稳定增长，这为人民币汇率的稳定提供了坚实的基础。人民币汇率在合理均衡水平上的相对稳定为人民币国际化提供了条件。

1. 人民币国际化问题研究综述

1997年东南亚金融危机后，尤其是2008年全球金融危机以来，国内外学者日益关注人民币国际化问题，他们通过研究货币国际化的决定因素、人民币国际化的比较优势和约束条件，对人民币国际化道路做了初步探索，提出了有针对性的配套改革建议。

（1）货币国际化的决定因素。货币国际化是一个主要由市场推进的自然选择过程（姜波克、张青龙，2005；张礼卿，2009），国际市场需求力量是货币国际化的真实原因和重要基础（李婧、徐奇渊，2010）。一国货币要受到国际市场的青睐至少需具备如下条件：

①经济实力。纸币作为信用货币，在国际范围内流通需以货币发行国的真实财富作为支撑。货币发行国的经济实力越强，非居民持有该币的信心就越强，因此经济实力是信用货币充当国际货币的基础（曾康霖、虞群娥，2002）。经济实力和产品市场、金融市场之间存在相互依赖、互相强化的关系。经济实力强大的国家通常具有非常广阔的国内市场，较大的经济规模还能拓宽和深化国内金融市场，这些都能提高该国在世界政治和经济中的地位和话语权，增强在国际市场上的交易能力和谈判能力，有助于推动本币在国际市场上的使用（张明，2010）。

②货币价值的稳定性。只有币值稳定的货币才能更好地充当记账单位、交易媒介和价值贮藏手段（张青龙，2006）。尤其是在货币国际化的初级阶段，该币对内对外币值稳定以及由此决定的货币未来价值的可预测性，通常被认为是其被非居民接受的基本条件。由于缺乏一种超主权力量来约束国际货币，目前国际货币币值的稳定性依赖于发行国央行控制通胀的决心和能力，进而又依赖于该国央行的信誉和独立性（Dobson、Masson，2009）。

③成熟完善的金融体系。宽广、深化、自由、高效的金融市场是提高一国货币国际地位的必要条件（Tavlas，1991）。一国金融体系越发达，越能在国际金融体系中起主导作用，该国货币的国际地位就越高。该国要具备这些条件需达到以下要求：

有完善、稳定的金融服务体系和足够的货币清偿力，并能提供丰富的金融工具，以满足国内外客户的多样化需求；该国金融市场在全球要有很强的影响力，在离岸金融中心也要有较强的竞争力（高海红，2010）；国内有维护资本自由流动的市场条件、透明有效的监督管理体制和有强制约束力的司法环境；有信誉良好能充当最后贷款人的央行以及值得市场参与主体依赖的金融制度环境。

④网络外部性。国际金融市场上，交易主体会选择大部分人都使用的货币，一种货币的使用量越大其交易成本就越低，从而带来规模经济，这种现象被称为网络外部性（Eichengreen，2005）。网络外部性会导致国际货币与该币发行国经济地位之间存在不一致性。一方面，一国货币地位的上升通常会滞后于该国经济地位的上升；另一方面，当国际货币发行国丧失经济领先地位后，该国货币的国际地位也会因货币使用的“惯性”而仍将在较长时间内得以延续。因而，网络外部性是支撑一国货币实现国际化的重要力量。

⑤政府的推动作用。货币国际化主要由市场推动，但政府的作用也不容忽视。政府可以通过对某些决定条件施加影响，加速或延缓本币国际化进程。具有强大国际地位的政府还可以通过控制国际组织、制定国际规则来提升本币的国际地位（张礼卿，2009）。此外，强大的政治影响力和军事实力也能为该国在海外的产权保护提供有力保障，提高该国货币公信力。

（2）人民币国际化的路径设计。1997年东南亚金融危机后，人民币开始为港澳地区及我国周边国家的边境地区所接受（刘群，2005）。近年来随着我国经济的平稳增长和经济金融领域改革的不断深化，人民币在境外流通已成为客观事实（何帆，2009），甚至成为我国某些周边国家的“硬通货”，可以说实现了“准周边化”（曹凤岐，2010）。虽然人民币在资本项目下仍不能自由兑换，但人民币国际化已经具备了一些基本条件（熊爱宗、黄梅波，2010a）。新一轮金融危机之后，我国政府通过与相关国家签署货币互换协议、推进人民币的跨境结算及在境外发行人民币债券等制度创新措施，加速了人民币国际化进程，也预示着人民币国际化将要达到一个新高度（陆磊、王颖，2011）。但当前的人民币国际化体现出明显的非均衡性，一是人民币履行国际货币职能的非均衡，即主要充当对外贸易结算货币（宗良、李建军，2010）；二是人民币在出口与进口结算中的使用并不平衡（何帆等，2011；余永定，2011），出口实收人民币金额远低于进口实付人民币金额，表现出“跛足”现象；三是人民币主要在与中国周边国家的贸易中发挥作用，体现出明显的地域非均衡性（李婧、徐奇渊，2010）。可以说，当前人民币国际化的进程已从初级阶段由市场需求主导的、自发性的、“被动式”的周边化转变为政府政策推动下的、“主动式”区域化阶段（高洪民，2010）。但从目前的形势看，人民币的最终国际定位是高度路径依赖的（张宇燕，2010）。

①“二阶段说”。共有三派观点。一是强调人民币使用空间延伸。认为应以边境贸易和出境旅游两个领域为突破口，先实现人民币区域化再过渡到国际化（熊爱宗、黄梅波，2010）。二是强调人民币职能演进。认为人民币应从充当计价货币开始扩展到价值贮藏货币或金融交易投资货币（Dobson、Masson，2009）。三是强调人民币职能和空间协同发展。第一阶段先实现人民币完全周边化及准区域化，成为区域内最主要的结算和投资货币；第二阶段彻底实现人民币的国际化，使其具备结算、投资和储备货币的功能（宗良、李建军，2010）。

②“三阶段说”。最早提出“三阶段说”的学者多基于货币可兑换性视角，认为人民币国际化应经历从深圳特区内的半自由兑换、到世界范围内的完全可自由兑换、再到逐步符合国际化的六个目标这三个阶段（胡定核，1989）。在此基础上有学者进一步将货币使用空间和职能相结合，提出人民币国际化应从可自由兑换、到履行区域计价结算职能、再到充当国际储备货币的三阶段理论（李翀，1991）。近年来学者普遍认为，从空间看，人民币国际化应从周边化、到亚洲范围内的区域化、再到国际化；从职能看，应实现从结算货币、到投资货币、再到储备货币的演进（王元龙，2009）。所不同的是有些学者主张人民币周边化应先始于中国香港和中国台湾地区（张宇燕，2010），另有学者认为周边化应始于东盟四国、上海合作组织内的部分国家、蒙古以及朝鲜等。

③“四阶段说”。认为人民币国际化应经历从经常项目有条件可兑换，到经常项目全面可兑换，到完全自由兑换，再到国际化四个阶段（姜凌，1997），该观点重点仍在于强调人民币的可兑换性，并将人民币可兑换等同于人民币的国际化。还有一种“四阶段理论”主张人民币国际化应先双边化，再周边化、区域化，最终实现全球化（刘考场、余运英，2010）。

④“双轨制说”。李稻葵和刘霖林（2008）认为人民币国际化可通过两个并行轨道实现。第一个轨道是在中国境内渐进式推进人民币资本项目可兑换，不断提高中国金融体系效率，鼓励和推动外贸企业以人民币结算，同时提供货币掉期服务。第二个轨道在境外，利用中国香港国际金融中心优势，扩大人民币债券市场规模，促进人民币向世界主要货币演进。

2. 人民币国际化的比较优势和制约因素

对外贸易是中国对外经济交往的最主要内容，人民币国际化也理应从国际贸易领域履行国际货币的某些职能开始。探讨人民币国际化战略，首先需明确中国与主要贸易伙伴在经济实力、贸易实力、货币实力和金融市场深化程度等方面的优势与不足。

（1）中国对外贸易地理方向。

①进口来源和出口去向。

第一，我国十大贸易伙伴构成：改革开放初期我国的贸易伙伴主要是日本和中国香港；自2004年以来欧盟跃居我国贸易伙伴的第一位，美国紧随其后；从2000年开始，东盟成为我国第五大贸易伙伴，2011年又上升到第三位。金砖国家也是我国主要的贸易伙伴，尤其自2005年后印度、巴西也继俄罗斯后进入我国十大贸易伙伴的行列。此外南非也成为居中国前十五位的贸易伙伴。2013年，我国前五大贸易伙伴分别是欧盟、美国、东盟、中国香港和日本。

第二，我国十大进口来源地构成：从进口来源看，亚洲、欧洲和北美是我国最主要的进口来源地。20世纪80年代我国进口主要来源于日本、中国香港、美国和欧洲，但1995年后，美国在我国进口贸易中的位次已跌至第六位；中国香港的位次下降更快，自2006年起便跌出前十名。1995~2010年期间欧盟一直是我国第二大进口来源地，2011年更跃升到第一位。与此同时，中国台湾、韩国、东盟等则跻身前五位。日本在我国进口贸易中占据了最重要的位置，自改革开放至2010年，除少数年份外，日本始终稳居我国十大进口来源地之首，但2013年日本已退居第四位。2013年，我国前五大进口来源地分别是欧盟、东盟、韩国、日本和中国台湾。

第三，我国十大出口目的地：从出口去向看，中国香港、美国、欧盟、东盟和日本是中国最重要的商品出口目的地。2000年美国取代中国香港成为我国第一大出口目的地，2008年欧盟又取代美国居首位。它们之间的相对位次年度间虽略有变化，但大多数年份这几个国家（地区）在我国十大出口目的地中都位居前几位。韩国、中国台湾、俄罗斯和澳大利亚则紧随其后。此外，印度、加拿大、巴西、阿联酋等国也是我国的重要出口国。

表20　2013年我国十大进口来源地、出口目的地和贸易伙伴国（地区）

位次	一	二	三	四	五	六	七	八	九	十
进出口总量	欧盟	美国	东盟	中国香港	日本	韩国	中国台湾	澳大利亚	巴西	俄罗斯
进口	欧盟	东盟	韩国	日本	中国台湾	美国	澳大利亚	巴西	沙特阿拉伯	南非
出口	中国香港	美国	欧盟	东盟	日本	韩国	俄罗斯	印度	中国台湾	澳大利亚

数据来源：《中国统计年鉴》。

②贸易伙伴所属货币区。从十大贸易伙伴所属的货币区看，欧盟大部分国家属于欧元区，还有部分国家属于英镑区；美国、加拿大属于美元区；“复活的布雷顿森林体系”现象表明东盟、中国香港、韩国、中国台湾等也属于美元区；日元虽也是国际货币，但在日本的对外贸易中，美元发挥着重要作用，因而日本只能算作属于不完善的日元区；澳大利亚、俄罗斯、印度和巴西并不明显归属于某个货币区。所以，人民币要在国际贸易中履行国际货币职能，至少要面临与美元、欧元、英镑

和日元等主要在位国际货币的竞争。

（2）我国与主要贸易伙伴的经济实力对比。

①经济总量对比[①]。以当期美元价格计算，1980年主要工业国日本、德国、法国、英国、美国的GDP总量分别为我国的5.6、4.9、3.5和14.6倍；而至2010年我国GDP总量则分别为德国、法国、英国的1.8、2.3和2.6倍，并达到美国GDP总量的五分之二，已超过日本成为全球第二大经济体。2013年，我国GDP总量分别为日本、德国、法国、英国的1.9、2.5、3.4和3.7倍，并达到美国GDP总量的55%。若按购买价平价调整后的GDP衡量，我国与美国的经济规模差距更小，约占美国的96%，已经十分接近美国。与除美国以外的贸易伙伴相比，我国的经济规模存在明显的比较优势，这是人民币国际化的重要基础。

②经济增长速度对比[②]。我国经济增长势头强劲，增速很快。1990～2010年的21年间，全球GDP年均增长2.86%，同时期美国、欧盟、欧元区、东亚四小龙、东盟、金砖国家（不包括中国）的GDP年均增长率分别为2.69%、1.97%、1.93%、6.13%、5.4%和3.19%，远远低于我国年均10.02%的增长率。与其他经济体相比，两次金融危机期间，我国经济表现良好。1997年亚洲金融危机爆发后，大部分东亚和东南亚国家经济遭受重创，1998年这些国家的经济增长率平均为-2.14%，而我国当年还保持了7.8%的增长速度。受2008年金融危机影响，2009年全球主要工业国经济增速平均为-3.54%，而同期我国却保持了9.2%的增长率。这些事实都说明我国经济运行较为稳健，政府宏观调控经济的能力增强，我国经济具备了较强的抵御外部冲击的能力。

2011年以来，我国进入“增长速度换档期、结构调整阵痛期、前期刺激政策消化期”三期叠加过程，面临投资效率下降、产能过剩、地方政府债务和私人部门杠杆率过高等种种困难，经济增速出现下滑。随着刘易斯拐点到来、要素成本提高，过去30年年均近10%的高增长不可能长期持续下去，潜在经济增速将下行至7%左右，但这比日本、韩国当年次高速增长时期的增速仍高2～3个百分点左右。2013年，我国GDP增长7.7%，仍高于全球经济增速5.5个百分点，高于美国经济增速5.8个百分点。

（3）我国与主要贸易伙伴的贸易实力对比。

①国际贸易市场份额对比[③]。从各国所占世界进口和出口市场份额的变化看，主要工业国（地区）所占全球贸易市场份额都有明显的下降趋势。与此相反，东盟、金砖国家、韩国所占全球贸易市场份额呈现出不断提高的趋势。加入WTO后，

① 数据来源于世界银行WDI数据库。

② 数据来源于世界银行WDI数据库。

③ 数据来源于《国家统计年鉴》和IMF DOT数据库。

我国进口和出口市场份额由 2001 年的 3.8% 和 4.3% 分别提高到 2013 年的 10.3% 和 11.8%，成为世界第一大出口国和仅次于美国的第二大进口国。

从我国进口所占主要贸易伙伴的出口市场份额看，随着我国经济规模扩大，进口需求增加，我国作为贸易伙伴出口市场的地位逐渐提高。我国内地一直是中国香港的主要出口市场，中国香港出口内地的份额从 2000 年的 34.5% 提高到 2013 年的 54.8%。中国也是韩国、日本的重要出口市场，韩国出口中国的份额从 2000 年的 10.7% 提高到 2013 年的 26.1%，日本出口中国的份额从 2000 年的 6.3% 提高到 2011 年的 19.7%，随后出现下降，但在 2013 年仍然达到 18.1%。中国还成为巴西、俄罗斯和印度三个金砖国家的重要出口市场，2013 年分别占这三个国家出口总额的 19.0%、6.8% 和 4.6%。中国占欧洲主要工业国出口市场份额较小，但也呈现出缓慢的增长趋势，欧盟出口中国的份额从 2000 年的 1.0% 提高到 2013 年的 2.8%。

从我国出口所占主要贸易伙伴的进口市场份额看，我国出口的市场占有率也在不断提高。我国内地是中国香港最大的进口来源地，2013 年占 47.8%。日本和韩国自中国进口的比重也相当大，至 2013 年分别为 21.7% 和 16.1%。我国出口占巴西、印度和俄罗斯的进口市场份额也较高。2013 年，我国占这三个国家的进口市场份额分别为 15.0%、11.0% 和 16.9%。我国向欧洲主要工业国的出口占其进口市场的份额相对较低，但近几年也在持续增长，2013 年我国占欧盟的进口份额的 6.3%。从变化趋势看，自 1990 年代初我国出口占主要贸易伙伴国的进口市场份额逐年以较快速度增加，达到较高水平之后继续增长的势头放缓。2009 年来，我国出口占美国、英国、欧盟和日本等国家和地区进口的份额基本保持稳定，但占俄罗斯和巴西进口的份额还在增长。

②对我国贸易实力的评价。我国贸易规模很大，至 2013 年已经成为全球第一贸易大国；市场份额很高，是全球很多国家和地区的第一大贸易伙伴。但当前支撑我国贸易实力的一些根本因素还不够强大，使得我国的真实贸易实力要弱于其现实表现。

制造业是一国对外贸易的重要支撑力量。与发达工业国家相比，我国制造业至少在三个方面还存在较大差距。第一，无论在产品结构还是生产档次方面都明显落后于发达工业国，还不具备与其抗衡的能力。第二，进入全球 500 强的中国制造业企业数量不多，且多为国有垄断行业，缺乏核心竞争力。第三，与发达国家相比，我国在技术创新能力和研发能力上均有较大差距。

中国在国际分工中的地位较低。无论在机电产品等高科技产品，还是纺织品等传统产品的生产领域，都处在简单生产加工环节，产品附加值较低。出口商品资本、技术含量在提高，但总体看国内生产过程仍处于劳动密集型生产环节，我国企业在国际分工的地位没有本质改变。从商品结构看，高新技术产品尤其是机电产品是目前主要出口商品，但加工贸易占比高，相当一部分是贴牌生产，并非自主品牌，仍处于国际分工低端位置，也处在全球价值链“微笑曲线”的最底端，我国贸易商品结构的实际优化程度并不如名义优化程度高，工业制成品的生产技术水平和质量需进一步提高，技术创新和自主研发能力需增强。从国际分工的角度看，优化出口商品结构的本质就是提高在国际价值链中的位置和国际分工地位。产业和技术结构的差异是发达经济体与落后经济体之间的根本差别。然而，产业和技术结构升级都是经济发展过程中的内生变量，一个国家优化出口商品结构的关键是本国的高级生产要素禀赋，国家政府要特别重视本国高级生产要素质量的提升和结构的优化。这些都需要很长一段时间才能实现。

（4）我国与主要贸易伙伴的货币实力对比。

①币值对内稳定性对比。从以通货膨胀率衡量的一国货币对内价值的稳定性看，与全球主要发达经济体相比，人民币的表现并不优异。主要发达经济体都将治理通胀作为本国宏观调控的首要目标，从1993年起几个主要工业国家的通胀水平都稳定在目标区间内。

1987～2000年我国通胀率大幅波动，其中有两个阶段通胀非常严重。一是1988～1989年中国通胀水平超过了18%，二是1994年通胀水平高达24%。2008年金融危机后，中国采取的扩张性财政政策和适度宽松货币政策及人民币升值预期下大量“热钱”的涌入，导致2007年6月至2008年10月、2010年7月至2012年4月两段时间内中国通胀率迅速上升。CPI于2012年5月后重新回到低位，目前总体保持稳定。

与东盟成员国及几个金砖国家相比，我国通胀水平相对较低。可以看出，经济越发达的国家通胀率越低，这是因为经济越发达的国家市场机制越完善，各种生产要素对价格指数较为敏感，市场能自觉根据一般价格水平变化作出调整。其次，发达经济体政府宏观调控能力强，能对价格变化作出恰当预期并采取有效措施应对。通胀水平的稳定是经济总体稳定的表现。要推进人民币国际化，中央政府还应完善价格传导体系，提高宏观调控的能力，更要有维持物价稳定的决心，为非居民持有和使用人民币构建信心基础。

②币值对外稳定性对比。经CPI调整的实际有效汇率能全面刻画真实汇率水平。1994年汇改前中国实际有效汇率水平远高于其他经济体，1994年后人民币事实上钉住美元，中国实际有效汇率的变化趋势与美国基本一致，波动程度与主要发达经济体也大致相当，略低于其他发展中国家。一国货币要实现国际化，要求该国具备开放的外汇市场和资本市场，币值的高估或低估都会导致国际投机套利行为的产生，这种情况下维持汇率稳定的代价和难度都相当大。所以，人民币要实现国际化不仅需要汇率稳定，还要求这种稳定是以市场真实供求为基础的。

（5）中国与主要贸易伙伴的金融市场深化程度对比。

①金融中介发展水平对比。从全球范围看，主要工业国金融深化程度都较高，2004年前日本的金融深化程度全球最高，而发展中国家和转型经济体的金融深化程度都较低。但泰国、马来西亚在20世纪90年代后金融深化程度快速提高，甚至达到了美国的水平，出现"金融早熟"现象，导致了1997年亚洲金融危机，危机后两国金融深化程度迅速降低。中国的金融深化程度则处于发达国家和发展中国家之间，且有不断提高的趋势。但以农户和中小企业为代表的私人部门贷款难也是近年来中国金融领域的突出问题。这与中国金融体系的结构和特征密切相关。中国金融体系由银行业主导，融资结构以银行信贷为主。中国债券市场则由政府信用主导，且以长期债券品种为主，这就导致金融市场的资金大量流向银行贷款特别是长期贷款和国债，用以支持政府主导的投资项目，从而将私人部门从金融市场中挤出。所以从国内金融部门对私人信贷占GDP的比重这个指标看，中国金融深化程度还难以支撑人民币国际化。

②货币交易成本对比。以货币之间汇率的卖出价与买入价之差除以汇率中间价，作为货币交易成本的代理变量。欧元、英镑、日元、加元等发达经济体的货币与美元的交易成本较低，而发展中国家的货币与美元的交易成本则很高。人民币与美元的交易成本虽低于发展中国家货币与美元的交易成本，但远高于主要发达经济体的货币与美元的交易成本。这也说明在货币交易成本方面人民币与主要贸易伙伴相比没有优势。

一种货币在全球外汇市场上的交易量是衡量货币交易成本的另一重要指标，交易量大就意味着该货币的使用范围广、被其他国家的接受程度高。大规模交易还能降低单位货币的交易成本，强化货币使用的网络效应，增强该货币的吸引力。在全球外汇市场上，美元交易量多年来一直稳居第一。虽然美元所占全球外汇市场交易量的份额有下降的趋势，从1998年的43.4%下降到2010年的42.5%①，但下降速度非常缓慢，美元遥遥领先的地位短时间内无法撼动。欧元、日元、英镑所占全球外汇市场交易量的比重分居第二、三、四位，其中欧元所占比重有上升的趋势，而日元和英镑所占比重则有所下降。但美元、欧元、日元、英镑四种货币共占全球外汇市场交易量的四分之三，这也清楚体现了这四种关键货币在全球的重要地位。

除日元外，亚洲其他货币的交易量在全球外汇市场上所占比重、地位和影响力均很小。人民币近年来在全球外汇市场上的交易量不断扩大，由2004年的0.1%提高到2010年的0.9%，但远低于其他几种国际货币。这也意味着人民币在交易成本方面与在位国际货币相比差距很大，同时这也是阻碍人民币在全球范围内充当国际

① 本节数据来源：BIS：*Triennial Central Bank Survey Report on Global Foreign Exchange Market Activity in 2010*。

贸易计价货币的不利因素。

(6) 人民币国际化的制约因素。

①国际环境的约束。从当前国际环境看，美国凭借美元的全球主导地位，在国际经济领域享有很多特权而却无需承担相应国际义务，损害了很多国家尤其是新兴市场国家的利益。在这种国际经济环境下新兴市场的经济发展面临更多的外部挑战，其货币成长环境也更复杂。现行的国际货币体系和全球经济金融治理结构，为美元提供了生存基础，但成为新兴市场国家货币成长的阻碍力量。

②国内制约因素。

第一，从国内条件看，人民币可自由兑换程度低是制约人民币国际化的重要因素。资本项目不可自由兑换，既提高人民币的交易成本又增加使用人民币的风险，阻碍了人民币的国际化进程。

第二，中国对外贸易模式不利于人民币在国际贸易中履行计价结算职能。在全球化分工体系下，跨国公司在世界范围内优化资源配置，把生产工序中附加值高的环节放在发达国家、中端环节放在中等发达国家、低端环节放在发展中国家。这种生产安排导致全球贸易货物流随之发生变化，发展中国家从出口原材料进口制成品转变为出口制成品进口零部件，发达国家从出口制成品进口原材料转变为出口零部件进口制成品。在以加工贸易为主体的模式下，我国名义上是最终产品的出口国，而且出口商品差异化程度日益提高，但实际上对这些出口品的贡献仅产生于加工装配等低端生产环节，因此我国对外贸易商品结构的实际优化程度远低于名义优化程度，更缺少对这些产品的定价权和计价结算货币的选择权。

第三，缺乏具有行业主导地位的大型跨国公司，导致国际贸易市场份额优势无法转化为货币优势。中国一些产品在世界市场上占较大份额，甚至垄断出口市场，这也是提升人民币在国际贸易中计价结算地位的一个有利条件。但由于我国在这些领域内的产业集中度低、贸易主体多、平均规模小，出口商在分散定价的情形下无法取得有利的谈判地位，更难形成定价合力，致使这些本应有定价优势的产品在出口市场上也失去了价格主导权，难以推进人民币履行计价结算职能。

第四，中国企业的技术创新和自主研发能力不强。由于国内缺乏严格的产权保护机制，企业的技术创新得不到很好的保护。企业在研发过程中要承担大量的成本和失败风险，但研发出来的技术很快便会外溢，企业得不到应有回报，自然就没有创新的积极性。缺乏核心技术的制造业大国永远无法上升到生产链和价值链的高端位置而变成制造业强国。

3. 基于比较优势的人民币国际化路径设计

(1) 人民币与主要贸易伙伴国（地区）货币竞争力比较。

①人民币与在位国际货币的比较。当前美元、欧元、日元和英镑四种主要国际

货币的发行国都是中国重要的贸易伙伴。从前文的分析可以看出，与前两大贸易伙伴欧盟和美国相比，中国在支持货币竞争力的各个方面都没有优势，人民币在短期内难以与美元和欧元抗衡，从这两个市场推进人民币国际化是不现实的。

与日本和英国相比，中国在经济和贸易规模方面略显优势，但在币值对内对外稳定性方面，人民币并不优于日元和英镑。在其他几个方面英镑和日元也有优势：英镑和日元分别有160年和30多年的国际化历史，具有明显的网络外部性优势；英国和日本分别有伦敦和东京两大全球金融市场，国内金融市场深化程度远高于中国；这两个国家还有强大的跨国公司，其生产网络遍布全球，具有产品定价和计价方面的主导权。所以人民币在短期内难以与英镑和日元竞争，人民币在对英国和日本两个市场的贸易中难以取代英镑和日元。

②人民币与周边其他国家（地区）货币的比较。与第三大贸易伙伴东盟相比，中国的内生经济条件和外生制度因素不仅远远超过东盟各成员国也超过东盟总体水平，优势非常明显。中国还是东盟很多成员国的最大贸易伙伴，且在地域上相邻，便于构建人民币清算网络。此外，东亚事实上尚属于美元区，缺乏起主导作用的本土国际货币，所以在与东盟贸易中推动人民币履行计价结算职能是人民币国际化的首要突破口。在已具备了内生经济条件后，当前更需要中国政府通过制度创新推进人民币在中国与东盟的贸易中充当计价结算货币。

与中国香港、台湾和澳门地区相比，中国内地具有明显的经济优势，但金融深化程度方面尚显不足。内地同港、澳、台同宗同源，经济、人文方面都有天然的密切联系。近年来这三个地区同内地的联系日趋紧密，对内地市场的依赖性很强，因而人民币在其间的经贸往来中有巨大的使用空间。

与中国第六大贸易伙伴韩国相比，中国除金融市场深化程度方面没有优势外，其他方面皆有明显优势。在中韩贸易中人民币有充当计价结算货币的潜在优势。

③人民币与金砖国家货币的比较。与金砖国家及非洲国家相比，中国在经济、金融、货币方面都有明显优势，这也是人民币突破周边领域在全球范围内发挥国际贸易计价结算职能的主要窗口。

（2）人民币国际化路径设计。在资本项目短期内不能实现完全开放的情况下，推进人民币国际化要同时解决人民币的输入和输出问题。具体说来就是要依据中国所具备的比较优势推行以下三种策略：

①在区域市场内实行“计价结算+对外投资+离岸市场”模式。

第一，在中国与东盟贸易中推行人民币计价结算。从贸易产品结构看，中国对东盟的出口贸易结构不断优化，由初级产品、资源性产品逐步过渡到以高附加值、高技术含量的电子电力产品、工程机械产品为主，其中电子电力产品占中国对东盟出口份额最大，约为30%。这意味着中国贸易厂商在贸易谈判中更有优势，更易掌握计价结算货币的选择权，也有利于推行以人民币计价结算。同时，中国政府可鼓励国内资本以人民币向东盟投资，这既便于向东盟输出人民币又能为国内剩余资本尤其是民间资本寻求出路。此外，中国香港人民币离岸市场也可为中国—东盟贸易提供人民币资产。

第二，我国内地、香港、澳门、台湾与韩国等周边国家和地区贸易中推行人民币计价结算。中国香港人民币离岸市场可为港澳台贸易厂商提供充足的人民币用于贸易结算，同时随着离岸金融市场的发展，人民币离岸市场会越来越深化、人民币产品也会越来越丰富，这既有利于人民币资产的保值增值，更有利于增加人民币对周边地区贸易厂商的吸引力。

②在远端市场实行“计价结算+投资援助”模式。中国对金砖国家和非洲大陆的贸易中出口产品的差异化程度远高于进口产品，金砖国家和非洲对我国产品的需求弹性低于我国对这些国家产品的需求弹性，这种贸易结构有利于推行以人民币计价结算。与东南亚国家相比，这些国家和地区从中国香港离岸市场获取人民币的成本相对较高。金砖国家经济处于市场化初、中级阶段，非洲大陆广大发展中国家尚处于工业化起步阶段，这些国家既需要来自中国的工业制造品，又需要外商直接投资。中国政府一方面可通过鼓励国内以人民币向这些国家投资，另一方面可直接向这些国家提供经济援助。通过这两种方式向这些国家输出人民币，为国际贸易中以人民币计价结算提供资金来源保障。

③在亚洲范围内推行石油等国际大宗商品人民币计价。我国是石油、铁矿石、铜、大豆等大宗商品的消费大国，但却没有大宗商品定价主导权。充当国际大宗商品尤其是能源的计价结算货币往往是货币崛起的起点，19世纪的“煤炭—英镑”体系、20世纪的“石油—美元”体系也都验证了这一点。因而人民币国际化成功的标志之一是石油等战略资源和大宗商品以人民币计价。

当前中国已成为世界上仅次于美国的第二大石油消费国，中国石油需求量约占世界石油总需求的9%，石油对外依存度高达55%。但全球三分之二的石油以美元计价，美国利用美元控制世界石油生产、运输和价格，中国即便有庞大的石油需求，也难以影响石油价格。因而有必要建立国际石油交易的“人民币市场价格”，以确立我们自己的合理石油金融战略。

当前国际石油计价和交易货币多样化的趋势开始形成。海湾产油国、俄罗斯、伊朗等国在寻求石油计价交易非美元化的途径，一些欧佩克国家也意识到钉住美元汇率制度的不利后果，希望能通过以欧元、日元、人民币等多种货币进行石油贸易计价结算，以摆脱本国所处的美国货币政策和美元汇率从属者的地位。由于中国存在稳定的大量石油需求，俄罗斯、巴西、苏丹等一些产油国表示愿意接受石油贸易人民币结算方式。2009年以来，中国与多个国家签订了“贷款换石油”计划，这是中国与其他国家联手在石油交易中“去美元化”的一个重要步骤。近年来亚洲对石油需求的不断增长，将决定未来10年全球石油市场的形势。中国可以利用这些有利时机通过与俄罗斯、伊朗等国签署双边协议推动亚洲范围内石油贸易人民币计价结算，以此促进人民币国际化进程。通过石油人民币计价带来的石油人民币积累，以推动人民币离岸市场的发展和国际化进程。

④人民币国际化中远期战略。随着人民币在国际贸易中计价结算比重的提高，全球对人民币的需求将持续增长。同时中国通过深化体制改革，转方式调结构促进经济健康平稳增长，为人民币国际化提供强大的经济支撑。实现资本账户有序开放，完善国内金融市场体系改革，实现利率、汇率市场化，建立先进高效覆盖全球的人民币支付清算体系，增强国内金融机构的全球竞争力，为人民币国际化提供完善的金融市场条件。提高企业技术创新能力，培育一批具有行业主导地位的大型跨国企业，为人民币国际化提供坚实的微观基础。为全球人民币资产提供安全投资场所，增强人民币的内在品质和吸引力。这样人民币自然会由国际贸易计价结算需求派生出金融交易计价结算需求及外汇储备需求，人民币从使用范围和职能两个方面实现完全国际化。

汇率调整压力、冲击模拟及对策研究①

（2015 年 12 月 28 日）

一、引言

近年来，人民币汇率一直备受各界关注。自 2005 年 7 月 21 日中国正式宣布放弃盯住单一美元的浮动汇率制度，转而实行盯住一篮子货币的有管理的浮动汇率制度以来，除 2008 年 7 月至 2010 年 6 月②人民币兑美元汇率保持基本不变外，人民币汇率总体趋升。2005 年 7 月至 2015 年 7 月，人民币兑美元汇率累计升值 25.6%，实际有效汇率累计升值 55.46%。2015 年 8 月 11 日，央行宣布进一步完善人民币兑美元汇率中间价报价机制，人民币兑美元汇率在随后的 3 天内贬值 4.65%，尽管其后又有小幅升值，但 8 月人民币兑美元平均汇率仍较 7 月贬值 3.08%。央行对此的解释是，这次人民币汇率贬值是过去中间价与市场汇率的点差的一次性校正，也是市场预期的变化。而外界认为，人民币的贬值主要是为了改善中国的出口，在当前中国经济下行压力较大的背景下，外界对人民币汇率进一步贬值的预期强烈。客观评估人民币均衡实际汇率水平，测算当前人民币实际汇率失衡的程度，对于预测未来人民币汇率走势具有重要的意义。

人民币汇率的变动对我国经济增长也会产生影响。一方面，它会直接影响进出口，进而影响经济增长和物价水平；另一方面，人民币汇率的变化也会影响国际资本流动，对国内经济和金融环境产生影响，甚至影响中国的金融稳定。我们也有必要对人民币汇率变动的经济金融影响进行定量测算，为进一步推进汇率改革提供决策支持。

本研究以人民币实际有效汇率为研究对象，综合运用行为均衡汇率模型

---

① 本文合作者为栾惠德、王宗林。本文是 2015 年经济监测预警机制（经济监测预警部际联席会议办公室）重点研究课题的研究成果。

② 2008 年 7 月至 2010 年 6 月，人民币汇率重新盯住美元，美元兑人民币名义汇率稳定在 6.82 ~ 6.84 之间。

（BEER）、发展中国家均衡汇率模型（ELBADAWI）、自然均衡汇率模型（NATREX）测算了人民币均衡实际汇率，并对测算结果进行了规范的计量检验和分析，进而对人民币未来走势进行了展望。同时本文还运用协整分析方法建立 VAR 模型研究了人民币汇率变动对主要宏观经济指标和短期国际资本流动的影响，并针对进一步推进汇率制度改革提出了建议。

二、人民币汇率改革进程及人民币汇率走势

改革开放以来，我国取消了计划经济体制下的双轨制汇率制度，人民币汇率制度不断向市场化汇率制度迈进，逐步形成了以市场供求为基础，参考一篮子货币进行调节、有管理的浮动汇率制度，汇率波动弹性不断增大。具体看，人民币汇率制度主要经历了以下发展阶段（见表 1）：

表 1　　人民币汇率改革进程概览

起始时间	改革重点	主要内容
1994 年 1 月至 1997 年 12 月	汇率并轨	外汇市场调剂价和官方汇率并轨，初步形成以市场供求为基础的、单一的、有管理的浮动汇率制度
1998 年 1 月至 2005 年 6 月	盯住美元	人民币兑美元汇率稳定在 8.28 左右
2005 年 7 月至 2008 年 5 月	完善汇率形成机制	实行以市场供求为基础、参考一篮子货币进行调节、有管理的浮动汇率制度，银行间即期外汇市场人民币兑美元浮动幅度为 ±0.3%；2007 年 5 月，银行间即期外汇市场人民币兑美元浮动幅度由 ±0.3% 扩大至 ±0.5%
2008 年 6 月至 2010 年 5 月	盯住美元	人民币兑美元稳定在 6.83 左右
2010 年 6 月至 2015 年 7 月	重回有管理浮动汇率制度，增强汇率波动弹性	以市场供求为基础，参考一篮子货币进行调节、有管理的浮动汇率制度；2012 年 4 月 16 日起，银行间即期外汇市场人民币兑美元浮动幅度由 ±0.5% 扩大至 ±1%，2014 年 3 月 17 日起，银行间即期外汇市场人民币兑美元浮动幅度扩大至 ±2%
2015 年 8 月至今	进一步增强人民币汇率市场化程度	2015 年 8 月 11 日起，做市商在每日银行间外汇市场开盘前，参考上日银行间外汇市场收盘汇率，综合考虑外汇供求情况以及国际主要货币汇率变化向中国外汇交易中心提供中间价报价

（一）1994 年 1 月至 1997 年 12 月，初步形成以市场供求为基础的、单一的、有管理的浮动汇率制度

改革开放至 1994 年之前，我国实行的是外汇市场调剂价和官方汇率并存的双重汇率制度。官方汇率主要适用于贸易结算和非贸易外汇兑换，该汇率为有管理的浮

动汇率。外汇市场调剂价主要适用于出口企业结售汇后、国家按一定比例拨给企业的外汇留成的调剂，该价格主要由外汇调剂市场供需决定。官方汇率与外汇市场调剂汇率差距较大，以 1993 年 12 月末为例，官方汇率为 5.80 元人民币/美元，外汇市场调剂汇率为 8.70 元人民币/美元。官方汇率和外汇市场调剂汇率的并存，形成人民币两种对外价格和核算标准，是对外汇市场价格的扭曲，不利于外汇资源的有效配置，也受到国际货币基金组织和其他国家的批评。

1993 年 11 月，中共十四届三中全会通过了《中共中央关于建立社会主义市场经济体制若干问题的决定》，根据这一文件精神，我国在外汇体制改革方面，实施汇率并轨，并轨后人民币汇率制度实行以市场供求为基础、单一的、有管理的浮动汇率制。同时，改进汇率形成机制，由中国人民银行根据前一日银行间外汇交易市场形成的价格，每日公布人民币兑美元交易的中间价；实行银行结汇和售汇制，取消外汇留成和上缴，实现经常项目下人民币可兑换。1994 年 1 月 1 日，人民币官方汇率从 1993 年 12 月 31 日的 5.80 元人民币/美元一次性贬值至 1994 年 1 月 1 日的 8.70 元人民币/美元，与市场汇率并轨。此后，人民币汇率开始了持续 4 年的升值过程，1994 年 1 月至 1997 年 12 月，人民币兑美元汇率从 8.7 升值至 8.28，4 年内升值 4.8%；人民币实际有效汇率指数从 65.58 升值至 98.09，4 年内升值 49.57%（详见图 1）①。

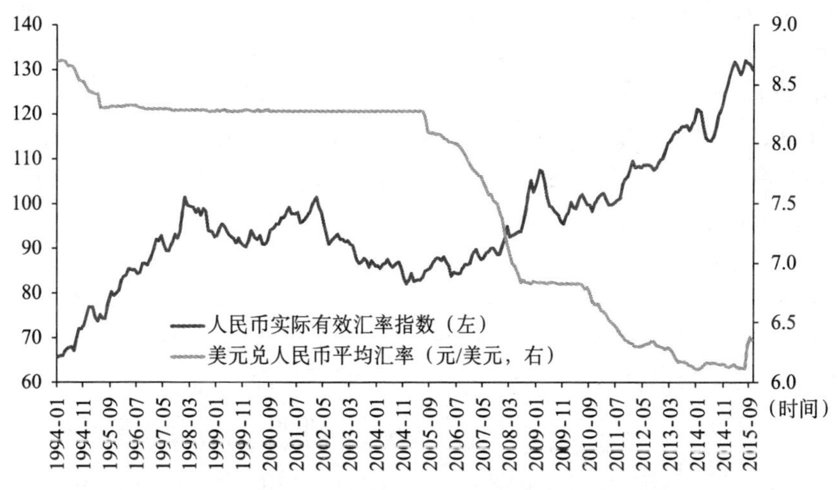

图 1　人民币兑美元汇率与人民币实际有效汇率走势

（二）1998 年 1 月至 2005 年 6 月：单一盯住美元

1997 年，东南亚金融危机的爆发，引发东亚货币汇率竞争性贬值。为了防止本

① 人民币实际有效汇率较人民币兑美元汇率升值幅度更大，与这一时期我国通货膨胀率较高有关，1994～1997 年，中国通货膨胀率平均达 13.1%，同期美国、日本分别只有 2.7% 和 0.6%。

地区货币轮番贬值使危机进一步恶化，我国政府宣布保持人民币汇率不变，并主动收窄人民币兑美元汇率的波动幅度，人民币汇率形成机制从名义上的有管理的浮动汇率转变成事实上的单一盯住美元汇率。1998 年 1 月至 2005 年 6 月，人民币兑美元汇率持续稳定在 8.28 左右。虽然人民币兑美元汇率保持不变，但是这一时期美元指数经历了“降—升—降”的过程，人民币实际汇率指数相应也先从 1998 年 1 月的 101.57 波动降至 2000 年 6 月的 90.87，随后又波动升至 2002 年 2 月的 101.48，后又降至 2005 年 5 月的 82.74。

（三）2005 年 7 月至 2008 年 7 月：实行以市场供求为基础、参考一篮子货币进行调节、有管理的浮动汇率制度

2001 年，中国加入世贸组织，此后，经常项目和资本项目双顺差持续扩大，外汇储备规模迅速膨胀[①]，加剧了内外部经济的失衡，也导致贸易摩擦愈加频发，汇率问题被政治化，适当调整人民币汇率水平和汇率形成机制成为紧迫的任务。2005 年 7 月 21 日，中国人民银行宣布开始实行“以市场供求为基础、参考一篮子货币进行调节、有管理的浮动汇率制度”；9 月 23 日，央行又调整了人民币银行间外汇市场和外汇指定银行的汇价管理办法，规定在银行间即期外汇市场，人民币兑美元的交易价在央行公布的交易中间价 ±0.3% 的幅度内浮动，欧元、日元、港币等对人民币交易价的浮动幅度由原来的 ±1.5% 扩大为 ±3%；2007 年 5 月，为使人民币汇率水平能够反映市场的真实供求关系，银行间即期外汇市场人民币兑美元交易价浮动幅度又从之前的 ±0.3% 扩大至 ±0.5%。2005 年 7 月 22 日，人民币兑美元汇率从 8.2765 升值至 8.11，一次性升值 2%，此后，人民币兑美元汇率开始进入升值通道，自 2005 年 7 月至 2008 年 8 月，人民币兑美元汇率从 8.10 升值至 6.85，累计升值 15.4%；人民币实际有效汇率指数也从 84.99 升至 95.96，累计升值 12.9%。

（四）2008 年 8 月至 2010 年 5 月：盯住美元

2008 年 8 月至 2010 年 5 月，金融危机席卷全球，为稳定中国经济，人民币兑美元汇率稳定在 6.83 左右，事实上重新实行了盯住美元的汇率制度。在此期间，人民币有效汇率指数走势波动较大，先后经历了“降—升—降”的过程，先从 2008 年 8 月 95.96 升至 2009 年 2 月的 107.35，随后又降至 2009 年 11 月的 95.57，后又升至 2010 年 5 月的 101.35。

（五）2010 年 6 月至 2015 年 7 月：重回以市场供求为基础、参考一篮子货币进行调节、有管理的浮动汇率制度，增强汇率波动弹性

2005 年汇率制度改革以后，虽然人民币汇率总体保持持续升值，但并未有效纠正我国贸易收支失衡，国际社会对我国汇率政策的批评和对我国操纵人民币汇率以

---

① 2001~2004 年，我国经常项目差额从 174.05 亿美元迅速扩大到 686.59 亿美元，资本项目差额从 347.75 亿美元迅速扩大到 1106.6 亿美元，外汇储备从 2121.65 亿美元扩大到 6099.32 亿美元。

获得不公正的贸易利益的质疑也没有因人民币不断升值而减少。随着 2008 年美国次贷危机转变成全球性的金融危机，贸易保护势力抬头，美国等国家指责人民币汇率政策是此次危机的主要原因。受此影响，我国商品在国际市场上受到反倾销和反补贴立案调查的数量越来越多，出口形势和经济发展的外部条件不容乐观。在此背景下，2010 年 6 月 19 日，中国人民银行宣布继续推进汇率改革，提高人民币汇率弹性，事实上结束了持续约两年的人民币与美元挂钩的汇率制度，重新采取参考一篮子货币进行调节，实行有管理的浮动汇率制度。2012 年 4 月 14 日，央行宣布银行间即期外汇市场人民币兑美元交易价浮动幅度由 ±0.5% 扩大至 ±1%。2014 年 3 月 17 日，这一浮动幅度又从 ±1% 扩大至 ±2%。在此期间，人民币进入升值通道，人民币兑美元汇率从 2010 年 6 月的 6.82 持续升值至 2015 年 7 月的 6.12，累计升值 10.3%；人民币实际有效汇率指数也从 2010 年 6 月的 101.88 升值至 2015 年 7 月的 132.13，累计升值 29.7%。

（六）2015 年 8 月至今：进一步增强人民币汇率市场化程度

为增强人民币兑美元汇率中间价的市场化程度和基准性，人民银行决定完善人民币兑美元汇率中间价报价机制，自 2015 年 8 月 11 日起，做市商在每日银行间外汇市场开盘前，参考上日银行间外汇市场收盘汇率，综合考虑外汇供求情况以及国际主要货币汇率变化向中国外汇交易中心提供中间价报价。11 日当天，人民币中间价大幅下调逾 1000 点，创历史最大降幅，较前一日贬值近 2%。截至 2015 年 8 月末，人民币兑美元汇率贬值至 6.3893，较中间价报价机制调整前贬值 4.46%。

三、汇率变动的影响因素

（一）影响汇率变动的长期因素

根据国际经济学基本理论，影响人民币汇率的长期因素主要有：

1. 国际收支状况

汇率是外汇市场上的价格，外汇市场上供给与需求的变动对汇率有着直接的影响，而一国的国际收支可以从总体上反映该国在一定时期内的外汇供给和需求状况，因此，国际收支状况对决定汇率走势起着重要作用。一国的国际收支主要涉及经常账户和资本与金融账户。一般情况下，在没有政府干预和其他因素不变的情况下，根据国际收支理论，当有更多外资流入本国时，本国资本与金融账户出现顺差，外汇市场上外币供给增加，会给本币带来升值压力。同时，当一国的出口大于进口，经常账户长期处于顺差时，一国的外汇供给大于需求，也会导致本币升值。

国际收支状况是否一定影响到汇率，主要是看国际收支长期内是逆差还是顺差。短期的或临时性的国际收支差额，可以被国际资本流动、政策干预等因素所抵消，然而长期巨额的国际收支逆差则不可避免地会导致本国货币贬值。1994 年以来，我国经常账户、资本与金融账户长期保持“双顺差”，这使得人民币汇率面临长期持续的升值压力。

2. 经济增速

表面上，汇率是国与国之间不同货币的兑换比率，但实质上，汇率是货币发行国之间经济实力的对比。一国实体经济的快速增长反映其经济实力的提升，这会增强人们在外汇市场上对该国货币的信心，使得人们更愿意持有该国货币或将一部分其他国家货币转化为该国货币，推动该国货币升值。同时，较高的经济增速也表明该国投资机会较多、资本回报较高，有利于外资流入，改善资本账户，导致本币升值。

但是，与此同时，一国保持较高经济增速，意味着国民收入和国内需求增加，于是该国的进口增加可能多于出口，从而导致经常项目逆差，使本国货币面临贬值压力。但是，如果该国经济是以出口为导向，经济增长表现为生产更多出口产品，则出口的增长会在一定程度上抵消因进口增加而给本国货币贬值带来的压力。此外，一国经济增速较高，从总体上看意味着该国的劳动生产率提高较快，产品成本降低，这有利于增强本国产品的国际竞争力，推动出口增加。

因此，一国经济增速较快对该国汇率形成升值效应还是贬值效应，以及产生多大的效应，取决于经济结构、消费偏好等多种因素的综合影响。

3. 通货膨胀

货币价值的表现形式有两种：一种是对外的价值，通常用汇率衡量，汇率（直接标价法）越大，货币对外价值越小，反之，越大；另一种是对内的价值，与该国通货膨胀率密切相关，通货膨胀率越高，货币的对内价值越小，反之，越大。通货膨胀率与汇率分别影响着一国货币对内、对外的价值大小，两者有着紧密的联系。

当一国经历通货膨胀时，意味着该国货币代表的价值量下降。在开放经济条件下，国内物价上涨，出口商品生产成本上升，价格竞争力下降，导致出口商品的减少、进口商品的增加，在外汇市场上表现为本国货币供过于求、外币供不应求，其结果是本币贬值。同时，一国货币对内价值的下降，会削弱该国货币在国际市场上的信用地位，人们会因通货膨胀而预期该国货币的汇率将趋于疲软，把手中持有该国货币转化为其他货币，从而导致汇率贬值。

在考虑通货膨胀对汇率的影响时，除了要考虑本国的通货膨胀率，还要比较他国的通货膨胀率，即要考虑相对通货膨胀率。如果一国通货膨胀高于他国，该国货币在外汇市场上就会趋于贬值；反之，就会趋于升值。

4. 政府支出

根据蒙代尔—弗莱明模型，财政政策的扩张，不管通过政府支出的增加，还是通过减税，都将提高国内的总需求。假如货币供给的增长保持不变，即货币政策相对稳定时，总需求的增加会导致国内利率的上升。利率的上升，会推动资本流入，资本流入会增加外汇供给和本币需求，推动本币升值。

但是，政府支出与汇率之间并不必然形成正相关关系。假如与私人支出相比，政府支出更倾向于非贸易品，政府支出的增加，会增加对非贸易品的总需求，导致非贸易品价格上升，贸易品的价格会相对于非贸易品价格下降。根据巴拉萨—萨缪尔森效应，贸易品的价格会相对于非贸易品价格下降，将推动实际汇率上升。反之，如果政府支出更倾向于贸易品，则实际汇率下降。因此，政府支出对汇率的净效应，和政府部门的消费偏好密切相关。

（二）影响汇率变动的短期因素

影响汇率波动的短期因素主要是资本流动，而资本流动主要受市场预期的影响。当市场普遍预期某种货币趋于升值时，交易者会大量买入该货币，造成该货币升值；反之，当市场普遍预计某种货币贬值时，大量抛售会导致该货币供过于求，造成其贬值。影响市场预期的因素主要有：

1. 国际利差

利率代表一国的资金使用成本和投资收益率，利率水平高低会影响一国金融资产的吸引力。一般来说，短期内，在开放经济条件下，利率的变化通过作用于资本流出流入而影响汇率的变化。当一国提高利率水平或本国的利率水平高于外国利率时，意味着本国金融资产的收益率更高，则资金流入增加，外汇市场上对本国货币的需求增加，本国货币汇率上升；反之，本国货币汇率下降。但是一国利率相对于其他国家利率水平的上升，不一定会引起本币升值，只有本国利率水平的变化引起资本市场上资产价格发生变化，改变资本流动的方向，才会影响到本币币值的变化。

2. 外汇储备

外汇储备表明一国干预外汇市场和维持汇率稳定的能力，故而外汇储备对稳定汇率有一定的作用。如果一国外汇储备充足，该国货币也会较为坚挺；反之，如果外汇储备过少，会影响市场对该国货币的信心，进而导致其贬值。外汇储备作为外汇干预能力指标只能在短期内对汇率走势产生有限影响，不是决定汇率的基本因素。

3. 各国汇率政策

汇率波动对一国经济会产生重要影响，因此，各国央行出于维护经济健康发展的需要，会通过各种途径对汇率市场进行干预，比如直接在外汇市场买入或卖出外汇，调整国内货币政策，发表表态性言论以引导市场预期等。这些政策措施也会影响汇率的短期波动。

四、均衡汇率估算模型简介

测算均衡汇率有多种方法。我们将文献中常用的几种方法总结如下：

（一）基本要素均衡汇率模型

基本要素均衡汇率（Fundamental Equilibrium Exchange Rate，FEER）模型首先由 Williamson 于 1983 年提出并开始使用，他将均衡汇率定义为与宏观经济均衡一致的实际有效汇率。这里的宏观经济均衡概念，包括内部均衡和外部均衡两个方面。内部均衡被认为是与充分就业（尤其是由自然率决定的就业水平）和低的、可持续的通货膨胀率相一致的产出水平。外部均衡的特征是，当各国保持内部均衡时，在各国之间出现合理的、可持续的资本的净流动。

Williamson（1983）认为，用于衡量外部均衡之合理的资源净流动可以用一个经济周期内各年经常账户差额平均值来代替。由于国际收支经常账户差额和资本账户差额之和总是等于零，也把该平均值称为基础资本流动（ucf）。同时一国经常账户差额（CA）会受到贸易条件（tot）、失业率（ue）和实际汇率（reer）的影响，即：CA = CA（tot，ue，reer），因此，在经济周期平均失业率（ue）和平均贸易条件（tot）的约束下，使经常账户差额等于基础资本流动的实际汇率即为基本因素均衡汇率：

$$CA = CA(tot, ue, FEER) = ucf$$

上述分析清楚地表明，计算 FEER 要求进行相当多的参数估计和判断，包括：（1）经常项目模型；（2）本国和主要贸易伙伴国潜在产出的估计；（3）关于资本项目均衡值的估计或判断。在前两个方面已经有许多相关的理论和经验分析，在概念和计算方法上已经很明确。但是，资本项目的含义和计算方法仍值得研究。从国际一致协调的角度看，一般经常账户占国内生产总值的比率达到 1% ~2% 是相对合理的。

FEER 模型提供了一种简明和系统的估计均衡汇率的方法，为政策制定者评价汇率提供了依据。但是，FEER 模型的局部均衡方法也存在明显的缺点，其中，最大的不足在于 FEER 模型所测算的汇率是与理想的经济条件相一致的均衡汇率，但是资本项目均衡值的估计或判断等都涉及价值判断问题，带有较强的主观性。而且该方法的主要缺陷在于估计结果对模型参数设定比较敏感，有时参数的微小变动会引起估计结果的较大变化。

FEER 方法中资本账户差额的含义和计算方法尚无统一标准。Williamson（1994）曾根据债务周期因素决定的投资需求和人口的年龄结构对储蓄行为的影响等因素，并结合可持续性和一致性判断，推断出 14 个国家和地区 1995 年的经常账户目标。Bayoumi（1994）根据史密森协定磋商期间美国所提出的各国经常项目收支目标，假定目标经常项目等于经常项目顺差占国内生产总值的 1%，但这些经常账户目标都具有主观性。Isard 和 Faruqee 等（1998）将经常项目均衡视为在充分就业条件下所需要的储蓄和投资之差。储蓄和投资可以根据在充分就业条件下实际产出与潜在产出的缺口以及财政赤字等变量的函数得到，这为经常账户目标的设置提供了一种客观的方法。

（二）均衡实际汇率模型

均衡实际汇率（Equilibrium Real Exchange Rate，ERER）模型最早是由 Edwards 于 1989 年提出来的。按照 Edwards（1989）的定义，ERER 是指在给定其他变量（如税收、国际贸易条件、资本流动和技术等）的可持续或均衡值时，使得内外部均衡同时实现的贸易品对非贸易品的相对价格。内部均衡是指非贸易品市场在当期出清，并且在未来处于均衡状态；外部均衡是指当前和未来经常账户差额同长期可持续的资本流动相一致。

ERER 模型构造了包括资产决定、需求部门、供给部门、政府部门和外部部门 5 个部门的 16 个方程。当非贸易品市场出清、外部部门实现均衡、财政政策可持续和资产组合实现均衡这四个条件同时成立时，经济处于稳定状态，此时汇率达到了长期可持续均衡状态。利用这些条件，结合所构造的方程就可以得出长期均衡汇率是贸易条件、资本流动、关税水平、劳动生产率和政府消费等基本经济因素的函数。在短期内，货币变量等的变化也将影响实际汇率的变化。

ERER 理论主要针对发展中国家的现实状况，首次系统地考虑了诸如平行汇率、贸易限制、交易管制以及资本流动等政策性变量影响均衡汇率的动态调节机制。但是，由于 ERER 主要是针对南美等小国提出的均衡汇率决定理论，其前提条件一般包括贸易条件不变等，因而不适合发展中的大国经济体。此外，在运用 ERER 理论计算均衡汇率时，不仅面临基期的选择，更重要的是要进行贸易品与非贸易品的划分，这往往带有较强的主观性。

（三）发展中国家均衡汇率模型

鉴于 Edwards（1989）的发展中国家的均衡汇率模型没有解决理论与实证相结合这一问题[①]，Elbadawi（1994）提出了修正的 ERER 模型（简称 ELBADAWI 模型）。ELBADAWI 模型从国内总吸收的等式开始，即：

$$A = EXP_p + EXP_G$$

其中，A 表示国内吸收；EXP_p 表示私人部门的国内支出；EXP_G 表示政府部门的国内支出。假设政府支出与国内生产总值（Y）间存在固定的比例，即：

$$EXP_G = gY$$

进一步，假设政府非贸易品支出（EXP_{GN}）与政府支出（EXP_G）之间存在固定比例，即：

① Edwards 模型中包含 5 个部门的 16 个方程，应用中存在一些不可克服的矛盾。一是模型中某些变量的数据不易获取；二是反映发展中国家转型经济特点的某些变量，可能会出现回归不显著的现象；三是模型所得的均衡实际汇率是无法直接观察的，如何测度它的精确性还值得研究。

$EXP_{GN} = g_N \cdot EXP_G = g_N \cdot gY$

此外，Elbadawi 还假设私人部门的非贸易品消费（EXP_{PN}）占私人部门总消费的比例由系统内生决定，并且是出口品国内价格（P_x）、进口品国内价格（P_m）和非贸易品国内价格（P_N）的函数：

$$\begin{aligned}EXP_{PN} &= d_{PN}(P_x, P_m, P_N) \cdot EXP_P \\ &= d_{PN}(P_x, P_m, P_N) \cdot (A - EXP_G) \\ &= d_{PN}(P_x, P_m, P_N) \cdot (A - gY)\end{aligned}$$

则对非贸易品的总需求 EXP_N 的函数为：

$$EXP_N = EXP_{GN} + EXP_{PN} = g_N \cdot gY + d_{PN}(P_x, P_m, P_N) \cdot (A - gY)$$

非贸易品供给（SN）与国内生产总值（Y）之间的比率也是出口品国内价格（P_x）、进口品国内价格（P_m）和非贸易品国内价格（P_N）的函数：

$$S_N = s_N(P_x, P_m, P_N) \cdot Y$$

当非贸易品的供给与需求相等，即 $EXP_N = S_N$ 时，非贸易品市场就实现了均衡，实现均衡的条件是：

$$d_{PN}(P_x, P_m, P_N) \cdot \left(\frac{A}{Y} - g\right) + g_N \cdot g = s_N(P_x, P_m, P_N)$$

再来看贸易品，出口品和进口品的国际价格不妨分别记为 P_x^* 和 P_m^*（以美元计价），对于发展中国家，尤其是小国，P_x^* 和 P_m^* 可以看做是外生变量，以 t_x 和 t_m 分别表示出口和进口的净税率，则：

$$P_x = E \cdot (1 - t_x) \cdot P_x^*$$

$$P_m = E \cdot (1 + t_m) \cdot P_m^*$$

其中，E 表示名义汇率，定义实际汇率 e 为：

$$e = \frac{P_N}{E \cdot P_x^{*\ a} P_m^{*\ (1-a)}}$$

进一步，我们可以求出使非贸易品市场实现均衡的汇率水平：

$$e = f\left(\frac{A}{Y}, TOT, t_x, t_m, \frac{EXP_G}{Y}\right)$$

其中，TOT 代表贸易条件，代表 P_x、P_m、P_x^*、P_m^* 对实际汇率的影响。为了便于实证分析，将上式改写为线性形式：

$$\ln e = \alpha_0 + \alpha_1 \ln\left(\frac{A}{Y}\right) + \alpha_2 \ln(TOT) + \alpha_3 \ln(OPEN) + \alpha_4 \ln\left(\frac{EXP_G}{Y}\right)$$

其中，$OPEN = \dfrac{IM + EX}{GDP}$，用以综合反映进出口关税税率（$t_x$ 和 t_m）和贸易政策、汇兑管制政策等对均衡汇率的影响。

由于一国经常项目差额等于总产出和总吸收的差，即 CA = Y - A。在一国实现收支平衡时，正（负）的经常项目的差额将等于负（正）的资本与金融账户差额[①]，即 CA = -KA。而 KA 受净资本流入、国际利差和汇率预期变动等因素影响，因此对于 KA 有：

$$\frac{KA}{Y}=f\left(\frac{NKI}{Y},r^{*},\delta\cdot(\ln(e_{t+1})-\ln(e_{t}))\right)$$

式中 NKI 表示可持续的净资本流入（或可持续的国际直接投资流量）；r^* 表示国际利差；δ 是非贸易品占总消费的比重；$\ln(e_{t+1})$ 是在时间 t 时 $\ln(e_t)$ 的期望值。由于在均衡状态下 $CA=-KA$，因此：

$$\frac{A}{Y}=1-f\left(\frac{NKI}{Y},r^{*},\delta\cdot(\ln(e_{t+1})-\ln(e_{t}))\right)$$

上式线性形式为：

$$\ln\left(\frac{A}{Y}\right)=\beta_0+\beta_1\frac{NKI}{Y}+\beta_2 r^{*}+\beta_3(\ln(e_{t+1})-\ln(e_{t}))$$

这样，我们可得到实际汇率的动态方程：

$$\ln e_t-\lambda_t\ln e_{t+1}=\delta_0+\delta_1\ln(TOT)_t+\delta_2\ln(OPEN)_t+\delta_3\left(\frac{NKI}{Y}\right)_t+\delta_4 r_t^{*}+\delta_5\ln\left(\frac{EXP_G}{Y}\right)_t$$

当上式右边的变量具有可持续性时，对应的实际汇率就是均衡汇率。令 δ、F 表示向量，且 $\delta=(\delta_0,\ \delta_1,\ \delta_2,\ \delta_3,\ \delta_4,\ \delta_5)$

$$F=\left(1,\ln(TOT),\ln(OPEN),\frac{NKI}{Y},r^{*},\ln\left(\frac{EXP_G}{Y}\right)\right)$$

在向量 F 的值具有可持续性（记为 $\overline{F}$）时，根据上式利用递推的方法，就可以得到均衡汇率 $\overline{e}$ 的动态方程：

$$\ln\overline{e}_t=\sum_{j=0}^{\infty}\lambda^{j}\delta_t\overline{F}_{t+j}$$

这一动态方程表明：均衡汇率是由贸易条件（TOT）、经济开放度（$OPEN$）、净资本流入占 GDP 比重（$\frac{NKI}{Y}$）、政府支出占 GDP 的比重（$\frac{EXP_G}{Y}$）和国内外利率差（r^*）决定的。

ELBADAWI 的优点：一方面，ELBADAWI 结合了发展中国家的均衡汇率理论，根据发展中国家的特点给定外生变量和政策变量；另一方面，很好地解决了理论和实证相结合的问题。

ELBADAWI 的缺陷：部分假定过于理想化，一些函数的设定（如资本项目函

---

① 复式记账法下，不考虑误差与遗漏因素时，经常账户差额必然引起数量相同、方向相反的资本与金融账户差额。

数）带有主观性，导致其最终的简化函数与 BEER 具有一定的相似性。

（四）自然均衡汇率模型

自然均衡汇率（Natural Real Exchange Rate，NATREX）是内外同时均衡时的汇率，它通过对宏观经济处于均衡状态下的自然失业率的估计，计算出相应的自然均衡实际汇率。NATREX 模型由一系列方程所构成，主要包括：

1. 充分就业时的产品市场均衡条件

$$(S-I)(K,F,R;Z)=CA(Q,K,F,R;Z)$$

$$(S-I)^*(K^*,F,R,R^*;Z^*)=-CA(Q,K,F,R;Z)$$

其中，S、I、CA 分别为储蓄、投资和经常账户；K 为资本密度；F 为债务密度；R 为实际利率；Q 为实际汇率；Z 为其他经济基本变量；带星号的变量表示外国相应的变量值。

2. 消费行为

消费者在跨期预算约束 Ω 下，选择消费路径，以最大化其终身效用值：

$$V(X(t))=\max_{\Omega}E_t\left[\int_t^{\infty}U(C(t))e^{-\rho t}dt\right]$$

其中 $X(t)=K(t)-F(t)$。根据随机最优增长模型，可以推出最优消费路径满足：

$$C(t)=\rho X(t)=\rho(K(t)-F(t))$$

3. 储蓄

$$\begin{aligned}S&=GNP-C=(GDP-RF)-C\\&=(Y-RF)-\rho(K-F)\\&=(Y-\rho K)+(\rho-R)F\end{aligned}$$

4. 投资

根据随机最优增长模型，投资取决于托宾 q 值。而托宾 q 值是资本密度、实际汇率、实际利率和基础经济因素的函数。

$$\frac{dK}{dt}=I(q_{Tobin}),I(1)=0,I'(q_{Tobin})>0$$

$$q_{Tobin}=q_{Tobin}(K,Q,R;Z)$$

这样，投资函数就可以写成：

$$\frac{dK}{dt}=I(\mathrm{K},\mathrm{Q},\mathrm{R};\mathrm{Z}),I_K<0,I_Q<0,I_R<0$$

5. 贸易平衡

贸易平衡主要是产品和服务的净出口平衡。国内贸易品产出是该部门投入的函数。假定本国的国内外贸易品消费与本国的国民收入成比例，该比例系数为实际汇率的函数。则贸易平衡方程为：

$$B = y_T - v(Q)Y$$

$$y_T = y_T(L_T, K_T)$$

$$L_T = L(\frac{W}{P_T}, K_T)$$

其中，y_T 表示贸易品生产部门的单位有效劳动产出；L_T 是贸易品生产部门所投入的劳动；K_T 是贸易品生产部门的资本比例；W 为名义工资；P_T 为贸易品价格指数。由上述三式，贸易平衡可写成：

$$B = B(Q, K, Y; Z)$$

6. 跨期预算约束

可以用两种方式表示外债比例的变化率。一种是直接把其看成是经常账户赤字，另一种是投资和储蓄之差。

$$\frac{dF}{dt} = RF - B(Q, K, Y; Z)$$

$$\frac{dF}{dt} = I(Q, K, R; Z) - S(K, F; Z), S_F > 0$$

在实证研究中，各国的经济环境不同，需要采用不同的 NATREX 模型。比如，Stein（2002）将欧元区 NATREX 模型变形为：

产品市场：$CA(Q;Z) - RF + I(Q;Z) - S(F;Z) = 0$

资本形成：$\frac{dF}{dt} = I(Q;Z) - S(F;Z) - gF$

经济增长：$\frac{dY/dt}{Y} = g$

由此可见，在具体应用中 NATREX 模型没有固定的形式，根据各国实际可以对 NATREX 模型进行适当的修正。但无论如何变化，大都围绕消费（储蓄）方程、投资（资本形成）方程、净出口（经常账户）方程、资本平衡（利率平价）方程和恒等方程来建立联立方程对 NATREX 进行测算。

NATREX 的优点：一是 NATREX 是一种均衡汇率的决定理论，刻画了动态均衡，由此推导出的测算方法具有坚实的理论基础；二是 NATREX 结合了存量和流量概念，兼顾了经常账户和资本账户的互动关系。

NATREX 的缺陷：一是采用联立方程模型进行估计，对方程设定和数据要求较高；二是它是不考虑周期性因素情况下的一种长期均衡汇率，故没有办法提供短期的政策指导。

（五）行为均衡汇率模型

Clark 和 MacDonald（1988）[①] 发展了一种通过简约方程估算均衡汇率的方法——行为均衡汇率法（Behavioral Equilibrium Exchange Rate，BEER）。它并不计算内、外均衡同时实现时的实际汇率，而是运用一系列对实际汇率有影响的基本经济变量来解释实际汇率的变动。认为现实中的实际汇率是由长期和中期的基本经济因素、短期性因素以及随机干扰因素共同决定的。其表达式为：

$$Q_t = b_1 Z_{1t} + b_2 Z_{2t} + b_3 T_t + \mu_t$$

其中，Q_t 表示在现实中可观测到的实际汇率；Z_{1t} 与 Z_{2t} 分别代表在长期和中期内影响汇率的基本经济因素；T_t 表示影响实际汇率的短期性因素；b_1、b_2 和 b_3 是影响因素前的系数；μ_t 则是随机项。

如果定义当前均衡实际汇率是由中、长期基本经济因素的当前值确定的均衡汇率，即：

$$Q'_t = b_1 Z'_{1t} + b_2 Z'_{2t}$$

那么实际观测到的汇率与当前均衡汇率之差便可定义为当前汇率错位，即：

$$CMIS = Q_t - Q'_t = b_3 T_t + \mu_t$$

实际观测到的汇率与长期均衡实际汇率之差定义为长期均衡汇率错位：

$$LMIS = Q_t - b_1 \overline{Z}_{1t} - b_2 \overline{Z}_{2t}$$

其中，$\overline{Z}_{1t}$、$\overline{Z}_{2t}$ 分别表示长期和中期基本经济因素的长期均衡值。将 Qt 的表达式代入上述方程，得到：

$$LMIS = b_1(Z_{1t} - \overline{Z}_{1t}) + b_2(Z_{2t} - \overline{Z}_{2t}) + b_3 T_t + \mu_t$$

因此，BEER 理论认为汇率失调由四个因素决定：长期基本经济因素与长期均衡值的偏离程度、中期基本经济因素与长期均衡值的偏离程度、短期性因素和随机干扰因素。在具体应用中，主要通过计量经济学方法建立函数关系得到均衡实际汇率估计值。

相对于 FEER，BEER 不仅考虑了中期基本经济因素，而且还考虑了短期暂时性因素与长期基本经济因素，因而对于分析汇率波动更具有现实性。BEER 将汇率失调划分为三个不同的部分，有利于区分汇率失调的性质以及采取相应的政策，因而更具有可操作性。BEER 将存量因素引入均衡汇率的决定因素当中，弥补了 FEER 忽视存量因素的缺陷。

---

① Macdonald（1997）通过理论分析和推导给出了影响均衡汇率的相关基本经济变量，成为相关 BEER 方法选取变量的理论基础。Macdonald 认为，决定均衡汇率的基本经济变量包括反映巴拉萨—萨缪尔森效应（B-S 效应）的劳动生产率差异、总需求差异、相对财政收支、私人部门的储蓄、石油价格、本国与国外利差、本国与外国政府债务比等。

BEER 的不足之处在于：（1）BEER 只考虑到资产市场的均衡，而没有考虑到货币市场的均衡，也是局部均衡分析方法，因而分析也是不完备的。（2）如同 FEER，对短期变量以及中长期基本经济因素的划分具有较强的主观性。（3）BEER 也是通过给定外生变量的办法来估计均衡汇率，因而就方法本身而言，BEER 也不是均衡汇率的决定理论；由此衍生出 BEER 也无法给出均衡汇率的动态调整过程。（4）由于 BEER 所定义的均衡汇率取决于计量经济学中的协整方法，均衡汇率的计算结果对模型方程的设定具有较强的敏感性，并且容易出现多重解，BEER 无法对这种情况给出合理的经济逻辑解释。多重均衡汇率的可能出现，是所有利用协整方法的均衡汇率理论所具有的共同缺陷。（5）最后需要注意的是，BEER 并没有直接要求内外均衡的同时实现，这与要求内外均衡同时实现的 FEER 存在根本的区别。原因在于：一是 BEER 的出发点是假定非抵补利率平价（UIP）成立，因而对外部失衡的融资没有明确的约束限制；二是 BEER 模型体现了这样的调节机制，即为实现外部均衡，它形成了同政府债务规模和净国外资产变化相适应的实际汇率均衡变化，结果导致外部均衡至少在长期的情况下才会实现。

五、人民币均衡汇率估算

综合来看，目前针对发展中国家均衡汇率的研究，大体上以以下三种理论为基础：行为均衡汇率理论（BEER）、发展中国家均衡汇率理论（ELBADAWI）和自然均衡汇率理论（NATREX）。前两类都是行为均衡类模型，后一种属于自然均衡类模型（见表 2）。

表 2　各模型的优缺点及比较

模型	优点	缺陷
BEER	一是既考虑了短期性因素，又考虑了长期和中期基本经济因素；二是具有较强的操作性	基本经济因素的划分具有较强的主观性，BEER 方法没有直接地考虑外部均衡问题
ELBADAWI	一方面 ELBADAWI 结合了发展中国家的均衡汇率理论；另一方面很好地解决了理论和实证相结合的问题	部分假定过于理想化，一些函数的设定（如资本项目函数）带有主观性
NATREX	一是 NATREX 是一种均衡汇率的决定理论，刻画了动态均衡，由此推导出的测算方法具有坚实的理论基础；二是 NATREX 结合了存量和流量概念，兼顾了经常账户与资本账户的互动关系	一是采用联立方程模型进行估计，对方程设定和数据要求较高；二是它是不考虑周期性因素情况下的一种长期均衡汇率，因此没有办法提供短期的政策指导

（一）基于 BEER 模型的估计

1. 变量选择和数据来源说明

根据前文汇率的影响因素，结合国内学者的建议（施建淮、余海丰，2005；唐亚晖、陈守东，2010），模型选取的变量有：反映 B－S 效应的劳动生产率（PROD）、开放度（OPEN）、国外净资产（NFA）、相对贸易条件（TOT）、政府支出（GOV）、货币供应量（M2）。指标说明及来源详见表 3。用函数可表示为①：

$$BEER = F(PROD^{+}, OPEN^{-}, NFA^{+}, TOT^{?}, GOV^{?}, M2^{-})$$

表 3　相关变量及数据来源说明

指标名称	符号	来源	单位	描述
人民币实际有效汇率	REER	国际清算银行	—	以 1994 年为基期，间接标价法，REER 上升表示人民币升值；下降表示贬值
劳动生产率	PROD	国家统计局	—	GDP/城镇单位就业人口
开放度	OPEN	国家统计局	%	用进出口总额占 GDP 的比率来衡量，进出口总额用当年平均汇率折算后再根据 GDP 平减指数换算成 1994 年的不变价
相对贸易条件	TOT	中经网	—	出口价格指数比进口价格指数
政府支出	GOV	国家统计局	亿元	用国家财政支出占 GDP 的比重来衡量，财政支出根据 GDP 平减指数换算成 1994 年的不变价
货币供应量	M2	中国人民银行	亿元	1994～1998 年数据来源于中国统计年鉴；1998～2015 年数据来源于中国人民银行网站
国民生产总值	Y	国家统计局	亿元	根据 GDP 平减指数换算成 1994 年的不变价
经常项目差额	CA	中国人民银行	%	经常项目差额主要受净资本流入影响，用经常项目差额/GDP 来替代净资本流入占 GDP 的比重，经常项目差额用当年平均汇率折算后再根据 GDP 平减指数换算成 1994 年的不变价
国内外利率差	DIS	中国人民银行、美国房地美	—	使用中国 1 年期存款利率和美国 3 个月存款年利率来衡量国内外利率差。为了避免负值，本文使用两者的商来表示国内外利率差

① 基本变量上标为＋表示对汇率的影响为正效应，上标为－表示对汇率的影响为负效应，上标为？表示对汇率的影响不确定。

续表

指标名称	符号	来源	单位	描述
社会消费品零售总额	C	国家统计局	亿元	根据 GDP 平减指数换算成 1994 年的不变价
固定资产投资完成额	I	国家统计局	亿元	根据 GDP 平减指数换算成 1994 年的不变价
贸易顺差	B	国家统计局	亿美元	现价，以美元为单位是为了更好地衡量 REER 对贸易顺差的影响
资本边际产量	MPK	作者计算	—	MPK 可以用 $\Delta Y_t/I_{t-1}$ 来代替。考虑到资本边际产量的平稳性，我们使用年度 GDP 增量/资本形成总额，接着使用 EVIEWS 变频处理为季度数据
中国利率	R	中国人民银行	—	为了更好地反应利率的市场化程度，我们用加权平均银行间同业拆借利率来替代，1992～1995 年缺少同业拆借利率数据，我们取上海融资中心的所有期限的加权利率（谢平、罗雄，2002）
世界利率	R^*	美国房地美	—	用美国 1 年期抵押贷款浮动利率来代替
世界 GDP	Y^*	中经网	—	用 OECD 支出法 GDP 定基指数代替（1994 = 100）
外债率	F	国家外汇管理局	%	年末的外债余额 × 美元兑人民币名义汇率/当年 GDP，再使用 EVIEWS 变频处理为季度数据

注：①1994 年初实行外汇调剂价格和官方汇率并轨，因此样本区间为 1994 年一季度到 2015 年三季度。

②模型中除 TOT、DIS、CA 外，其他变量均进行了季节调整，此外为了消除端点值对季调结果的影响，我们把部分时序做了相应扩充。

③为消除异方差，且便于计算弹性，模型中除 CA、MPK、R 和 R^* 外其他变量均取自然对数。

④部分指标没有季度数据，只有月度数据，需月度数据进行累加得到季度数据。

⑤MPK 的计算参考张军：《资本形成、投资效率和中国的经济增长——实证研究》，清华大学出版社 2005 年版。

2. 模型检验与估计

（1）平稳性检验。为避免“伪回归”（Phillips，1986），我们对所有变量进行了 ADF 单位根检验。结果显示，所有变量都在 1% 的显著性水平下 1 阶单整。

表 4　　变量的单位根检验

变量	检验形式（C，T，L）	ADF 统计量	1% 显著水平下的临界值	5% 显著水平下的临界值	10% 显著水平下的临界值
REER	（C，T，1）	-2.01	-4.08	-3.47	-3.16
GOV	（C，T，4）	-1.63	-4.08	-3.47	-3.16

续表

变量	检验形式 (C, T, L)	ADF 统计量	1% 显著水平下的临界值	5% 显著水平下的临界值	10% 显著水平下的临界值
CA	(C, 0, 5)	-2.21	-3.51	-2.90	-2.59
OPEN	(C, 0, 5)	-1.23	-3.51	-2.90	-2.59
PROD	(C, 0, 4)	-1.81	-3.51	-2.90	-2.59
M2	(C, T, 5)	-2.50	-4.08	-3.47	-3.16
TOT①	(0, 0, 4)	-0.31	-2.60	-1.95	-1.61
D (REER)	(0, 0, 0)	-6.63***	-2.60	-1.95	-1.61
D (GOV)	(C, 0, 3)	-5.58***	-3.51	-2.90	-2.59
D (CA)	(0, 0, 4)	-3.88***	-2.60	-1.95	-1.61
D (OPEN)	(0, 0, 4)	-3.82***	-2.60	-1.95	-1.61
D (PROD)	(0, 0, 3)	-1.98**	-2.60	-1.95	-1.61
D (M2)	(0, 0, 4)	-2.77***	-2.60	-1.95	-1.61
D (TOT)	(0, 0, 3)	-8.08***	-2.60	-1.95	-1.61

注：D 表示一阶差分；C、T、L 分别表示单位根检验模型中的截距项、时间趋势项和滞后阶数；*、**和***分别表示在 10%、5% 和 1% 的水平上显著。

(2) 人民币均衡汇率的协整方程。首先，根据 AIC 信息准则，我们选择了无约束 VAR 的最优滞后期为 2 阶。据此，Johansen 检验的滞后期选择为 1，检验结果表明，在 1% 的显著性水平下，变量间存在四个协整关系。

表 5　　Johansen 协整检验结果

协整方程个数	特征值	最大特征统计量	5% 概率	似然概率
没有*	0.706921	233.3803	125.6154	0
最多一个*	0.398200	131.5132	95.75366	0
最多两个*	0.373175	89.36340	69.81889	0.0007
最多三个*	0.251342	50.59510	47.85613	0.0270
最多四个	0.127158	26.56887	29.79707	0.11261

注：上标*表示在 5% 的显著性水平下拒绝原假设。

由于部分解释变量 t 值不显著，采用逐步剔除的方法进行估计，最终，我们得

① 这里忽视了截距和趋势的影响，但加入截距或趋势后，TOT 不存在单位根，为方便后文分析，这里认为在无截距、无趋势的情况下，TOT 为非平稳变量。

到人民币实际有效汇率与基本经济变量之间的长期协整关系如下：

$$REER = 4.19 + 0.13PROD - 0.69OPEN + 0.44GOV + 0.70CA + 0.72TOT$$

$$(11.14) \quad (-51.13) \quad (13.73) \quad (8.11) \quad (17.2)$$

从协整系数可以看出，各经济变量对人民币汇率的影响与理论相符。具体表现为：①劳动生产率（PROD）每提高1%，人民币实际汇率升值0.13%，因为贸易部门的劳动生产率提高，将提高本国的出口竞争力，导致出口增加和本币升值。②对外开放度（OPEN）每提高1%，人民币实际汇率将贬值0.69%。一般而言，开放度较低的国家积累的外汇储备自然有限，为了进口关键设备和引进先进技术，不得不高估本币汇率，并且实行严格的贸易管制，以限制国内对国外普通商品的进口需求。但随着开放度的不断提高，贸易自由化以后，为了促进出口，积累外汇，便要求本币贬值到一个较低的水平，因此开放度与实际汇率成反向关系。③政府支出（GOV）每提高1%，人民币实际汇率升值0.44%。一般来说，如果与私人支出相比，政府支出更倾向于非贸易品，贸易品的价格会相对于非贸易品价格下降，实际汇率上升；反之，如果政府支出更倾向于贸易品，则实际汇率下降。政府支出与汇率存在正相关，可能与我国政府支出主要用于基础设施投资等非贸易品有关。④经常项目差额（CA）每提高1%，人民币实际汇率升值0.70%。经常项目差额提高，表明资本净流入增加，导致人民币需求增加，推动汇率升值。⑤相对贸易条件（TOT）每提高1%，人民币实际汇率升值1.5%。王维国（2005）等人的研究表明，贸易条件改善，对贸易收支产生收入效应和替代效应，收入效应使贸易收支改善，替代效应使贸易收支恶化，一般来说，收入效应大于替代效应，贸易条件改善导致汇率升值。

3. 人民币均衡汇率及汇率失衡程度

MacDonald 与 Clark（1998）将均衡汇率分为当前均衡汇率和长期均衡汇率。其中，将基本经济变量的当前值代入协整方程得到的估计值为当前均衡汇率[①]，将基本经济变量的长期趋势值代入协整方程得到的估计值为长期均衡汇率。我们使用 HP 滤波方法提取 PROD、OPEN、GOV、CA 和 TOT 的长期趋势，然后将它们的长期趋势值代入协整方程，即可得到人民币实际汇率 BEER 的长期均衡值[②]，而实际有效汇率与长期均衡汇率之差除以长期均衡汇率即为人民币实际有效汇率失衡程度，结果见图 2。

① 鉴于我们主要研究长期均衡汇率，因此我们主要估算了长期人民币实际有效汇率的失衡程度。

② 为了消除端点值的波动对长期趋势的影响，本文对相关解释变量往后预测一期，即得到 2015 年四季度各解释变量的预测值，并对新的序列进行 HP 滤波处理，根据估计式计算得到最终的 BEER。

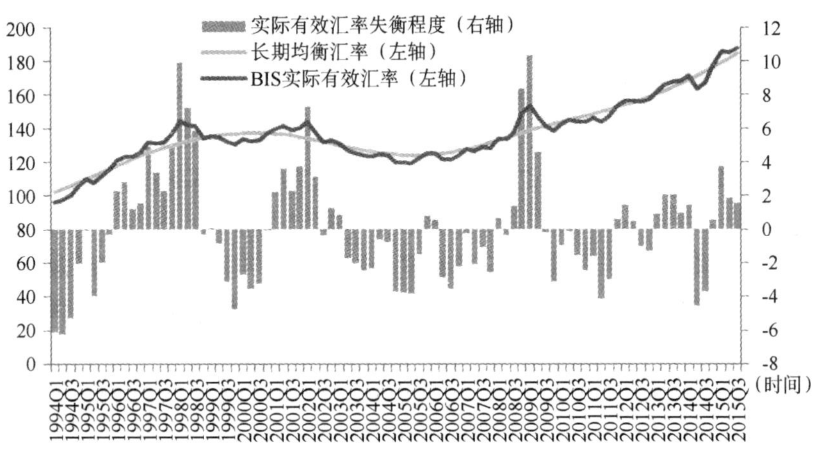

图 2 BEER 均衡汇率及失衡程度

注：①实际有效汇率失衡程度 =（BIS 实际有效汇率 - 长期均衡汇率）×100/长期均衡汇率

②实际有效汇率失衡程度：零值线下表示低估，零值线上表示高估。

（二）基于 ELBADAWI 模型的估计

根据 ELBADAWI 的均衡汇率理论，均衡汇率由贸易条件（TOT）、经济开放度（OPEN）、净资本流入占 GDP 的比重（CA）、政府支出占 GDP 的比重（GOV）、国内外利率差决定（DIS）。指标说明及来源见表 3。用函数可表示为①：

$$ELBADAWI = F(TOT^{?}, OPEN^{-}, CA^{+}, GOV^{+}, DIS^{-})$$

1. 人民币均衡汇率的协整方程

ADF 单位根检验显示，所有变量都在 1% 的显著水平下 1 阶单整。进一步的 Johansen 协整检验显示，它们之间存在两个协整关系（见表 6）。

表 6　　Johansen 协整检验结果

协整方程个数	特征值	最大特征统计量	5% 概率	似然概率
没有*	0.588707	157.6818	76.97277	0.0000
最多一个*	0.478987	83.94062	54.07904	0.0000
最多两个	0.211768	29.82621	35.19275	0.1690

注：上标*表示在 5% 的显著性水平下拒绝原假设。

据此，可以得到人民币实际有效汇率与其基本经济变量之间的协整关系式。由于部分解释变量 t 值不显著，采用逐步剔除的方法重新估计，最终结果如下：

$$REER = 5.96 - 0.035M2 - 0.479OPEN + 0.580GOV + 0.699CA$$
$$(-2.08) \quad (-14.65) \quad (9.46) \quad (4.62)$$

① 基本变量上标为 + 表示对汇率的影响为正效应，上标为 - 表示对汇率的影响为负效应，上标为？表示对汇率的影响不确定。

从协整方程中可以看出，货币供给和开放度与汇率负相关，政府支出和经常项目差额与汇率正相关，与理论预期基本一致。

2. 人民币均衡汇率及汇率失衡程度

与 BEER 类似，我们使用 HP 滤波方法提取 M2、OPEN、GOV 和 CA 的长期趋势，然后将它们的长期趋势值代入协整方程即可得到人民币实际汇率的 ELBADAWI 长期均衡值①，而实际有效汇率与长期均衡汇率之差除以长期均衡汇率即为人民币实际有效汇率失衡程度，结果见图 3。

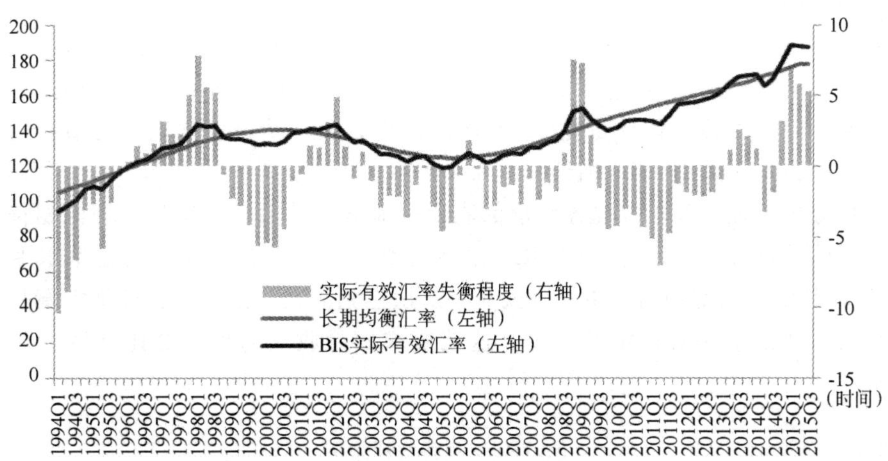

图 3　ELBADAWI 均衡汇率及失衡程度

注：①实际有效汇率失衡程度 =（BIS 实际有效汇率 - 长期均衡汇率）×100/长期均衡汇率

②实际有效汇率失衡程度：零值线下表示低估，零值线上表示高估。

（三）基于 NATREX 模型的估计

结合 NATREX 模型的理论基础和发展中国家的实际情况，我们采用 Gandolfo 和 Feettigh（1998）、孙茂辉（2006）的 NATREX 模型的结构方程来测算人民币自然均衡汇率水平。结构方程如下：

$$\begin{cases} I_t = \alpha_{I,1} I_{t-1} + \alpha_{I,2}(MPK_t - R_t) + \varepsilon_{I,t} \\ C_t = \alpha_{C,1} C_{t-1} + \alpha_{C,2} Y_t + \alpha_{C,3} F_t + \varepsilon_{C,t} \\ B_t = B_{t-1} + \alpha_{B,1} Y_t + \alpha_{B,2} Y_t^* + \alpha_{B,3} REER_t + \varepsilon_{B,t} \\ R_t = \alpha_{R,1} + \alpha_{R,2} R_t^* + \alpha_{R,3} REER_t + \varepsilon_{R,t} \\ Y_t \equiv C_t + I_t + B_t + NFP_t \end{cases}$$

① 为了消除端点值的波动对长期趋势的影响，本文在计算得到长期均衡汇率的基础上往后预测一期，即得到 2015 年四季度的长期均衡汇率，并通过新的序列进行 HP 滤波处理，得到最终的 ELBADAWI。

其中，Y、C、I、B、NFP 分别表示国民收入①、消费、投资、净出口和净要素收入。MPK、R、F、REER 分别表示资本边际产量、实际利率、外债余额、人民币实际有效汇率。带星号的变量表示全球相应的变量值。

1. 模型检验与估计

计量联立方程式模型首先要解决识别问题。在实际应用中，建模应遵循如下原则：建立某个结构方程时，至少含有一个前面所有方程没有涉及的变量，同时使前面的每一个方程都至少包含一个该方程没有的变量，并且互不相同。经分析发现，联立方程组中所有方程都是可识别的。

联立方程估计方法主要有二阶段最小二乘法（TSLS）和三阶段最小二乘法（3SLS）。一般来说，对大样本而言（样本量≥30），3SLS（允许不同结构式方程的随机误差项同期相关）估计量比 TSLS 估计量更有效。结合模型识别类型和估计方法优劣对比，本文采用 3SLS 估计。

计量分析发现，联立方程各变量都能通过显著性检验，且符号与理论相符，说明我们的估计是行之有效的。NATREX 汇率是内外同时实现均衡时的汇率水平（详见表 7）。其中，内部均衡是指充分就业，产出达到潜在产出水平；外部平衡是指经常账户与外债处于相对稳定的状态。这就要求贸易收支与外债之比维持在稳定状态，即：

表 7　　NATREX 模型估计结果

	估计量	系数	T 统计量	调整后 R^2
投资方程	$\alpha_{I,1}$	1.0026***	540.74	0.9987
	$\alpha_{I,2}$	0.0054	1.0417	
	$\alpha_{I,3}$	0.0007	0.0298	
消费方程	$\alpha_{C,1}$	0.9606***	38.6816	0.9996
	$\alpha_{C,2}$	0.0416*	1.7521	
	$\alpha_{C,3}$	-0.0160*	-1.8515	
净出口方程	$\alpha_{B,1}$	0.0893	0.5545	0.7031
	$\alpha_{B,2}$	1.6408**	2.2675	
	$\alpha_{B,3}$	-1.7867**	-3.0866	
	$\alpha_{B,4}$	-1.9286***	-7.0185	

① 当我们考虑了要素的国际流动，采用 GNP 计算国民收入时，国民收入除消费、投资、净出口外，还应包括从国外取得的净要素收入。也就是说，国民收入中因为经济开放而从国外获得的部分由贸易账户差额和从国外取得的净要素收入两者之和构成，即经常账户差额。

续表

	估计量	系数	T 统计量	调整后 R^2
利率平价方程	$\alpha_{R,1}$	90.6770***	4.3081	0.2107
	$\alpha_{R,2}$	-0.0906	-0.2533	
	$\alpha_{R,3}$	-17.4767***	-4.3241	

注：①工具变量为：常数、投资、资本的边际产量、外债、实际利率、滞后一期的世界利率、滞后一期的世界 GDP、滞后一期的净出口、虚拟变量（2004Q1、2011Q1、2012Q1 为 1，其他季度为 0）。

②*、**、***分别表示参数在 10%、5%、1% 的水平下显著不为 0。

③$\alpha_{1,3}$、$\alpha_{B,4}$分别为虚拟变量的系数。设置 2004Q1、2011Q1 和 2012Q1 为 1 的虚拟变量是因为净出口在此季度出现了急剧变化。分析中我们也发现，加虚拟变量的效果明显要好于没有加虚拟变量前的效果。

④为了保证 B（净出口的对数）存在，我们添加了校准参数 90，即净出口统一加上 90 使其全部大于 0。

⑤NFP 占经常账户差额的比例较小（2011 年占比仅为 6.64%），NATREX 模型中已近似的认为 Y = C + I + B。

$$\frac{B_t + b}{D_t + b} = \frac{B_{t-1} + b}{D_{t-1} + b}$$

其中，D 为中国外债余额。将上式代入净出口方程，各系数分别取联立方程模型 3SLS 估计结果，校准参数 b 取 90，得到人民币长期自然均衡实际汇率决定方程为：

$$\text{NATREX}_t = \frac{\ln(D_t + b) - \ln(D_{t-1} + b)}{\alpha_{B,3}} - \frac{\alpha_{B,1}\overline{Y}_t}{\alpha_{B,3}} - \frac{\alpha_{B,2}Y_t^*}{\alpha_{B,3}}$$

其中，$\overline{Y}$为潜在产出水平，表示内部均衡；$\alpha_{B,1}$、$\alpha_{B,2}$、$\alpha_{B,3}$为相应系数的估计值。

2. 人民币均衡汇率及汇率失衡程度

根据 NATREX 模型计算出的人民币实际均衡汇率失衡程度见图 4。

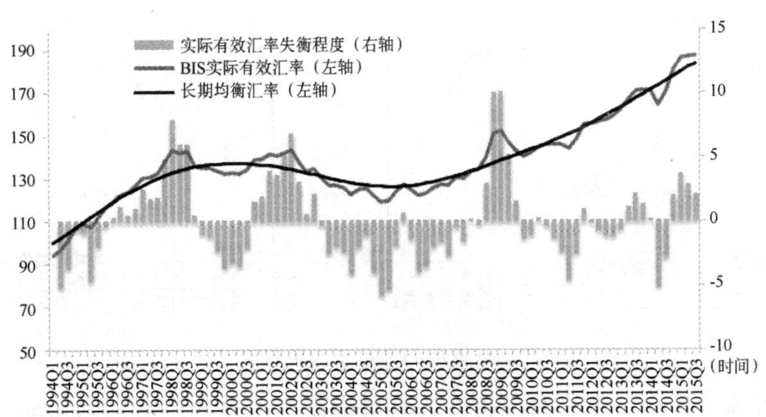

图 4　NATREX 均衡汇率及失衡程度

注：①实际有效汇率失衡程度 =（BIS 实际有效汇率 - 长期均衡汇率）×100/长期均衡汇率

②实际有效汇率失衡程度：零值线下表示低估，零值线上表示高估。

③长期均衡汇率是对 NATREX 汇率进行 HP 滤波得到的。

（四）实证结果小结

本文运用 BEER、ELBADAWI 和 NATREX 三种模型测算了人民币实际有效汇率失衡程度，结果表明，三种模型估算的人民币实际有效汇率失衡程度虽然存在一定差别，但对人民币实际有效汇率失衡的走势判断基本上是一致的（见图 5）。总体来看，人民币实际有效汇率先后经历了 2005 年三季度前的大幅波动、2005 年三季度至 2008 年二季度的基本均衡、2008 年三季度至 2009 年三季度国际金融危机期间的高估、2009 年四季度至 2015 年二季度的小幅波动等四个阶段。2005 年三季度之前，我国汇率制度经历了多轮改革，在此期间，人民币实际有效汇率失衡程度较大，三种模型估算的人民币实际有效汇率平均失衡程度达到 3%[①]；2005 年三季度至 2008 年二季度，我国实行参考一篮子货币的有管理的浮动汇率制度，在此期间，人民币实际有效汇率平均失衡程度缩小至 1.6%，基本可以认为是均衡的；2008 年三季度至 2009 年三季度国际金融危机期间，欧美国家要求人民币升值的压力加大，在此期间，人民币实际有效汇率平均高估程度达到 4.9%；2009 年四季度至 2015 年第二季度，随着人民币汇率市场化改革的不断推进，人民币兑美元即期汇率波动幅度从 0.5% 扩大至 2012 年的 1%，2014 年，波动幅度进一步扩大至 2%。在此期间，人民币实际有效汇率平均失衡程度为 2.2%，较 2005 年第三季度至 2008 年第二季度期间有所扩大。

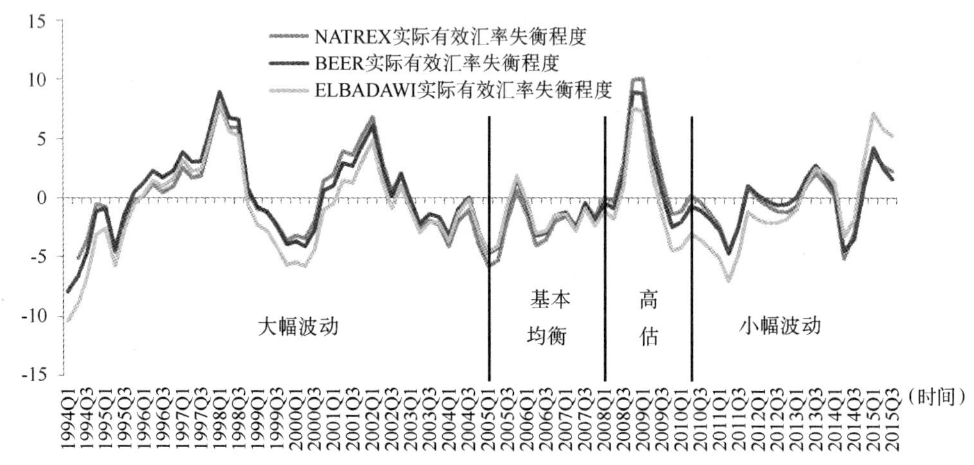

图 5 三种方法均衡汇率失衡程度对比

从近年来人民币汇率失衡程度看，人民币汇率不存在系统性低估或高估现象。根据测算结果，自 2011 年以来，人民币实际有效汇率平均失衡程度在 -4.3% 至

① 根据 BEER、ELBADAWI 和 NATREX 三种模型测算的失衡程度进行平均得出的结果，下文的平均失衡程度计算方法与此相同。

5%之间，失衡程度相对较小，并且小幅高估和小幅低估交错，并没有呈现持续的单向高估或者低估。2015 年二季度，人民币实际有效汇率高估 3.7%。2015 年 8 月，央行进一步完善人民币兑美元汇率中间价报价后，8 月人民币兑美元、欧元、日元等主要国家货币分别贬值了 3.08%、4.05%、2.85%，这一贬值过程是对二季度人民币汇率高估的合理调整，2015 年三季度，人民币实际有效汇率高估程度降至 2.9%。

六、汇率变动的经济影响

本部分我们尝试测算汇率变动的经济影响。

（一）汇率变动对进出口的影响

汇率水平变化引起的进出口产品相对价格的变化会对国际贸易产生影响。汇率变化导致货币升值或贬值，使得进出口产品相对价格发生变化。在进出口产品供给和需求弹性的约束下，进出口产品相对价格的变化将导致进出口贸易额的变化。对于一般商品，价格的升高将导致需求的下降和供给的提高，因此，在一般情况下，本国货币升值将导致出口价格相对提高，出口贸易减少；本国货市贬值将导致出口价格相对下降，出口贸易增加。同理，本国货币升值将导致进口价格相对下降，进口贸易增加；贬值将导致进口价格提高，进口贸易减少。从贸易差额看，当本币升值的时候，通过上述的传导机制，进口贸易增加，出口贸易减少，这将会导致国际贸易逆差的增加，而在本币贬值时，国际贸易收支情况将得到改善。我们用计量模型来定量分析汇率变动对我国进出口的影响。

1. 计量模型的设定

Bahmani - Oskooee 和 Brooks（1999）提出了分析汇率变动对本国贸易收支影响的计量模型，如下式所示：

$$\ln TB = C + \alpha_0 \ln e + \alpha_1 \ln Y^* + \alpha_2 \ln Y + \varepsilon_t^1$$

其中，$\ln TB = X/M$ 为出口与进口的比值；e 为两国实际汇率，Y^* 为外国需求；Y 为本国需求。我们借鉴以上模型分别分析人民币汇率变动对中国出口贸易和进口贸易的影响，出口与进口的计量模型分别如下式所示：

$$\ln X = C + \alpha_0 \ln e + \alpha_1 \ln Y^* + \alpha_2 \ln Y + \varepsilon_t^2$$

$$\ln M = C + \alpha_0 \ln e + \alpha_1 \ln Y^* + \alpha_2 \ln Y + \varepsilon_t^3$$

2. 指标的选取及构建

（1）中国出口额 X 和进口额 M，采用中国出口额和进口额的月度美元数据，并采用进出口价格指数进行平减。

（2）实际汇率 e，采用 BIS 测算的中国实际有效汇率。

（3）国外需求 Y^*，以美国、日本和欧盟 27 国的工业生产指数的加权平均数作为替代指标，每个经济体的工业生产指数都换算为2005年=100的定基比，并以当年各经济体以美元为单位的GDP作为权重进行加权。

（4）中国国内需求Y。采用中国月度工业增加值代替国内需求。在剔除物价因素、进行季节调整后转化为2005年=100的定基比。

样本采用2005年1月至2015年10月的月度数据。所有变量都采用X12方法进行季节调整，同时取自然对数以消除异方差。

3. 汇率对进出口影响的单方程估计

ADF检验结果表明，中国进出口贸易额、中国实际有效汇率、国外需求和中国国内需求均为I（1）过程。Johansen协整检验表明在5%的置信水平上，中国出口贸易额、实际有效汇率、国外需求和中国国内需求之间存在协整关系（见表8），中国进口贸易额、实际有效汇率、国外需求和中国国内需求之间也存在协整关系（见表9），可以进行单方程估计协整关系。

表8　　出口方程的Johansen协整检验结果

协整方程个数	特征值	最大特征统计量	5%概率	似然概率
没有*	0.315472	52.7206	47.8561	0.0163
最多一个	0.196533	28.0839	29.7971	0.0778
最多两个	0.132160	13.8606	15.4947	0.0868
最多三个*	0.068997	4.64706	3.84147	0.0311

注：*表示在5%的显著性水平下拒绝原假设。

表9　　进口方程的Johansen协整检验结果

协整方程个数	特征值	最大特征统计量	5%概率	似然概率
没有*	0.223660	60.47542	47.85613	0.0021
最多一个	0.126165	28.82979	29.79707	0.0643
最多两个	0.088028	11.97189	15.49471	0.1583
最多三个	0.003623	0.453676	3.841466	0.5006

注：上标*表示在5%的显著性水平下拒绝原假设。

出口的单方程估计结果如下：

$$\ln X = 1.6505 - 1.0768\ln e + 1.0874\ln Y + 1.0399Y^{*}$$

$$(0.1206) \qquad (0.0419) \quad (0.0902)$$

$$N = 130, \overline{R}^2 = 0.9670, SEE = 0.0519$$

模型残差平稳，不存在自相关，说明中国出口贸易额、实际有效汇率、国外需求和中国国内需求之间存在长期协整关系。中国出口贸易汇率弹性为-1.0768，即人民币每升值1%，中国对外出口将下降1.0768%。

进口的单方程估计结果如下：

$$\ln M = 3.5722 - 1.0560\ln e + 1.0502\ln Y + 0.5962Y^{*}\ (0.1)$$

$$(0.1196) \qquad (0.0415) \quad (0.0895)$$

$N = 130, \bar{R}^2 = 0.9642, SEE = 0.0515$

模型残差平稳，不存在自相关，说明中国进口贸易额、实际有效汇率、国外需求和中国国内需求之间存在长期协整关系。中国进口贸易汇率弹性为 -1.0560，即人民币每升值 1%，中国进口将下降 1.0560%。这个结论与经济理论不符，因此我们要进一步审视进出口与汇率之间的关系。

观察进出口增速与汇率变动之间的关系，可以看出，在 2008 年至 2009 年美国次贷危机引发的全球金融危机之后，为了维护国内金融稳定，人民币汇率兑美元汇率基本保持稳定，而其他货币兑美元汇率出现明显下跌，因此人民币实际有效汇率明显升值（见图 6）。同时由于国际经济增长放缓，国际贸易增速明显下降，我国进出口增速明显下降。因此在进行计量分析时，进出口都表现出对汇率变动的系数为负。为了准确考察进出口与汇率之间的关系，我们重新选取 2010 年 7 月开始的数据进行估计，因为中国于 2010 年 6 月 19 日宣布将进一步推进汇率改革，提高人民币汇率弹性。

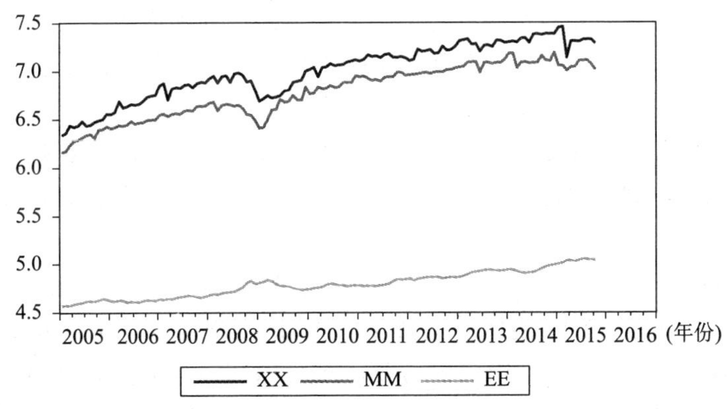

图 6 进出口与汇率变动的关系

注：XX = ln(X_sa)，MM = ln(M_sa)，EE = ln(e_sa)。

使用新的数据区间，出口的单方程估计结果如下：

$$\ln X = 4.9260 - 0.7799\ln e + 1.0988\ln Y$$

$$(0.2112) \quad (0.1310)$$

$N = 64, \bar{R}^2 = 0.8039, SEE = 0.0445$

其中，国外需求对出口的影响不显著，因此在最后得到的模型中剔除。模型残差平稳，不存在自相关，说明中国出口贸易额、实际有效汇率和中国国内需求之间存在长期协整关系。中国出口贸易汇率弹性为 -0.7799，表明人民币每升值 1%，中国对外出口将下降 0.7799%，表明汇率升值对我国的出口有抑制作用，汇率贬值对我国的出口有促进作用。

进口的单方程估计结果如下：

$$\ln M = 4.8548 - 0.5015\ln e + 0.8278\ln Y$$

$$(0.1992) \quad (0.1235)$$

$$N = 64, \bar{R}^2 = 0.7574, SEE = 0.0419$$

其中，国外需求对进口的影响不显著，因此在最后得到的模型中剔除。模型残差平稳，不存在自相关，说明中国进口贸易额、实际有效汇率和中国国内需求之间存在长期协整关系。中国进口贸易汇率弹性为 -0.5015，即人民币每升值 1%，中国进口将下降 0.5015%，即汇率升值对我国的进口有抑制作用，汇率贬值对我国的进口有促进作用。这个结果仍然与经济直觉不一致，主要是因为金融危机过后，尤其是近两年以来，人民币汇率仍然总体保持升值态势，但进口由于国内需求放缓而大幅下滑，导致在数量上表现为汇率升值抑制进口。

中国进出口贸易汇率弹性之差为 -0.7799 - （-0.5015） = -0.2784，即净出口对汇率变动的弹性较小。当前加速人民币升值并不能有效减小中国贸易顺差，自 2009 年以来中国外贸顺差减小主要是由外部需求降低和国内需求上升所致，而非人民币升值的结果。同理，人民币汇率贬值对扩大外贸顺差的作用也有限。

4. 汇率变动影响进出口的 VAR 模型

单方程模型只能反映长期进出口汇率弹性，而不能反映汇率变动对贸易收支的动态变化。VAR 模型不仅能反映长期汇率弹性，还能反映汇率变动对贸易收支的短期影响。因此我们也用 VAR 模型考察汇率变动对进出口的影响。

本部分我们主要考察中国对外贸易差额，贸易差额由剔除进出口价格影响的进出口贸易之差取自然对数来表示，记为 TB。VAR 模型要求变量是同阶单整的，且存在长期协整关系。经检验，中国贸易差额 TB、汇率 E、国外需求 Y^*、国内需求 Y 都是 I（1）变量。Johansen 协整检验表明变量之间存在协整关系（见表 10）。

表 10　　Johansen 协整检验结果

协整方程个数	特征值	最大特征统计量	5% 概率	似然概率
没有*	0.484330	78.27096	47.85613	0.0000
最多一个*	0.269565	35.22219	29.79707	0.0107
最多两个	0.125664	14.80475	15.49471	0.0633
最多三个*	0.089239	6.075855	3.841466	0.0137

注：上标*表示在 5% 的显著性水平下拒绝原假设。

依据 AIC 准则建立 2 阶滞后的 VAR 模型，得到的 VAR（2）模型所有的特征根都位于单位圆内，表明建立的 VAR（2）模型是稳定的。采用 1 单位标准误的汇率冲击分析对中国贸易收支影响，观察期为 12 期。

面对 1 单位标准差汇率冲击（人民币升值），贸易收支差额在第 2 期下降了 1.5%，第 3 期下降 1.1% 了，第 4 期下降了 4.1%，随后几期的贸易收支差额也受到负面影响，但幅度总体越来越小，到第 10 期对贸易收支差额的影响减小到了 -0.1%。根据 VAR 模型的结果可以发现，通过人民币汇率变动对贸易收支的短期影响非常小，一个标准差的汇率升值仅导致贸易收支差额贸易出现小幅的下降，而且变动幅度逐渐表小，持续到第 10 期影响基本结束（详见图 7）。

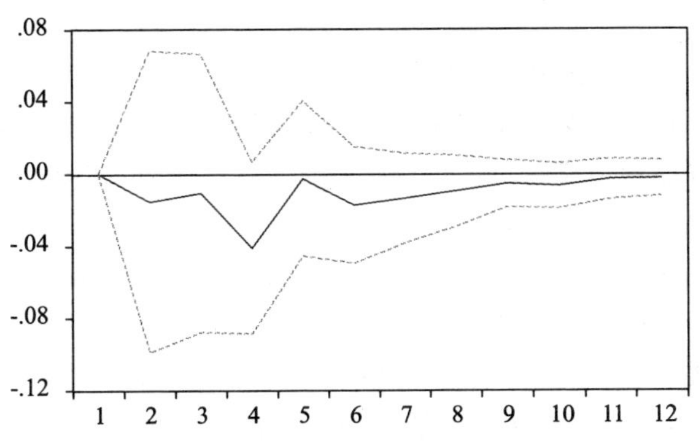

图 7　贸易收支差额对汇率变动的脉冲响应图

注：TTB = ln(TB_sa), EE = ln(e_sa)。

对贸易收支差额的变动进行方差分解（见表 11）可知，从第 6 期开始，方差分解结果基本稳定。其中，汇率的贡献相对非常低，仅占 2% 左右。

表 11　贸易收支差额的方差分解结果

预测期	S. E.	贸易收支差额	汇率	国内需求	国际需求
1	0. 339517	100. 0000	0. 000000	0. 000000	0. 000000
2	0. 341611	99. 31040	0. 201796	0. 468912	0. 018892
3	0. 361706	94. 22467	0. 265902	5. 423510	0. 085922
4	0. 367987	92. 24053	1. 498724	6. 110967	0. 149784
5	0. 368667	91. 90265	1. 498638	6. 142917	0. 455794
6	0. 370164	91. 43384	1. 706817	6. 168296	0. 691045
7	0. 370560	91. 26706	1. 837558	6. 181213	0. 714169
8	0. 370841	91. 17153	1. 902155	6. 171996	0. 754317

续表

预测期	S. E.	贸易收支差额	汇率	国内需求	国际需求
9	0.371107	91.12366	1.921098	6.191479	0.763760
10	0.371230	91.09184	1.952095	6.187404	0.768661
11	0.371249	91.08379	1.958157	6.186789	0.771262
12	0.371274	91.07775	1.962358	6.187280	0.772609

从检验结果来看，无论长期还是短期，通过人民币汇率变动对中国对外贸易的作用都是有限的。人民币汇率升值在长期并不能显著影响中国的出口增长，在短期对贸易收支差额的作用也不甚明显。总之，我国的对外贸易更多地受到国内外需求的影响，汇率贬值对出口有促进作用，但同时也对进口有促进作用，对净出口增长影响较小。

（二）汇率变动对经济增长的影响

汇率变动主要通过影响净出口来影响经济增长。因此，在考察汇率变动对经济增长的影响时，同时也应考虑进出口变量。本文建立 VAR 模型对进出口、实际汇率与经济增长的关系展开实证分析。

因为 GDP 增长率是季度数据，所以我们在这一部分对季度数据进行实证分析。考虑到我国央行于 2005 年 7 月 21 日宣布实行以市场供求为基础、参考一篮子货币进行调节、有管理的浮动汇率制度，开启了新一轮的汇率改革，因此数据范围选择 2005 年三季度至 2015 年三季度。主要选用 4 个指标：中国的 GDP 通过当季同比增长率转化为定基比；中国出口额 X 和进口额 M，和上文处理方式类似，将中国出口额和进口额的月度美元数据转化为季度美元数据，并采用进出口价格指数进行平减；实际汇率 e，采用 BIS 测算的中国实际有效汇率，取月度数据的平均值作为季度数据。所有变量都采用 X12 方法进行季节调整，同时取自然对数以消除异方差。

经检验，选择中国贸易差额 TB、汇率 E、国外需求 Y^*、国内需求 Y 都是 I（1）变量。Johansen 协整检验表明变量之间存在协整关系。

依据 AIC 准则建立 1 阶滞后的 VAR 模型，得到的 VAR（1）模型所有的特征根都位于单位圆内，表明建立的 VAR（1）模型是稳定的。采用 1 单位标准误的汇率冲击分析对中国贸易收支和经济增长的影响。观察期为 40 期。

本期给出口一个冲击后，对 GDP 产生一个稳定的正向效应，这个正效应在第 8 个月达到峰值，随后逐渐下降，总体来看出口对经济增长存在一定程度的正向影响。本期给进口一个冲击后，对 GDP 的正向效应也非常显著，甚至比出口的影响更大。进口贸易对中国经济增长有积极作用，一方面是因为我国加工贸易占比较高，进口对出口有促进作用，另一方面是因为通过进口可以引进的先进技术和管理经验，有助于经济效率的提高。本期给实际汇率一个冲击后，也对 GDP 产生一个稳定的正向效应，这个正效应在第7个月达到峰值，随后逐渐下降。汇率升值对GDP产生正向效应，主要是因为经济的持续快速增长为人民币汇率升值奠定了基础，两者基本同向变动（见图8）。

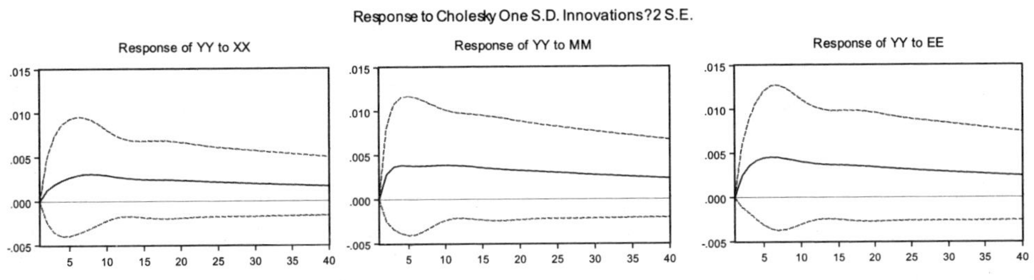

图8　经济增长对出口、进口和汇率变动的脉冲响应图

注：YY = ln(Y_sa),XX = ln(X_sa),MM = ln(M_sa),EE = ln(e_sa)。

对GDP的变动进行方差分解（见表12）可知，从第10期开始，方差分解结果基本稳定。可见汇率、进口和出口对GDP的影响均较低。其中，汇率的贡献占6%左右，出口的贡献占2.6%左右，进口的贡献占5.0%左右。

表12　　经济增长的方差分解结果

预测期	S. E.	经济增长	汇率	出口	进口
1	0.019930	100.0000	0.000000	0.000000	0.000000
2	0.026609	97.81691	0.828499	0.230471	1.124116
3	0.031376	95.38554	1.898758	0.536359	2.179348
4	0.035207	93.29981	2.915951	0.868755	2.915487
5	0.038466	91.57664	3.789974	1.213766	3.419623
6	0.041339	90.16463	4.492334	1.551930	3.791101
7	0.043937	89.02350	5.024389	1.859706	4.092401
8	0.046325	88.11918	5.407082	2.118687	4.355051
9	0.048545	87.41554	5.671935	2.321247	4.591276
10	0.050619	86.87371	5.852563	2.470395	4.803330
11	0.052562	86.45543	5.978675	2.575960	4.989939
12	0.054383	86.12667	6.073134	2.650110	5.150083

从检验结果来看，人民币汇率变动对我国经济增长的作用是有限的，我国经济增长主要还是靠内生动力拉动。

（三）汇率变动对企业利润的影响

表 13　　人民币升值 1%各行业利润变化情况

	在总出口中占比（%）	在总进口中占比（%）	出口率（%）	进口率（%）	利润变化情况（%）
纺织、服装及皮革产品制造业	11.66	1.68	24.04	3.01	-0.21
批发零售贸易、住宿和餐饮业	9.03	0.94	12.92	1.19	-0.12
其他制造业	7.13	3.53	17.48	7.18	-0.10
机械设备制造业	43.22	37.58	22.87	15.07	-0.08
非金属矿物制品业	1.96	0.58	5.74	1.49	-0.04
运输仓储邮政、信息传输、计算机服务和软件业	4.90	3.28	7.69	4.40	-0.03
房地产业、租赁和商务服务业	3.02	2.29	5.42	3.53	-0.02
建筑业	0.57	0.19	0.56	0.16	0.00
电力、热力及水的生产和供应业	0.06	0.02	0.15	0.04	0.00
金融业	0.30	0.36	0.70	0.75	0.00
金属产品制造业	6.40	8.00	6.14	6.42	0.00
食品、饮料制造及烟草制品业	2.05	2.77	3.19	3.70	0.01
其他服务业	0.69	1.73	0.73	1.59	0.01
化学工业	7.23	10.09	8.17	9.23	0.01
炼焦、燃气及石油加工业	0.86	2.36	2.72	6.26	0.04
农、林、牧、渔业	0.57	4.19	0.87	5.41	0.05
采矿业	0.34	20.40	0.87	31.72	0.31

我们根据投入产出表计算人民币升值对不同行业的影响。从成本/收入角度看，人民币升值会压缩出口企业的盈利空间，使企业收入减少；但人民币升值也会降低企业的进口成本，使企业收入增加。因此，衡量一个行业受人民币升值的影响程度，要结合该行业出口率①和进口率②的情况综合考虑，可以用如下公式简单表示：

行业利润影响程度 = 人民币升值幅度 ×（进口率 - 出口率）

如果一个行业的进口率大于出口率，该行业会从人民币升值中获益，反之则受损。假定人民币升值 1%，各行业利润变化情况见表 13，其中正数表示利润上升，负数表示利润下降。从表中可看出，依赖大宗商品进口的重工业会从人民币升值事件中获益，如采矿业受益明显，因为该行业具有较高的进口率和较低的出口率，人民币升值会提高这些行业的进口原材料购买力。而纺织、服装及皮革产品制造业以

① 出口占总产出的比重，表示该行业的出口依存度。

② 进口与总供给的比例，表示该行业国外成本在总成本中的比重。

及批发零售贸易、住宿和餐饮业由于出口率较高而进口率较低受损失较大。机械设备制造业由于出口率和进口率都比较高，所以受损失相对较小。

（四）汇率变动对国内物价的影响

1. 汇率对物价的传导机制

汇率传导（exchange rate pass - through）一般定义为由于汇率变动而导致物价的相应变动。汇率变动可通过直接和间接两个渠道传导至最终消费价格。直接渠道主要通过进口价格实现：若本币升值，则按本币计量的进口价格下降。消费品进口价格下降能直接降低最终消费价格；投入品进口价格下降能促进国内企业生产成本下降，进而降低最终消费价格。间接渠道则通过本国产品在国际市场上的竞争力变化实现。本币升值使本国产品对外国购买者来说变得更加昂贵，而进口产品对本国购买者来说变得更加便宜，造成出口减少、进口增加，减少总需求，造成对物价向下的压力。总之，本币升值有利于缓解国内通货膨胀压力，本币贬值则会增加国内的通货膨胀压力。

2. 汇率变化对物价的影响

我们分别观察汇率变化对消费者价格指数，原材料价格指数和劳动力价格指数的影响。

（1）汇率变化对消费者价格指数的影响。为分析汇率对最终消费价格的影响，我们建立月度 ADL 模型。在考虑汇率时，我们主要考虑人民币名义有效汇率，因为名义有效汇率是以进出口量为权重计算的多边加权汇率，比人民币兑美元的双边汇率更能反映我国汇率的实际水平。我们还考虑美国、欧元区、日本的物价变动和国际大宗商品价格这些外部因素以及国内生产、货币供应量和利率这三个内部因素。最终消费价格选用 CPI 同比指数，国际大宗商品价格使用 CRB 现货价格指数同比变化率，汇率变动选择人民币名义有效汇率、人民币兑美元、欧元和日元汇率与上年同期相比的升值幅度，美国、欧元区和日本的物价变动分别选用 CPI - U、HICP 和 CPI 同比数据，国内生产选择工业增加值增长率（IND），货币供应量选择 M2 的余额同比增速，利率选择 1 年期基准存款利率。数据范围选择 2009 年 1 月至 2015 年 10 月，因为在尝试建模时选用了更长时间范围的样本，但通过邹检验发现国际金融危机之前和之后通货膨胀机制发生了变化，因此选择危机后的时间段，以得到更符合当前情况的结果。在估计模型时剔除不显著的变量，最后得到的模型结果如下，括号中为标准差：

$$CPI_t = -0.2851 + \underset{(0.0356)}{0.8624}CPI_{t-1} + \underset{(0.0048)}{0.0097}CRB_{t-1} + \underset{(0.0169)}{0.0562}IND_{t-1}$$

$N = 82, \overline{R}^2 = 0.9386, SEE = 0.4710$

最终模型得到的结果显示，CPI 的影响因素包括滞后 1 期的 CPI，滞后 1 期的国际大宗商品价格以及工业增加值增速，其他因素包括汇率的影响不显著。在建模过程中，发现加入工业增加值增速后汇率变得不显著，表明 CPI 主要受到国内需求的影响，汇率的变动对 CPI 的影响不显著。

（2）汇率变化对原材料价格的影响。类似地，就汇率对原材料价格的影响问题进行计量分析，同样考虑人民币名义有效汇率变动，美国、欧元区、日本的物价变动和国际大宗商品价格这些外部因素以及国内生产、货币供应量和利率这三个内部因素。原材料价格选用原材料、燃料、动力购进价格同比指数，美国、欧元区和日本的价格指数均选择各国的 PPI 指数，国际大宗商品价格使用 CRB 现货价格指数中原材料指数的同比变化率，其余考虑与最终消费价格模型相同。数据范围选择 2005 年 1 月至 2015 年 9 月。在估计模型时剔除不显著的变量，最后得到的模型结果如下，括号中为标准差：

$$\begin{aligned} RMPI_t = & -0.3961 + \underset{(0.0312)}{0.7319RMPI_{t-1}} - \underset{(0.0252)}{0.1051EER_{t-1}} + \underset{(0.0089)}{0.0432CRBR_{t-1}} \\ & + \underset{(0.0483)}{0.2195EUP_t} + \underset{(0.0254)}{0.0484IND_t} \end{aligned}$$

$N = 129, \overline{R}^2 = 0.9819, SEE = 0.9053$

最终模型得到的结果显示，原材料价格的影响因素包括滞后 1 期的原材料价格，滞后 1 期的人民币名义有效汇率，滞后 1 期的 CRB 原材料指数，工业增加值及欧盟 PPI 价格增速，其他因素的影响不显著。模型结果显示，原材料价格对汇率变动的反应比较敏感。若人民币名义有效汇率升值幅度提高 1 个百分点，在 1 个月后会造成原材料、燃料、动力购进价格指数下降 0.105 个百分点，在长期会造成原材料、燃料、动力购进价格指数下降 0.392 个百分点。

（3）汇率变化对进口价格的影响。汇率变动对进口价格影响最为直接。我们使用类似的方法就汇率对进口价格的影响问题进行计量分析，考虑的因素主要有人民币名义有效汇率变动，国际大宗商品价格这些外部因素以及国内需求这个内部因素。进口价格指数需转化为以人民币计价的指数。国际大宗商品价格使用 CRB 现货价格指数的同比变化率，国内需求考虑与最终消费价格模型相同。数据范围选择 2009 年 1 月至 2015 年 10 月，因为在尝试建模时选用了更长时间范围的样本，但通过邹检验发现国际金融危机之前和之后通货膨胀机制发生了变化，因此选择危机后的时间段，以得到更符合当前情况的结果。在估计模型时剔除不显著的变量，最后得到的模型结果如下，括号中为标准差：

$$IMPI_t = -2.0221 + \underset{(0.0471)}{0.6270IMPI_{t-1}} + \underset{(0.0361)}{0.1157CRB_{t-1}} - \underset{(0.0851)}{0.2102EER_{t-1}} + \underset{(0.0840)}{0.1907IND_{t-2}}$$

$N = 81, \overline{R}^2 = 0.9545, SEE = 2.1740$

最终模型得到的结果显示，进口价格的影响因素包括滞后 1 期的进口价格，滞后 1 期的人民币名义有效汇率，滞后 1 期的 CRB 指数及滞后两期的工业增加值，其他因素的影响不显著。模型结果显示，进口价格对汇率变动的反应最为敏感。若人民币名义有效汇率升值幅度提高 1 个百分点，在 1 个月后会造成进口价格指数下降 0.210 个百分点，在长期会造成进口价格指数下降 0.564 个百分点。

（4）汇率变化对劳动力价格的影响。根据汇率传导理论，本币升值会造成出口减少、进口增加，减少总需求，进而减少劳动力需求，降低工资水平，即劳动力价格水平和汇率存在负相关关系。我们对汇率对劳动力价格的影响进行计量分析，建立季度模型，考虑的因素主要包括人民币名义有效汇率的变动，反映劳动者的生活成本的最终消费价格变动和劳动力市场供求状况这些因素。劳动力价格（LPI）选择城镇单位就业人员平均工资的季度同比变化率，最终消费价格选用 CPI 同比指数，将月度指数转换为季度指数；汇率变动选择人民币名义有效汇率与上年同期相比的升值幅度；劳动力市场供求状况使用求人倍率指数（DTS）。在估计模型时剔除不显著的变量，最后得到的模型结果如下（括号中为标准差）：

$$LPI_t = 26.0433 + 0.3452LPI_{t-1} + 0.7119CPI_t - 19.2199DTS_{t-1}$$

$$(0.1632) \qquad (0.2110) \qquad (6.3229)$$

$$N = 39, \overline{R}^2 = 0.7033, SEE = 1.7553$$

模型结果显示，劳动力价格的变化率跟上期劳动力价格变化率、最终消费价格和求人倍率这些因素有关，汇率的影响对劳动力价格的影响不显著。这个结果可以由我国的经济结构解释，加入 WTO 之后我国净出口增加较快，在 2005 年汇率加快升值的情况下外贸顺差仍然节节攀升，说明汇率升值对总需求的抑制作用不明显，因而对劳动力价格的影响也很小。

总之，考察汇率变动对物价的影响，模型结果表明，人民币汇率升值能对物价涨幅产生抑制作用，而人民汇率贬值会加大我国通货膨胀压力。人民币汇率变动对进口价格影响最大，对原材料价格影响其次，对最终商品价格的影响不显著。这与汇率变动的价格传导机制有关，汇率变动首先影响进口价格，其次通过进口价格影响进口占比较高的原材料价格，最终才传导至最终消费价格。

3. 间接测算汇率变动对 CPI 的影响

虽然计量方法显示汇率对 CPI 的变动影响不显著，但汇率变动对进口价格和原材料价格产生影响，最终还是会影响 CPI 的变动。我们可以使用投入产出表方法测算汇率对各行业价格的直接影响，进而计算对最终消费价格的影响。我们采用 2012 年投入产出表进行计算。

（1）各行业因汇率变动引起行业成本直接变动的测算。汇率主要通过进口价格指数传导到国内 CPI。上文模型分析结果显示，汇率升值 1 个百分点，将直接导致进口价格指数相应下降0.210个百分点。同时，若汇率升值1个百分点，将导致国内原材料价格指数相应下降0.105个百分点。

考虑到数据可得性问题，因汇率升值引起的各行业进口价格指数变动和原材料价格指数变动值采用上述综合平均值，分别为－0.210、－0.105。假设进口产品以国内产品同样的比率分别用作中间投入和最终使用。汇率升值导致的进口价格和原材料价格变动使得各行业的成本提高，测算公式如下：行业成本变动＝（行业进口率×进口价格指数变动＋（1－行业进口率）×原材料价格指数变动）×行业中间投入/行业总产出。测算结果如表14所示。

表14　因汇率升值导致的各行业的成本变化

行　业	进口率	中间投入/总产出	行业成本变动
	%	%	%
农、林、牧、渔业	5.41	41.45	－0.046
采矿业	31.72	51.02	－0.071
食品、饮料制造及烟草制品业	3.70	76.47	－0.083
纺织、服装及皮革产品制造业	3.01	79.97	－0.086
炼焦、燃气及石油加工业	6.26	81.18	－0.091
化学工业	9.23	80.83	－0.093
非金属矿物制品业	1.49	74.74	－0.080
金属产品制造业	6.42	81.57	－0.091
机械设备制造业	15.07	81.00	－0.098
其他制造业	7.18	72.71	－0.082
电力、热力及水的生产和供应业	0.04	73.54	－0.077
建筑业	0.16	73.45	－0.077
运输仓储邮政、信息传输、计算机服务和软件业	4.40	60.10	－0.066
批发零售贸易、住宿和餐饮业	1.19	37.83	－0.040
房地产业、租赁和商务服务业	3.53	44.36	－0.048
金融业	0.75	40.37	－0.043
其他服务业	1.59	47.29	－0.050

从表14结果可见，汇率升值1个百分点，对各行业成本的直接影响在－0.040至－0.098个百分点之间。根据最终消费的权重，可以计算得到对CPI的直接影响为－0.0604个百分点。

（2）最终影响的测算。基于成本变动的测算结果，采用2012年投入产出表的完全消耗系数矩阵，测算对各行业的综合影响，并根据最终消费的权重计算对CPI

的影响。

使用投入产出表计算分行业的价格变化对 CPI 影响的方法：

①设定价格变动的行业价格变动额 ΔP_i（i = 1，2，3，…，k）。

②将投入产出直接消耗系数矩阵变换为如下形式：

$$A = \begin{pmatrix} A_{1,1} & A_{1,n-1} \\ A_{n-1,1} & A_{n-1,n-1} \end{pmatrix}$$

即从表中选择调价的行业，将这个行业对应的行和列整体调整到矩阵最前端。

③计算某行业价格变动对其他行业价格的影响：

$$\Delta P_{n-1} = \Delta P_1 \cdot A_{1,n-1} \cdot (I - A_{n-k,n-k})^{-1} - 1$$

(4) 选择原始投入产出表中的最终消费列，向量设为 C（i = 1，2，3，…，n）

计算消费品价格指数：

$$\Delta P = \frac{\sum_{i=1}^{n} \Delta P_i C_i}{\sum_{i=1}^{n} C_i}$$

其中，ΔP_i 是上面计算的 N 个行业价格变动率（包括 K 个调价行业以及 N - K 受影响行业）。

确定各行业的成本变动后，计算得出，汇率升值 1 个百分点，对各行业成本的直接影响对 CPI 的最终间接影响为 -0.0046 个百分点，直接影响与间接影响合计为 -0.065 个百分点。即若汇率升值 1 个百分点，将最终推动 CPI 下降 0.065 个百分点。若汇率贬值 1 个百分点，将最终推动 CPI 提高 0.065 个百分点。

（五）汇率变动对短期国际资本流动的影响

前几年，随着我国外汇储备的快速增长，人民币升值步伐加快，以及房地产大幅度上涨，关于““热钱”” 流入我国的讨论逐步升温。近几年，由于国内经济增速放缓，人民币贬值预期上升，“ “热钱”” 流出的问题又出现了。这种短期资本流动与国内金融稳定形势密切相关，同时与汇率预期关系密切，因此这一小节讨论汇率变动对短期国际资本流动的影响。

我们借鉴世界银行的残差法估算“ “热钱””，其逻辑是用外汇储备增量减去国际收支平衡表中的对应的几个项目，得到的不能被解释的外汇储备变量即为短期国际资本流动规模。公式为：“热钱” = 外汇储备增量 - 贸易顺差 -（外商直接投资 - 我国对外非金融直接投资） - 外债增量 - 境外上市融资。由于 2015 年外债统计口径扩大为人民币计价的外债，因此在计算增量时要扣除人民币计价的外债。计算得到的短期国际资本流动规模如图 9 所示，可见，2010 年以前，我国短期国际资本流动主要表现为流入，而 2011 年之后出现双向流动，近五个季度以来持续保持流出态势。

“热钱” 流入的本质就是追求高额利润、套利、套汇，或赚取资产价格溢价收

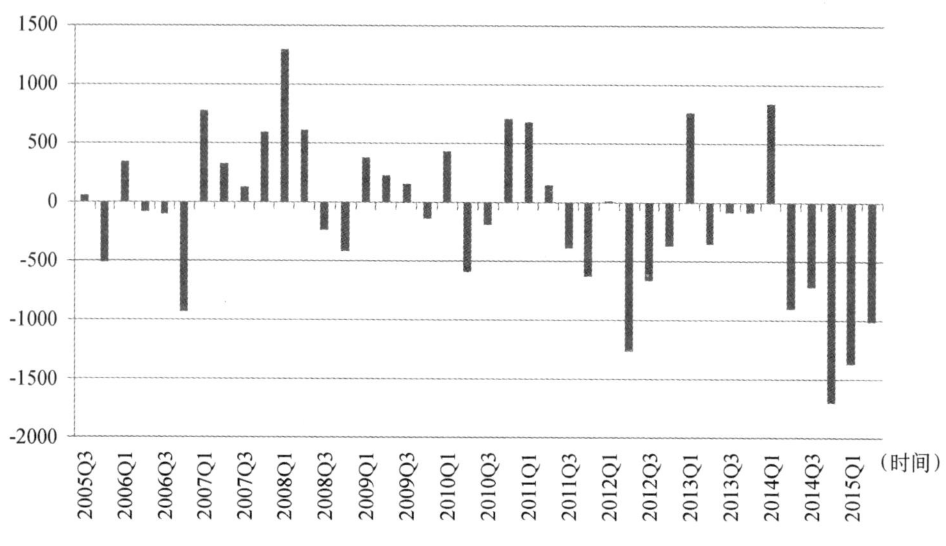

图 9　短期国际资本流动规模测算结果

益。因此，影响国际资本流动的因素主要包括经济增长、利差、汇差和资产价格涨幅。首先，宏观经济走势决定着资金走向，国际资本倾向于流向经济基本面好、保持高速增长的国家。其次，利差套利是“热钱”资金盈利的常用手段之一。随着利率政策的调整，国内外利差随之变化，刺激“热钱”资金从低利率国家向较高利率水平的国家流动。再次，汇差套利也是“热钱”资金盈利的常用手段之一，汇率政策的变化引起市场对于货币价值预期的变动，促使“热钱”向具有较强升值预期的国家流动。最后，资产价格的增长吸引“热钱”资金流入，包括股市、楼市等。

我们在对国际资本流动的影响因素进行定量分析时，经济增长指标采用 GDP 实际增长速度。中美利差采用美国 3 个月美元 LIBOR 利率与我国银行间市场 3 个月同业拆借利率之差；资产价格波动采用房屋销售价格涨幅和上证综指涨幅。人民币升值预期采用美元兑人民币的汇率中间价季均值高于一年期 NDF 季均值的百分比。样本同样从 2005 年人民币汇率形成机制改革开始，采用 2005 年三季度至 2015 年二季度的季度数据。

依据 AIC 准则建立 4 阶滞后的 VAR 模型。基于 VAR 模型，方差分解可以给出各变量的一个单位冲击对被分析变量各期预测误差的贡献度，即各变量对被分析变量的相对重要性或影响力度。方差分解结果见表 15。

分析表 15 可知，从第 10 期开始，方差分解结果基本稳定，即影响“热钱”流入规模预测误差因素的贡献度趋于稳定。“热钱”流入规模本身 t 期的波动可以解释 t 期后“热钱”规模变动的 41.2%，其余五个因素可以解释“热钱”规模变化的 58.8%。其他五个因素中，对“热钱”流入规模预测误差的贡献大小排名依次为房屋销售价格涨幅、人民币升值预期、中美利差、经济增速和上证综指涨幅，其相应的贡献度分别为 27.9%、17.2%、6.3%、5.2%、2.3%。虽然房地产市场未对外资完全开放，但房地产市场在中国经济中占据重要地位，其价格走势对中国经济影响较大。同时人民币升值预期也会明显影响国际资本流动。

表 15　　短期国际资本流动的方差分解结果

预测期	S. E.	短期国际资本流动	经济增长	中美利差	上证综指增速	房地产销售均价增速	人民币升值预期
1	450.7054	100.0000	0.000000	0.000000	0.000000	0.000000	0.000000
2	524.3878	79.86636	1.704095	0.714868	2.052750	0.425528	15.23640
3	578.3123	75.32029	2.175855	0.691630	1.926929	4.595904	15.28939
4	611.2875	67.82615	2.728055	2.511895	2.066464	10.29038	14.57705
5	710.6443	58.95203	6.303657	1.999569	1.608764	18.46795	12.66803
6	804.1604	58.02479	5.265146	2.899502	1.722796	16.23629	15.85148
7	859.1849	56.30997	4.700000	4.824397	1.739094	14.28519	18.14135
8	885.0088	53.07174	4.638447	6.727271	1.856590	16.01194	17.69401
9	956.0502	46.00533	5.016719	5.932386	1.591741	24.67434	16.77948
10	1002.011	42.51243	5.040333	5.515385	1.574736	28.25180	17.10532
11	1016.430	41.79403	5.112097	5.874768	1.696656	28.21568	17.30677
12	1024.423	41.20104	5.185443	6.279631	2.292021	27.89041	17.15145

总之，汇率变动对我国进出口和经济增长影响有限，对物价的影响也比较轻微，但对国际资本流动影响较大。因此，在进一步推进汇率制度改革时，我们不必过于担心汇率波动会对经济增长产生明显影响，但要关注短期资本流动，防止大额的资本流入流出对经济金融环境形成冲击。

七、人民币汇率展望

本文实证结果显示，2010 年以来，人民币汇率基本上围绕长期均衡汇率上下波动，偏离均衡汇率的程度在 -4.3% ~5% 之间，不存在系统性高估或者低估。2015 年第二季度，人民币实际有效汇率高估了 3.7%。8 月人民币兑美元贬值了 3.08%，这一贬值过程是向长期均衡汇率的回归，贬值后三季度人民币汇率高估程度降至 2.9%，基本接近于长期均衡汇率，未来人民币汇率不存在持续贬值的基础。

根据本文实证模型，人民币实际汇率由长期均衡汇率、长期均衡汇率与实际汇率之间的偏离这两部分构成。本文将分别对这两部分进行预测，再进行加总得到未来人民币汇率的预测值。

（一）人民币长期均衡汇率走势的预测

长期均衡汇率主要由劳动生产率、经常项目差额、开放度等宏观经济基本面的变量决定。基于本文的 BEER 模型，运用协整方法，可以对人民币长期均衡汇率的未来走势进行预测。

首先，运用前文的 BEER 模型，对人民币长期均衡汇率进行样本内预测，实际值和预测值之间的拟合结果如图 10 所示。

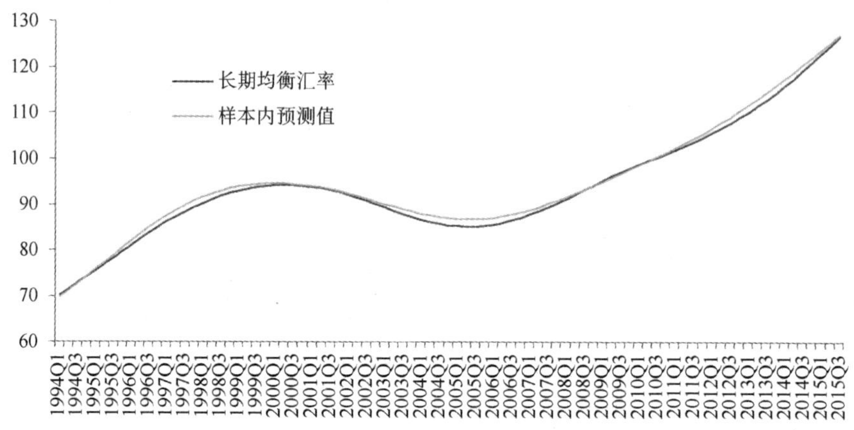

图 10 长期均衡汇率拟合

从图 10 可以看出，人民币长期均衡汇率与预测值拟合较好。基于该模型，对未来 5 个季度人民币长期均衡汇率进行样本外预测，其结果如图 11 所示。

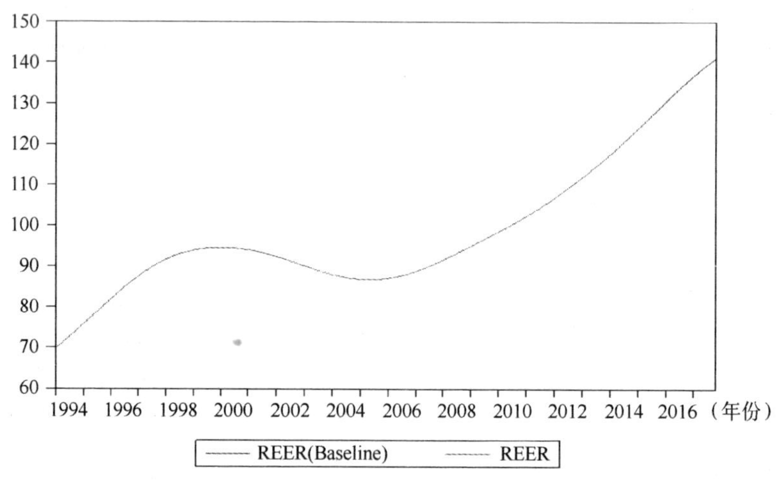

图 11 长期均衡汇率预测

从走势上看，2016 年四季度前，人民币长期均衡汇率将保持当前持续升值趋势。从长期来看，在劳动生产率增速持续高于国外主要经济体、经常项目差额持续为正、外商直接投资持续增加、人民币国际化持续推进等因素推动下，预计未来人民币汇率将总体上维持升值趋势：

（1）劳动生产率增长快于其他主要经济体是支持人民币汇率升值的基本面。决定一国汇率的是生产率相对增速差异，如果一国生产率提高幅度高于另一国，则该国实际汇率将趋于升值。近年来，我国经济增速虽然有所放缓，但相对于主要贸易国，我国劳动生产率增速依然较快。以GDP除以就业人口来衡量劳动生产率，2008～2014年我国劳动生产率保持12.8%的年均增速，远高于同期美国的年均2.6%、欧元区的1.5%、日本的-0.5%。中国作为全球最主要的新兴经济体，经济增速在主要经济体中名列前茅，现在仍处于追赶发达经济体的发展阶段，在中长期内，预计劳动生产率的增长都会高于其他主要货币国家，这将推动人民币汇率长期升值。

（2）经常项目持续保持顺差是决定外汇市场供求最主要的基本面因素。经常项目顺差，表明资本净流入，外汇供给增加，对人民币需求增加，将会推动人民币汇率升值。长期以来，我国经常项目一直保持顺差，2008年国际金融危机之后，虽然顺差有所缩小，但依然接近于年均2000亿美元。2015年以来，我国出口增速虽然维持低位增长，但在内需不足、进口价格下降的影响下，进口增速显著低于出口增速，经常项目顺差有所扩大。我们预计，内需不足和国际大宗商品价格下降仍将持续较长一段时期，经常项目顺差保持为正的可能性较大，人民币汇率将保持长期升值趋势。

（3）外商直接投资持续增长，通过货币供给、资本积累和劳动生产率等多种渠道推动人民币升值。外商直接投资持续增长，一方面直接增加了外汇供给和人民币需求推动人民币升值；另一方面，还通过技术外溢效应提高国内企业的劳动生产率，间接推动人民币升值。改革开放以来，我国的外商直接投资整体呈持续增长态势，从1990～1999年年均290亿美元，快速增长到2000～2009年的年均635亿美元，2010年以来，我国外商直接投资已经超过年均1100亿美元。近年来，虽然我国经济增速有所放缓，但经济结构有所优化，长期健康发展的动力有所增强，对外商投资的吸引力不但没有削弱，还有所增强。2015年1～10月，外商直接投资达1036亿美元，同比增加76亿美元。随着经济结构优化的效果逐步显现和经济增长的企稳，预计在中长期内，外商投资仍会保持持续增加趋势，推动人民币升值。

（4）随着人民币国际化进程的推进，全球央行、机构管理者和私人部门对人民币的需求增加，将推动人民币升值。相对于发达国家，我国经济增长良好，金融体系稳健，长期来看，境外主体在贸易投资和资产配置方面对人民币的潜在需求有所增加。根据李克强总理2015年9月在夏季达沃斯论坛上的发言，中国下一步将会允许境外央行类机构直接进入银行间外汇市场。11月，香港金融管理局、澳大利亚储备银行、匈牙利国家银行、国际复兴开发银行、国际开发协会、世界银行信托基金、新加坡政府投资公司等首批境外央行类机构已经在中国外汇交易中心完成备案，正式进入中国银行间外汇市场。此外，2015 年 11 月 30 日，国际货币基金组织宣布将人民币纳入特别提款权（SDR）货币篮子，人民币成为全球主要储备货币，各央行、各储备管理者、私人部门等，将会对人民币资产产生需求。随着人民币国际化的推进，国际投资机构对人民币潜在需求将会得到释放，推动人民币升值。

（二）人民币汇率短期偏离的预测

人民币实际汇率与长期均衡汇率并不相等，两者存在一定程度的偏离，该偏离主要是由一些短期冲击造成。理论上，短期内，主导汇率波动的主要是资本和金融账户差额和国内外利差的变动。其中，资本和金融账户顺差扩大，表明资本净流入增加，对人民币需求增加，人民币升值；国内外利差（中国利率 - 国外利率）[①] 扩大，会吸引资本流入，推动人民币升值。根据前文模型，长期均衡汇率与实际汇率两者之差，即汇率的短期偏离。

采用 ADF 方法对汇率的短期偏离、资本和金融账户差额变动、国内外利差进行单位根检验，结果表明，三者都是平稳序列。格兰杰因果关系检验也表明，资本和金融账户差额变动、国内外利差均是汇率偏离的格兰杰原因。据此，通过构建三变量的 VAR 模型，可以对未来汇率的短期偏离进行预测。

在模型预测之前，本文对短期内影响人民币汇率的最大不确定性——2016 年美联储是否继续加息进行情景设定。2015 年以来，欧元区和日本经济尚未出现明显改善迹象，量化宽松的货币政策预计短期内难以退出；印度、巴西、俄罗斯等新兴市场经济表现较为稳定。但是，美国经济强劲复苏。2015 年 11 月，美国非农就业人口新增 21.1 万人，好于 20 万人的预期，近 3 个月平均每月新增 21.8 万人；失业率降至 5%，创 2008 年以来新低，低于美联储 5.2% ~5.3% 的目标水平；核心 CPI 为 2%，已达到 2% 的中期目标。鉴于经济的持续回升，12 月 16 日，美联储宣布将联邦基金利率上调 25 个基点至 0.5%，这是美联储近 10 年来首次加息。鉴于美国就业与通胀指标均呈持续回升态势，市场预期美联储已经开始进入加息通道，2016 年美联储继续加息的可能性较大。美联储持续加息的预期，加大了未来人民币汇率走势的不确定性。为了准确判断人民币汇率未来走势，本文将就美联储 2016 年第一、第二季度继续加息、未来 4 个季度内均不加息两种情景分别预测人民币汇率短期偏离的未来走势。

1. 美联储在 2016 年第一季度、第二季度分别加息 25 个基点

根据历史经验，美联储历次加息均以 25 个基点为单位。假定 2016 年一季度、二季度美联储分别加息 25 个基点，此后联邦基金利率维持 1% 的利率水平不变，而中国国内利率维持当前 2.25% 的水平不变，则 2016 年一季度国内外利差为 1.5%，

① 中国利率取央行逆回购利率，国外利率以美国利率替代，取美国联邦基金利率。

二季度国内外利差为1.25%，此后维持1.25%不变，将这些利差值赋值给国内外利差变量，再对其他变量进行预测，可以得到美联储2016年一季度、二季度分别加息25个基点情景下人民币汇率短期偏离的预测值，预测结果见图12。

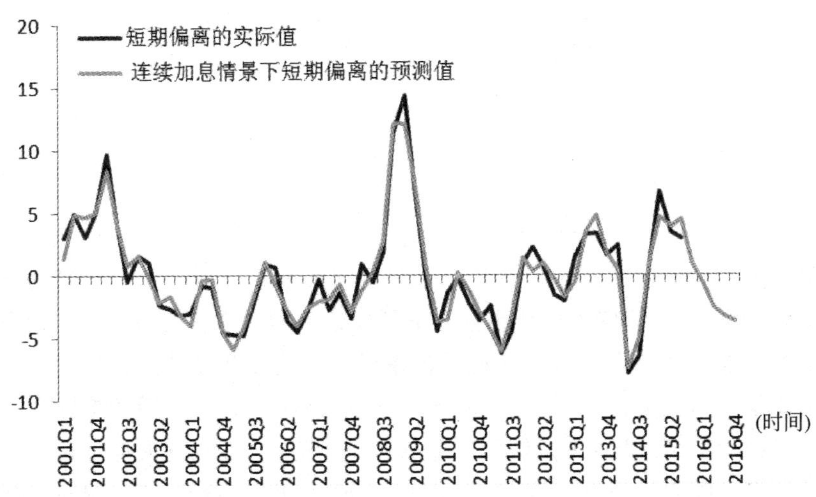

图12　美联储两次加息25个基点情景下人民币汇率短期偏离的预测值

2. 美联储在未来4个季度内不加息

假定未来4个季度内，美联储维持当前0.5%的基准利率不变，则国内外利差将维持在当前1.75%的水平不变。将1.75%赋值给国内外利差变量，再对未来人民币汇率短期偏离进行预测，预测结果见图13。

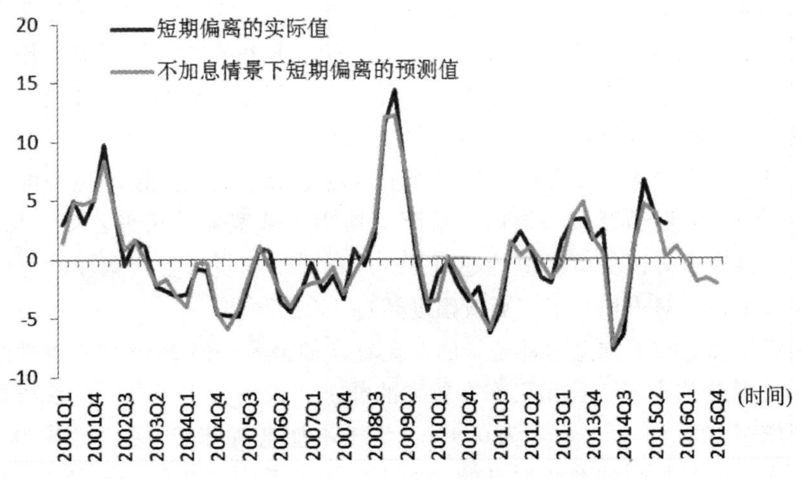

图13　美联储不加息情景下人民币汇率短期偏离的预测值

分别预测出人民币长期均衡汇率和短期偏离之后，根据人民币实际汇率预测值等于长期均衡汇率预测值与短期偏离的预测值之和，可以得到未来4个季度人民币汇率的预测值，具体预测结果见表16。

表16　　未来5个季度人民币实际有效汇率预测值

	2015年四季度	2016年一季度	2016年二季度	2016年三季度	2016年四季度
2016年一、二季度美联储均加息25个基点	129.9	128.7	128.1	127.8	128.3
未来4个季度美联储不再加息		129.1	128.7	129.3	129.9

从预测值看，短期内，人民币汇率存在一定程度的贬值压力。不管美联储是否加息，在2015年第三季度人民币小幅贬值的惯性和四季度美元进入加息通道这一预期的共同推动下，2016年一季度人民币汇率预计将会小幅贬值。短期内，主导汇率波动的主要是资本流动，而资本流动主要受市场预期的影响。近期美国主要经济数据表现良好，2015年12月美联储已经加息25个基点，美元进入加息通道的预期较强。相对而言，国内经济下行压力依然较大，2015年内央行已4次降息，但各项主要经济指标仍未出现明显改善，投资、实际消费、出口增速持续下行，国内利率仍存在进一步下调的预期。市场预期境内外利差会进一步缩小，资本外流进一步加快。2015年以来，我国资本流动主要呈现净流出态势，且流出速度有所加快，7、8、9月金融机构外汇占款余额分别减少936.9亿、2491.3亿、7238.4亿美元，不断刷新单月资本流出历史新高。资本外流可能与鼓励企业海外投资有关，但扣除境内投资者对境外企业直接投资后，7、8、9月资本流出仍然分别高达831亿、2416.3亿、7112.2亿美元，因此，近期资本流出更大的可能性是在资本管制明显放松、利率持续下降背景下，基于境内外利差的套利机会在逐渐消退，资本获利外流。此外，汇率贬值具有一定程度的惯性。8月人民币兑美元汇率贬值了3.08%，为1994年汇率制度改革以来单月最大幅度贬值，这在外汇市场形成了人民币汇率短期继续贬值的预期。事实上，人民币贬值一周内，哈萨克斯坦、俄罗斯、马来西亚、哥伦比亚、土耳其、白俄罗斯等国货币贬值均超过4%，新兴市场货币更大幅度的贬值，一定程度上反映了市场对人民币汇率贬值幅度超过3%的预期。

从美联储加息与不加息两种情景的对比看，如果美联储2016年一季度继续加息25个基点，将在当季对人民币汇率有较大的冲击，人民币实际有效汇率指数将会在一季度贬值至128.7，贬值幅度为0.9%，大于不加息情景下人民币汇率0.6%的贬值幅度。在二季度美联储继续加息的冲击下，人民币汇率进一步贬值至128.1，贬值幅度为0.5%，贬值幅度小于一季度加息情景下0.9%的贬值幅度，显示美元持续加息的影响在衰减。三季度，在美元持续加息的预期下，人民币汇率仍会有小幅贬值，但是在三季度预期没有实现的情况下，四季度人民币汇率预计将较三季度有所回升。

如果2016年一季度美联储不加息，市场对美元加息的预期仍在持续，人民币汇率将持续两个季度小幅贬值，但在2016年三季度后，人民币汇率的趋势性上升将抵消逐渐衰减的美元加息预期对人民币汇率的负效应，人民币汇率逐渐小幅升值。

在当前人民币汇率基本接近于均衡汇率时，短期人民币贬值压力较大，可能会推动资本流出加快，进而形成实质性贬值，造成人民币汇率超调。因此，对于央行来说，可以通过提高售汇成本、直接市场干预、压缩离岸人民币和在岸人民币汇率差等方式，稳定市场预期，防止汇率超调，明显偏离长期均衡汇率。

八、进一步推进人民币汇率改革的建议

中国当前汇率并未完全实现市场化，实行有管理的浮动汇率体制，实际上是一种中间汇率制度。我们最终的目标是要稳步地实现人民币汇率的清洁浮动，这仍然要求人民币汇率制度的进一步改革。

（一）发挥市场供求在外汇资源配置中的决定性作用

自2015年8月11日起，中国人民银行完善人民币兑美元汇率中间价报价机制，做市商在每日银行间外汇市场开盘前，参考上日银行间外汇市场收盘汇率，综合考虑外汇供求情况以及国际主要货币汇率变化向中国外汇交易中心提供中间价报价。这表明中间价形成的市场化程度进一步提高，能更好地发挥汇率对外汇供求的调节作用。下一步，要继续朝着市场化方向迈进，更大程度地发挥市场供求在汇率形成机制中的决定性作用。这主要包括两个方面，一是继续扩大人民币汇率的波动幅度，为特殊情况下的汇率调整需求留下波动空间，直至完全不设波动区间限制。智利与波兰的汇率改革过程中，汇率波动区间逐步扩大，最高达到12.5%～15%。二是逐步减少外汇市场干预。汇率改革的长远目标是汇率的清洁浮动，即极少采取外汇市场干预。为了避免汇率超调对微观经济主体的剧烈冲击，目前人民币汇率仍然是有管理的浮动，因此对外汇市场干预的减少将是一个渐进的过程。此外，如果外汇市场的波动超过一定的幅度，或者出现国际收支或国际资本流动的异常变动，为了维护币值稳定，防范金融风险，仍然保留特定条件下干预外汇市场的权力。

（二）采取积极措施，防范汇率风险

汇率改革的进一步推进，也意味着人民币汇率不再像之前那样保持单边升值态势，波动幅度会逐渐加大，增大汇率风险。为此，我们要采取积极措施，在推进改革的同时确保金融市场的稳定。

一是要增加外汇交易品种，积极开发多种汇率产品。外汇市场的发展需要有充足数量的汇率产品，才能使各交易主体更有效地规避汇率风险，才能满足不同层次、

群体的需要。丰富的外汇产品，能有效对冲风险，是能够形成一个有效市场的必要条件。

二是要提升经济增长的内生动力，为人民币汇率稳定打下牢固基础。从国际经验看，一国币值的稳定与其国内经济增长的稳健性和可持续性有着密切联系，如中美两国经济增长差异对人民币汇率的影响较为持续深远。因此，在推进人民币汇率改革的过程中，要注重国内经济结构调整，实现经济健康持续增长和人民币币值稳定的良性互动循环。当前我国正处于增速换挡、结构调整和前期政策消化“三期叠加”的阶段，经济增速放缓，金融风险上升，导致市场上人民币汇率贬值预期上升。要稳定人民币汇率，本质上需要稳定经济增长预期和保持我国的相对竞争力。因此，要积极推动经济结构调整，大力发展先进制造业和现代服务业，扩大国内消费需求，增强我国经济增长的内生动力。

三是要采取有效措施防止短期资本异常流动。在之前美国次贷危机导致的全球金融危机造成全球金融市场动荡之时，虽然中国也经历了“热钱”的冲击，但是由于中国实施了更加稳定的有管理的浮动汇率政策，并且进行了适当的资本流动管制和冲销措施，中国经济受到国际金融市场的影响相对较小。目前人民币汇率形成机制的进一步改革和资本项目的逐步开放会加剧短期资本流动对我国经济的冲击。张晓慧（2015）指出：“仅靠汇率浮动完全隔离外溢冲击也并不现实，对资本流动也有必要实施一定的宏观审慎措施，以防止出现大的货币错配和资本大量外流冲击经济的情况。”因此，要审慎放开资本项目管制，加强对资本项目、经常项目及套利资本的监测、统计和管理，同时加大对“热钱”的专项打击力度，增加跨境投机资本流入的交易成本和套利风险。

四是要从全球视角考虑我国的货币政策。随着人民币汇率进入均衡状态，以及我国对外开放的不断扩大，人民币汇率的灵敏度将大大增加，在调节国际经济金融活动，尤其是投资活动中的作用更加明显，人民币汇率将和利率一起，成为我国货币政策传导的重要环节，同时，作为一个具有国际影响力的大国，中国的货币政策效果也会通过人民币汇率的相应变化传递到世界其他国家，同样，主要发达国家的货币政策也会更容易地通过人民币汇率渠道传递到国内。因此，我们要更加关注国内国际货币政策的相互影响。

去杠杆面临的挑战、效应及对策研究①

（2017 年 1 月 18 日）

2008 年以来，为应对国际金融危机，我国政府和企业部门大量举债，杠杆率快速上升。2012 年以来，经济增速下滑，同时各部门继续扩大债务，我国杠杆率上升速度加快。债务杠杆快速攀升，意味着我国经济脆弱性增加，甚至可能引发系统性金融风险。因此，2015 年末中央经济工作会议提出，去杠杆是 2016 年“三去一降一补”五大任务之一。通过对我国杠杆率水平进行评估、对各部门债务风险进行深入分析，我们提出了去杠杆的具体建议，这对促进我国经济平稳增长、推动经济结构调整和维护金融稳定具有十分重要的现实意义。

计算一个经济体的总杠杆率时，通常先计算政府部门、非金融企业部门和住户部门的债务，再用各部门债务除以 GDP，得到各部门的杠杆率，最后将 3 个部门杠杆率加总即得到该经济体的总杠杆率。根据国际清算银行的数据，2015 年，我国总杠杆率为 254.8%，比上年高 20.3 个百分点。其中，企业部门杠杆率为 170.8%，住户部门杠杆率为 39.5%，政府部门杠杆率为 44.4%。

从国际比较的结果看，我国杠杆率绝对水平已经偏高，且近年来增长较快。在人均 GDP 尚未达到高收入国家水平的情况下，我国杠杆率已经接近发达国家的水平，这意味着相对于当前的发展阶段而言，我国的杠杆率绝对水平已经偏高，未来的债务增长空间受到制约。动态来看，与发达国家相比，近年来我国债务增速明显偏快。分部门看，我国非金融企业部门杠杆率过高，上升势头明显快于发达国家，是需要高度关注的部门。政府部门杠杆率仍低于发达国家，但增长较快，尤其是地方政府债务增长迅猛，值得关注。住户部门杠杆率绝对水平较低，风险较低。

对一国杠杆率适度性的分析要综合考虑各国经济发展阶段、经济结构差异及增长潜力。总体来说，我国杠杆率绝对水平偏高，增长过快，且部门分布不合理。但

① 本文合作者为秦栋、谢云峰、黄显林。本文是 2016 年经济监测预警机制（经济监测预警部际联席会议办公室）重点研究课题的研究成果。

由于我国外债占比低、经济仍有增长潜力，因此杠杆风险总体可控。分部门看，我国企业部门杠杆率偏高导致企业经营压力大，增加了金融风险，但企业部门杠杆率偏高有因可寻，不宜简单去杠杆。政府部门风险总体可控，但收支矛盾加剧、隐性债务增长快等潜在风险值得重视。住户部门杠杆率较低，但存在收入增速下降和房地产市场调整两方面因素影响住户部门债务质量的风险隐患。

我们考察了日本和美国去杠杆的过程，并结合其他国家的杠杆率变化，总结了三点经验：一是短期内大幅压缩债务，会严重影响总需求。二是为了处理债务危机，政府部门杠杆率的提高是常态。三是去杠杆取得成效的关键是完成经济结构改革，提升经济增长的内生动力。因此，我国去杠杆的目标应该是防止债务继续过快上涨，切断“债务膨胀—经济泡沫—泡沫破裂，经济衰退”的逻辑链条，防止经济出现大起大落，而不是简单缩减债务。从分部门杠杆率看，我国去杠杆应该主要关注企业部门和政府部门。在企业部门应主要关注产能过剩行业和国有企业。政府部门由于需要为企业部门的去杠杆提供支持，同时承担稳增长的责任，因此短期内债务仍将继续增长。

综合以上分析，我们对去杠杆提出如下政策建议：一是通过扩大经济总量稀释杠杆。要把握好经济增长与债务增长的平衡，防止杠杆率的快速上涨，进一步推进经济结构改革，提升我国经济内生动力，促进经济长期稳健增长，为去杠杆打下坚实基础。二是多措并举控制企业部门杠杆：发展多层次资本市场，将应由政府承担的债务从企业债务中剥离，提高金融市场配置资金的效率，深化国有企业、政府融资平台改革，健全投融资约束机制，坚持市场化、法制化原则有序推进债转股，优化企业发展环境，提高企业盈利能力。三是继续实行积极财政政策，提高政府部门债务的透明度和可持续性。一方面坚持减收增支，适度扩大财政赤字，另一方面继续规范地方政府债务，保持政府债务的适度增长。四是释放居民投资消费潜力，提高居民抵御风险能力，并切实防范房地产市场风险。

一、杠杆率的概念和计算方法

杠杆率一般指微观经济部门（一个企业或家庭）通过负债实现以较小资本金控制较大资产规模的比例，可以用负债与股东权益之比、资产与股东权益之比、资产与负债之比，以及上述指标的倒数来衡量。宏观分析中，由于难以获得某一经济部门（包括住户部门、非金融企业部门、金融部门、政府部门等）完整的资产负债表，通常用负债与GDP之比衡量杠杆率。

计算一个经济体的总杠杆率时，通常先计算政府部门、非金融企业部门（简称企业部门，下同）和住户部门的债务，再用各部门债务除以GDP，得到各部门的杠杆率，最后将3个部门杠杆率加总（剔除各部门债务的重叠）即得到该经济体的总杠杆率。

原则上，各部门的债务数据应来自各自的资产负债表。但由于我国尚未编制各部门的资产负债表，所以对中国杠杆率的考察主要关注各部门通过金融市场或金融机构形成的负债。在本文的讨论中，我们主要使用国际清算银行（Bank of International Settlement，BIS）的杠杆率数据。BIS 的统计学家为包括中国在内的 42 个国家和地区以及欧元区构建了较长时间的广义信贷序列，并根据广义信贷和 GDP 数据计算了这些经济体分部门的杠杆率。BIS 的广义信贷序列有如下优点：一是这些序列不仅仅包括国内银行的信贷，还包含了其他来源的债务，对债务的计量更加全面；二是由于对不同的国家都使用了尽量一致的标准，因此不论是数据本身的稳定性还是国际可比性都比较高。

BIS 对我国各部门债务的具体统计口径如下：

非金融企业总负债等于以下三部分之和：第一部分是国内银行业对非金融企业提供的信贷，数据来源于中国人民银行发布的其他存款性公司资产负债表中的对非金融机构债权；第二部分是跨境信贷，数据来源于 BIS 国际银行统计（International Banking Statistics，IBS）中境外机构对中国非金融企业信贷和海外债券存量之和；第三部分是境内非银行融资，数据来源于社会融资规模中委托贷款、企业债券和余差项之和。

政府债务方面，BIS 使用的数据来自国际货币基金组织世界经济展望数据库。数据主要来源于财政部和审计署。数据覆盖的范围除了中央政府和地方政府之外，还考虑了预算调节基金、社会保障基金和政府性基金。

住户部门方面，BIS 未明确提供计算方法，根据数据变化情况看，推测其主要指住户部门从金融机构获得的贷款。

二、我国经济债务状况、演进历程及杠杆率

本部分首先对政府、企业和住户部门的债务构成和演进历程进行分析，然后分析我国杠杆率的走势。根据 BIS 的数据，2015 年，我国总杠杆率为 254.8%，比上年高 20.3 个百分点。其中，企业部门杠杆率为 170.8%，住户部门杠杆率为 39.5%，政府部门杠杆率为 44.4%。

（一）政府部门债务结构与杠杆率变化

政府部门债务由中央政府债务和地方政府债务组成。由于 BIS 的杠杆率数据只涉及债务总额，没有债务结构数据，因此我们分析政府部门债务结构时，直接使用财政部公布的中央政府债务数据和审计署公布的地方政府债务数据。根据审计署的报告，政府性债务分为政府负有偿还责任的债务（一类债务）、政府负有担保责任的债务（二类债务）和政府可能承担一定救助责任的债务（三类债务）。原则上，

二类和三类债务有对应的经营收入，应由债务人以经营收入偿还，正常情况下无需政府承担偿债责任。因此，本文在讨论政府债务时只考虑一类债务。

1. 中央政府债务总体稳定

我国中央政府债务主要是国债，还有少量国际金融组织和外国政府贷款。《中国统计年鉴》显示，2015 年末中央政府债务 106599.6 亿元，其中国内债务 105467.5 亿元，国外债务 1132.1 亿元。中央政府债务增长比较平稳，2005～2015 年平均增速为 13.2%，接近但略低于同期 14.1% 的 GDP 名义增速，因此中央政府债务总体稳定。

分阶段看，2004～2006 年，中央政府债务年均增长 8.7%，明显低于同期 16.4% 的 GDP 名义增速。2007 年，受发行特别国债因素影响，中央政府债务余额增长 48.7%，明显超过 GDP 增速。2008 年，中央政府赤字明显收缩，债务余额仅增长 2.3%。2009 年国际金融危机期间，积极财政政策发力，中央政府债务余额增长 13.1%，增速比上年高 10.8 个百分点。2010～2012 年，中央政府控制债务增长节奏，债务余额年均增速仅 8.8%，明显低于 GDP 名义增速。2013～2015 年，经济下行压力逐步加大，中央政府安排的赤字有所增加，债务余额增速年均为 11.3%，比 2010～2012 年平均增速高 2.5 个百分点（见图 1）。

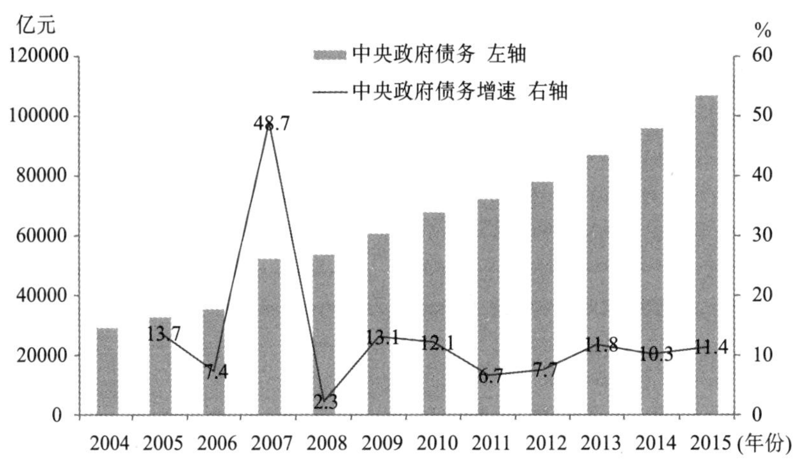

图 1 中央政府债务余额与增速

数据来源：国家统计局、财政部、中国人民银行。

2. 地方政府债务增长较快

我国地方政府负有偿还责任的债务最早发生在 1979 年，有 8 个县区当年举借了政府负有偿还责任的债务。此后，各地开始陆续举债，其中：省级政府（含计划单列市，下同）举借负有偿还责任或担保责任的债务的起始年集中在 1981 年至 1985 年，这一期间有 28 个省级政府开始举债；市级和县级政府举借债务的起始年集中在

1986 年至 1996 年，这一期间共有 293 个市级和 2054 个县级政府开始举借债务。至 1996 年底，全国所有省级政府、392 个市级政府中的 353 个（占 90.05%）和 2779 个县级政府中的 2405 个（占 86.54%）都举借了债务。

地方政府债务结构比较复杂，包括地方政府债券、银行贷款、企业债券、BT（建设—移交）、信托融资、应付未付款、其他单位和个人借款、垫资施工、延期付款、证券保险业和其他金融机构融资、国债外债等财政转贷、融资租赁、集资等。审计结果显示，2013 年 6 月末我国地方政府一类债务 108859 亿元，其中地方政府债券 6146 亿元，占比仅 5.6%。我国新《预算法》规定，未来地方政府债务只能以地方政府债券的形式存在。2015 年我国启动地方政府债务置换计划，逐步将各类地方政府债务置换为地方政府债券，当年共置换 3.2 万亿元。不过，由于地方政府债券之外的地方政府债务数量较大，置换也需要一个过程，短期内地方政府债券以外的地方政府债务仍将存在。

由于种种原因，我国缺乏地方政府一类债务的时间序列数据，目前公开披露的只有 2010 年末、2012 年末、2013 年 6 月末、2014 年末、2015 年末 5 个时点的债务余额，其中前 3 个数据来自审计报告，后 2 个数据来自财政部提交全国人大批准的地方政府债务限额。我们对上述数据进行插值，估算出 2010 ~ 2015 年的地方政府债务余额时序。此外，审计署还提供了 1997 ~ 2010 年地方政府性债务余额增速（未区分一二三类债务），我们假设 1997 ~ 2010 年地方政府一类债务与二三类债务余额增速一致，推算出 2004 ~ 2009 年地方政府一类债务余额。结果如下：

2004 ~ 2008 年，地方政府一类债务平稳较快增长，余额从 2004 年末的 14009.9 亿元增加到 2008 年末的 34869.7 亿元，年均增长 25.6%。2009 年，受“四万亿”一揽子刺激政策影响，地方政府一类债务大幅跃升，达到 56461 亿元，比上年末增长 61.9%。2010 ~ 2012 年，地方政府加杠杆步伐有所放缓，地方政府一类债务余额年均增长 19.5%，2012 年末为 96282 亿元。2013 ~ 2014 年，受经济下行和财政收支矛盾双重压力影响，地方政府债务快速增长，一类债务余额年均增长 26.5%。2015 年，我国正式对地方政府债务实行限额管理，地方政府不得突破限额举债。受此影响，地方政府一类债务增速出现断崖式下降，全年仅增长 3.9%。不过，受制于稳增长的压力，地方政府融资需求实际上仍然强烈，形成了大量实质上由财政资金偿还但未纳入限额管理的“表外债务”。这种行为本质上是杠杆的转移，即债务从政府部门转移至企业部门，并未真正降低政府的债务风险（见图 2）。

3. 政府部门杠杆率呈上升趋势，2015 年为 44.4%

分中央政府债务和地方政府债务看，我国政府部门的债务结构发生了明显变化。2008 年之前，中央政府债务较多，地方政府债务较少，中央政府债务余额占政府债务的 60% 以上。2009 ~ 2014 年，地方政府债务增长明显加快。从增量看，地方政府

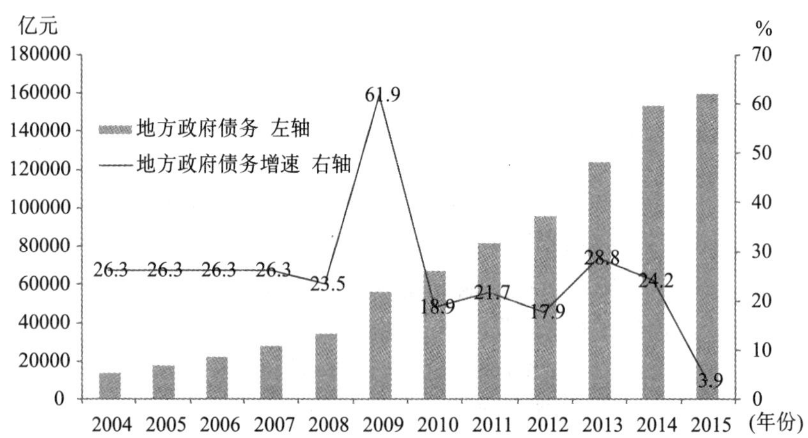

图 2 地方政府债务余额与杠杆率

数据来源：国家统计局、审计署、财政部、中国人民银行。

债务年均增长 19855 亿元，而中央政府债务年均仅增长 7064 亿元。从存量看，地方政府债务占政府债务的比重由 2008 年末的 39.6% 提高到 2014 年末的 61.7% 。2015 年，地方政府受债务限额约束，债务增长步伐明显放缓，全年债务仅增加 6000 亿元，相当于上年增量的 1/5；同时中央政府债务增长速度有所加快，全年债务增加 11200 亿元，比上年多 25.7% 。不过，由于地方政府债务存量较大，2015 年末地方政府债务仍然占全部政府债务的 60% （见图 3）。

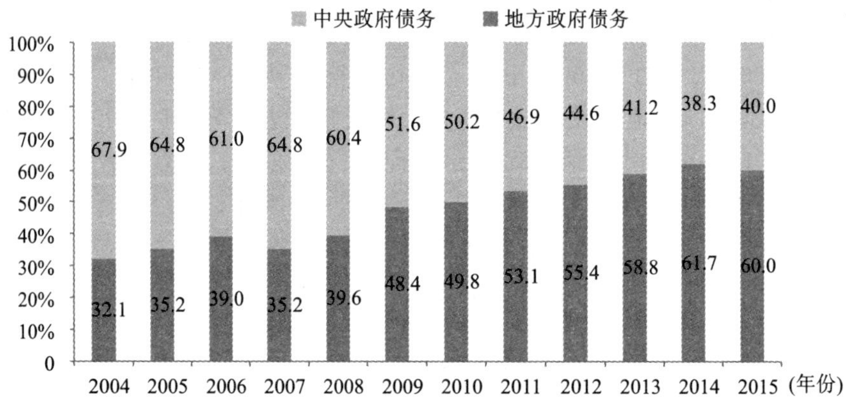

图 3 政府债务存量占比

数据来源：国家统计局、审计署、财政部、中国人民银行。

从总杠杆率看，我国政府部门杠杆率总体呈上升趋势，尤其是 2008 年国际金融危机之后，我国政府部门的杠杆率上升较快。根据 BIS 的数据，截至 2015 年，我国政府部门杠杆率为 44.4% ，比上年高 2.9 个百分点，比 2008 年高 12.7 个百分点，

平均每年提高 1.8 个百分点（见图 4、图 5）。

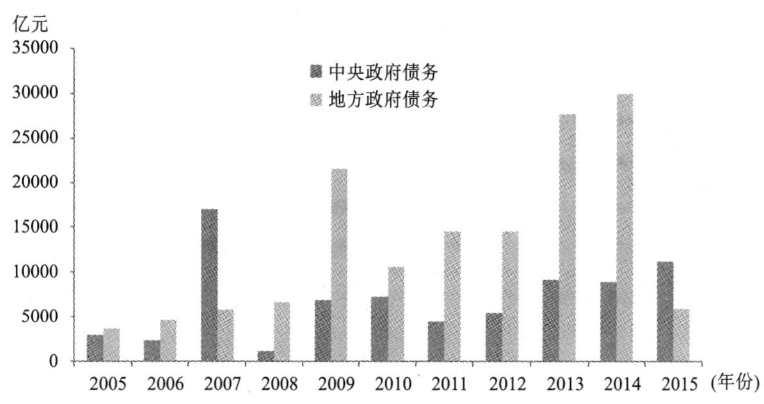

图 4　政府债务增量结构

数据来源：国家统计局、审计署、财政部、中国人民银行。

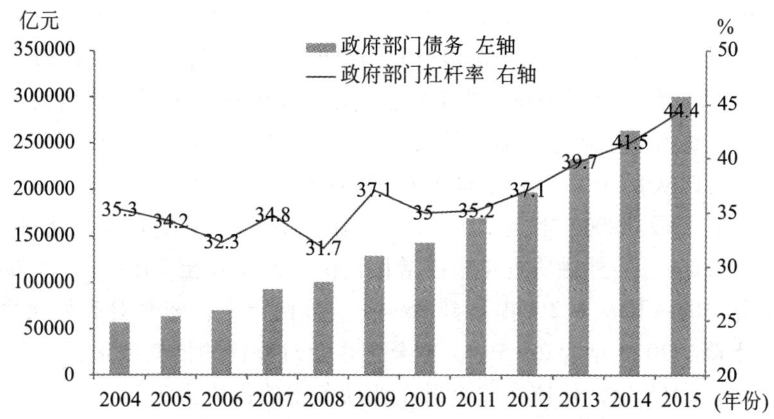

图 5　政府部门债务余额与杠杆率

数据来源：BIS。

（二）企业部门债务结构与杠杆率变化

企业部门的债务构成比较复杂，包括本外币境内贷款、国内公开发行的债券、委托贷款、信托贷款等，再加上企业的跨境债务。根据 BIS 的数据，2015 年末我国企业部门总债务为 115.5 万亿元，比上年多 15.9 万亿元；杠杆率为 170.8%，比上年高 13.9 个百分点（见图 6）。

从走势看，2006～2008 年，受益于经济快速发展，企业的杠杆率逐步下降，从 108.2% 下降到 98.6%。2009 年，企业大举举债，杠杆率快速上升，跃升至 123.2%，2010 年进一步提高至 124.4%。2011 年，企业部门缓慢去杠杆，2011 年杠杆率为 124.0%，比上年降低 0.4 个百分点。由于经济增速下滑，2012～2015 年

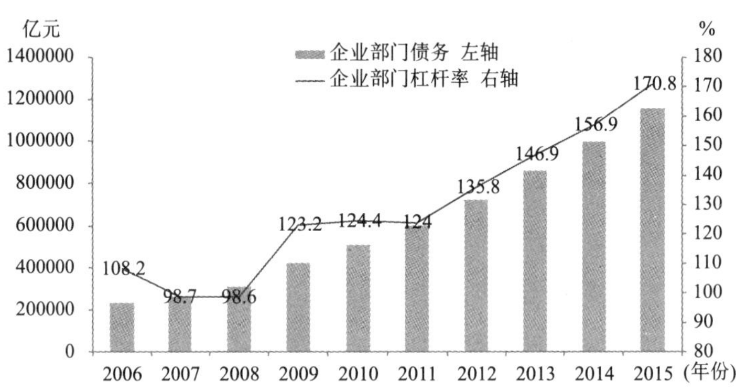

图 6　企业部门债务余额与杠杆率

数据来源：BIS。

企业杠杆率再度上升，且上行步伐呈加快趋势，2015 年杠杆率比 2011 年高 46.8 个百分点。从 2006 年到 2015 年，企业部门杠杆率共提高 62.6 个百分点。

由于 BIS 的杠杆率数据只涉及债务总额，没有债务结构数据，因此我们分析企业部门债务结构时，直接使用中国人民银行和国家外汇管理局的企业债务相关数据（见图 7）。从结构看，银行贷款是我国非金融企业最重要的资金来源。虽然银行贷款的占比逐年下降，但仍占非金融企业债务的大部分。2004 年至 2015 年，银行贷款在非金融企业债务中的占比从 87.0% 下降至 60.1% 。随着债券市场的发展，发行债券逐渐成为企业融资的重要手段。2004 年至 2015 年，企业债券在非金融企业债务中的占比从 0.8% 提高到 12.8% 。表外融资近年来也增长较快。2004 年至 2013 年，表外融资在非金融企业债务中的占比从 6.2% 提高到 26.4% 。近两年来，随着对表外融资的规范，其占比略有下降，2015 年为 23.5% 。非金融企业对外债的依赖度很低，外债占比总体呈下降趋势。2015 年，外债在非金融企业债务中的占比为 3.7% 。

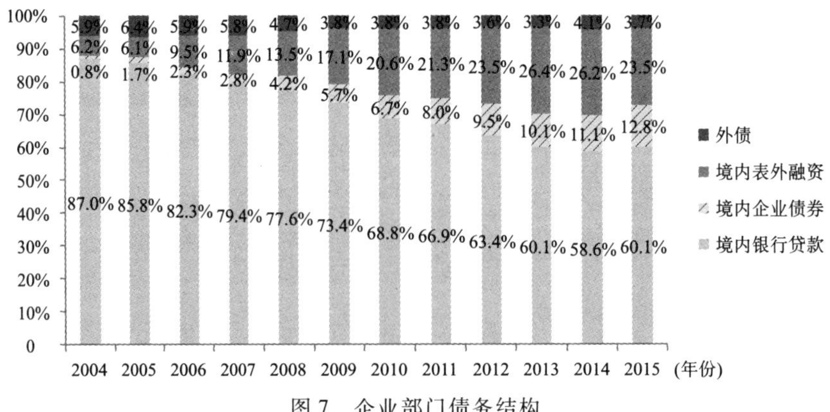

图 7　企业部门债务结构

数据来源：中国人民银行、国家外汇管理局。

分企业性质看，国有企业的债务占比较高。限于数据可得性，我们从企业部门的贷款和债券两项债务考察国有企业和非国有企业的债务占比情况（两者合计占企业部门债务总量的70%以上）。从结构看，企业债务中国有企业的债务占比略高于非国有企业。2015 年企业部门的贷款和债券中，国有企业贷款占 49.5%，债券占 9.7%，合计 59.2%；非国有企业贷款占 33.0%，债券占 7.8%，合计 40.8%。从走势看，国有企业债务占比略有上升，从 2012 年的 54.5% 上升至 2015 年的 59.2%。可见，近年来我国非金融企业部门杠杆率的提高，主要由国有企业贡献（见图 8）。

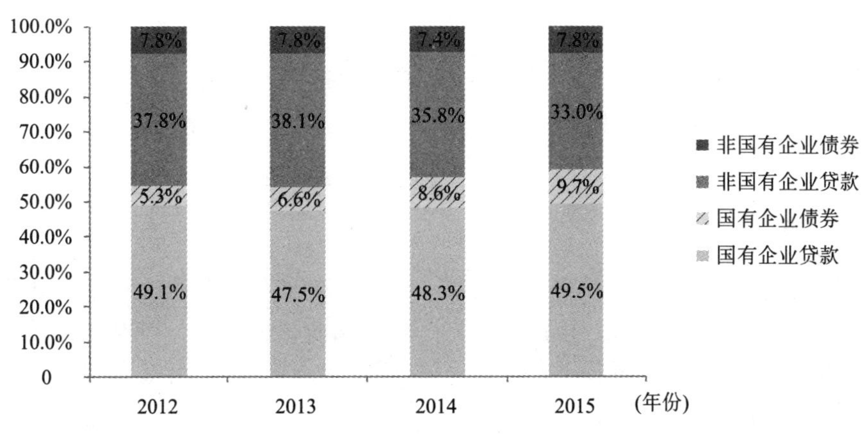

图 8　国有企业与非国有企业债务占比

数据来源：中国人民银行。

国有企业效率总体低于私营企业和外资企业，但占用金融资源较多。从工业企业情况看，2015 年，国有企业成本费用利润率[①]为 5.8%，比私营企业低 1.0 个百分点，比外资企业低 1.1 个百分点。国有企业总资产贡献率[②]为 11.3%，比私营企业低 7.2 个百分点，比外资企业低 2.4 个百分点。国有控股企业的资产负债率提高，而其他所有制企业的资产负债率下降。以工业企业为例，2006 年至 2015 年，国有及国有控股企业资产负债率从 56.2% 提高至 61.9%，而私营企业从 59.1% 下降至 51.8%。2015 年末，我国国有企业贷款余额占全部企业贷款余额的比例为 60.0%，占用了大量贷款资源。

（三）住户部门债务结构与杠杆率变化

2015 年末，我国住户部门债务余额 27.02 万亿元，比上年多 3.88 万亿元；杠

① 成本费用利润率 = 利润总额/成本费用总额 ×100%，反映了企业投入的生产成本及费用的经济效益。

② 总资产贡献率 =（利润总额 + 税金总额 + 利息支出）/平均总资产 ×100%，反映了企业全部资产的获利能力，是企业经营业绩和管理水平的集中体现。

杆率为39.4%，比上年高3.5个百分点（见图9）。

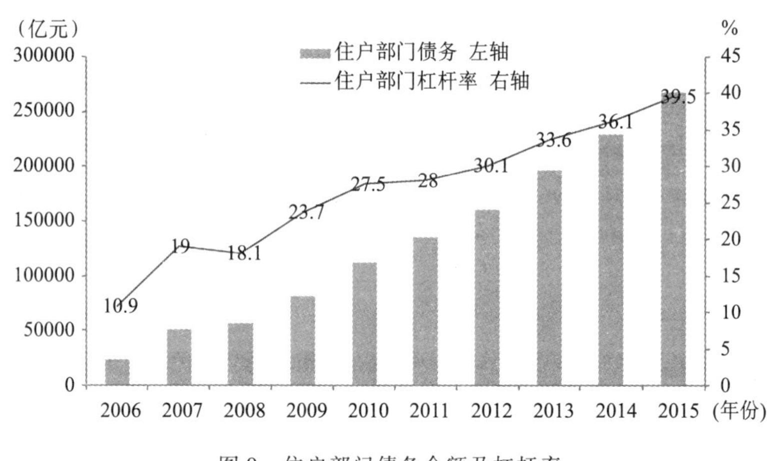

图9　住户部门债务余额及杠杆率

数据来源：BIS。

从走势看，住户部门杠杆率持续上升。2006～2008年，与企业和政府部门降杠杆的走势不同，住户部门杠杆率没有出现下降，反而稳中略升。2009年，住户部门与企业和政府部门一样，杠杆率都明显提高。随后2010～2015年，住户部门的杠杆率逐年提高，并未经历降杠杆过程。

由于BIS的杠杆率数据只涉及债务总额，没有债务结构数据，因此我们分析住户部门债务结构时，直接使用中国人民银行住户贷款相关数据。从结构看，住房贷款占住户部门债务的比重最高，其次是经营性贷款，再次是住房贷款之外的其他消费贷款。2015年末住户部门债务中，个人住房贷款13.08万亿元，占48.4%；消费贷款（不含住房贷款）5.88万亿元，占21.7%；经营性贷款8.07万亿元，占29.9%。从走势看，占比最低的住房贷款之外的其他消费贷款增长最快，近5年平均增速达到27.0%，占住户贷款的比重连续8年上升；住房贷款也较快增长，近5年平均增速为18.4%；经营性贷款增速放缓，近5年平均增速为16.8%，占住户贷款的比重连续3年下降（见图10）。

（四）我国经济总杠杆率

1. 总杠杆率2015年为254.8%

将政府、企业、住户三部门债务加总，就可以得到三部门的总债务以及我国经济的总杠杆率。根据BIS的口径，2015年末，三部门的总债务为172.3万亿元，比上年多23.4万亿元，增长15.7%，这个速度远高于6.4%的名义GDP增速。2015年，我国经济总杠杆率为254.8%，比上年高20.3个百分点（见图11）。

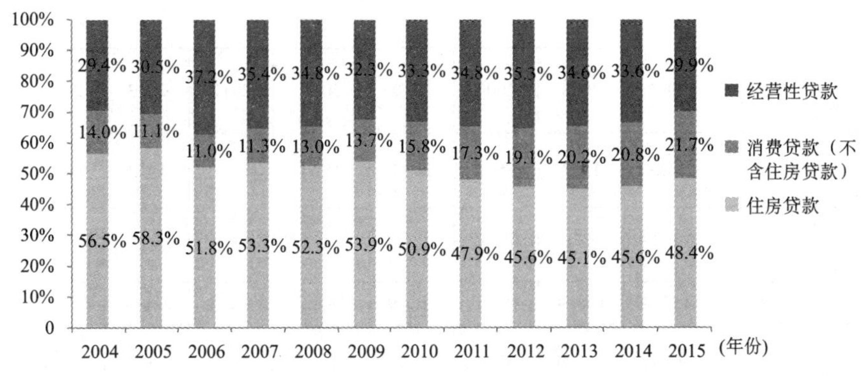

图 10　住户部门债务余额及杠杆率

数据来源：中国人民银行。

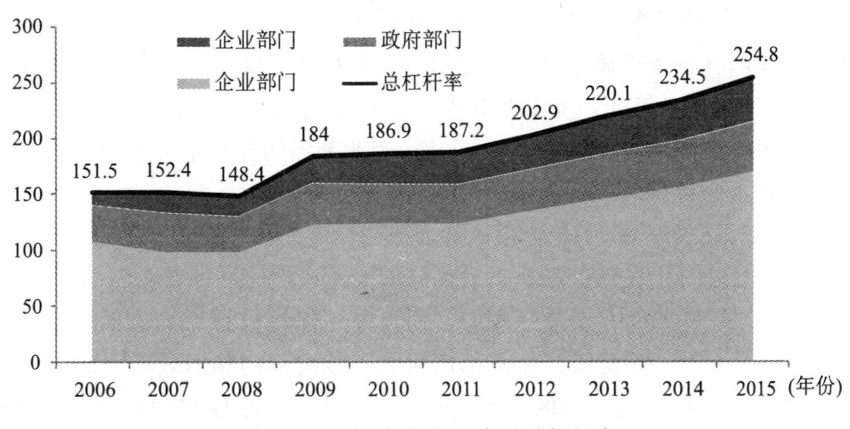

图 11　我国各部门杠杆率及总杠杆率

数据来源：BIS。

2006 年以来，我国主要经历了一次去杠杆、两次杠杆率小幅增长和两次快速加杠杆。第一次杠杆率小幅增长是 2007 年，杠杆率比 2006 年提高 0.9 个百分点；第一次去杠杆是 2008 年，杠杆率下降 4.0 个百分点；第一次加杠杆是 2009 ~ 2010 年，2010 年杠杆率比 2008 年高 38.5 个百分点；第二次杠杆率小幅增长是 2011 年，杠杆率比 2010 年提高 0.3 个百分点；第二次加杠杆是 2012 年至今，2015 年杠杆率比 2011 年高 67.6 个百分点（见表 1）。

表 1　　**我国债务与杠杆率变化情况**　　单位：万亿元、%

项目＼年份		2006	2007	2008	2009	2010	2011	2012	2013	2014	2015
债务余额	（万亿元）	32.9	40.7	46.9	63.4	76.2	90.4	108.2	129.2	148.9	172.3

续表

项目 \ 年份		2006	2007	2008	2009	2010	2011	2012	2013	2014	2015
债务增速	(%)		23.8	15.2	35.1	20.2	18.6	19.7	19.4	15.3	15.7
债务增量	(万亿元)		7.8	6.2	16.5	12.8	14.2	17.8	21.0	19.7	23.4
杠杆率	(%)	151.5	152.4	148.4	184.0	186.9	187.2	202.9	220.1	234.5	254.8
上升幅度	(百分点)		0.9	-4.0	35.6	2.9	0.3	15.7	17.2	14.4	20.3
备注		小幅增长		去杠杆	加杠杆		小幅增长	加杠杆			

数据来源：中国人民银行调查统计司根据 BIS 有关数据测算。

2008 年我国杠杆率下降主要源于政府部门杠杆率下降。2008 年，政府部门杠杆率为 31.7%，比 2007 年低 3.1 个百分点。住户部门的杠杆率也有下降，2008 年为 18.1%，比 2007 年低 0.9 个百分点。同时，企业部门的杠杆率基本稳定，2008 年比 2007 年下降 0.1 个百分点。

2011 年我国杠杆率和 2010 年相比基本保持稳定，其中企业部门杠杆率下降 0.4 个百分点，政府部门杠杆率提高 0.2 个百分点，住户部门杠杆率提高 0.5 个百分点。

两轮快速加杠杆期间，企业、政府、住户等三部门杠杆率均有明显上升，其中企业部门杠杆率上升幅度最大，住户部门次之，政府部门相对较小。2010 年，企业部门杠杆率为 124.4%，比 2008 年高 25.8 个百分点；政府部门杠杆率为 35.0%，比 2008 年高 3.3 个百分点；住户部门杠杆率为 27.5%，比 2008 年高 9.4 个百分点。2015 年，企业部门杠杆率为 170.8%，比 2011 年高 46.8 个百分点；政府部门杠杆率为 44.4%，比 2011 年高 9.2 个百分点；住户部门杠杆率为 39.5%，比 2011 年高 11.5 个百分点。总的来说，我国杠杆率的总体走势主要由企业部门带动（见表 2）。

表 2　　我国分部门杠杆率变化情况　　单位：%

部门 \ 年份	2006	2007	2008	2009	2010	2011	2012	2013	2014	2015
住户部门	10.9	19.0	18.1	23.7	27.5	28.0	30.1	33.6	36.1	39.5
政府部门	32.3	34.8	31.7	37.1	35.0	35.2	37.1	39.7	41.5	44.4
企业部门	108.2	98.7	98.6	123.2	124.4	124.0	135.8	146.9	156.9	170.8
合计	151.5	152.4	148.4	184.0	186.9	187.2	202.9	220.1	234.5	254.8
备注	小幅增长		去杠杆	加杠杆		小幅增长	加杠杆			

数据来源：根据 BIS 有关数据测算。

2. 2007～2008 年和 2011 年，我国杠杆率保持稳定甚至出现下降的原因分析

一是经济总体保持较快增长。2005～2008 年，我国 GDP 实际年均增长 12.2%；2011 年 GDP 实际增长 9.5%。这两个时期我国经济都保持了较高的增长速度，特别是 2007 年，我国 GDP 增速达到 14.2%，是新世纪以来的最高增速。

二是物价涨幅相对较高，一定程度上稀释了债务。新世纪以来我国物价涨幅总体温和，没有出现类似 1993～1995 年那样的严重通胀，CPI 涨幅超过 4% 的年份只有 3 个，分别是 2007 年、2008 年和 2011 年，而这三年的杠杆率都出现了下降。另外，2006 年 CPI 涨幅虽然不高，但工业生产者出厂价格指数增长 3.0%，工业生产者购进价格指数增长 6.0%，GDP 名义增速和实际增速的差距也达到了 4.4 个百分点。物价涨幅较高导致名义 GDP 增长较快，一定程度上稀释了债务（见表 3）。

表 3　　我国 GDP 与物价变化情况　　单位：万亿元、%

年份		2006	2007	2008	2009	2010	2011	2012	2013	2014	2015
GDP	金额	21.9	27.0	32.0	34.9	41.3	48.9	54.0	59.5	64.4	68.6
	名义增速	17.1	23.1	18.2	9.3	18.3	18.5	10.4	10.2	8.2	6.4
	实际增速	12.7	14.2	9.7	9.4	10.6	9.5	7.9	7.8	7.3	6.9
CPI	涨幅	1.5	4.8	5.9	-0.7	3.3	5.4	2.6	2.6	2.0	1.4

数据来源：国家统计局。

三是债务总量没有出现爆发式增长。2006 年末我国债务余额为 32.9 万亿元，2008 年末增长至 46.9 万亿元，年均增长 19.5%。2011 年，我国债务余额增长 18.6%。客观地说，2005～2008 年和 2011 年，我国债务增速不算低，但没有出现类似 2009～2010 年那样爆发式的增长，也低于 2004～2015 年 20.2% 的年均增速。

此外，这两个时期非金融企业境内股权融资增长较快，为去杠杆作出了一定贡献。2006～2008 年，非金融企业境内股票融资金额分别为 1536 亿、4333 亿、3324 亿元，与 GDP 之比分别为 0.7%、1.6%、1.0%。2011 年非金融企业境内股票融资 4377 亿元，与 GDP 之比为 0.9%。不过，股权融资体量不大，不是杠杆率下降的主要原因。2004～2015 年，非金融企业境内股票融资金额与 GDP 之比平均为 0.9%；在杠杆率出现下降的 2008 年和杠杆率基本保持稳定的 2011 年，非金融企业境内股票融资金额与 GDP 之比平均为 1.0%，与其他年份相比提高并不明显（见表 4）。因此，股权融资增长较快不是 2008 年和 2011 年杠杆率保持稳定甚至出现下降的主要原因。

表 4　　非金金融企业境内股票融资情况　　单位：亿元、%

年份	2006	2007	2008	2009	2010	2011	2012	2013	2014	2015
金额	1536	4333	3324	3350	5786	4377	2508	2219	4350	7590
与 GDP 之比	0.7	1.6	1.0	1.0	1.4	0.9	0.5	0.4	0.7	1.1

数据来源：中国人民银行。

3. 2009～2010 年和 2012 年以来，我国杠杆率上升的原因分析

两轮加杠杆的共性原因是应对经济下行扩大总需求。为应对国际金融危机带来的总需求下降，2008 年 11 月我国启动了“四万亿”刺激政策。2009 年各项债务余额增长 35.1%，增速创新高。当年人民币贷款新增 9.59 万亿元，比上年多增 4.69 万亿元；外币贷款新增 9265 亿元，比上年多增 7318 亿元；企业债券新增 12366 亿元，比上年多增 6844 亿元。2010 年，刺激政策开始退出，但政策惯性仍然很大，当年人民币贷款、外币贷款、企业债券分别新增 7.95 万亿元、4855 亿元、1.10 万亿元，增幅均低于 2009 年，但明显高于 2007～2008 年水平。当年各项债务余额增长 20.2%，也远高于 GDP 名义增速。

2012 年经济明显下行，稳增长压力加大，债务增速再次抬头，全年各项债务余额增长 19.7%，增速比上年高 1.1 个百分点。随后几年债务增速虽然有所下降，但由于基数已经很大，实际增量都超过 2009 年。2012～2015 年各项债务累计增长 81.9 万亿元，是 2015 年 GDP 的 1.19 倍。债务基数的扩张使得债务增速对杠杆率的影响扩大。2008 年，债务余额每增长 1%，杠杆率提高 1.3 个百分点；2015 年，债务余额每增长 1%，杠杆率提高 2.2 个百分点。

第二轮加杠杆债务资金使用效率明显递减。第一轮加杠杆收到了立竿见影的效果，我国经济实现了 V 型反弹。第二轮加杠杆的效果明显弱于第一轮，GDP 增速持续下行。两轮加杠杆效果的差异反映了第二轮债务资金使用效率明显递减。递减的原因包括：

（1）投资回报率递减导致债务资金的使用效率递减。投资回报率递减的原因，一是工业领域供大于求矛盾突出，导致传统工业的投资回报率递减。2015 年我国工业企业总资产贡献率①为 13.2%，连续 4 年下滑，比 2011 年低 3.2 个百分点。二是基础设施方面，经过多年建设，经济效益较好、建设成本较低的基础设施，如东部地区的高速公路、高速铁路，人口稠密区域的地铁，已经建设的比较完备。近几年新建的基础设施建设成本总体上高于前期，经济效益总体上低于前期，因此投资回报率趋于下行。

① 总资产贡献率 =（利润总额 + 税金总额 + 利息支出）/平均总资产 ×100%，反映了企业全部资产的获利能力。

（2）资金使用效率较低的国有企业占用的债务资金快速增长。我们用“（银行借款 + 债券融资）/净产出[①]”衡量债务资金使用效率，人民银行 5000 户工业企业调查显示，2015 年国有企业为 269.4%，比 2007 年提高 149.6 个百分点；民营企业为 183.2%，与 2007 年持平；外资企业仅 111.4%，比 2007 年反而下降了 33.2 个百分点。这说明国有企业的资金运用效率远低于民营和外资企业，且差距不断扩大。

然而，国有企业债务增长势头明显快于非国有企业。2012 年至 2015 年，国有企业的贷款与债券总额与 GDP 之比从 57.7% 提高至 72.1%，提高 14.3 个百分点；非国有企业则从 48.3% 提高至 49.6%，仅提高 1.3 个百分点。人民银行 5000 户工业企业调查显示，虽然国有企业负债总额与总产值之比持续高于民营企业，但两轮加杠杆时期国有企业与民营企业出现了明显差异。第一轮加杠杆期间，国有企业与民营企业和杠杆率基本同步提高。2010 年国有企业负债总额与总产值之比为 85.1%，比 2008 年高 8.7 个百分点；民营企业为 68.8%，比 2008 年高 6.4 个百分点。第二轮加杠杆期间，国有企业杠杆率提高的速度明显高于民营企业。2015 年，国有企业负债总额与总产值之比达到 128.3%，比 2011 年高 44.0 个百分点；民营企业为 87.8%，比 2011 年高 18.1 个百分点。可见，近年来我国企业部门杠杆率提高，主要由资金使用效率较低的国有企业带动。

（3）国际经济贸易环境发生明显变化。第一轮加杠杆前后，国际经济增速和贸易增速都大落大起，呈现明显的 V 型走势。2010 年世界经济增长 5.4%，全球商品贸易增长 22.0%，均恢复到危机前的水平。借助全球经济快速反弹的东风，2010 年我国进出口也高歌猛进，增幅达 34.7%，超过金融危机前水平。

第二轮加杠杆时期，全球经济和贸易增速总体呈回落趋势，说明外部需求比较疲弱。2015 年全球经济增长 3.1%，增速为金融危机后的最低值；全球贸易额下降 13.2%，为金融危机后首次负增长。受此影响，我国进出口增速也持续回落。2016 年上半年我国进出口同比下降 8.7%，降幅比上年同期扩大 1.7 个百分点。

加入 WTO 以来相当长一段时期，我国经济增长主要靠投资和出口双引擎驱动。投资对资金的需求非常大；出口对劳动力和技术的需求比较大，对资金的需求相对较小。2012 年以来国际经济贸易环境的变化导致对资金需求相对较小的出口引擎疲软，双引擎变成了单引擎，因此“稳增长”对债务的依赖更加强烈。

（4）金融机构和地方政府融资平台表现出道德风险。不良贷款蔓延的背景下，信贷资金明显向有政府背景的企业集中。平台公司项目有地方政府的显性或隐性担保，项目周期长、规模大，贷款给政府类项目，银行一方面可以控制账面上的信贷风险，另一方面可以完成信贷规模任务，因此政府类项目成为银行偏爱的信贷项目。

---

① 净产出 = 利润总额 + 营业税金 + 职工实发工资 + 累计折旧增加额。

不过，平台公司本质上是为政府代建项目，其投资缺乏市场效率和效益，理论上收入主要来自政府回购款、补贴或购买服务款。但是，很多地方政府没有能力拿出真金白银回购，只能通过向平台公司出售资产的方式支付回购款。平台公司为保障现金流，主要靠借新还旧、借新还息、借新投资等“三借”手段维持运行。

在银行和平台公司的上述互动中，双方都表现出明显的道德风险。尽管这些新增的平台公司债务不属于政府债务，但银行还是看重平台公司的政府背景，相信政府不会坐视其违约。平台公司名义上是企业，但实际上完全执行政府的投资指令。即便政府名义上对平台公司债务没有偿还责任，平台公司债务也属于地方政府隐性债务。随着平台公司债务雪球越滚越大，要警惕地方的隐性债务演变为系统性风险。

三、杠杆率的国际比较

我们从静态（杠杆率绝对水平）和动态（杠杆率变化趋势）两个角度，对总杠杆率和分部门杠杆率分别进行国际比较。杠杆率数据主要来自国际清算银行（BIS），其债务包括政府部门、住户部门和非金融企业部门的债务。其中，住户部门和非金融企业部门债务数据主要来源于各国金融账户，包括来源于金融部门以及住户部门和非金融企业部门的债务。非金融企业部门内部的债务没有进行轧差处理，主要是因为考虑企业的偿债能力时企业部门内部的债务也需要偿还。没有金融账户的国家，国内债务数据是国内银行信贷数据中的银行贷款和债务类证券之和，跨境债务数据是 BIS 的国际银行统计（IBS）中境外机构对境内非金融企业信贷和海外债券存量之和。广义政府部门主要指中央政府、地方政府和社保基金，不包括公共企业。政府部门的债务包括贷款和债务类证券，政府部门内部的债务进行轧差处理。

比较结果显示，发达国家杠杆率水平高于中国，但金融危机后发达国家加杠杆的步伐明显放缓，甚至出现降杠杆。与主要发达国家相比，中国杠杆率绝对水平不高，但增长势头明显偏快。分部门看，中国政府和住户杠杆率明显低于发达国家，企业部门杠杆率明显高于发达国家。

（一）总杠杆率国际比较

债务增长在一定程度上反映的是资本积累，总体而言，随着人均收入提高，债务水平也将上升，这是一种金融深化的过程。以 BIS 关注的 45 个经济体（含欧元区、发达经济体和新兴市场经济体平均值）为样本，统计检验显示，杠杆率与人均 GDP① 的相关系数达到 0.70，两者具有显著的线性相关关系。

债务的增长应当与经济发展水平相适应。由图 12 可以看出，杠杆率高于我国的

① 2010 年不变价美元，引自世界银行 WDI 数据库。其中发达经济体采用的是高收入国家人均 GDP，新兴市场经济体采用中等收入国家人均 GDP。

经济体，人均 GDP 普遍超过了 21000 美元。发达经济体平均杠杆率为 268.2%，对应的则是 41038 美元的人均 GDP。我国目前仍属于中等收入国家（2015 年人均 GDP 为 6416 美元），人均 GDP 与我国相近的泰国、南非、墨西哥，2015 年杠杆率分别为 156.1%、126.2% 和 76.7%，均显著低于我国水平。即便考虑经过购买力平价调整的人均 GDP，我国 2015 年也仅达到 13400 美元。在 BIS 关注的、人均 GDP 低于 20000 美元的经济体中，我国杠杆率处于最高水平（见表 5）。

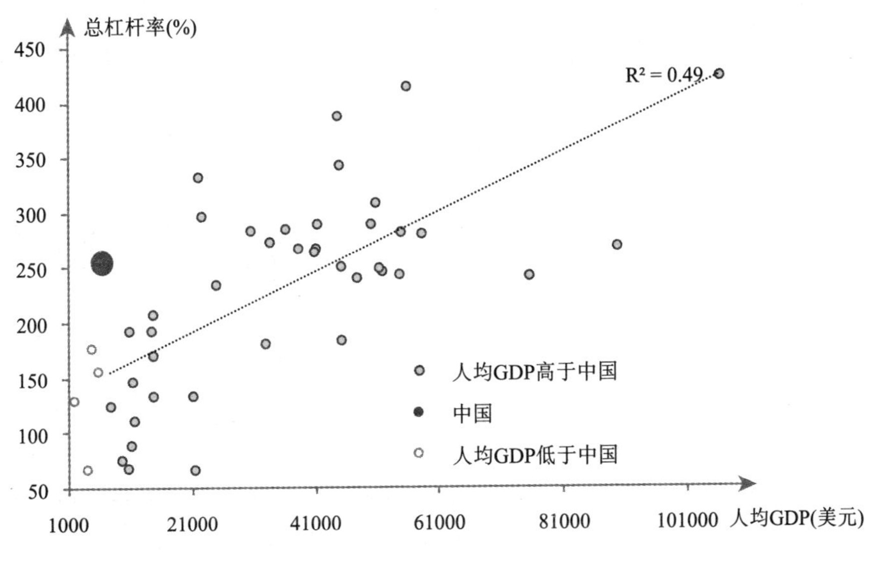

图 12　杠杆率的国际比较（2015 年）

数据来源：BIS、世界银行、人民银行。

表 5　　杠杆率的国际比较　　单位：%

年份	2008	2009	2010	2011	2012	2013	2014	2015	2015 比 2008	2015 年人均 GDP（美元）
美国	238.5	246.4	247.3	250.6	251.0	247.2	250.0	250.6	12.1	51486
德国	184.5	195.4	198.9	193.8	196.5	192.2	189.1	184.3	-0.2	45270
日本	327.5	353.1	351.9	369.4	374.1	382.6	391.9	388.2	60.7	44657
韩国	200.7	207.5	204.8	211.6	217.1	220.5	228.2	234.8	34.1	25023
智利	125.6	123.5	117.6	127.7	135.3	143.8	159.0	171.6	46.0	14626
新西兰	209.4	212.4	207.6	206.3	210.8	207.5	206.2	208.4	-1.0	14581
波兰	117.0	120.1	126.4	131.4	130.9	135.0	132.2	134.3	17.3	14581
匈牙利	190.7	215.8	215.9	213.0	207.3	200.5	201.1	195.4	4.7	14375
土耳其	84.4	91.6	95.5	95.7	98.1	106.1	109.8	113.1	28.7	11525

续表

年份	2008	2009	2010	2011	2012	2013	2014	2015	2015比2008	2015年人均GDP（美元）
巴西	111.3	115.0	118.2	122.1	127.8	128.8	134.5	148.5	37.2	11159
俄罗斯	61.1	67.7	62.3	63.1	65.7	73.6	87.3	92.4	31.3	11039
马来西亚	146.6	172.8	169.5	171.9	175.8	183.5	185.7	193.2	46.6	10877
阿根廷	57.3	57.1	53.0	50.7	53.6	58.5	60.9	73.8	16.5	10515
墨西哥	54.6	58.0	57.0	60.0	60.9	66.6	70.2	76.7	22.1	9517
南非	106.3	106.1	106.3	108.3	112.9	116.4	119.2	126.2	19.9	7575
中国	148.4	184	186.9	187.2	202.9	220.1	234.5	254.8	106.4	6416
泰国	114.3	122.4	123.2	133.6	137.9	146.8	150.9	156.1	41.8	5775
印度	128.0	130.2	127.0	125.0	126.9	126.9	126.2	129.1	1.1	1806
新兴市场	108.3	141.1	139.1	132.7	147.3	156.6	162.7	179.3	71.0	4630
发达经济体	240.5	268.0	269.7	261.6	271.9	268.5	257.2	268.2	27.7	41038

数据来源：杠杆率数据为BIS测算值。人均GDP引自世界银行WDI数据库，2010年不变价美元。

改革开放以来，在高投资率的支撑下，经过近30年的高速增长，我国实现了经济总量的赶超，相当于走过了发达国家近百年的工业化进程。伴随着资本存量的快速增长，债务规模也急剧上升。在人均GDP尚未达到高收入国家水平的情况下，我国杠杆率却已经接近发达国家的水平，这意味着我国未来的债务增长空间将受到制约。相对于当前的发展阶段而言，我国的杠杆率绝对水平已经偏高。

动态来看，与发达国家相比，近年来我国债务增速明显偏快。2015年与危机前的2008年相比，我国总债务余额增长267.2%，杠杆率上升106.4个百分点，上升幅度在BIS关注的40多个经济体中排名第一。同期发达经济体债务余额增长11.7%，杠杆率上升27.7个百分点；新兴市场经济体债务余额增长146.4%，杠杆率上升71.0个百分点。金砖国家中南非债务余额增长100.1%，杠杆率上升了19.9个百分点；巴西债务余额增长153.1%，杠杆率上升37.2个百分点；俄罗斯债务余额增长164.7%，杠杆率上升31.3个百分点；印度债务余额增长142.9%，杠杆率上升1.1个百分点，债务增长速度均显著低于中国水平（见图13）。

如果以M2/GDP来粗略地衡量杠杆率水平，那么只要M2增速大于名义GDP增速，杠杆率就会继续上升。当前我国GDP增速持续下行，而M2增速仍保持在10%以上，信贷增速接近名义GDP增速的2倍，因此杠杆率的上升势头短期内难以遏制。

债务水平上升意味着金融系统和整体经济更容易受到意外事件的冲击，债务加速增长则意味着支出（需求）可能面临更大的下滑风险（债务每上升100元使得支

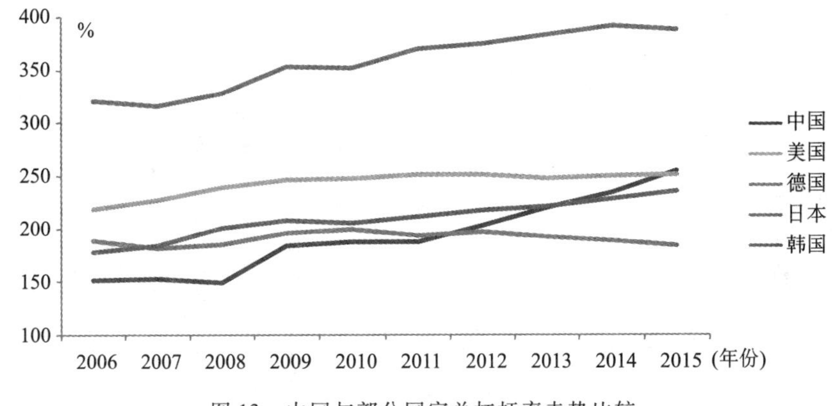

图 13　中国与部分国家总杠杆率走势比较

数据来源：BIS 的数据。

出也额外增加 100 元。但为在将来维持这一水平的支出，存量债务需保持 100 元的增幅；否则支出就会回到最初未负债时的水平。因此，支出水平与总体债务的增长相关，而支出的增速与债务的二阶导数相关。但债务无法永远加速增长，当债务增速放缓时，支出的增长很可能受到负面冲击）。20 世纪 80 年代日本债务快速攀升后泡沫经济破裂、21 世纪最初 10 年美国信贷快速增长引发次贷危机的经历都清晰地揭示了杠杆率上升过快所蕴藏的风险。

（二）企业部门杠杆率国际比较

从静态看，中国企业部门杠杆率明显高于发达国家。2015 年，中国企业部门杠杆率为 170.8%，同期美国为 71.2%，以债务约束严格而著称的德国为 52.7%，同为东亚国家且以间接融资为主的日本为 101.3%，韩国为 106.0%，均低于中国水平。在 BIS 关注的 41 个经济体中（除中国外），只有卢森堡、中国香港和爱尔兰企业部门的杠杆率超过中国，分别达到 328.8%、213.7% 和 187.5%，另有比利时和瑞典企业部门的杠杆率与中国水平接近，分别为 154.8% 和 152.5%（见图 14）。

从趋势看，中国企业部门债务和杠杆率上升势头明显快于发达国家（见图 15）。国际金融危机后，美国、德国和日本企业部门一直处于降杠杆的过程中，近年虽有所波动，但 2015 年仍比 2008 年分别下降 1.4、4.4 和 4.9 个百分点。韩国企业部门杠杆率略有上升，2015 年比 2008 年提高 0.9 个百分点。而同期我国企业部门杠杆率上升了 72.2 个百分点。我国企业部门杠杆率上升过快，是需要高度关注的部门。

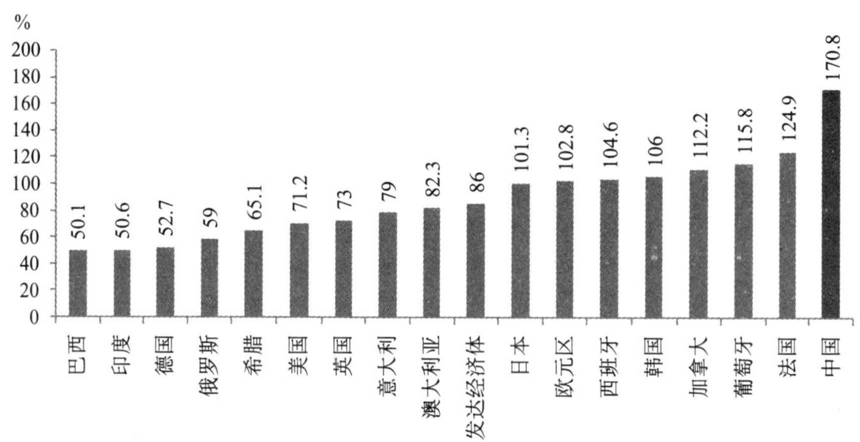

图 14　企业部门杠杆率的国际比较（2015 年）

数据来源：BIS。

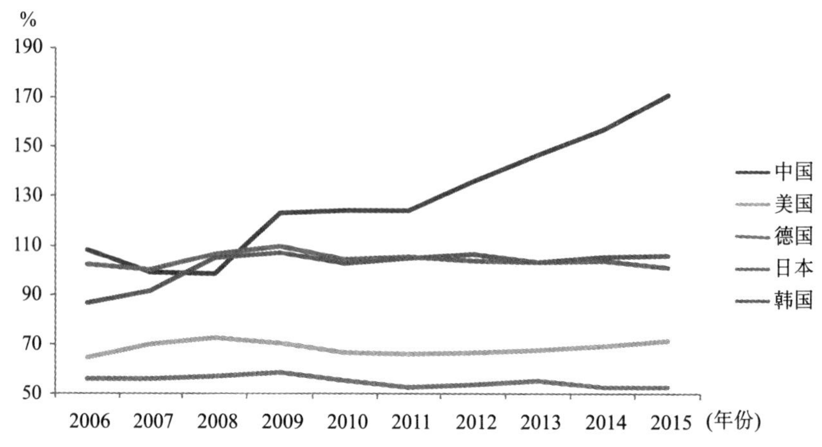

图 15　中国与部分国家企业部门杠杆率走势比较

数据来源：BIS。

（三）政府部门杠杆率国际比较

从静态看，中国政府部门杠杆率明显低于发达国家。2015 年，中国政府部门杠杆率为 44.4%，同期美国为 97.3%，日本为 211.6%，德国为 71.2%，均高于中国水平。同期韩国为 40.4%，与中国水平接近。在 BIS 关注的 42 个经济体中，中国政府部门的杠杆率排名第 25 位，有 17 个经济体①低于中国（见图 16）。

① 这些经济体按政府部门杠杆率从低到高排列是：中国香港、沙特阿拉伯、俄罗斯、文莱、卢森堡、印尼、挪威、泰国、土耳其、新西兰、澳大利亚、瑞士、墨西哥、丹麦、韩国、捷克和瑞典。

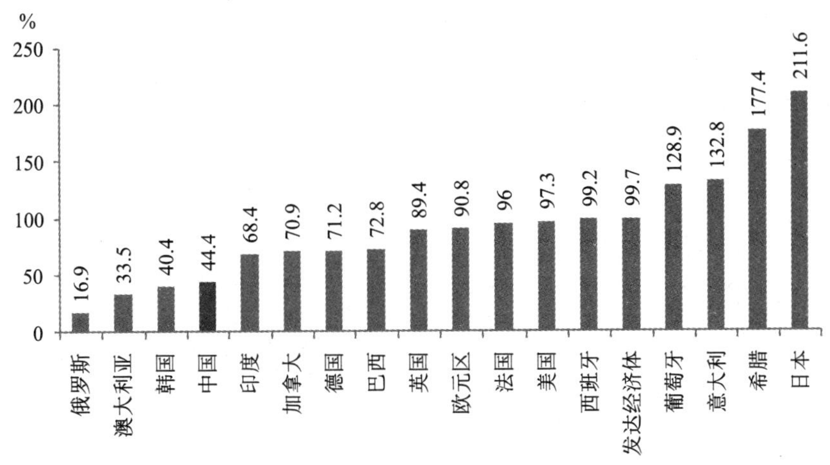

图 16　政府部门杠杆率的国际比较（2015 年）

数据来源：BIS。

从趋势看，中国政府部门债务增速明显高于发达国家，但由于发达国家债务基数较高且 GDP 增速较低，其杠杆率上升幅度反而高于中国。从 2008 年到 2015 年，中国政府部门杠杆率提高了 12.7 个百分点；同期美国提高 29.4 个百分点，日本提高 65.3 个百分点，韩国提高 15.4 个百分点。只有德国提高 10.1 个百分点，低于中国水平。虽然近年来我国地方政府债务快速增加，但总体杠杆率仍有上升空间（见图 17）。

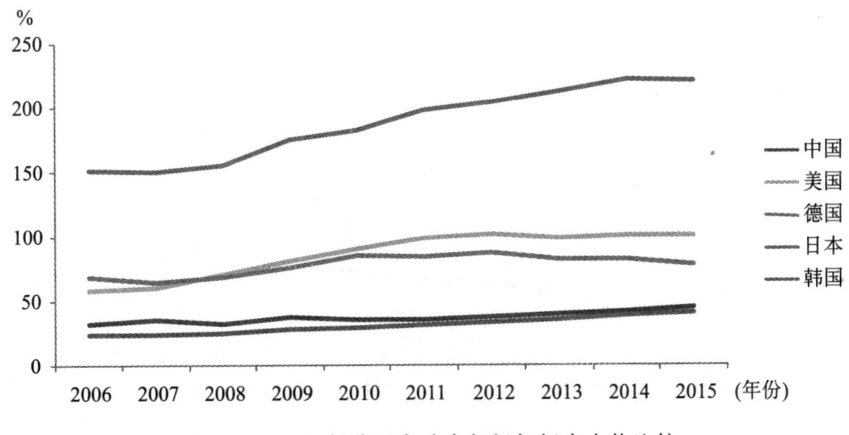

图 17　中国与部分国家政府部门杠杆率走势比较

数据来源：BIS。

(四) 住户部门杠杆率国际比较

从静态看，中国住户部门杠杆率绝对水平较低，明显低于发达国家。2015 年，中国住户部门杠杆率为39.5%，同期美国为79.2%，德国为53.6%，日本为65.9%，韩国为88.4%，均高于中国水平。在BIS关注的42个经济体中，只有12个经济体[①]住户部门的杠杆率低于中国（见图18）。

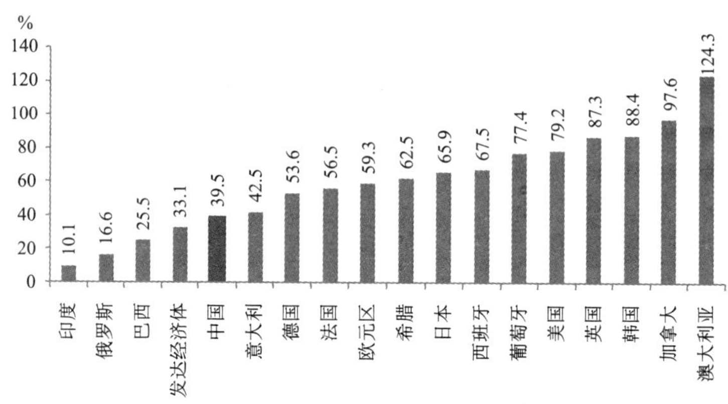

图18　住户部门杠杆率的国际比较（2015年）

数据来源：BIS。

从趋势看，中国住户部门债务增长较快，杠杆率不断提高。金融危机后，许多国家的住户部门都表现为杠杆率下降，如美国和德国。日本住户部门杠杆率总体变化不大，韩国住户部门杠杆率有所上升，2008年到2015年上升14.2个百分点，也低于中国水平。考虑到我们正处于金融深化的阶段，住户部门杠杆率的快速提高也是正常现象，且其水平仍明显低于其他国家，住户部门债务风险较低（见图19）。

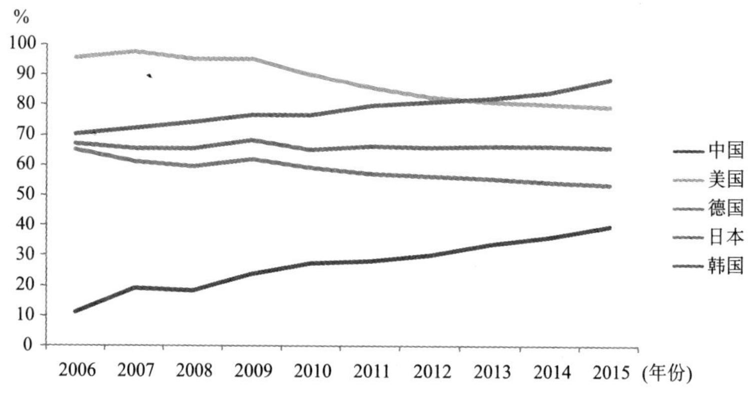

图19　中国与部分国家住户部门杠杆率走势比较

数据来源：BIS。

① 这些经济体按住户部门杠杆率从低到高排列是：阿根廷、印度、沙特阿拉伯、墨西哥、俄罗斯、印尼、土耳其、匈牙利、巴西、捷克、波兰和南非。

四、我国经济杠杆率安全性分析和风险评估

本部分首先对国内外有关杠杆率安全性的研究成果进行总结梳理，归纳判断杠杆率安全性的基本原则。其次，对企业、政府、住户三部门杠杆率分别进行安全性分析和风险评估。最后，对我国总杠杆率进行安全性分析和风险评估。结果显示，我国企业部门杠杆率偏高，风险不容忽视；政府部门风险总体可控，但潜在风险值得重视；住户部门杠杆率较低，债务安全性较高；总体看，我国杠杆风险仍然可控。

（一）杠杆风险的主要影响因素

1. 关于杠杆率安全性的研究成果

在杠杆率高低的判断上，当前国内外的研究中，多把已发生经济危机的国家的杠杆率数值或者 OECD 国家平均杠杆率作为评定其他国家杠杆率的标准。杠杆率的升高一度被认为是简单而又经得住考验的金融危机的领先指标（Zhang，2001；Frankel 和 Saravelos，2011）。Reinhart 和 Rogoff（2010）基于 44 个国家时间跨度大约 200 年的数据研究提出了“90、60”标准，即：发达经济体和新兴市场经济体都存在相似的“公共债务阀值”，在“正常债务水平”（公共债务占 GDP 的比重低于 90%），政府债务与 GDP 实际增长率之间表现为弱相关关系；当公共债务占 GDP 的比重超过 90% 时，政府债务与 GDP 实际增长率表现为显著的负相关关系。而外债阀值（警戒值）要低于整体公共债务水平的阀值。外债规模占 GDP 的比重超过 60% 的国家，经济增长出现明显恶化；这一比重超过 90% 的国家，经济大多出现衰退。

2011 年 BIS 关于债务影响的一篇工作报告（Cecchetti、Mohanty 和 Zampolli，2011）基于对 18 个 OECD 国家的经验研究提出了“85，90，85”标准，即政府部门、企业部门和居民部门的杠杆率警戒线分别为 85%、90% 和 85%，当各部门债务水平高于警戒线时，将对经济增长造成负面影响。具体来说，在警戒线之上，政府杠杆率每上升 10 个百分点，对经济增速的拖累将超过 0.1 个百分点；企业部门杠杆率对经济增速的负面影响程度是政府债务的一半。

关于杠杆率进一步的研究指出，对杠杆率适度性的判断，不仅要参考杠杆率绝对值的水平，还要参考杠杆率的动态变化。通常情况下，高而稳定的杠杆率水平并不意味着高风险，但快速增长的杠杆率则应该引起投资者和监管者的注意。如“5—30 规则”认为，在 5 年的时间内，以一国国内信贷规模与 GDP 之比为代表的杠杆水平增长幅度超过 30 个百分点，该国就会迎来一轮金融危机（张志威，2013）。典型案例包括：日本在 1985～1989 年、欧洲在 2006～2010 年落入“5—30”魔咒，而美国则分别于 1995～1999 年以及 2003～2007 年两度在满足“5—30 规则”后陷入危机。

还有研究认为，衡量杠杆率的适度性还要考虑经济增长速度。有学者研究全球金融危机时指出，在危机发生的前5年，多数国家出现了经济增速持续下滑的现象。Bordo等（1999）研究发现，从金融危机爆发前5年到金融危机爆发时，真实GDP增长率平均下降幅度基本在2%～4%之间。苗永旺等（2009）指出，不管发达国家还是发展中国家，在金融危机爆发前3～4年，人均实际GDP开始下降，达到谷底后两年左右开始复苏。

2. 判断杠杆安全性的基本原则

综合以上分析，我们认为，对一国杠杆率适度性的分析要结合各国经济发展阶段、经济结构差异及增长潜力综合考虑。在考察杠杆率绝对水平的同时，还要重点关注杠杆的成本、增长趋势和利用效率。

一是要考虑经济增长与债务增长是否同步。如果某国具备较高的、可持续的经济增长速度，且经济增速高于债务增速，那么即便该国杠杆率绝对水平较高，也可以通过经济增长获得较高的收入、资本、净资产增长，从而稀释杠杆，化解债务风险；否则，则存在风险隐患。当然，存在风险隐患不意味着一定出现风险，还需要从下面的角度进一步分析。

二是要综合考虑杠杆率绝对水平、融资成本与经济增速之间的关系，即经济增长能否覆盖杠杆成本。由于杠杆成本等于债务总额乘以融资成本，因此既定经济增速下，可以通过降低债务总额，或者降低融资成本，来提高债务杠杆的安全性。金融危机后，美联储、欧央行利用降低债务融资成本（降低利率和量化宽松）应对低迷的经济增长速度，而不是简单地去杠杆，也是利用了这一原理。

三是考虑储蓄与投资的平衡情况，净储蓄国家可以容忍也应当保持较高的杠杆率。净储蓄即储蓄大于投资，要实现经济结构平衡，需要加大投资力度，这就离不开杠杆的支持。同时，净储蓄国家产出大于国内投资和消费需求，意味着偿债能力较强，债务安全性较高。

四是考虑对外净负债状况，内债的安全性高于外债。典型的例子是日本和欧债危机的重债国。欧债危机爆发前的2009年，希腊政府杠杆率为124.6%，同期日本为175.0%，远高于希腊。但由于日本政府债券主要由国内部门持有，日本国内储蓄率较高，因此没有发生债务危机。2015年日本政府杠杆率进一步攀升至211.6%，但日本国债的收益率依然远低于希腊，国际上也一致认为日本国债安全性远高于希腊。

（二）企业部门：杠杆率偏高，风险不容忽视

1. 企业部门杠杆率偏高

与其他经济体相比，我国企业部门杠杆率偏高，风险不容忽视。

第一，杠杆率偏高增加企业财务成本，加重企业经营压力。尽管2015年我国5

次下调存贷款基准利率，但由于2015年末企业部门负债总额达到115.5万亿元，以4.75%的1～5年期（不含1年，含5年）贷款基准利率估算，每年仅利息支出约5.5万亿元，占2015年GDP的8.1%，占企业部门初次分配总收入的45%左右[①]。此外，中小微企业贷款利率一般要上浮，企业融资成本除利息支出，还包括房产土地抵押登记费、工商查询费、抵押物评估费、担保费、会计审计费等中间费用，融资成本较高加剧了企业经营困难和经营风险。

第二，企业生产经营的其他制约因素也比较多，加剧企业经营风险。一是人工成本保持刚性。虽然不少企业通过轮岗、待岗、缩短工时、内退、放假等手段控制总人工成本，部分企业员工收入也确实出现下降，但企业仍要为相关人员发放基本生活费，加上社保基数不断上调，单位产出的人工成本不降反增。二是税费负担仍然较重。当前政府为减轻企业经营负担、改善经营环境推出了一系列降税、减税政策措施，确实使部分中小企业减轻了税收负担。但在实际执行过程中，有关部门为了保持税收增长，又同时加大了税收的征缴力度，导致企业税费负担仍然较重。某东部省份反映，样本企业财务监测数据显示，2016年1～7月各项税金（主要包括营业税金及附加、所得税）占主营业务收入比例为7.6%，高于2012～2015年平均水平1.4个百分点。苏州某钢铁生产企业表示，虽然盈利有所提升，但每年须支付内外贸港口费和港建费4亿多元、重大水利工程建设基金4000多万元以及可再生能源电价附加费3000多万元等，负担较为沉重。三是国有企业社会负担沉重。山西省属企业承担三供一业、市政、社区、社保等大量社会职能，每年补贴70亿元以上，供养人员20万人以上。由于“企业办社会”点多面广，当地政府也无力承接。四是环保成本明显上升。随着国家环保政策愈趋严格，部分企业不得不停产整修、新建环保设备，环保刚性要求导致企业显、隐性费用大幅增加。湖南一家企业反映，其环保固定资产设备投入达4亿元，设备运行费用为2万～3万元/天，此外还需每年缴纳400万～500万元的排污费，年均环保成本近1500万元，与其2015年全年利润总额数相当。江苏一些煤炭、钢铁、化工企业表示，随着环保要求提高，近年来环保投入与支出增加较多，除支付约占总成本4%～5%的固定环保费用外，还不时面临因环保整治力度加大导致的停产或限产损失。

第三，企业经营风险向金融体系传导，增加金融风险。我国企业部门融资高度依赖银行体系。当前经济增速下行，企业生产经营困难加剧，导致银行不良贷款增长较快。2016年三季度末，商业银行不良贷款余额14939.0亿元，同比增长25.9%；不良贷款率1.76%，比上年同期提高0.17个百分点；拨备覆盖率从2013

---

① 根据国家统计局发布的资金流量表，近年来中国企业部门初次分配总收入占GDP的比重不断下降，2013年为17.9%。我们保守假设2015年企业部门初次分配总收入占GDP的比重与2013年持平，那么企业部门初次分配总收入约12.1万亿元。

年以来一直呈下降趋势。2016 年 4 月 IMF 发布的《全球金融稳定报告》估算我国上市企业的在险债务比例[①]为 14.1%，进而测算出我国商业银行公司贷款中潜在在险贷款比例为 15.5%，对应在险贷款规模 1.3 万亿美元（8.2 万亿元）。IMF 进一步假设在险贷款将遭受约 60% 的损失，对应损失贷款规模 7560 亿美元（4.9 万亿元），相当于 GDP 的 7%。即使考虑到估算过程中存在瑕疵，在不扣除净投资收益的情况下，中国在险债务比例也高达 9.4%[②]。由于企业生产经营情况迟迟不见好转，不良贷款上升趋势仍在蔓延，金融风险持续上升。

第四，金融风险上升与经济下行压力共同引发信贷紧缩。一方面，受实体经济不景气、信贷资产质量劣变和相关部门考核不良率等多重压力影响，银行普遍慎贷惜贷，增量信贷项目主要集中在政府主导的基础设施建设、国有企业贷款以及居民购房按揭等领域。银行虽然对能够还息的民营企业尽量及时续贷，但对民营企业的新增融资非常谨慎。另一方面，经济下行背景下，企业信贷需求也有所回落。不少经营稳健的企业表示，将以“负债最小化”为经营目标，千方百计保生存，除非现金流确实紧张，不然不会扩大融资规模；而融资需求强烈的企业多是资金紧张经营困难的企业。因此，信贷市场出现了逆向选择，进一步加剧了信贷紧缩。2016 年 10 月末，个人购房贷款余额同比增长 34.5%，比各项贷款增速高 21.4 个百分点；10 月份个人购房贷款当月新增额占到各项贷款新增额的 63.1%，非金融企业及机关团体贷款新增额仅占各项贷款新增额的 25.9%，挤出效应明显。

第五，受经济增速下行和企业生产经营困难影响，企业部门去杠杆困难重重，杠杆率出现被动上行的趋势。企业部门杠杆率即企业部门债务与 GDP 之比，因此只要名义经济增速高于企业负债增速，就可以通过扩大分母降低杠杆率。但是，2011 年以来，我国 GDP 名义增速和实际增速均持续回落。2015 年我国 GDP 实际增长 6.9%，比上年同期低 0.4 个百分点；名义增长 6.4%，比上年低 1.7 个百分点。经济增速持续下行，因此无法通过快速扩大分母稀释企业部门杠杆。同时，企业效益不佳，工业企业利润负增长，资金周转困难。不少困难企业尽管产销双降，但融资规模不能降，不然会立刻引发资金链断裂。即便生产经营正常的企业，银行一旦压降贷款额度，企业也会立刻陷入困境。前期不少地方都发生了银行对经营正常企业抽贷导致企业无法继续经营的案例，各地政府对此高度重视，纷纷协调辖内银行避免此类事情再次发生。银行也意识到“企业普遍经营困难，能按时还息就是好企业”，只要企业能按时还息，都会尽量续贷。因此，企业债务出现了明显的固化趋势，流贷长用、到期续贷已经成为银企双方默认的惯例。

---

① 根据利息保障倍数 <1 从样本企业中筛选出在险公司，即 EBITDA（息税折摊前利润）不足以覆盖利息支出的公司。在险债务比例 = 在险公司总债务/所有公司总债务。

② 丁安华：“在险债务与不良贷款”，招商证券研究报告，2016 年 9 月 22 日。

此外，不少企业特别是民营企业借助担保圈、担保链获取贷款。随着担保圈、担保链中部分企业出现还款困难，银行向担保企业追贷，原本经营状况良好的企业受担保拖累陷入困境。风险沿担保链传递，扩散易、化解难。担保圈、担保链风险蔓延还导致企业和银行互不信任，增加企业融资难度和银行信贷资产质量下行压力。

2. 我国企业部门杠杆率偏高有因可寻，不宜简单去杠杆

在充分认识我国企业部门杠杆率风险的同时，也要看到，与发达经济体相比，我国经济有一些特殊之处，导致企业部门杠杆率偏高。这种偏高有一定合理性，不能将我国与发达经济体企业部门杠杆率进行简单比较。

一是长期以来我国经济处于追赶者的地位，企业前期建设需要投入大量资金，我国企业没有足够的资本积累时间，而利用杠杆可以使项目尽快完成，尽快投入使用，尽快产生效益。

二是我国股权融资规模远低于发达国家，企业融资以间接融资为主，导致杠杆率较高。根据世界银行数据，2014 年末美国上市公司总市值与 GDP 之比为 151.2%，英国为 106.5%，日本为 95.1%，韩国为 86.0%，全球平均为 94.6%，我国仅为 58.0%。资本市场不够发达，使得企业在使用股权融资时受到限制，因此更多通过债务融资来满足融资需求，导致企业债务规模持续扩大，杠杆率居高不下。

三是我国企业部门债务包含了融资平台等举借的地方政府负有偿还责任的债务，因此企业部门杠杆率偏高某种程度上源自政府债务的转移。不少地方政府融资平台债务虽然未列入政府一类债务，有的甚至未列入政府或有债务，但本质上还是依靠财政资金偿还，这些债务自然也计入企业部门，但本质上应属于政府债务的转移。此外，一些国有企业承担了本应由政府承担的提供公共服务的职能，这也增加了企业的负担，提高了企业的杠杆率。

因此，如果“一刀切”地要求非金融企业去杠杆，企业利润空间将进一步压缩，企业的资金链受到威胁，可能出现大规模破产倒闭，使得经济增速快速下行。因此，不宜采取激进的去杠杆措施，应该把着力点放在维持经济稳定增长上。

（三）政府部门：风险总体可控，但潜在风险值得重视

1. 政府债务风险总体可控

与其他经济体相比，我国政府部门杠杆率较低，风险总体可控。在经济繁荣时期，税收增长较快，政府收支压力较小，负债率通常只会缓慢上升甚至下降。在经济衰退的时候，一方面政府收入增速下降，另一方面要加大支出缓解经济下滑，政府负债水平会大幅上升。同时，由于政府赤字运行是常态，不同国家的政府债务水平可以相差很大，原则上只要政府能够从国内和国外获得持续不断的融资，政府的负债水平就是可以接受的。例如，美国依靠储备货币的地位可以从全球获得低成本

的融资，而日本依靠内向性的债务结构也可以维持很高的负债水平。

虽然我国政府当前并无美国的上述有利条件，但我国的一个特点是政府债务主要用于建设性或投资性支出，这部分支出在政府资产负债表中表现为资产，与发达国家存在较大差异。发达国家社会保障、教育、卫生、国防、一般公务支出占比较高，经济建设支出特别是直接经济支出占比较少，财政支出很少能转化为政府资产。因此，即使我国政府债务未来出现了一定程度的还本付息困难，可供选择的举措之一是将政府资产通过证券化或者直接出售等方式变现偿债，这也是发达国家不具备的优势。此前地方政府债务存在债务成本高、债务期限过短、流动性压力大等问题，不过随着地方政府债务置换，这些债务逐步置换为成本低、期限长的地方政府债券，有效缓解了地方政府债务风险。因此，我国政府债务风险总体可控。

2. 地方政府债务潜在风险值得高度重视

不过，受多重因素影响，我国政府部门特别是地方政府杠杆率存在低估，且债务透明度不高，潜在风险值得高度重视。

一是财政收支矛盾加剧，一定程度上增加政府债务风险。2015 年，全国财政收入按可比口径[①]同比增长 5.8%，增速比上年低 2.8 个百分点。同期全国财政支出按可比口径同比增长 17.4%，增速比上年同期高 7.3 个百分点。全国财政收支盈余为 -23551 亿元，比上年同期减少 12135.5 亿元。2016 年前 10 个月，全国财政收入同比增长 5.9%，同期全国财政支出同比增长 10.0%，全国财政收支盈余为 -11015.6 亿元，比上年同期减少 5709.3 亿元。财政收入增速下降，主要是因为在经济下行环境中，企业生产经营效益持续下滑，工业等主要行业增收困难。财政收入增速下降的同时，财政收入质量也持续下滑。一是近年来，各级财政为完成税收征缴任务，不同程度地对企业收取预缴税款。部分地市的预缴税款余额较大。二是“营改增”完全实施后，地方对自主财源支配权缩小。发端于 2011 年的“营改增”在 2016 年进入收官阶段，营业税随之退出历史舞台，其对地方财力造成的影响不容忽视。营业税是 100% 的地方税种，而增值税是中央 75%、地方 25% 的共享税种。“营改增”后，倘若要保持“中央与地方财力格局总体不变”，地方收入将减少 75%。

此外由于三、四线城市房地产市场持续低迷，公共预算收入外作为地方政府债务重要偿债来源的国有土地出让金收入下滑更明显。2015 年全国土地出让签订合同总价款 2.98 万亿元，比 2013 年大幅下降 29.0%。总体看，政府收支平衡难度加大。

另一方面，财政支出压力尤其是刚性支出压力明显加大。落实国家稳增长、调结构的积极财政政策，保障和改善民生、促进经济社会各项事业发展和推动保障重大改革举措实施等都需要增加投入，财政支出刚性不断增强。此外，债务利息支出、

---

① 2015 年财政收支口径进行了调整，把 11 项政府性基金转列入一般公共预算，“按可比口径”指调整上年基数后计算出的可比增幅。

项目资金配套等也对地方财政支出形成较大压力。在财政收入增长放缓情况下，收支矛盾加剧，一定程度上加剧了债务风险。

二是地方政府债务结构复杂，实际债务负担较重。据了解，2013 年政府债务审计和 2014 年地方政府债务摸底时，不少融资平台债务未纳入一类债务甚至未纳入或有债务，原因是该债务由平台公司的经营收入偿还，但实际上，经营收入主要来自地方政府补贴和支付工程款，因此本质上还是靠财政资金偿还。理论上，此类债务计入企业债务，不计入政府债务，但分析政府债务风险时不能不考虑这个因素。根据审计结果和财政部公布的数据，2014 年末地方政府或有债务余额 8.6 万亿元，如果把这部分债务计算在内，则政府部门杠杆率会大幅提高，实际的政府部门杠杆率距离 85% 的警戒线已经不远，部分市、县地方政府存在风险隐忧，政府部门继续加杠杆的空间有限。

三是地方债务规模增长难以控制。由于现行的工作考核评价制度中 GDP 的权重依然很高，导致地方政府举债冲动较难遏制。举债往往给本届政府带来政绩，而偿债责任大多留给下届政府或寄希望于上级政府救助。这种举债权利与偿债责任相脱节的状况导致有些地方债务风险意识薄弱，“重借轻还”的倾向尚未真正扭转，短期内以需求为导向大量举债，加大了控制地方政府债务规模增长的难度。中西部地区财力有限，同时基础设施建设落后，要加快发展，只能依靠举债，新增债务需求仍然较大。一些地方存在变相举债现象，具体包括以下几种形式：（1）各类基金模式“名股实债”。随着地方政府融资平台和政府性债务的规范化管理，地方政府转变投融资方式，各地普遍采取地方财政与银行、国有企业等合作成立基金的形式，支持城市建设和产业发展，其在有效拓宽政府融资渠道、提高投融资效率的同时，也存在缺乏统一管理、银行风险更加集中和政府隐性债务增加等问题。基金式融资名义上是股权投资，但银行实际上并不参与企业运作，部分基金项目仍需每年支付利息，与贷款没有实质区别。特别是一些基金投放过程中，地方政府、国资委需向银行出具“协调确保借款合同依法履行”及“承担差额补足”或类似内容的文件批复，基本与原有政府平台贷款运作一致。若无有效措施出台，按目前发展态势，基金模式可能成为平台企业未来几年最主要的融资模式，由此将形成大量地方政府隐性债务。（2）PPP 模式新瓶装旧酒。我们的调研发现，PPP 模式被地方政府视为推进项目建设的重要抓手，但由于机制保障、管理经验、项目收益等多种因素制约，真正的社会资本尤其是民营企业参与意愿较低。从目前的情况看，从项目资本金筹集到后期资金跟进投入，PPP 项目的社会资本方大多是国有企业和改制后的政府融资平台公司，与原来“政府—地方融资平台—银行”的投融资模式高度相似。如果不能有效吸引民营资本，则 PPP 项目有可能新瓶装旧酒，PPP 模式只是给平台公司继续承担政府融资功能披上了合法的外衣。（3）融资渠道多元化，非信贷类融资快速增长。为规避政府融资平台贷款限制，金融机构特别是全国性金融机构通过和信托、证券公司等非银行金融机构合作，变相为平台公司项目融资现象屡见不鲜。（4）通过成立新平台公司规避名单制管理。根据相关规定，金融机构对名单以内的平台公司贷款实行限额管理，严控新增贷款。但从调研了解的情况看，为规避名单制管理造成的融资障碍，部分地方政府通过新成立公司的形式来满足政府融资需求。

2015 年，我国正式对地方政府债务实行限额管理，地方政府不得突破限额举债。如果严格执行上述规定，2015 年地方政府债务增量仅 6000 亿元，增速仅 3.9%，远低于上年 3.0 万亿元的增量和 24.2% 的增速，意味着 2015 年地方政府债务增速出现断崖式下跌。不过，受制于稳增长的压力，地方政府融资需求实际上仍然强烈，形成了大量实质上由财政资金偿还但未纳入限额管理的“表外债务”。2014 年《国务院关于加强地方政府性债务管理的意见》（国发〔2014〕43 号，简称“43 号文”）对政府为企业担保作出了严格限制，导致这些“表外债务”不但未计入一类债务，也未体现在或有债务中。2015 年底的财政工作会议中，时任财政部部长楼继伟表示变相举债问题令人担忧，有的地方受债务管理政策约束，通过保底承诺、回购安排、名股实债等方式变相融资，将 PPP 异化走偏①。2016 年 6 月底审计署公布的审计数据显示，截至 2015 年底，浙江、河南、湖南、黑龙江 4 省在基础设施建设筹集的 235.94 亿元资金中，不同程度存在政府对社会资本兜底回购、固化收益等承诺。2016 年 10 月，财政部下发紧急文件，摸底 2014 年以来全国地方政府融资平台公司、国有企业和事业单位等债务余额情况，特别是 2015 年之后的 PPP 项目、政府购买服务、政府投资基金、专项建设基金等新型工具中属于财政支出责任的规模。这也从侧面证实了地方政府“表外债务”广泛存在。

四是财政风险可能向金融风险传导，诱发系统性风险。虽然“表外债务”可以缓解短期稳增长压力，但债务限额异化为“名义限额”，加剧了中长期财政风险，与限额管理的初衷背道而驰。“表外债务”的债权人主要是商业银行等金融机构，因此需警惕财政风险向金融风险的传导。在民营小微企业债务风险显性化的背景下，银行普遍认为此类“表外债务”的安全性相对较高。即便政府没有提供担保，银行也认可融资平台的国有背景。融资平台相对于民营小微企业的优势，并非其项目的盈利能力更高，而是可以依靠国有企业背景和政府直接、间接担保和承诺，不断获取外源融资，依靠债务增量偿还前期债务。事实上，融资平台投资的项目多是没有盈利能力或盈利能力较低的公益性项目，收益主要来自政府回购款、补贴款、政府购买服务支出等。随着平台公司借新还旧、借新还息、借新投资“三借”压力的积

---

① “地方债博弈这三年”，《经济观察报》2016 年 11 月 28 日。

累，债务雪球势必越滚越大，而政府可用财力难以同步增长，平台公司的债务风险终将暴露。金融机构是地方政府性债务的主要债权人，平台公司债务存量大、透明度低，风险一旦暴露，就可能大面积向金融系统传染，引发系统性风险。

（四）住户部门：杠杆率较低，债务安全性较高

1. 住户部门债务安全性较高，但上升偏快

同世界其他国家相比，我国居民和家庭部门杠杆率虽然上升很快，但依然较低。我国住户部门负债主要为银行贷款，其中购房贷款将近一半以上。2015 年末住户部门债务中，个人住房贷款 13.08 亿元，占 48.4%；经营性贷款 8.07 亿元，占 29.9%；消费贷款（不含住房贷款）5.88 亿元，占 21.7%。因此，约 80% 的住户部门负债都有相应的资产或经营活动来对应，与发达国家“超前消费”形成的居民债务有明显不同。因此，我国住户部门债务安全性较高。

我国住户部门杠杆率虽然低于发达国家，但同新兴市场国家相比，我国住户部门债务水平已经不低。从趋势看，我国住户部门债务上升偏快。从 2008 年到 2015 年，我国住户部门杠杆率上升了 21.4 个百分点；同期发达经济体平均下降 1.4 个百分点，新兴市场经济体平均上升 13.5 个百分点。与其他经济体相比，我国住户部门杠杆率上升偏快。

2. 住户部门杠杆存在两方面风险隐患

一是经济增速下行影响居民就业和收入。经济下行加剧劳动者就业压力。尽管从城镇新增就业、城镇登记失业率、调查失业率等指标看，当前劳动力市场总体稳定，但工业企业普遍反映，用工需求持续下降，裁员面扩大，隐性失业加剧，企业内轮岗、待岗、放假等半失业状态增多，提前内退或买断工龄现象增加，经营不景气的企业大幅缩减工时，劳动者工作时间缩短，收入下降。服务业虽能部分吸纳第二产业排放的劳动力，但吸纳的速度和容量明显小于第二产业排放的速度和容量。2015 年，城镇居民人均可支配收入 31195 元，比上年名义增长 8.2%，实际增长 6.6%，增速比上年分别低 0.8 和 0.2 个百分点；农村居民人均可支配收入 11422 元，比上年名义增长 8.9%，实际增长 7.5%，增速比上年分别低 2.3 和 1.7 个百分点。2016 年前三季度，全国居民人均可支配收入名义同比增长 8.4%，实际增长 6.3%，增速分别比上年同期低 0.8 和 1.4 个百分点。其中城镇居民人均可支配收入实际增长 5.7%；农村居民人均可支配收入实际增长 6.5%。居民收入实际增速全面低于 GDP 增速。

二是房地产市场风险不断累积。我国居民资产负债结构与房地产市场密不可分，房地产已成为城市居民家庭的主要资产，同时房贷也是住户部门的主要债务。2016 年以来一线及部分二线城市房地产价格快速上涨，10 月份逾 20 个热点城市相继出台了新一轮限购、限贷等调控政策。我国房地产市场再次进入调整期。从需求端看，

人口结构变化将带动购房需求从长周期顶部回落，调控升级进一步加速了需求小周期的回调。从供给端看，房地产市场供给依然较高。根据上市房企半年报，房企亏损面达到四分之一。

2015 年，全国金融机构个人购房贷款增加 2.66 万亿元，公积金贷款发放 1.1 万亿元，两者合计 3.76 万亿元，全年商品房销售额为 8.73 万亿元，贷款占商品房销售额的 43.1%，比 2014 年上升了 9.9 个百分点。2016 年前 10 个月，全国金融机构个人购房贷款新增 4.16 万亿元，而商品房销售额为 9.15 万亿元，仅商业贷款就占商品房销售额的 45.5%。如按照公积金贷款占全部个人购房贷款的 28% 估算①，估计前 10 个月公积金贷款已发放 1.62 万亿元，则合计个人购房贷款占商品房销售额的比已达到63.2% 左右，比 2015 年上升 20.1 个百分点。由于住房价格迅速攀升，个人住房贷款负担持续提高。2016 年 10 月，个人住房贷款平均抵借比（当月批准的抵押贷款金额/当月批准的抵押品价值）为 61.4%，比 2015 年同期高 4.8 个百分点，平均贷款合同期限为 277.7 个月，比 2015 年同期多 27.7 个月。

在个人住房贷款总体负担提高的同时，新入市的购房者的边际负担也越来越高，尤其是一线城市表现得非常明显。根据中国房地产协会公布的二手房平均价格②，以购买 90 平方米的住房计算，假设购房者贷款七成，使用基准利率，贷款期限为 30 年，同时假设购房者为双职工家庭，其家庭收入为该城市平均职工工资③的两倍，购房者家庭按等额本息法偿还贷款，则 2016 年以来北京、上海和深圳新入市的购房者抵押贷款月供已经超过了当月的家庭收入。这意味着住户部门面临较大的偿付压力，风险承受能力显著下降。如果房地产市场出现剧烈波动，必将影响住户部门债务安全。

（五）我国总杠杆率安全性分析和风险评估

1. 我国杠杆风险总体可控

第一，我国杠杆率绝对水平仍然不算太高。虽然相对于经济发展水平来说，我国的杠杆率水平已经较高，但与发达国家相比，我国的杠杆率水平仍然存在差距。2015 年，我国经济总杠杆率为 254.8%，比同期发达国家平均水平低 13.4 个百分点。同期美国杠杆率为 250.6%，英国为 265.5%，法国为 290.2%，日本为 388.2%，韩国为 212.4%，均接近甚至高于我国水平。

第二，我国外债占比低，债务安全性相对较高。对于同样规模的债务，内债的安全性高于外债。我国政府、企业和居民部门债务主要由国内债权人持有。截至 2016 年 6 月末，我国全口径外债余额为 91962 亿元人民币（等值 14162 亿美元，不

---

① 2014 年、2015 年公积金贷款占全部个人购房贷款的比例分别为 27.7% 和 29.4%。

② 新建商品房多集中在郊区，二手房的分布更均匀，因此我们使用二手房价格数据代表该城市的房价。

③ 使用 2015 年的平均职工工资与 2016 年上半年城镇居民人均可支配收入增速推算 2016 年工资水平。

包括香港特区、澳门特区和台湾地区对外负债，下同)，其中银行（含中央银行）债务占46%。剔除银行外债，我国政府、企业和住户部门外债余额49428亿元人民币，占三部门债务总额的3%左右。从币种结构看，本币外债占46%，外币外债占54%；外币外债中，美元债务占80%，币种结构比较合理。从变化趋势看，2015年下半年以来外债余额呈下降趋势，2016年6月末，全口径外债余额为13893亿美元，比2016年3月末增加248亿美元，但比上年同期减少2908亿美元。外债余额与外汇储备同步下降，2016年6月末，短期外债与外汇储备之比为27.06%，比2016年3月末高0.63个百分点，但比上年同期低4.62个百分点。国际上公认的短期外债与外汇储备比例的安全线为100%，我国与国际安全线的差距很大，说明我国对外偿付风险不大。

第三，我国经济增长潜力依然很大，可以通过增长逐步稀释杠杆。2003～2008年，我国的杠杆率总体表现为下行，就是通过经济增长实现的。2015年我国GDP增长6.9%，从全球范围看是一个比较高的速度。未来我国增长潜力依然很大。一是我国仍属于中等收入国家，提升收入的空间巨大。根据世界银行数据，2014年我国人均GNI为5740美元，相当于美国的13.4%，日本的17.6%，比世界平均水平仍低32%。二是城镇化和服务业发展空间巨大，为经济发展提供持续动力。目前我国第二产业总体供大于求，但医疗、卫生、养老、教育、科学、文化等服务业供给的数量与质量与社会需求相比还有较大缺口，进一步发展的空间很大。同时，城镇化可以在供需两侧同时释放增长潜力。三是国内地域差异较大，落后地区相对发达地区也存在产业升级和技术创新的后发优势，它们追赶发达地区的过程能释放出极大的经济活力，能够为持续增长提供动力。我国经济增长的潜力大，只要方法得当，就可以将潜力转化为现实增长动力，推动经济持续保持较快增长。持续的经济增长可以增加各部门的收入，有效稀释杠杆率，降低债务风险。

2. 我国杠杆率风险点分析

在看到我国杠杆风险总体可控的同时，也要注意以下几方面的风险：

一是相对于当前发展阶段而言，我国的杠杆率绝对水平已经偏高。债务是一把“双刃剑”，适当的债务融资帮助实体经济解决资金问题、拉动需求，促进经济繁荣；而一旦债务过高，居民、企业部门面临破产风险，政府财政可持续性受到冲击，经济将会受到重创。债务的增长应当与经济发展水平相适应。尽管我国总杠杆率在主要经济体中处于中等水平，但已经远高于人均GDP与我国相近的国家，也高于新兴市场经济体的平均水平。

二是加杠杆的速度过快。根据上文计算，我国不论是总杠杆率、总债务余额，还是分部门杠杆率和债务余额，近年来都在快速上升。发达国家杠杆率尽管高于我国，但其杠杆率水平比较稳定。2008～2015年，我国杠杆率累计提高106.4个百分点，平均每年提高15.2个百分点。国际金融危机以来发达国家杠杆率增长较慢，甚至出现了去杠杆趋势。2008~2015年，美国杠杆率年均增加1.7个百分点，英国年均增加2.2个百分点，德国年均下降0.2个百分点。按照这个势头，2020年我国杠杆率将超过300%，我国杠杆率快速增长的势头值得警惕。

三是杠杆的部门分布不合理，增加债务成本和流动性压力（见图20）。如果各经济部门的杠杆分布不平衡，有可能降低整体杠杆率的安全阈值，导致出现整体经济杠杆率不高、但单一部门杠杆率偏高或者增长过快而引发风险，并快速向其他部门迁移的情况。美国就是一个典型例子。次贷危机爆发前，美国政府杠杆率较低，但住户和企业部门杠杆率较高。次贷危机爆发后，政府的救市行为，意味着私人部门债务向政府债务的转移，即政府不得不用提升杠杆的方法来应对私人部门的去杠杆，进而私人部门杠杆率迅速下降，但美国政府杠杆率却不断攀升。

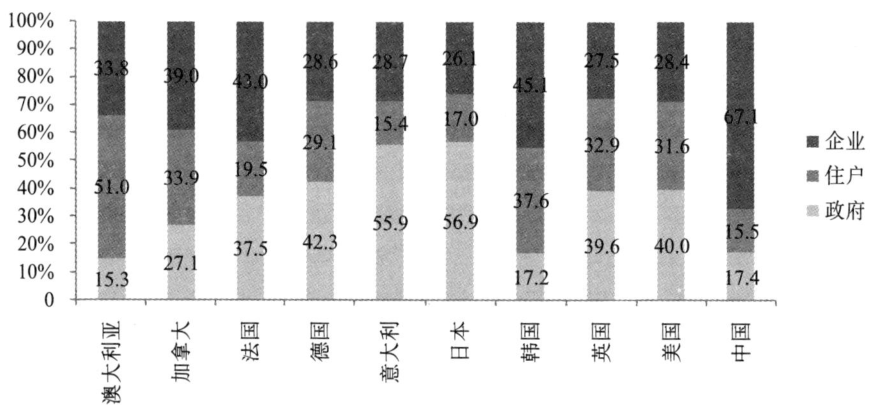

图20　2015年各部门债务占总债务的比重

数据来源：BIS，本文计算。

与发达国家相比，我国债务杠杆主要加载在企业部门，因此企业部门杠杆率偏高，政府和住户部门杠杆率偏低。杠杆的风险本质上来自各类收入不能覆盖偿债支出，偿债支出既与债务规模有关，也与债务成本有关。通常情况下，政府部门的债务成本最低，住户部门次之，企业部门最高。因此，将债务加载在政府和住户部门，比加载在企业部门更节省成本。从流动性压力看，企业部门债务期限较短，且银行一般只允许企业还旧借新，不允许借新还旧，因此流动性压力较大。政府和住户部门债务期限普遍较长，政府债券到期后可以续发，住户部门的按揭贷款期限可以长达30年，因此流动性压力较小。2015年末，我国企业部门债务115.5万亿元，有67.1%的债务加载在企业部门，这些债务以银行贷款为主，成本较高、期限较短、流动性压力大，而且仍在快速增长，风险不容忽视。

四是直接融资占比不高，债务结构有待优化。对债务人来讲，贷款的融资成本通常高于债券；对债权人来讲，信贷资产的流动性低于债券资产。因此，同等杠杆率水平下，间接融资占比越高，杠杆风险相对越大。近年来我国直接融资发展较快，不过银行贷款仍然是债务的主要存在形式。若仅考虑企业债务中的银行贷款和企业债券，则 2015 年末，我国企业部门债务中银行贷款占 82.5%，债券只占 17.5%，债券占比明显低于发达国家。以具有可比数据的 2013 年末为例，我国企业债券占企业债务的比重仅 14.4%，明显低于美国（42.5%）、英国（29.2%）、法国（28.2%）、韩国（40.2%），与日本（14.9%）相当。总体来讲，我国间接融资比例较高，对应的风险相对较大（见图 21）。

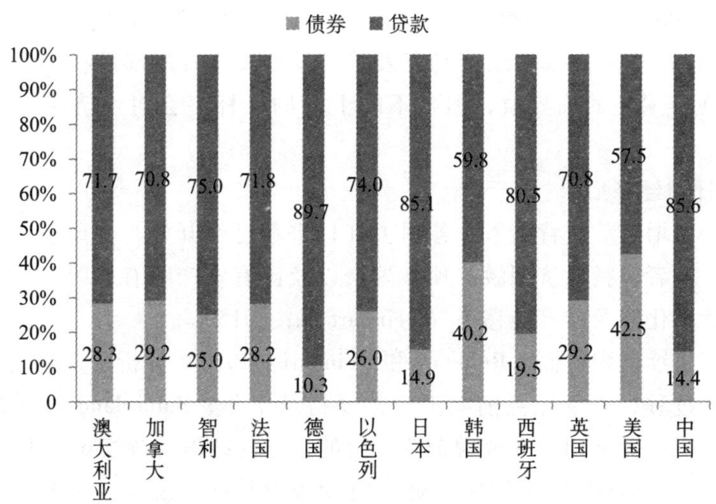

图 21　贷款和债券占企业债务的比重

数据来源：其他国家数据来源于 OECD，中国数据来源于中国人民银行。韩国为 2012 年末数据，其他为 2013 年末数据。

五、去杠杆的理论、国际经验及我国去杠杆分析

（一）去杠杆的相关理论

1. 杠杆率水平与经济增长的关系

在负债对经济增长的影响方面，现有理论研究结论基本一致，无论何种部门，适度负债利于经济增长，过度负债损害经济增长。对于私人部门，企业和家庭部门的过度负债会损害宏观经济绩效。Sutherland 等（2012）发现，当私人部门尤其家庭部门债务水平持续上升时，经济出现衰退的可能性逐渐加大；Jorda 等（2013）指出经济衰退前私人部门借贷的大规模增加预示了其后经济低迷的严重性。Arcand、Berkes 和 Panizza（2012）对 1960 ~ 2010 年的跨国数据研究发现，存在过度金融的问题，当私人部门杠杆率水平（私人部门信贷/GDP）达到 80% ~ 100% 区间时，经

济增长的速度开始下降，金融深化对产出的边际效应为负数，即私人部门杠杆率水平与经济增长是一种非单调关系。

政府部门的过度负债同样对经济增长产生负面冲击。Reinhart 和 Rogoff（2010）发现了“公共债务阈值”现象，即当公共债务与 GDP 的比值低于 90% 时，政府债务与 GDP 增长率弱相关；当公共债务与 GDP 的比值超过 90% 时，政府债务与 GDP 增长率显著负相关。Checherita 和 Rother（2012）对欧元区 12 个国家 1970 年以来的经验研究也表明，政府部门杠杆率水平的拐点大约在 90% ~100% 区间，当杠杆率水平超过这个临界值后，债务就成为一种负担，并削弱经济增长的潜力。Chudik、Mohaddes、Pesaran 和 Raissi（2015）对 1965 ~2010 年包括发达国家和发展中国家在内的 40 个国家的经验研究表明，没有发现政府部门杠杆率水平与经济增长之间存在普遍性的临界值，但是不断上升的杠杆率会对经济增长造成显著的负面影响。

2. 去杠杆的经济后果

在全球经济增长放缓背景下，各国去杠杆进程已经开始，主要运用常规和非常规两类策略，前者包括经济刺激、预算盈余以及国有资产私有化等，后者包括债务削减、债务货币化以及财富转移等（Reinhart 等，2015）。

在去杠杆持续期限方面，Reinhart 和 Reinhart（2010）分析了金融危机以后私人部门的去杠杆过程，发现债务削减平均需要持续 7 年；Sutherland 等（2012）发现欧洲 OECD 国家家庭部门和非金融企业部门的债务削减需要持续 6. 5 年；Ruscher 和 Wolff（2014）基于全球 35 个国家的资产负债表调整样本发现，非金融企业部门的去杠杆化平均需要持续 8 年；Chen、Kim、Otte、Wiseman 和 Zdzienicka（2015）对 1960 年以来 36 个发达国家和新兴经济体私人部门去杠杆的经验研究发现，大部分去杠杆的时间期限都在 5 年之内。

在去杠杆的经济后果方面，Bouis 等（2013）发现家庭部门的去杠杆化会产生更高的储蓄率和违约率、更低的金融资产和房产估值以及更少的住宅投资。Justiniano 等（2015）发现美国家庭部门的加杠杆和去杠杆仅对宏观经济产生有限影响，从而表明家庭部门的过度负债不是阻碍大萧条后经济复苏的关键因素；Eggertsson 和 Krugman（2012）发现高杠杆部门强制快速去杠杆将引起总需求下降，进而对宏观经济产生严重冲击；Benigno 和 Romei（2014）发现去杠杆会对国际贸易产生显著的负面作用，包括名义汇率的改变，消费、产出以及贸易结构的波动等；Maffezzoli 和 Monacelli（2015）发现去杠杆对总产出的影响呈 S 型，当债务水平较低时，去杠杆是中性的，只有债务水平超过阀值时，去杠杆才会产生负面影响。

在国内，胡志鹏（2014）发现单纯依靠货币当局使用货币政策工具来降低杠杆率的效果并不理想，当前有必要通过结构性改革在内的多种措施化解高杠杆率。谭海鸣等（2016）发现，在确定长期杠杆率上限的基础上，短期内灵活运用杠杆工具有利于促进经济增长，只要风险可控，不宜过度控制杠杆率的自然上升。陈雨露等（2014）发现人口老龄化与金融杠杆之间存在显著的倒 U 形关系，建议通过动态稳健的杠杆管理确保金融体系始终保持足够的弹性。陆婷等（2015）发现非金融企业债务与 GDP 之比走高会增加金融体系以及实体经济的脆弱性，这种负面影响主要通过增加企业部门对外部冲击的敏感度、增加经济衰退发生的概率以及限制政府的货币与财政政策三个渠道实现。

（二）对日本和美国去杠杆过程的考察

不同国家的杠杆率构成不同，因此每个国家的去杠杆路径也存在较大差异。本部分主要讨论美国和日本去杠杆的历史，以此为我国去杠杆提供参考。

杠杆率是总债务与 GDP 的比值，因此杠杆率降低可能是因为总债务的下降或者是因为 GDP 的增长，或者是总债务和 GDP 同时增长或下降，但债务比 GDP 增长慢或者债务比 GDP 下降更快。若杠杆率过高导致债务危机，在危机过后，会出现集中的债务偿还和债务重组，可能造成债务人缩减支出和债权人资产缩水，进而对全社会总需求形成负面影响，导致经济增速下降。这个阶段虽然杠杆率在下降，但经济总体表现趋弱。随着经济活动逐渐恢复和宏观经济政策刺激效果显现，经济增速逐渐回升。若经济增速高于债务增速，则杠杆率也会下降。这个阶段的杠杆率下降则是以经济增长为基础的去杠杆。

为了综合评估一国去杠杆的总体效果，我们还需关注各部门杠杆率的变化，防止一些部门去杠杆的同时另一些部门反而加了更多杠杆。同时，也不能单纯强调去杠杆，还要综合考虑去杠杆对经济增长、就业等宏观经济指标和金融部门稳健性的影响，避免去杠杆的措施对中长期经济增长和就业造成不利影响。

1. 日本去杠杆过程

从 1986 年底开始，日本经历了被称作“平成景气”的经济繁荣时期，以股票和土地价格为代表的资产价格快速上涨。在经济泡沫累积时期，企业部门和住户部门的杠杆率都快速上涨。从住户部门看，居民的风险偏好上升，且对资产价格前景过于乐观，住房抵押贷款大量增加。从企业部门看，一方面企业对自身经营状况的预计非常乐观，对未来的风险没有充分重视，导致信贷规模过于庞大；另一方面，由于土地和房地产价格持续上涨，许多企业以房地产作抵押向银行申请贷款，然后将贷款投资于房地产，之后再以房地产作抵押申请新的贷款。这种循环非常常见，而且在循环过程中贷款规模越来越大。1990 年，日本住户部门杠杆率达到 70.6%，比 1986 年高 15.0 个百分点；非金融企业部门的杠杆率达到 143.8%，比 1986 年高 24.9 个百分点（见图 22）。

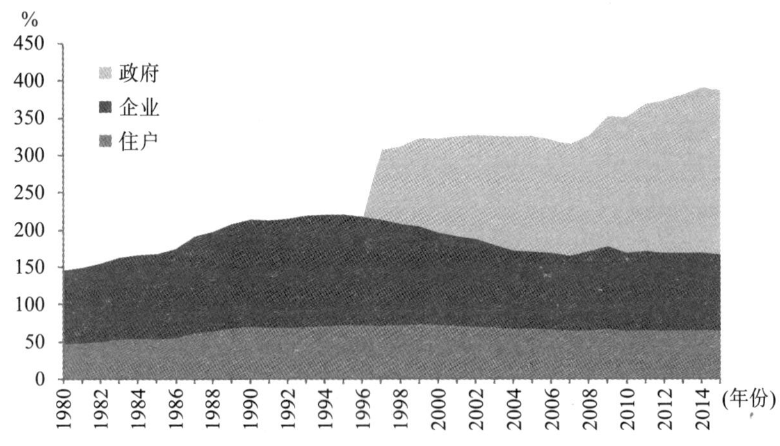

图 22 日本杠杆率变化情况

数据来源：BIS，政府部门 1996 年之前数据缺乏。

资产价格走势的扭转导致日本泡沫经济破灭。1989 年 12 月 29 日，日经平均股价达到最高 38915.87 点，随后就持续下跌，到了 1992 年 3 月，日经平均股价跌破 2 万点，仅为 1989 年最高点的一半，8 月进一步下跌到 14000 点左右。从股票总市值占 GDP 的比重看，1989 年达到最高值 145.5%，至 1992 年就下降到 62.3%。土地价格随后也转为下行，1992 年土地价格开始下降，随后一直持续负增长。

泡沫经济的破灭造成企业的大量破产和失业率的大幅提高。泡沫破裂之后，房地产价格大幅下跌，银行要求偿还贷款，导致企业陷入流动性困境。泡沫经济崩溃后，1991 年至 1993 年，每年日本倒闭的企业都超过 1 万家。企业倒闭造成金融机构巨额的不良资产，导致金融机构也接连倒闭。企业与金融机构的持续大规模破产，导致日本金融体系陷入危机之中。金融体系受创，又导致企业长期面临融资困难，造成企业投资减少，经济活力缺失。总之，日本资产价格泡沫的破裂，导致日本经济增速明显下降，并陷入长期低迷。

面对股票市场和房地产市场价格大跌，日本政府未予以足够重视，对银行和私人部门的改革和重组动作迟缓，并未推出新的改革措施，而是严格依据巴塞尔 I 规定的资本充足率要求对银行业施加监管，且未进行大规模资本补充。由于担心贷款一旦被划为坏账将导致自身资本充足率不足，银行部门便选择在贷款到期后继续向已经丧失偿债能力的企业进行展期，寄希望于政府有朝一日向企业提供救助。虽然此举暂时缓解了不良贷款的暴露，使日本失业率看似保持在较低水平，但产能过剩、效率低下的“僵尸企业”挤占了大量金融资源。这不仅进一步打压了“僵尸企业”所属行业的产品价格，而且抬高了行业平均工资，从而侵蚀了行业中优质企业的利润，扭曲了整个行业的资源配置，延误了结构性改革的时机。同时，由于不良资产积压、优质投资机会匮乏，金融机构信贷渠道受阻，严重影响了货币政策传导途径的有效性。

由于并未进行有效的结构性改革，日本经济泡沫破裂之后经济一直增长乏力，国家税收收入锐减，但是社会老龄化程度却越来越高，社会保障支出持续增加。同时，日本不断实行扩张性财政政策，扩大公共支出以刺激经济，因此日本财政压力不断加大，政府杠杆率持续提高。虽然日本住户部门的杠杆率逐步企稳，企业部门的杠杆率也从泡沫经济前的高位持续下降，但政府部门的杠杆率不断攀升，导致日本的总杠杆率并未出现明显下降。国际金融危机之后，日本的总杠杆率进一步持续提高。2015 年，日本的总杠杆率达到 388.2%，在 BIS 考察的 42 个国家中仅低于卢森堡，比发达国家平均水平高 120.0 个百分点。

2. 美国的去杠杆过程

2008 年国际金融危机之前，美国的高杠杆主要集中于家庭部门。2001 年至 2005 年，美国房地产价格持续较快上涨。随着美国房地产价格快速走高，金融部门不断向家庭部门发放房屋抵押贷款，尤其是向因信用记录不好或偿还能力较弱而被银行拒绝提供优质贷款的人发放次级抵押贷款。由于美国房地产市场持续繁荣，并且美国利率水平较低，因此美国的次级抵押贷款市场迅速发展，同时美国金融机构还将抵押贷款转变为证券出售，即所谓资产证券化，创造了 CDO（Collateralized Debt Obligation，担保债务凭证）、CDS（Credit Default Swap，信用违约互换）等许多新的金融衍生产品。在此过程中，住户部门的杠杆率快速提升。根据 BIS 的数据，2000 年以来美国住户部门的杠杆率快速上涨，2007 年，美国住户部门杠杆率高达 97.8%，比同期发达经济体住户部门的杠杆率高 15.0 个百分点。

2006 年起，美国房价上涨放缓，2007 年更是全面下滑。利率提高和房地产价格下降，导致住房抵押贷款的借款人利息负担加重、还款能力下降，尤其是次级抵押贷款的借款人无法偿还贷款，只好选择债务违约，由银行收回房产。2006 年 9 月开始，美国丧失住房赎回权案例逐月上升，2009 年 3 月达到 341180 件，是 2006 年 9 月的 3 倍。随后美国丧失住房赎回权案例持续保持在高位，直至 2010 年年底才出现明显下降。面对债务违约的增加，美国银行部门进一步提高了信贷标准，也使得美国住户部门的债务无法继续增长，加快了住户部门的去杠杆。

次级贷款的大量违约导致次级贷款相关资产的价格大幅下降，持有相关资产的金融机构承受了巨额损失。标准普尔下调了当年发行的 1700 只与次级债相关的债券的评级，贝尔斯登无法持续经营，被摩根大通收购。随后危机的全面扩散，多家金融机构陷入流动性危机，一些金融机构破产，全球投资者的信心受到严重打击，次贷危机不再局限于美国的范围，全球资本市场都受到影响，股票市场持续暴跌，次贷危机逐步转变成为全球性的金融危机。

金融危机不仅对金融市场造成沉重打击，也对美国经济产生很大影响。2008 年第四季度，美国 GDP 下降 6.1%，失业率节节攀升。为了应对金融危机，2008 年 10 月，美国政府通过的《紧急经济稳定法案》中高达 7000 亿美元的不良资产救助方案，用于购买金融机构问题资产以及向金融机构注资；美联储多次降息，迅速将利率降至接近于零的水平，并一直维持不变；美联储还先后出台了四轮量化宽松政策，通过购买金融资产继续向市场注入流动性，包括为商业银行和投资银行等提供流动性的 TAF（Term Auction Facility，定期拍卖工具）和 TALF（Term Asset - Backed Securities Loan Facility，定期资产支持证券贷款工具）等。除此之外，美国政府在 2009 年出台了全面的经济刺激计划。一系列危机救助措施的效果逐渐显现，在政府注资的帮助下，美国主要金融机构资产负债表状况有所改善，市场利率恢复到正常水平，美国经济逐步复苏，至 2014 年 10 月第四轮量化宽松政策退出。

总体而言，美国去杠杆措施比较得力，效果比较明显。家庭部门的杠杆率从 2008 年开始回落，至 2011 年降至 85.7%，比 2007 年下降 12.1 个百分点，同时企业部门的杠杆率保持相对稳定，但政府部门的杠杆率持续提高，至 2011 年达到 98.7%，比 2007 年提高 38.7 个百分点。尽管在住户部门去杠杆进程中，美国政府部门出现了加杠杆现象，但为了促进美国的金融市场和实体经济从危机中复苏，政府部门杠杆率的上升是不可避免的代价。从总杠杆率看，2011 年以来美国总杠杆率总体稳定，2015 年总杠杆率与 2011 年持平（见图 23）。同时，从宏观经济数据看，美国就业市场持续复苏，失业率已接近金融危机以前水平，经济增长率稳步回升。

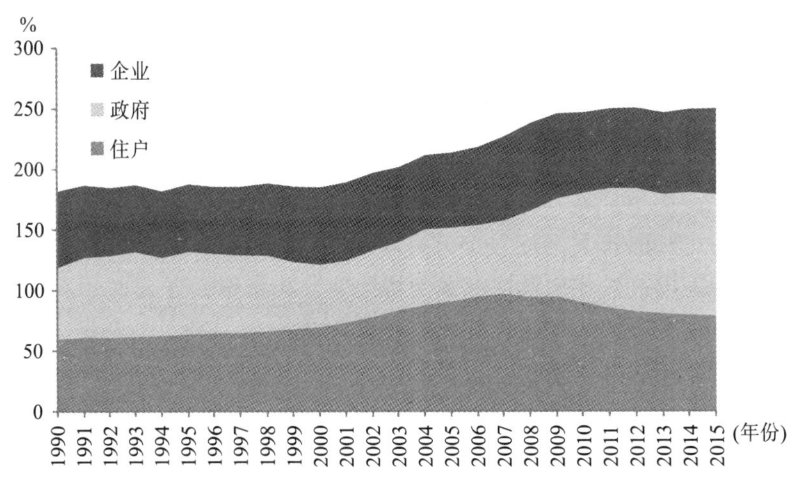

图 23 美国杠杆率变化情况

数据来源：BIS。

3. 国际经验的启示

总结其他国家去杠杆的过程，我们可以得出如下几点启示：

（1）单纯强调去杠杆是不可取的。从危机后发达国家去杠杆的经验看，发达国家并没有真正去杠杆，但加杠杆的速度有所放缓，杠杆结构明显优化。从2008年到2015年，发达经济体杠杆率上升27.7个百分点，美国杠杆率上升12.1个百分点，日本上升60.7个百分点，韩国上升34.1个百分点，只有德国杠杆率在上升后出现下降，2015年比2008年低0.2个百分点。短期内强调降低杠杆率，大幅压缩债务，不利于各部门的消费和投资活动，会严重影响总需求，进一步加剧危机。

（2）为了处理债务危机，政府部门杠杆率的提高是常态。以美国为例，次贷危机爆发前，美国政府杠杆率较低，但住户和企业部门杠杆率较高。次贷危机爆发后，政府的救市行为，意味着私人部门债务向政府债务的转移，即政府不得不用提升杠杆的方法来应对私人部门的去杠杆，结果是私人部门杠杆率迅速下降，但美国政府杠杆率却不断攀升。从2008年到2011年，美国企业部门杠杆率从72.6%降至66.1%，住户部门杠杆率从95.2%降至85.7%，政府部门杠杆率从70.7%升至98.7%，总杠杆率从238.5%升至250.6%。通常情况下，政府部门的债务成本最低，住户部门次之，企业部门最高。因此，将债务加载在政府和住户部门，比加载在企业部门更节省成本。从流动性压力看，企业部门债务期限较短，流动性压力较大。政府和住户部门债务期限普遍较长，流动性压力较小。因此，美国通过债务结构的调整降低了总体债务成本，提高了债务的安全性。

（3）去杠杆取得成效的关键是完成经济结构改革，提升经济增长的内生动力。比较美国相对成功的经验及日本的教训可以发现，如果去杠杆不伴随经济的结构性改革，那么并不能消除之前导致高杠杆率的因素，即使通过处置债务使杠杆率在短期内下降，长期来看杠杆率也仍会继续提高。要切实去杠杆，必须进行经济结构改革，优化金融资源的配置，最终通过经济增长逐步消化高杠杆率。

（三）对我国去杠杆过程的具体分析

1. 我国的“去杠杆”目标

“去杠杆”的本质是缩减债务。债务是一把“双刃剑”，适当的债务融资能帮助实体经济解决资金来源问题、拉动需求，促进经济繁荣；但债务过高，则会增加偿还压力，导致居民、企业部门面临破产风险，政府财政可持续性受到冲击，对经济造成重创。

债务的变动与经济周期密切相关，可以分为以下几个阶段：

（1）债务扩张，经济繁荣。此时经济向好，适当的债务能促进经济增长。居民部门通过信贷增加消费，企业部门通过债务融资支持生产运营和投资，而政府部门也通过适当的举债在短期内刺激总需求，促进充分就业和经济繁荣。

（2）债务膨胀，经济衰退。当债务持续扩张，逼近甚至超过警戒线时，会导致经济增速的放缓。欧文费雪提出的“债务—通缩理论”指出：过度负债与通货紧缩将相互作用，最终导致经济的大萧条。债务高企，部分主体开始偿还债务，主要途径是售卖资产，随着售卖资产的增加，资产价格降低，实际利率上升，债务负担进一步加重，信贷收紧，经济出现衰退。

（3）债务缩减，经济持续衰退。杠杆率过高时，经济体各个部门开始主动或被动“去杠杆”。金融部门主动收紧信贷，实体经济部门融资成本上升，被迫“去杠杆”。企业部门缩小投资规模，变卖资产，降低产出；家庭部门增加储蓄，减少消费消化资产价格下降的影响。随着实体经济部门“去杠杆”的持续，对实体经济的冲击将进一步扩大，两者相互作用，陷入恶性循环。

（4）债务继续缩减，经济复苏。随着“去杠杆”的不断推进，实体经济不断进行要素革新，最终实现经济的触底反弹。

我国的“去杠杆”目标，就是要在前期债务扩张、经济较快增长的基础上，控制债务的总体规模，防止债务继续过快上涨，切断“债务膨胀—经济泡沫—泡沫破裂，经济衰退”的逻辑链条，防止经济出现大起大落，促进经济的长期平稳健康发展。

从分部门杠杆率看，考虑到各部门杠杆率的绝对水平和增长趋势，我国居民部门的杠杆率仍然处于比较健康的水平，我国去杠杆应该主要关注企业部门和政府部门。

2. 企业部门的去杠杆

（1）企业部门的总体资产负债状况。为了明确企业部门的负债状况，除了杠杆率之外，我们也从资产负债率的角度对企业债务进行考察。我们选取工业企业资产负债率和全部 A 股非金融上市公司资产负债率作为考察对象。

从图 24 中可以发现，工业企业的资产负债率比较稳定，并没有出现加杠杆的趋势，在近年还有下降的趋势。A 股非金融上市公司的资产负债率则在 2006 年至 2013 年持续提高，但在近两年也呈现下降趋势。

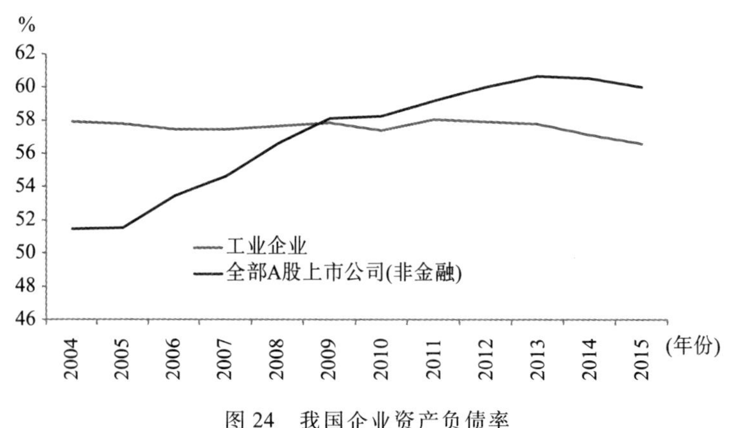

图 24 我国企业资产负债率

数据来源：国家统计局、Wind 数据库。

通过不同口径衡量非金融企业部门的杠杆率，发现一方面非金融企业部门“债务/GDP”快速增加，而另一方面工业企业资产负债率却呈下降趋势，全部 A 股非金融上市公司企业近两年资产负债率也有下降。我们认为这主要是以下几个原因导致的：

首先，虽然工业企业的资产负债率总体保持稳定甚至持续下降，但计算工业企业总债务/GDP，仍然呈现上涨的趋势。2015 年，工业企业总债务/GDP 达到 84.5%，比 2008 年提高 6.6 个百分点。这主要是因为从我国 GDP 构成来看，三大需求中资本形成总额占 GDP 的比重一直相对较高，GDP 增速主要靠投资拉动，这导致工业企业的资本形成增速高于 GDP 增速，从而出现资产负债率下降而“债务/GDP”上升的情况。近年来土地价格的快速上涨也导致工业企业的资产增加。

其次，从企业所处行业看，工业企业的债务增长较慢，表明非金融企业部门债务的快速增长主要由建筑业及第三产业企业的债务增长拉动。

再次，由于非金融上市公司的资产负债率近两年出现小幅下降，而总体杠杆率近两年仍在快速上升，可以推断近两年主要是地方政府融资平台债务增长较快。

（2）分行业及分所有制的企业资产负债状况。为进一步分析非金融企业部门的杠杆率结构，有必要对企业部门的杠杆率进行进一步细分的讨论。

从工业企业看，少数上游产业和基建相关行业加杠杆，制造业总体呈现去杠杆态势。具体到不同行业，我们发现除了少数上游产业相关企业（如煤炭开采和洗选业、石油和天然气开采业、黑色金属矿采选业、石油加工、炼焦及核燃料加工业、黑色及有色金属冶炼及压延加工业）以及基础设施建设相关企业（如电力、热力、燃气、水的生产和供应业）资产负债率呈上升趋势外，其他大部分行业（如制造业等）都呈下降趋势。

从非金融上市公司看，部分传统行业去杠杆效应明显，房地产、休闲服务业杠杆增长较快。根据申万行业分类标准统计不同行业上市公司资产负债率变化情况，我们发现化工业的资产负债率在 2015 年出现了一个明显的反转性下降，家用电器、食品饮料、农林牧渔和公用事业等行业资产负债率则呈趋势性下降，纺织服装业的资产负债率在 2015 年出现回升后仍然低于 2008 年的水平。与之对应的，休闲服务业的资产负债率在 2015 年出现了一个明显的增长，采掘、钢铁和房地产等行业资产负债率则呈趋势性上升，尤其是房地产行业“加杠杆”明显，截至 2015 年底，其资产负债率已达 76.57%。有色金属业的资产负债率在 2015 年出现回落后仍然高于 2008 年的水平（见图 25、图 26）。

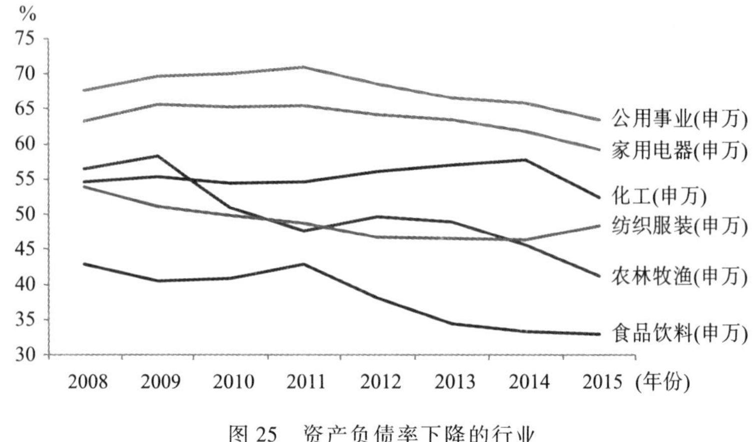

图 25　资产负债率下降的行业

数据来源：Wind 数据库。

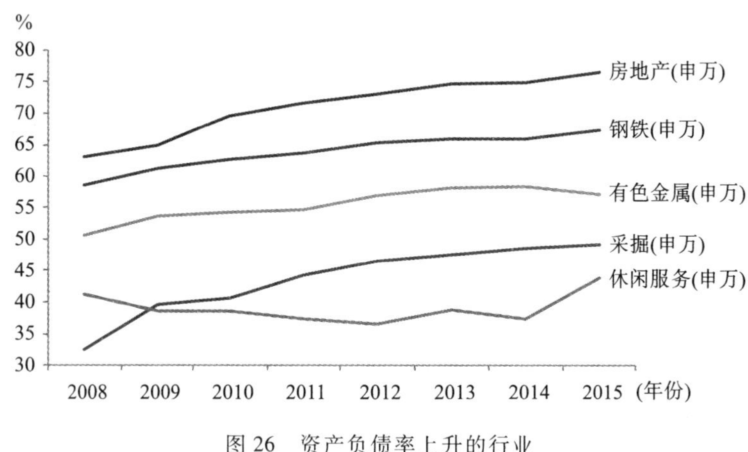

图 26　资产负债率上升的行业

数据来源：Wind 数据库。

从企业所有制类型看，国有企业杠杆率偏高。将工业企业资产负债率作为平均值进行对比，国有企业资产负债率明显偏高，尤其是 2007～2011 年国有企业的杠杆率经历了一个快速上升的过程。2006 年至 2015 年，国有及国有控股企业资产负债率从 56.2% 提高至 61.9%，而私营企业从 59.1% 下降至 51.8%，外资企业从 56.3% 下降至 54.5%。同时我们发现大中型企业资产负债率明显偏高，地方国有企业高于中央国有企业。2014 年，大、中、小型工业企业的资产负债率分别为 59.5%、56.7% 和 53.8%，地方企业和中央企业的资产负债率分别为 62.0% 和 56.3%（见图 27）。

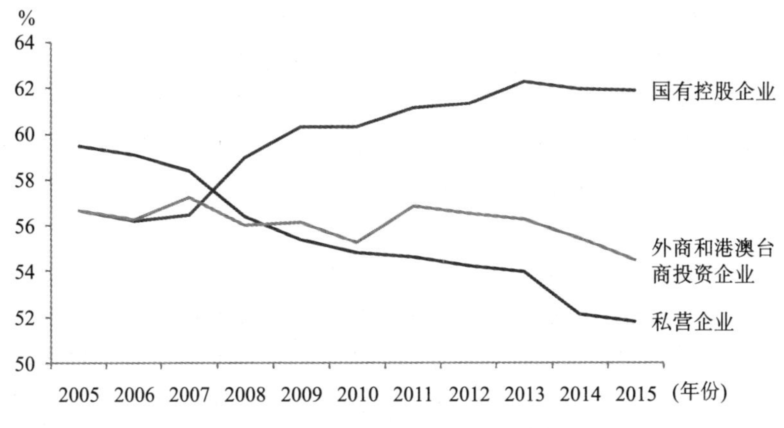

图 27　不同所有制类型工业企业的资产负债率

数据来源：国家统计局。

根据中国人民银行 5000 户工业企业调查数据测算也可以得出国企债务上涨较快的结论。2015 年全部样本企业财务口径债务率（长短期借款合计/主营业务利润，下同）比上年上升 19.8 个百分点，其中央企债务率上升幅度为 39.2 个百分点，国企上升幅度为 26.6 个百分点。

总体而言，在非金融企业部门，产能过剩行业正在进行去杠杆的努力，但除了化工行业外，其他行业效果并不明显。在各所有制企业中，国企债务增长较快，是去杠杆的重点领域。

（3）企业部门去杠杆的路径。企业部门的债务能支持企业的日常经营和进行投资行为，有利于企业扩大经营规模、增强经营能力和竞争能力。即便生产经营正常的企业，若大幅削减企业债务，不会仅影响企业的投资行为，更有可能切断企业的现金流，导致企业经营困难。因此对企业部门不能剧烈地去杠杆，而应该逐步推进，不能操之过急。

企业部门去杠杆应从两方面着手：一是实现产能过剩行业的杠杆率下降。淘汰落后产能和化解过剩产能是实现工业经济提质增效和转型升级的迫切需要，是促进供给侧结构性改革的一项重点工作。对产能过剩行业的企业，要“有扶有控”，区别对待“僵尸企业”和有市场竞争力的企业。对于不符合改革方向的企业和项目要控制新增信贷、压缩退出存量信贷。对于“僵尸企业”，要下定决心停补停贷，使其破产淘汰，防止金融资源被无效占用。市场化淘汰一部分高杠杆产能过剩企业，能有效去杠杆。二是促进国有企业杠杆率的下降。国有企业的杠杆率明显高于其他所有制企业，一方面与国有企业集中于资金密集型行业有关，另一方面更与国有企业的预算软约束有关。国有企业的预算软约束导致银行在投放贷款时，尤其是在经济增长放缓、不良贷款率上升时更倾向于贷款给国有企业。国有企业占据大量金融资源，但未能有效利用这些金融资源。一方面大量的民营企业在融资难融资贵的困境中挣扎，另一方面一些国有企业资金充裕，超过日常生产经营所需，甚至有余力进行金融投资，导致金融资源的错配。因此，要深化国有企业改革，逐步解决国有企业的预算软约束问题，降低国有企业过高的杠杆率，这不仅有利于总体杠杆率的下降，也有利于金融资源的有效配置。

3. 政府部门不宜强调去杠杆

虽然我国政府部门的杠杆率增长也较快，但其绝对水平不高，且在我国经济增长下行压力增大的背景下，财政减收增支压力较大，政府部门不宜强调去杠杆。

（1）促进居民消费增长需要财政减收增支支持。基于经济理论可知，消费主要取决于收入，财税政策通过支出政策和收入政策影响居民收入进而影响消费。一般而言，财政税费调整对消费的影响途径主要体现在：一是直接改变居民收入影响居民消费能力。财政通过法定征收税费参与国家财富分配，如通过直接税形式和转移支付、补贴等政策改变国家财富在政府与公众之间的分配结构，影响微观主体可支配收入。二是通过价格影响消费。税费调整可以影响消费品生产环节和流通环节的成本，通过价格链传递到消费品价格上，如开征的间接税在经过税负转嫁之后最终由消费者承担，进而影响到居民消费选择。三是通过财政支出政策影响居民消费意愿。生产类支出将参与创造国民财富，直接影响国民可支配收入的分配总量；服务类支出本身就包含着消费性支出，同时财政通过为居民提供基本公共服务可以有效缓解居民谨慎心态和预防性消费心理，增加消费需求。

我们对财税政策调整对居民消费的影响进行定量分析。基于相关研究，为定量分析中国1995年以来财税政策变动对中国居民消费的影响效应，本文构建财政收入对居民消费水平的影响模型如下：

$$consum = c + \sum_{i=1}^{n} \alpha_i X_i + \sum_{j=1}^{m} \beta_j Y_j + u$$

$$consum = c + \sum_{k=1}^{n} k_i Z_i + \sum_{j=1}^{m} \beta_j Y_j + u$$

其中，*Consum* 代表消费水平指标；X_i 代表财政收入指标，包括商品税、企业所得税、个人所得税和非税负担；Z_j 是指财政支出指标，包括财政生产投资、转移性支出和其他服务性支出指标；Y_j 为控制变量，包括城市化、居民收入差距、贸易开放度和经济增长等指标。

被解释变量方面，在财政收入影响居民消费模型中选择居民消费率（Consumr）作为消费水平指标，采用比值以剔除物价和经济总量核算对居民消费水平衡量的影响。在财政支出政策影响居民消费模型中选择居民消费水平总额（Consumz），因为财政支出主要通过总量途径影响经济生产总量和社会环境整体水平，进而影响居民整体消费水平。解释变量中，财政收入指标分为宏观税负 Hgtax = 财政收入/GDP，商品和劳务税负（Bustaxr）、企业所得税负（Cortaxr）、个人所得和财产税负（Pertaxr）、其他税负和非税负担（Othtaxr），各类税负 = 分类收入[①]/GDP；同时增加税制结构因素指标（Taxstruct）= 直接税/间接税 =（税收收入 - 商品和劳务税额）/商品和劳务税额。财政支出指标分为人均投资生产性支出（Investex），人均转移性支出（Transfex）和人均购买消费支出（Buyex）[②]；同时增加财政支出结构指标（Exstruct）= 生产性支出/服务性支出 = 投资生产性支出/（财政支出 - 投资生产性支出），财政支出占 GDP 比重指标（Expendir = Expendi/GDP）。控制变量选择上，基于其他学者研究结论本文选择城市化指标（Citizen）= 城镇人口比重；居民收入差距（Incomtap）= 城镇居民可支配收入/农村居民纯收入，贸易开放度（Open）= 进出口总额/GDP，实际经济增速 = 名义增速/GDP 平减指数；住户部门可支配收入比重（Incomsr）= 住户部门可支配收入/（政府 + 企业 + 住户部门可支配收入），其中 2014 年比重通过对政府、企业和住户三部门可支配收入的模拟预测计算可得。上述指标数据来源于历年《中国统计年鉴》和 wind 数据库，数据样本时期为 1995 ~ 2014 年。

经过协整检验可知收入和支出模型指标数据均存在长期协整关系。我们对支出模型数据取对数以保证数据平稳，经估计后可得表 6、表 7 的估计结果。

由表 6 可知，模型 1 和模型 5 结果较好。同时，本文采用居民可支配收入比重（居民可支配收入/人均国民收入）替换住户部门可支配收入比重，名义经济增长率替换实际经济增长率代入模型进行稳健性检验，结果相关指标系数符号与表 6 一致。

表 6　　财政收入影响居民消费的估计结果

变量	Consumr				
	模型 1	模型 2	模型 3	模型 4	模型 5
C	0.2925 *	0.7490 ***	-0.4200 *	-0.9773 **	-1.1053 ***
Hgtax	-1.6356 ***				
Bustaxr		-1.8610	2.4418 *	5.1229	12.6688 ***
Cortaxr		-1.4953	2.3603 *	-5.4171	-15.2587 **

① 商品和劳务税，包括增值税、消费税、进出口增值和消费税、关税、资源税、营业税、城市维护建设税；个人所得和财产税，包括个人所得税、房产税、城镇土地使用税、车船税、契税、耕地占用税、土地增值税、车辆购置税，其他税收收入 = 税收收入 - 商品和劳务税 - 企业所得税 - 个人所得和财产税。

② 投资生产性支出：2007 年之前包括基本建设支出、增拨企业流动资金、挖潜改造和科学三项费用、地质勘探支出，以及科教文卫支出中的科学支出、科研基建支出和其他科研事业费；2007 年开始包括城乡社区事务支出、农林水务支出、交通运输支出、地震灾后重建支出和科技支出。转移性支出：2007 年之前包括社会保障支出和政策补贴支出，2007 年开始包括社会保障和就业支出。购买消费性支出是指当年财政支出减去投资生产性支出和转移性支出的余额。

续表

变量	Consumr				
	模型 1	模型 2	模型 3	模型 4	模型 5
Pertaxr		1.8610	1.9116	-5.5804	-11.5264*
Othtaxr		2.0405	3.0967***	-5.1909	-15.1786*
Feitaxr		-2.6313	-7.6973***	-4.8440**	2.2659
Incomsr	0.5780**		1.1968***	1.5046***	1.1681***
Incomtap				0.0484	-0.0158
Taxstruct	0.2924***			0.6141	1.5893**
Citizen					-1.7680***
Open					0.1620**
Gdpsr					-0.3386
R^2	0.8735	0.8530	0.9626	0.9736	0.9914
D. W.	0.7960	0.9151	2.2343	2.0234	2.8002

注：上标***、**和*分别表示在1%、5%和10%的置信水平下显著。

由表6和稳健性检验结果可知：第一，降低宏观税负能够有效促进居民消费，提高可支配收入可有效促进居民消费。模型1宏观税负指标（Hgtax）系数为负，各模型可支配收入指标（Incomsr）系数均为正，说明宏观税负与居民消费率呈反向关系，可支配收入与居民消费呈正向变动，这与理论分析一致。第二，税费结构中，商品和劳务税负与居民消费成正向关系。模型5中商品劳务税负系数为正，这主要是因为商品和劳务税体现在消费价格中，经济增长导致消费品产值和居民消费总额也增加，故为正向关系。第三，降低企业所得税负、个人所得和财产税负、其他税负能够有效促进居民消费。由模型5可知此三个指标系数估计为负值，表明降低此类税负水平能够促进居民消费，这是因为这三类税收收入直接挤占居民收入水平，降低此类税负能够提高居民消费。

采用人均社会零售品总额替换居民消费水平进行稳健性检验，估计系数符号与表7一致。根据表7和稳健性检验结果可知：

表7　　财政支出影响居民消费的估计结果

变量	Log（consumz）					
	模型 1	模型 2	模型 3	模型 4	模型 5	模型 6
c	1.3258***	1.6632***	2.4965***	2.8543***	2.7511*	3.5566**
linvestex	0.3718***	0.4206***	0.3587***	0.4294***	0.2861*	0.3651***
ltransfex	-0.2133***	-0.1795***	-0.1342**	-0.1112**	-0.2850***	-0.2871***

续表

变量	Log（consumz）					
	模型 1	模型 2	模型 3	模型 4	模型 5	模型 6
lconsumex	0.5844***	0.4729***	0.4204***	0.2993***	0.4009	0.2179
exstruct			-0.0836	-0.1979	-0.0262	-0.3536
citizen					4.3055	5.2681
gdpsr					-1.1054	-1.7570*
dum		0.0842**		0.0898*		0.1077**
R^2	0.9980	0.9985	0.9969	0.9976	0.9982	0.9989
D. W.	0.9158	1.2453	1.1935	1.4499	1.0175	1.5624

注：上标***、**和*分别表示在1%、5%和10%的置信水平下显著。

第一，加大政府投资生产性支出，有利于促进居民消费。政府投资生产性支出主要包括交通基础设施、水利建设、科学技术支出等，财政投入增加一方面扩大经济生产资源配置规模，并通过基础设施投入的基础性作用带动其他经济产业的发展，从而促进整体经济发展，提高居民可分配的财富总量；另一方面，生产性支出中科技支出增加，能激励技术创新，提高经济产出效率，利于促进经济长期持续增长，从而提高居民收入。第二，政府转移性支出并未有效促进居民消费。上述模型中转移性支出系数为负且显著，表明包括社保支出和政策补贴在内的转移性支出与居民消费成反向关系，源于政府转移性支出力度不足，并未有效发挥居民生活保障作用。2014年中国转移性支出占GDP的2.51%，再加上社会保障基金支出合计仅占GDP的7.7%，同期OECD国家平均社会支出（Social spending）占GDP的21.6%，最低的韩国占10.41%①；若再除以人口总数，中国人均转移性支出更加严重不足，使其无法发挥保障居民生活质量、促进消费的积极作用。第三，政府购买服务性消费支出增加利于提高居民消费水平。政府增加教育、医疗卫生、文化和一般公共服务支出，能提高居民公共服务均等化水平和生活质量，有利于促进居民消费。

综上，为提高中国居民消费水平，促进消费增长和经济发展，要坚持减税扩支的财税政策改革基本方向不变，一是要继续加大结构性减税力度，适当降低宏观税负；二是要增强政府投资生产性支出和转移性支出。

（2）促进基础设施投资增长需要财政资金支持。近年来基础设施投资②增长较快，对固定资产投资起到明显的拉动作用。2015年基础设施投资增长17.2%，拉动

① 相关数据来源于OECD数据库。

② 基础设施投资额，指电力、热力的生产和供应业、交通运输、仓储和邮政业和水利、环境和公共设施管理业三个行业的投资额。

固定资产投资增速3.0个百分点，贡献率29.7%。2016年1~9月，基础设施投资增长19.4%，拉动固定资产投资增速3.4个百分点，贡献率41.8%。根据2016年基础设施投资占固定资产投资的比重估算，2017年基础设施投资增速每提高1个百分点，将拉动固定资产投资增速0.2个百分点左右。

从固定资产投资与固定资本形成的关系看，2003年以来，固定资本形成增速持续低于全社会固定资产投资增速，固定资本形成与全社会固定资产投资之比持续下降。统计局发布的支出法GDP显示，2014年固定资本形成与全社会固定资产投资之比为56.6%，比上年低4.1个百分点。根据2015年和2016年上半年资本形成对经济增长的贡献率推算，2015年固定资本形成与全社会固定资产投资之比降至53.8%，比上年低2.8个百分点；2016年降至52.0%，比上年低1.9个百分点。从总量看，预计2017年固定资本形成与全社会固定资产投资之比降至50.5%，比上年低1.5个百分点；从增速看，预计2017年固定资本形成增速与全社会固定资产投资增速之比为0.563。

近年来固定资本形成与GDP之比呈下降趋势，固定资本形成对GDP增长的贡献趋于弱化。2014年固定资本形成与GDP之比为44.7%，比上年低0.7个百分点。根据2015年和2016年上半年资本形成对经济增长的贡献率，我们推算2015年固定资本形成与GDP之比为43.8%，2016年进一步降至42.6%，这意味着2017年固定资本形成增速每提高1个百分点，GDP增速则相应提高0.426个百分点。

综合基础设施投资、固定资产投资、固定资本形成、GDP等指标的关系，我们推算，在其他条件不变的情况下，2017年基础设施投资增速每提高1个百分点，GDP增速将提高0.043个百分点。受制于工业去产能和房地产去库存，工业投资和房地产投资需求不旺，投资增长关键靠基础设施投资。为了促进经济平稳增长，基础设施投资仍需保持一定的增长速度。

基础设施投资的资金来源在很大程度上依赖于政府。2006年至2015年，基础设施投资的资金来源中，国家预算内资金的占比平均达到12.8%，比同期固定资产投资资金来源中国家预算内资金的占比高8.1个百分点。2015年，基础设施投资资金来源中国家预算内资金的占比平均达到15.2%，比同期固定资产投资资金来源中国家预算内资金的占比高9.8个百分点。具体分析基础设施投资的投资主体，PPP体量有限且制约因素较多，基础设施投资的主体主要是各级政府以及地方政府融资平台，资金来源主要是外源融资。基础设施投资的增长主要依靠政府财政支出增加和地方政府融资平台贷款增加，在财政收入增长受限的条件下，必然会增加政府部门的债务。

（3）企业部门去杠杆需要政府部门加杠杆支持。一是企业部门的高杠杆的原因之一是实际上部分由政府部门承担的债务计入了企业部门。根据目前的统计方法，地方政府融资平台债务都计入非金融企业债务，而不是政府部门债务。但地方政府融资平台债务中，很多都是地方政府实际负有偿还责任的债务。这部分债务实际上应该算作政府部门债务，而非企业部门债务。二是企业部门去杠杆对经济产生的下行压力应该由政府部门加杠杆加以抵消。企业部门去杠杆，一方面会造成部分企业破产、退出市场，另一方面也会规范其他企业的借贷行为，使得企业收缩其生产、投资行为。这都会导致经济的下行压力。为了应对经济的下行压力，财政政策仍然需要保持积极的基调，并增加基础设施投资。因此，政府部门的杠杆率仍需继续提高。三是企业部门去杠杆导致的民生问题需要政府部门增加支出予以保障。从企业调研的情况看，在去产能、去杠杆的过程中，产能过剩行业企业关停明显增多，裁员面扩大。随着化解过剩产能进入深水区，员工安置分流压力增大，区域性、行业性集中失业风险上升。为了防止集中失业造成社会问题，要积极促进就业和安置失业人员，这些都需要增加财政资金支持。

4. 近期我国杠杆率仍将保持高位

杠杆率等于企业、政府、住户三部门债务余额之和（简称总债务）与 GDP 之比。总债务对应了金融机构的资产，M2 则是金融机构的负债，因此总债务与 M2 具备较强的相关性，相关系数为 0.997（取 2004 ~ 2015 年时序）。从长期趋势看，随着政府债券发行规模的扩大以及企业直接融资的快速发展，M2 与总债务之比呈下降趋势，2015 年为 80.8%，比 2014 年低 1.7 个百分点；预计 2016 年末降至 79.1%，2017 年末降至 77.4%。预计 2016 年 GDP 名义增速为 7.6%，M2 增速为 11.7%；假设 2017 年 CDP 名义增长 7.7%，M2 增速为 10.5%，则 2016 年和 2017 年杠杆率将分别达到 264.9% 和 276.0%，分别比上年提高 10.1 和 11.1 个百分点。

与 M2 相比，社会融资规模存量与总债务的相关性更强，相关系数达到 0.999（取 2004 ~ 2015 年时序）。社会融资规模存量与总债务的比例关系比较稳定，假设 2016 年和 2017 年社会融资规模存量与总债务之比与 2015 年平均值相同（即 80.3%），并假设 2016 年、2017 年社会融资规模存量增速分别为 12.5% 和 11.3%，则 2016 年和 2017 年杠杆率将分别达到 262.9% 和 271.7%，分别比上年提高 8.1 和 8.8 个百分点。

综合根据 M2 增速和社会融资规模存量增速预测得到的杠杆率结果，2016 年和 2017 年我国总杠杆率仍然呈现上升态势。由于当前我国经济面临稳增长压力，预计短期内我国的货币政策仍将保持稳健的态势，不可能大幅收紧，货币供应量 M2 及社会融资规模的增速都将略高于名义 GDP 增速。由于债务总量跟货币供应量和社会融资规模总量密切相关，预计未来数年我国的杠杆率仍将保持高位。因此，短期内我们“去杠杆”的目标不是简单地降低杠杆率，而是改善债务结构，防止杠杆率的过快上升。

六、政策建议

综合以上分析，我国经济的总杠杆仍在适度范围之内，但杠杆的增长势头值得警惕，杠杆的部门分布需要优化。技术上，去杠杆的手段包括债务紧缩政策、提高通货膨胀、债务减记、经济增长（经济增长速度高于债务增长速度）等。我们一方面要警惕杠杆快速增长以及结构不合理带来的风险，另一方面要用健康的方式去杠杆，尽量通过经济持续稳定增长逐步稀释杠杆。在当前我国经济下行的过程中，金融、财政、房地产、就业等问题相互交织，宏观调控的约束条件增加，宏观调控难度加大。稳增长压力对流动性的需求则决定了我国杠杆率易升难降，必须着眼全局，综合统筹化解矛盾。对企业部门，要多措并举控制杠杆。对政府和住户部门，可以适当承接企业部门的杠杆转移，但加杠杆时要注意防范风险。

（一）通过扩大经济总量稀释杠杆

降低杠杆率最有效的手段是保持经济中高速增长，通过持续稳定的经济增长，逐步化解高杠杆。2006～2008 年，受益于经济快速发展，我国企业部门杠杆率持续下降，从 2006 年的 108.2% 降至 2008 年的 98.6%。我国作为一个发展中的大国，发展空间仍然很大。如果经济持续保持较快增长，企业杠杆率偏高的问题可以逐步化解。未来我国仍要坚持以经济建设为中心，"咬定青山不放松"，一心一意谋发展，坚持创新发展、协调发展、绿色发展、开放发展、共享发展，力争实现"双中高"①，通过扩大经济总量稀释杠杆。

在目前经济增长动力不足的背景下，要坚持把稳增长作为经济工作的中心，采取多种方式促进经济平稳增长。同时，要把握好经济增长与债务增长的平衡度，不宜过于强调短期增长而继续扩张债务规模，要把防范大规模失业风险作为经济增长的底线，把防范债务危机作为债务增长的底线，保持经济增长的持续性，防止杠杆率的快速上涨，最终实现去杠杆的目标。要进一步推进经济结构改革，提升我国经济内生动力，促进经济长期稳健增长，为去杠杆打下坚实基础。

在货币政策方面，要为去杠杆创造良好的环境。中央经济工作会议指出，货币政策要保持稳健中性，适应货币供应方式新变化，调节好货币闸门，努力畅通货币政策传导机制和渠道，维护流动性基本稳定。货币政策要积极应对经济下行压力和外汇占款大幅下降、基础货币缺口较大的实际情况，适时作出调整。在汇率政策方面，建议加大参考一篮子货币汇率的力度，增强人民币汇率弹性。同时利用审慎政策、必要管制、打击违法违规行为和外汇市场干预统筹解决资本外流和人民币汇率问题，为国内经济稳定发展、防范化解金融风险、缓解就业压力创造有利条件。

---

① 即经济保持中高速增长，达到中高端水平。

（二）多措并举控制企业部门杠杆

当前我国企业部门杠杆率较高，且增长势头较快。为此，要在做大 GDP 这个分母的同时，通过全面深化改革，提高金融市场配置资金的效率，优化杠杆结构，降低企业部门杠杆率。

一是发展多层次资本市场，降低企业部门杠杆率。目前我国企业融资渠道逐步多元化，但间接融资特别是银行贷款仍然是企业融资的主渠道。要大力发展多层次资本市场，推进股票和债券发行交易制度改革，深化创业板、新三板改革，完善多层次股权融资市场，建设直接融资和间接融资协调发展的金融市场体系①，改善企业融资结构，降低企业部门杠杆率。

二是明确政府与企业的边界，将原本应由地方政府承担的债务从企业债务中剥离。一方面，不少国有企业仍然承担了许多本应由政府承担的公共服务职能，“企业办社会”的情况在不少地方还存在；另一方面，不少地方政府融资平台和国有企业承担了政府基础设施建设支出职责，这都是企业部门债务偏高的原因。《国务院关于加强地方政府性债务管理的意见》（43 号文）要求明确政府和企业的责任，政府不得通过企业举债。2015 年开始，我国开始进行地方政府债务置换，大量由政府融资平台举借、期限较短、成本较高的债务（计入企业部门债务）被置换为期限较长、成本较低的政府债务，有效降低了企业部门杠杆率，收到了很好的效果。这种置换仍在持续，在这个过程中，要实事求是地摸清地方政府性负有偿还责任的债务的底数，防止将政府负有偿还责任的债务纳入政府或有债务。

三是深化金融改革，提高金融市场配置资金的效率。对各类市场主体坚持权利平等、机会平等、规则平等，打破各种隐性壁垒，使资金在市场上切实流动起来，流到真正具备活力和成长性的企业中，提高杠杆使用效率。要警惕“僵尸企业”的黑洞效应，防止资金向效率偏低的企业集中。近年来我国利率、汇率市场化改革和资本账户开放等工作取得重大进展。未来要进一步深化相关改革，完善配套措施，进一步增加人民币汇率弹性，选择和培育中央银行政策利率体系，完善中央银行沟通机制，进一步提高金融市场配置资金的效率。

四是深化国有企业、政府融资平台改革，健全投融资约束机制。过去一个时期，国有企业、政府融资平台存在不同程度的预算软约束，导致其债务过快增长。为此，一方面要深化国有企业改革，完善现代企业制度；一方面要推动融资平台转型，剥离融资平台的政府融资功能。通过改革，健全投融资约束机制，明确投融资主体的责、权、利，提高市场主体对利率的敏感性，降低道德风险，防止债务无序扩张。

---

① 周小川：“深化金融体制改革”，《人民日报》2015 年 11 月 25 日。

五是坚持市场化、法制化原则，有序推进债转股。债转股要兼顾眼前与长远，不仅要帮助企业化解燃眉之急，更要以此为契机，协调推进混合所有制改革、化解过剩产能、建立现代企业制度等改革，为企业长期发展提供制度保障。

六是优化企业发展环境，提高企业盈利能力。要进一步加大简政放权力度，落实税收优惠政策，清理和规范涉企行政事业性收费，努力降低企业融资成本，开展降低实体经济企业成本行动，助力企业增强盈利能力。

七是财政政策要发挥好托底作用，尤其是在地方政府财政困难、去产能任务繁重的情况下，要实现市场出清，就要解决职工安置问题。职工不能妥善安置，不能保障下岗工人的基本生活，地方政府就不会允许企业解聘工人，也不会允许银行收回贷款，僵尸企业问题也就难以解决，供给侧结构性改革也就难以取得实效。要详细测算去产能需要的财政资金规模，政府要把责任承担起来。

（三）继续实施积极财政政策，提高政府部门债务的透明度和可持续性

我国政府债务风险主要不是债务总量，而是透明度不高、债务成本过高、债务期限过短、流动性压力过大。地方政府债务置换缓解了债务成本过高、债务期限过短、流动性压力过大的问题。地方政府债务限额解决了政府债务扩张速度过快的问题。但债务限额增量过低滋生了限额之外的“表外债务”，进一步降低了地方政府性债务透明度，不利于政府债务的可持续性，积累了财政风险。

当前经济下行压力较大，新的增长动力尚在培育，财政政策需要起到更积极的作用。理论上讲，扩张性的财政政策在实施中面临着减税、增支和控制债务三个目标之间的三难困境。在增支及减税的目标下，提高赤字率就成为弥合收支缺口的必然选择。2000~2008 年我国政府的财政赤字规模基本保持稳定，2008 年金融危机后赤字规模迅速扩大，在 2009 年和 2015 年出现了两次跃升。2015 年我国财政赤字规模达到 2.36 万亿元，分别为 2000 年、2014 年的 9.5 和 2.06 倍。从赤字率看，随着金融危机的爆发，我国财政赤字率大幅提高，2009 年赤字率达到 2.3%，之后在积极的财政政策下，赤字率一直保持波动上升的态势，到 2015 年赤字率达到 3.0% 的高峰。尽管我国的财政赤字不断攀升，但与主要国家相比，仍然处于较低水平。2005~2014 年期间，美国赤字最高达到 11.4%，日本达 9.4%，法国最高为 6.3%，德国为 4.4%，而中国赤字远低于发达国家（见图 28）。从中、美、日、德、法五国 2005~2014 年的平均财政赤字率来看，我国赤字率仅 1.2%，分别低于美、日、德、法 5.03、4.44、0.16 和 2.46 个百分点。我国的财政赤字仍然有较大的空间。鉴于政府部门杠杆率不高，同时在企业部门杠杆率的下降也需要财政的支持，建议在继续推进地方政府债务置换的同时，进一步扩大政府赤字。

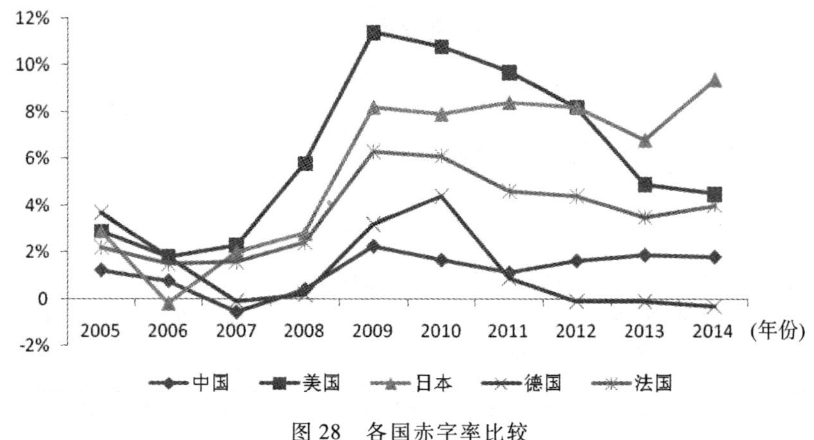

图 28　各国赤字率比较

数据来源：IMF、日本财务省、中国财政部。

在具体的财政收支措施上，一方面要继续推进减税，另一方面要增加财政支出。减税一是要切实减轻企业负担。建议着力从促进“双创”、科技研发、科研成果转化和产业升级等层面构建完善的结构性减税体系，减轻企业税负，降低企业债务负担。二是要加快完善个人所得税制度，使得居民的税负合理化。考虑到进一步提高个人所得税的免征额存在较大困难，建议近年改革重点着力于优化税制结构设计方面，合并相关税目，调整税率档次和级距，提高劳动所得的税前扣除标准，降低劳动所得特别是工资、薪金所得适用的最高边际税率，同时加强对高收入群体的税收征管。

增加财政支出，一是加大民生社保支出力度，推进社保体制改革。特别是经济下行时期为了保障居民生活水平，政府要承担更多责任，提高财政社保投入。二是要增加对教育、医疗卫生、文化体育等公共服务支出，提高居民素质和生活质量。三是要加强财政对科技创新的支持，提高全要素生产率。要适当提高财政科技研发支出比重，合理优化财政科技支出结构，加大基础研究和科技成果转化的投入力度，通过转移支付增加对落后地区的科技经费投入，创新财政科技支出方式，充分利用财政补贴的激励约束机制引导企业加大创新力度。四是要继续增加政府投资支出，保持对交通、能源等基础设施财政投资的较高增速，同时提高财政投资效率。

总之，稳增长需要一定规模的政府债务增量，政府债务增量过低反而加剧财政风险。一方面，地方政府“稳增长”需要增加财政支出，若债务增量限制过严，则财政的空间大幅缩小，促进经济结构改革和托底投资的能力明显下降，拖累经济增长。另一方面，债务限额增量过低会滋生限额之外的“表外债务”，导致地方政府性债务“黑箱化”，进一步积累财政风险。因此，应当统筹好经济增长与政府债务增长的关系。在经济下行压力解除之前，建议保持政府债务适度增长。

（四）释放居民投资消费潜力，提高居民抵御风险能力

2015年末我国住户部门债务余额26.7万亿元，远低于52.6万亿元的储蓄存款规模。住户部门杠杆率为39.5%，在国际上处于较低水平。总体看，住户部门还有加杠杆空间。不过，近年来住户部门杠杆率上升较快，未来加杠杆时要注意结构和方向。

一是为以人为本的城镇化和农民工市民化提供金融支持。城镇化可以在供需两侧同时释放增长潜力。从供给看，城镇化可以使劳动力从生产效率较低的农业转向生产效率较高的工业和服务行业，同时产生人才聚集效应和创新效应，促进全要素生产率的提高，有利于提高经济增速。从需求看，城镇化过程中，会对城镇基础设施、住房、公用事业和社会项目进行大量投资；居民从农村转移到城市后，生活方式会发生较大改变，生活水平会明显提高，可以促进消费的增长和升级。因此，要让农民工切实享受市民待遇，解决农民工在养老、就医、子女教育方面的后顾之忧，使农民工自觉自愿的在城市买房落户，在运用杠杆的同时，提高个人生活水平和劳动效率，进而提高全要素生产率。

二是提高社会政策托底的能力。为化解产能过剩与需求不足之间的矛盾，有必要斩钉截铁地处置“僵尸企业”，坚定不移减少过剩产能，腾出宝贵的实物资源、信贷资源和市场空间。当然，结构性改革势必带来一定的社会冲击，特别是职工下岗失业、收入降低等系列问题。当前就业压力较大，如果社会政策托底能力不足，会大大影响结构调整和产能出清的进程。要及时准确地监测就业状况，加强职业技能教育，积极扶持创业，完善失业帮扶和社会保障制度，加大税收、信贷支持力度，提高居民抵御风险能力。

三是鼓励引导居民释放消费投资需求。要藏富于民，提高住户部门可支配收入占GDP的比重。培育和壮大新的消费热点，改善消费环境，发展消费金融，完善社会保障制度，释放居民消费潜力。进一步放宽投资准入特别是第三产业投资准入，简化行政审批，鼓励大众创业，引导民间投资。

四是切实防范房地产市场的风险。住房抵押贷款是住户部门最主要的债务，房地产市场的风险与住户部门的债务风险密切相关。前期一些热点城市的房地产价格已经快速上涨至高位，而二、三线城市的库存压力仍然较大。未来房地产市场继续调整的可能性较大，但城市将进一步分化，二线城市未来房地产价格涨势将趋缓，三线城市未来将面临持续长期的去库存压力和去库存周期。若房地产价格出现大幅下降，则住房抵押贷款出现违约的可能性就会增加。因此要加强对房地产市场的调控，既抑制房地产泡沫，又防止出现房价的大起大落。各地政府要根据本地房地产实际情况进行差别化、有针对性的调控，防止房地产价格的大幅波动。

英格兰银行培训报告[①]

（2011 年 9 月 8 日）

2011 年 7 月 25 日至 8 月 5 日，我们到英格兰银行进行了学习。学习的主要内容包括以下几方面：

（1）国际金融危机后通货膨胀目标制的发展。介绍了通货膨胀目标制的主要内容、其成功的经验以及当前在世界各国实施的现状，介绍了之前的国际金融危机对通货膨胀目标制的挑战，并指出了当前通货膨胀目标制的发展。

（2）英格兰银行使用的宏观审慎政策和工具。以爱尔兰银行危机为背景，强调了宏观审慎政策的重要性；介绍了英国在金融危机之后宏观审慎框架的改革和英格兰银行内部的宏观审慎分析，并较详细地讲解了用于进行系统性金融风险分析的 RAMSI 模型。

（3）英格兰银行的金融统计工作。在介绍了英格兰银行统计部门的职责和国内工作之后，详细介绍了当前开展的主要国际工作，包括执行新的国际统计标准以及响应 20 国集团数据缺口倡议的具体措施。

（4）英格兰银行对资本流动和新兴市场的研究。描述了当前资本流动的趋势，指出了当前世界经济中存在的风险，并提出长期来看会存在国际市场对新兴市场国家股权需求快速增加而新兴国家市场容量不够的问题。

（5）英格兰银行的宏观经济模型和预测。主要介绍了英格兰银行使用的以套件（suite）理论为基础的统计预测模型和以经济理论为基础的结构化季度模型 BEQM。

通过学习，主要得到以下几点启示：

（1）模型在中央银行的工作中起到非常重要的作用。对经济金融形势进行预测和进行政策反应模拟，都离不开经济或统计模型的支持。英格兰银行花费大量人力、物力构建经济预测模型，其根本目的就在于帮助决策者理解复杂的经济现象，并预测未来经济增长和通胀走势，进而为货币政策委员会（Monetary Policy Committee，

① 本文合作者为徐宏、谢保嵩、彭育贤、胡资骏。

MPC）提供决策参考。通过数十年的实践，英格兰银行公布的经济预测模型结果不仅成为MPC决策的关键性参考意见，而且在引导公众预期、解释政策变化原因等方面也形成巨大影响力。同时，在宏观审慎管理方面，英格兰银行也开发了一系列模型分别监测单个金融机构的风险、分析金融风险的传导以及金融系统与政策的反馈。为了更好地履行中央银行的职责，我们应向国际同行学习，大力推进有关模型的开发和应用工作，提高宏观经济决策的科学性、有效性。

（2）防止房地产市场过度泡沫化是维护金融稳定的重要内容。房地产市场泡沫的形成和发展是爱尔兰银行业危机的根源，而我国改革开放以来的经济发展和房地产市场走势与爱尔兰危机前的形势具有一定类似之处，因此，研究和吸取爱尔兰银行业危机的教训，对于维护我国金融稳定具有重要意义。一是要加强房地产市场监测分析和预警系统建设，及时识别房地产市场及其关联风险。二是坚持各项房地产市场调控措施不放松，进一步强化商业银行信贷行为约束，防止房地产金融风险的过度积累。

（3）赋予央行更大的金融监管权。此次国际金融危机的教训表明，在金融市场化和金融创新快速发展的形势下，传统微观审慎监管政策逐渐失灵，加强宏观审慎管理，防范和化解系统性风险，已经成为后危机时期各国央行的普遍选择。为了使货币政策和金融稳定政策相互协调、更好地发挥作用，央行的金融稳定职能在逐步加强，英国金融监管职能重新并入英格兰银行的做法值得高度重视。要研究和建立符合我国金融发展需要的宏观审慎管理体系，改革目前权利分散、相互独立、相互分割的金融监管体制，解决当前监管体制存在的主体不明、系统性风险管理缺位等问题。

一、危机后的通货膨胀目标制

（一）通货膨胀目标制概述

每个经济体都需要一个名义标的来稳定物价，历史上，金本位或盯住强货币[①]都曾充当过货币锚的作用。从某种意义上说，世界经济发展史就是一部各国不断寻求货币锚的历史。20世纪70年代，布雷顿森林体系的崩溃以及高通胀率使得人们开始寻找新的名义锚，如货币供应量。80年代中期的拉美债务危机，让几个尝试货币目标为货币锚的国家失败了。而90年代的东南亚金融危机，则让固定汇率目标的尝试以失败告终。这些都最终导致了通胀目标制的出现。

顾名思义，通胀目标制就是中央银行直接以通货膨胀为目标且对外公布该目标的货币政策制度。在通货膨胀目标制下，传统的货币政策体系发生了重大变化，在

---

① 回顾英国货币政策简史，可以发现在1986~1990年期间，英格兰银行就曾采用盯住德国马克的方式来锚定货币，稳定物价。

政策工具与最终目标之间不再设立中间目标，货币政策的决策依据主要是对通货膨胀的定期预测。政府或中央银行根据预测提前确定本国未来一段时期内的中长期通货膨胀目标，中央银行在公众的监督下运用相应的货币政策工具使通货膨胀的实际值和预测目标相吻合。因此，准确地说，通胀目标制是一个制度性框架，它包括四个方面内容：一是必须明确货币政策的主要目标是价格稳定；二是需公开宣布一个量化的通胀目标；三是货币政策的决策是基于包括通胀预期等在内的广泛信息集作出的；四是需要建立中央银行与公众之间良好的沟通渠道，以提高货币政策的透明度，同时，必须对中央银行控制通胀的表现建立相应的问责机制。

理论上说，通胀和产出之间没有长期的权衡，也就是说，从长期看，通货膨胀并不会影响产出，但低而稳定的通胀率显而易见的好处在于保证了国民的生活品质，因而被广泛视为一项社会福利。理论和实践均表明，通胀预期在通货膨胀的形成过程中起着重要作用，采用通胀目标制可以较好地锁定通胀预期，从而可以有效控制物价。弹性的通胀目标不仅可以完成稳定物价的目标，同时还可以避免产出和就业的大幅波动（正如 Svensson 的损失函数所体现的）。

通胀目标制的优点主要是通过制度化增强了货币政策的透明度，明确了货币政策的问责制（Gerrats，2009；Walsh，2009），从而可以较好地锁定通胀预期（Gürkaynak 等，2006），提高通胀的可预测性（Walsh，2009）。同时，也明确了货币政策主要是制定中、长期目标，但是允许一些短期的灵活性（伯南克等，1999），从制度上保证了货币政策不必因 CPI 短期偏离作出机械式的调整。

从 1990 年新西兰第一个确立通胀目标制到现在，全世界已经有 27 个国家采用通胀目标制，英国是在 1992 年确立了通胀目标制。尽管全球三大央行——美联储、欧央行和日本央行仍未采取通胀目标制，但毫无疑问通胀目标制已经逐渐成为全球央行货币政策的首选框架。美联储主席伯南克对通胀目标制也是青睐有加。实践也表明，通胀目标制在发达国家和新兴市场国家均取得成功。IMF（《世界经济展望2005》）指出，“相对其他国家而言，采取通胀目标制的国家总是伴随着更低的通胀率、通胀预期和通胀波动性”。IMF（《世界经济展望 2008》）又指出“在新兴经济体中，通胀目标制目前似乎已经比其他备选的货币政策框架在锁定预期方面更为有效”。危机期间的实证研究也表明了通胀目标制在金融危机期间仍然有效。Roger（2010）认为，通胀目标制在金融危机期间有助于促进经济复苏。Carvalho Filho（2010）认为：“执行通胀目标制的国家，其货币政策应对危机的表现更好。相对其他国家而言，这些国家降低了名义利率，并转化为更大的实际利差的松动。在这种货币刺激下，这些国家似乎均比其他国家更好地避免了陷入通缩的境地。”

（二）金融危机对通货膨胀目标制的挑战

当然，通胀目标制也并非是一个完美的货币政策框架，从推出以来，通胀目标制在备受推崇的同时，也伴随着诸多质疑。Ball 和 Sheridan（2003）实证研究表明，“一旦控制指标向均值回归，就无任何证据表明通胀目标制提高了性能”；Joseph E. Stiqlitz（2008）更是直言不讳地指出，“通胀目标如今正在接受考验，而它几乎可以肯定是失败的”。而本次金融危机更让通胀目标制遭受前所未有的来自多方面的挑战。

面临的挑战主要有以下几个方面：

一是建模和预测在央行的作用。没有一个模型能够包容所有的信息，并自始至终给出准确的预测值。在本轮金融危机中，央行的宏观经济模型集体失效。作为通胀目标制的重要一环，完善宏观经济模型，提高预测的准确性，成为实行通胀目标制央行的重要工作。

二是通胀目标和资产价格的关系。在繁荣破灭后，货币政策仅作“善后”是不够的，货币政策不能无视资产价格的变动。如何把资产价格纳入到通胀目标制仍是一个亟待解决的问题。目前，瑞典和澳大利亚已经将资产价格作为货币政策的重要考虑因素，并采取相机抉择的措施，防范资产价格风险。也有人提议，应采取宏观审慎措施，如周期性调整货币需求，来避免资产价格泡沫的产生。当然也有人提出反对意见，Svensson（2010）认为：“货币政策往往试图以限定房价和房贷的增长为目标。尽管如此，没有任何透彻的分析可以证明，房价和房贷是否对未来的通胀和资源利用造成问题或是有显著影响。”他认为，本次危机的原因不是货币政策，而主要是因为监管失败和一些特殊因素。

三是通胀目标和汇率的关系。采用通胀目标制的新兴市场国家正面临艰难的选择。一方面，高利率通常导致资本的大量流入和汇率升值，而这将会削弱出口竞争力和影响经济增长，但另一方面，不加息将会面临通胀压力和资产价格泡沫。因此，资产价格控制正在逐步被这些国家所使用。Caruana（2011）认为：“资本流动增加了新兴市场的汇率压力，增强了人们对出口竞争力下滑的担忧。因此，政策制定者们讨厌用加息来应对成本推动和需求拉动型通胀。最终，货币政策必然要收紧，与发达国家间的利差将有所扩大。这将吸引国际闲散资金流入新兴市场，反而推动汇率走高。同时，大规模的外汇交易市场干预可能失效或者干预成本随着国内利率持续上升而日益变得昂贵。”

金融危机后，一些学者认为仍应实行严格的通胀目标制。Blanchard 等（2010）认为，无论是经济陷入通缩或者接近中期目标，实行通胀目标制的央行仍应坚守目标，通胀目标不宜提高。英格兰银行行长莫维·金（Mervyn King）形象地将实行严格通胀目标制的中央银行比作“通货膨胀斗士”（inflation nutter）。有些学者则认为，通胀目标制应朝着更灵活的方向演进，即采取更为灵活的通胀目标制。灵活通胀目标制的含义是指货币政策目标是同时将通货膨胀和实际经济稳定在目标附近。

Svensson（2010）认为，在正常情况下，合适的政策工具是政策利率和沟通，包括公布政策利率路径和对通货膨胀及实际经济的预测。在危机情况下，可以使用其他非传统工具，如中央银行贷款、较长期限的固定利率贷款、有问题金融机构的特殊处置机制、政府注入资本金等。

目前，从趋势上看，通胀目标制将向更为灵活的方向发展。灵活性不仅体现在前面所述的政策工具的选用上，也体现在通胀目标以及目标值的设定上。在通胀目标的设定方面，货币政策将引入资产价格、金融稳定或汇率等因素。在目标值的设定方面，则有以下几种思路：一是调整测度方法，如计算内生通胀率或核心通胀率，以取代总的通胀率；二是采取更高的通胀目标值；三是扩大承受范围区间；四是设定数年平均值作为通胀目标值；五是允许一定程度的超调（Woodford，2009）。

（三）启示与借鉴

1. 价格稳定仍然是货币政策的首要目标

总的来看，通货膨胀目标制在实践中取得了成功，有利于稳定通货膨胀率和通货膨胀预期。美联储和欧央行虽然不明确实施通货膨胀目标制，但也把价格稳定作为货币政策的主要目标。低而稳定的通货膨胀率有助于为经济发展提供稳定的环境，是货币政策应关注的主要问题。

2. 中央银行的任务不仅限于物价稳定，政策手段也不仅限于利率手段

除了物价稳定，通货膨胀目标制的发展也在考虑把经济增长、金融稳定和汇率稳定纳入目标当中，而政策手段除了传统的利率工具外，许多非传统的政策工具也得到使用，这对于中国人民银行进行货币政策决策也有借鉴意义。

二、宏观审慎政策和工具

（一）爱尔兰银行业危机的教训

1. 爱尔兰银行业危机的演变过程

20 世纪 90 年代开始，随着爱尔兰加入欧盟以及低税率政策的实施，爱尔兰经济呈现快速发展态势，使其在短时期内由欧洲最落后的农业国家一跃成为欧洲最成功的经济体之一，被誉为“凯尔特虎”。1988 年至 2007 年，爱尔兰 GDP 年均增长 6%，历史上首次实现了充分就业，其中 2007 年人均收入高达 6 万美元，居欧盟第二，全球第五。

建筑业和金融业是爱尔兰经济快速发展的主要动力，在 2008 年危机爆发前，银行业的资产价值相当于 GDP 的 4 倍，但其中相当一部分是房地产业不良贷款。2008 年，受美国次贷危机影响，爱尔兰房地产市场泡沫破裂，建筑业受到重创，银行业出现大面积坏账，为拯救银行业，爱尔兰政府除对银行提供担保外，同时向商业银行注资，造成政府财政陷入危机，从而导致危机的爆发。目前，爱尔兰主权债务率高于德国

400 个百分点，GDP 由峰值下降 18%，失业率大幅上升（见图 1）。

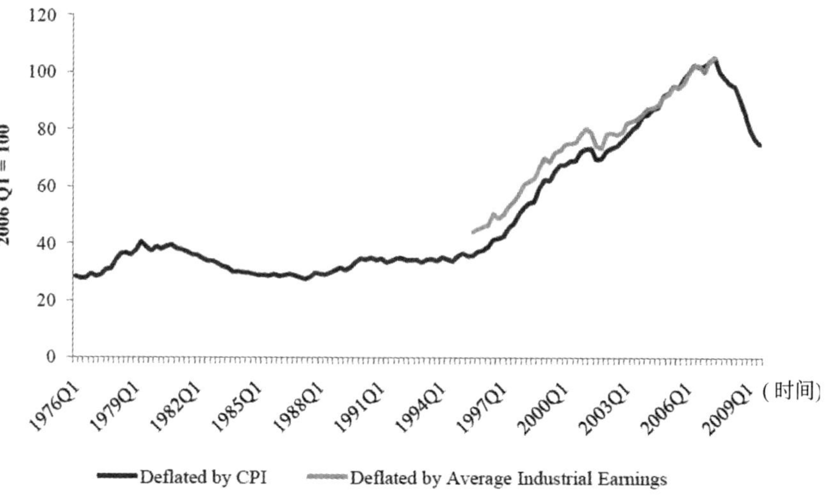

图 1 爱尔兰的实际房价指数

数据来源：Patrick Honohan，“The Irish Banking Crisis：Regulatory and Financial Stability Policy 2003－2008——A Report to the Minister for Finance by the Governor of the Central Bank”，31 May 2010.

2. 爱尔兰银行业危机形成的主要原因

一是房地产市场泡沫破裂。受经济繁荣和房地产业贷款快速增长拉动，爱尔兰房价自 20 世纪 90 年代末期开始出现快速上涨。在 2006 年的景气高峰时期，爱尔兰的房价约为 10 年前的 3.5 倍；新房的房价收入比由 1998 年的不到 4 倍，大幅上升至 2006 年的 10 倍，其中首都都柏林的二手房房价收入比达到 17 倍。2008 年，受美国次贷危机影响，爱尔兰房地产市场泡沫破裂，房价从 2008 年的高点至 2010 年初下跌 36%，其中商业地产跌幅高达 59%，从而造成银行业出现大面积坏账。二是商业银行内部治理机制的缺失。在经济快速发展、购房需求旺盛和商业银行能够以较低成本在国际批发资金市场融资的情况下，商业银行忽视宏观经济波动风险，内部风险控制形同虚设，竞相扩大市场规模。2008 年，爱尔兰商业银行对开发商的贷款超过 GDP 的 50%，对家庭和非金融企业贷款占 GDP 的比例 2 倍；商业银行信贷风险管理松懈，个别商业银行 35% 的贷款不满足其贷款标准。三是监管者未能守住最后一道防线。爱尔兰央行和监管部门采取轻微监管的原则，认为商业银行和监管者目标一致，无需对商业银行采取过多强制性要求，因此监管部门的微观审慎监管较为宽松。现有宏观审慎管理工具也未能有效发挥作用，在危机前 2004 年和 2006 年“自下而上”的压力测试过程中，不仅情景设定不充分，而且商业银行缺乏可靠的模型和数据开展压力测试，因此造成压力测试结果过于乐观，缺乏参考意义（见表 1）；为了防止对市场的负面冲击，爱尔兰的金融稳定报告的前景展望积极，缺乏对风险因素的足够描述，进一步增强了商业银行高层管理人员的安全感和风险冲动。

表 1　　危机前爱尔兰“自下而上”的压力测试结果乐观

	2004 年压力测试						2006 年压力测试					
	2003 年		2004 年		2005 年		2006 年		2007 年		2008 年	
	基准	冲击	基准	冲击	基准	冲击	基准	冲击	基准	冲击	基准	冲击
GDP	1.75	1.23	3.5	-2.51	5.3	-2.75	4.8	3.2	5.2	-0.3	4.7	-4.8
出口额	-2.25	-3.22	5.75	-6.2	7.5	-6.74	4.8	3.2	5.7	-3.9	5.6	-7.5
失业率	4.75	5.04	5.25	7.82	5.25	9.77	4.3	4.5	4.3	6.6	4.3	9.7
房价	14.0	12.0	5.0	-2.0	4.7	-8.0	7.0	-13.0	6.3	-8.7	6.1	1.1

数据来源：Patrick Honohan, “The Irish Banking Crisis: Regulatory and Financial Stability Policy 2003 - 2008——A Report to the Minister for Finance by the Governor of the Central Bank”, 31 May 2010.

3. 爱尔兰银行业危机的结论及启示

一是宏观经济稳定是维护金融稳定的基础，尤其是要建立防止房地产市场过度泡沫化的机制，防止商业银行通过大量资产错配追逐不可持续的繁荣。二是加强金融监管，提高商业银行风险防范能力，提高市场运行效率，从而降低危机发生的概率。

（二）后危机时期英国的宏观审慎管理框架改革

1. 改革的基本背景

历史上每次大的金融危机都会推动金融改革，尤其是监管体制的改革。目前，对此轮国际金融危机成因的分析形成的主要共识是，金融监管体系严重滞后于金融发展是危机发生和蔓延的关键因素。因此，重构现有金融监管体系，构建防范和识别系统性风险的宏观审慎管理架构成为后危机时期各国金融改革的重点。此次金融危机中，2007 年 8 月爆发的北岩银行事件凸现了财政部、英格兰银行和金融服务局组成的分权式监管体制的问题，从而促使 2010 年保守党执政后实施旨在强化央行监管权的金融改革方案。

2. 英国金融监管架构改革的主要内容

国际金融危机前，金融稳定政策框架的主要不足是宏观经济政策和单家机构的微观监管之间存在缺口，从而增加了金融脆弱性，这也是后危机时期监管改革的重点环节。2010 年 7 月至 2011 年 6 月，英国财政部先后发布三个咨询文件①，分别对监管制度的变化、中期监管体制建设目标和监管立法进行了规划。

① “A new approach to financial regulation: judgement, focus and stability”, July 2010; “A new approach to financial regulation: building a stronger system”, February 2011; “A new approach to financial regulation: the blueprint for reform”, June 2011.

主要改革措施包括：一是在英格兰银行内部设立金融政策委员会（Financial Policy Committee，FPC），由英格兰银行行长担任委员会主席，并对国会负责。金融政策委员会是金融稳定政策的最高决策机构，负责识别、监测金融风险，制定金融稳定政策，采取消除或限制金融风险的措施以保护和增进英国金融系统的稳健性。按照计划，金融政策委员会将于2013年正式成立。2011年2月，成立了过渡性的中期金融政策委员会，其主要职责是通过监测分析金融体系的风险，提出政策建议，从而促进金融稳定。二是裁撤金融服务局（Financial Service Authority，FSA），改设负责重要存款性金融机构、保险公司和部分投资公司监管的审慎监管局（Prudential Regulatory Authority，PRA）和负责金融消费者保护与市场管理的金融行为监管局（Financial Conduct Authority，FCA）。三是恢复与强化央行的监管权，将新成立的审慎监管局置于英格兰银行的组织架构内，使英格兰银行不仅具备宏观审慎监管权，而且重新获得机构监管权（见图2）。

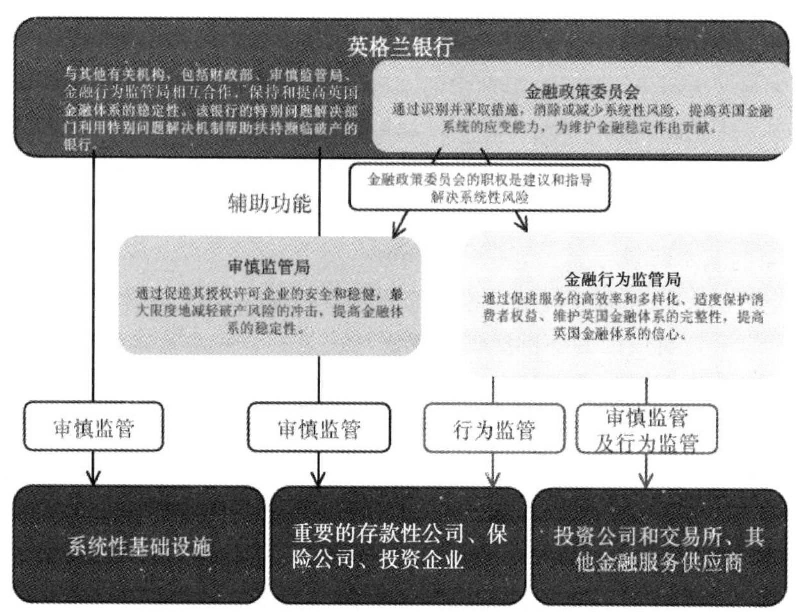

图2　新的监管框架下相关机构的职能

资料来源：HM Treasury，“A new approach to financial regulation：building a stronger system”，February 2011.

（三）英格兰银行内部的宏观审慎分析

1. 英格兰银行对系统性风险的基本界定

系统性金融风险指危及整体或大部分金融部门稳定性的风险，即由于金融系统部分或全部失效，从而造成金融服务中断，并有可能对实体经济产生严重负面影响的风险因素。国际金融危机的教训表明，尽管关注个别金融机构的稳健至关重要，但由于合成谬误的存在，微观个体活动的数量相加不等于宏观总体，仅通过观察单家机构来把握整个金融部门的系统性风险是不可能的，因此加强系统性金融风险的分析研究已经成为国际金融危机后各国央行的重点工作。

系统性金融风险有多种来源，主要包括：一是由于信息不对称、激励不相容、市场缺乏流动性、风险传染、具有系统重要性金融机构的存在以及金融市场基础设施不足等金融市场结构性特征的存在，使整个系统应对不利冲击的能力薄弱。二是由于金融机构之间存在相互关联，金融机构之间的风险敞口可能产生系统性金融风险，如国际金融危机前大量金融机构持有相同的被错误定价的次级抵押债券。另外，资产负债的极度不匹配或不可持续的融资头寸同样可能对全系统造成危害。三是金融市场的顺周期效应的存在，如金融机构倾向于在信贷周期上升阶段忽视风险，而在周期下降阶段过于悲观。因此，英格兰银行宏观审慎建模总体上围绕以上风险因素的识别和风险评估进行模型开发。

2. 英格兰银行内部的宏观审慎分析框架

国际金融危机之前，英格兰采取混合方法评估系统性金融风险，其中自下而上的分析方法包含了对10家大型商业银行的情景模拟，而自上而下的分析方法使用英格兰银行的大型计量经济模型进行评估。但危机前英格兰银行对系统性风险的识别及评估存在不足：一是从评估结果看，由于不同类型风险之间的联系被低估、缺少银行及当局对情景的反馈、缺少银行之间的风险传染、超过一定临界水平的冲击响应非线性等原因，英格兰银行在危机前低估了系统性风险水平。如2003年英格兰银行《金融稳定报告》中，压力测试结果显示不利情景下股票价格、房地产价格分别下降35%和12%，英镑贬值15%，而2008年国际金融危机爆发时，股票价格、房地产价格实际分别下降48%和20%，英镑贬值27%。二是从风险识别情况看，危机前的系统性金融风险分析框架未能充分关注系统整体风险状况。2006年7月英格兰银行《金融稳定报告》中，强调了不正常的低水平风险溢价、大型复杂性金融机构或其他重要金融机构困境等六种风险，但没有充分关注系统整体风险可能发生的概率和规模，从而低估了系统性风险（见表2）。

表2　危机前英格兰银行的冲击模拟结果低估了风险

压力情景	压力的大小	实际的峰值到谷底的变化
全球需求冲击	世界/英国股票价格↓35%	金融时报100指数↓48%
国内需求冲击	英国房地产价格↓12%	英国房价↓20%
国内供给冲击	工资↓1.5pp	
外汇利率冲击	英镑贬值15%	英镑贬值27%

资料来源：Hoggarth & Whitley（2003），“Assessing the strength of UK banks through macro STs”，FSR June 2003.

面对国际金融危机的教训，尤其是结合设立金融政策委员会等监管改革的需要，英格兰银行对系统性金融风险分析框架进行了全面改进，在对原有模型进行优化的同时，内部新开发了一系列模型。目前英格兰银行主要致力于开发三类模型：第一类模型识别系统性风险来源，主要包括对资产定价混乱的制定、重要的系统性机构的风险识别、确认信贷周期位置以判断资本充足率标准是否合适、金融危机预警等模型。第二类模型度量和评估金融冲击对金融系统的影响，主要包括对金融机构偿付能力、融资能力或流动性、交易对手风险、结算或支付风险、市场和流动性外溢等进行分析和评估的模型。第三类模型评估系统性风险对实体经济的影响，主要包括金融系统对实体经济的反馈、政策反馈和监管政策与货币政策协调等政策模型。由于系统性风险的复杂性，英格兰银行的模型开发借鉴了其他学科的研究方法，如使用网络模型、复杂系统模型等，并且包含了异质性代理等非标准化特征。从趋势看，下阶段英格兰银行宏观审慎分析工作的主要工作内容包括建立系统性风险指标、利用 DSGE 方法模拟商业银行在宏观经济金融联系中的作用、开发系统性风险量化模型和建立异质性代理等新的资产定价模型等（见表 3）。

表 3　　英格兰银行的各类宏观审慎分析模型

	模型	作用
以独立部门和单个风险为重点的模型	资产定价模型	将风险资产（债券、股票、房产）拆分成基本风险和风险溢价（作为预期违约、违约风险等的补偿）。例如：股利贴现模型、房产定价模型、新兴市场债券指数传播模型、贷款利率分解模型等
	预警指标	预测金融危机发生的可能性，反应外部资产负债表或资产价格的状态。例如：货币危机与外部资产负债表模型、有关“金融脆弱性”的逻辑模型等
	结构向量自回归模型	估计信贷及宏观金融变量冲击的影响。例如：英国信贷情况 MASD 的结构向量自回归模型、信贷增长向量回归模型等
风险传递模型	网络模型	计算系统内是否存在有威胁的相互关联。网络模型的参数部分来自于全球经济模型和相关利差模型
	全球经济模型	分析宏观经济与金融市场之间的联系。例如：研究货物服务贸易与金融市场之间的联系的 NIGEM 模型；全球协整 VAR 模型
	相关利差模型	评估价格是否被高估或者低估，并以此来评估不同风险类别在不同资产中的蔓延

续表

	模型	作用
以更加综合的方法处理风险的大型模型	系统性机构的风险评估模型（RAMSI）	RAMSI 是英格兰银行最大的模型，覆盖了 12 家大型银行的个体数据。通过把宏观经济情景映射到利润和资本预测中来评估偿还能力以及流动性风险。使用简单的行为规则来规范银行的行为，同时还涉及银行间的各种反馈
	默顿模型	通过技术创新使基础的默顿框架适合银行。从股票价格中剔除一部分银行违约概率，包含了银行间拆借市场的反馈
	BSM 模型	将宏观情景反映到利润和资本中，假设没有行为反应也没有任何反馈
金融系统与政策的反馈模型	Gertler - Karadi 动态随机一般均衡模型	该模型包含了银行资本，所以它可以被用作预测杠杆比率或者促进“资本紧缩”（以总量为基础）

（四）英格兰银行 RAMSI 模型

RAMSI 模型即系统性机构的风险评估模型（Risk Assessment Model for Systemic Institutions），是英格兰银行的宏观审慎分析模型之一，用来进行系统性风险评估。

1. 建模背景、动机及模型的作用与特点

近年来尤其是本轮国际金融危机以后，英格兰银行更加重视宏观审慎监管，防范系统性风险工作。为了加强系统性风险评估，为宏观审慎管理提供一个有力的分析方法和工具，英格兰银行组成了由 10 位经济学家和 2 位程序师组成的模型构建和开发小组，经过 5 年完成了 RAMSI 模型的开发并开始投入使用。建立该模型的目的：一是建立一个统一的数量框架来指导和强化英格兰银行对系统性金融风险的评估工作，详细研究银行对可能冲击的反映。二是为英国银行业提供一个关于核心风险的内部一致性观点，建立不同的模块整合不同来源的风险，并为资产负债表项目和损益表项目添加约束条件。模型作用：确定系统性风险来源并度量风险程度，进行压力测试，模拟银行对政策的反应。RAMSI 模型可用于内部风险评估，如通过扇形图的方式追踪一段时期内金融系统的整体风险；根据银行的综合脆弱性以及对特定风险的脆弱性划分银行的等级；进行压力测试，测试银行对特定情形的承受能力；识别结构性的脆弱性，分析后续风险的来源是什么；模拟政策运行，如某一政策将如何减少系统性风险。

RAMSI 模型在考虑常规风险的同时，还考虑相互反馈联系的情况，重点关注凌驾于金融机构常规定价及管理之上的风险，即银行机构间相互的反馈及因此体现出的外部性。

2. RAMSI 模型概述

（1）RAMSI 模型的结构。简单地说，一个冲击会导致银行收入、贷款损失等发生变化，进而影响银行资产/损失分布。但实际上，冲击的影响是一个复杂的过程，要考虑相互的影响和反馈作用。RASMI 模型主要是从资产和流动性两个方面来考虑冲击后的相互反馈作用。在银行资产方面，受危机影响，银行资产出售增加，导致资产价格下降，影响其他银行资产情况。在流动性方面出问题，资金市场关闭，引发资金流动性风险。RAMSI 模型通过系列模块处理这种反馈关系，这些相互关系是非线性的过程，由相应的模块来模拟。然后，通过英国银行及大型综合性金融机构（LCFIS）的网络模型来模拟一个银行出问题对其他银行的影响，最终影响系统资产/损失分布情况。系统资产/损失分布的变化又会对贷款产生影响，反过来又对经济形成冲击（见图 3）。

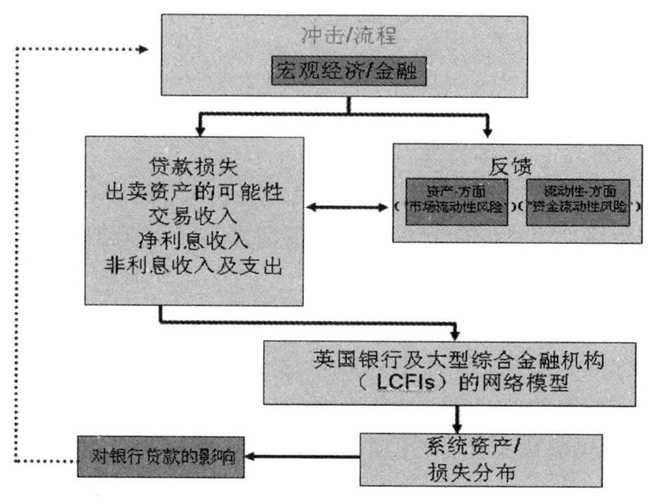

图 3　模型结构

（2）RAMSI 数据来源。数据主要来源于资产负债表和损益表，资产负债表包含了 400 个资产项目及 250 个负债项目，年度数据条目 6500 个。主要由公布的各账户组成，也附加一些临时需要的部分。资产包括同业贷款、居民存款、贸易投资组合资产、自动化金融系统投资、衍生品、反向回购协议；负债包括同业存款、储蓄存款、贸易投资组合负债、债务证券化、衍生品和资本。损益表包括净利息收入、费用及佣金、交易收入、其他收入、总交易收入、交易费用、损失、税前利润、税收、税后利润、分红、留成收益。数据覆盖了 10 个主要英国银行（占英国信贷总量的 80%），所有数据来源于公开数据源，不依赖于机密监管数据来工作，如果有些数据不可得的话，则英格兰银行根据一些假设推导得出。

3. 模型的关键性模块

模型分为两个层次阶段模拟：第一个层次是基础性风险阶段；第二个层次是传播性风险阶段（见图 4）。

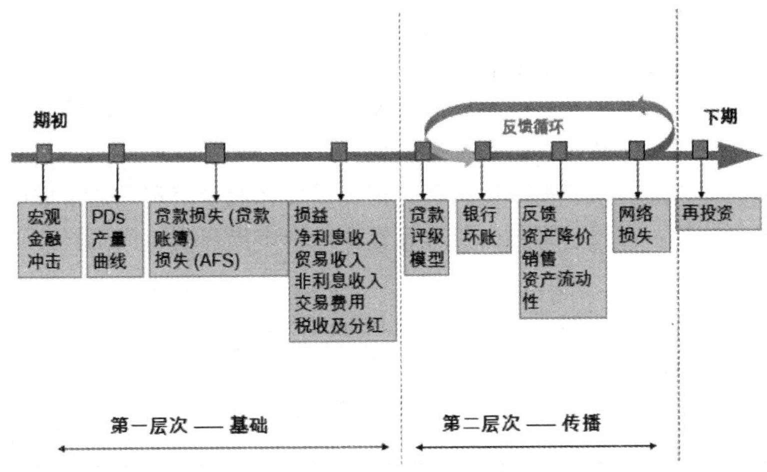

图4 风险演进过程

(1) 模型的第一层次——基础性风险阶段。通过宏观经济建模描述违约概率对银行利润的影响，模型采用贝叶斯向量自回归模型，变量包括14个英国经济变量，3个美国变量、4个欧洲变量和2个全球变量。

①信贷风险模块。产生信贷风险的来源根据区域和贷款类型进行分类，其中区域又分为英国、美国、欧洲、其他四类；贷款类型又分为：按揭、信用卡、其他无担保、公司贷款四个类别。英格兰银行通过建模拟合每个风险暴露（按不同区域不同种类贷款拟合，如英国的按揭贷款），估计出其平均违约率（PD）、平均贷款损失率（ACL）和单个银行贷款损失率（CL）。以上每个风险暴露采用最小二乘法来处理。其中ACL可以体现银行业复原能力的变化，引入CL是考虑到要体现银行类型的多样性。

②净利息收入模块。净利息收入即为银行从资产方获得的利息与为负债方付出的利息之差。资产方利率＝无风险利率＋为核销准备的内生性利差＋满足条件的外生性利差；负债方利率＝无风险利率＋与等级相关的单个银行内生性利差＋满足数据条件的外生性利差。银行设定贷款利率时，内生性利差本身受贷款损失率影响，因此，若受宏观经济冲击，银行贷款损失率提高，银行也会要求提高利率，但当冲击发生后，因为贷款还未到期，银行无法迅速提高利率（模型对此有专门的模块处理）。

③AFS模型：可供出售的资产（可以以市场价格度量的资产，Asser for Sale）。AFS包括七个资产类别：普通股（价格随市场变动）、财政债券及账单（由净利息收入决定）、投资性政府证券、投资性按揭证券、投资性企业证券、投资性存款证书、其他投资性资产（证券化资产等），对以上所有资产，英格兰银行都建模拟合其经济价值，并捕捉变化带来的损失。模块中，资产价格变化会影响银行资产负债表。

④其他收入及成本。包括非利息收入、交易收入、经营费用等。以上三项难以估计，采取简单经验法。如非利息收入，英格兰银行由于缺乏英国数据，采用美国数据。交易收入是按股权资产及股票市场波动决定的；经营费用除信用损失之外所有费用通过历史平均的成本—收入比重确定。

⑤银行盈利能力模块。简单使用历史情况模拟扣除税、利后的留成收益，考虑第二阶段已处于第一阶段的末尾，且再投资是一个多期模型，模型将每期留成收益自动进行投资。

假定利润（或损失）能直接增加（或减少）一级资本；一级资本比率计算采用巴塞尔 II 规定的风险权重，以获得风险加权资产。

⑥留成收益再投资模块。这个模块包含 RAMSI 的重要创新：动态资产负债表更新。

信贷损失与损失风险暴露息息相关，为平衡资产负债表，采用了一套自动化的再投资规则：一是银行追求固定的一级资本比率：单个银行的目标一级资本比率 k^*。二是为了满足资本比率 k^* 的要求，银行投资的资产与其在初始资产负债表中股份成一定比例。三是新增的净负债按它们在银行初始资产负债表中股份的比例分配。

（2）模型的第二层次——传播性风险。在这一阶段，主要是利用三个相互关联的反馈机制进行建模，这三个相互反馈的机制为：同业拆借网络、市场流动性、资金流动性。

①银行同业网络模块。当银行同业交易对手违约时，银行会受到损失，且本身也可能因此导致违约。该模块是网络模型，模块中有一个详细的矩阵来描述银行风险传播情况，网络中还包括规模较小的英国银行、外资银行和其他大型复杂金融机构，它们不能产生连锁效应，但却能对其进行传播。如果一家银行发生损失，将使得持有其头寸的银行也发生损失。网络模型以大量风险数据为基础，数据缺失时用最大熵估计对风险暴露进行估计。

②资产降价销售模块（市场流动性模块）。一个违约的银行降低价格出卖资产→资产价格下跌→可能导致其他银行在市场交易中蒙受损失。模型中降价销售影响了三大 AFS：股票、公司债券、证券化资产（ABS）。这种影响是暂时的：价格被假定为在每季度末恢复（可放宽）；降价销售与规模之间是非线性的，大银行造成影响远远大于小银行。

目前英格兰银行还在研究和完善该模块：即允许先发制人的降价销售作为自我保护。

③资金市场关闭模块。英格兰银行采取“危险区域”法，根据各银行的信息，为单个银行打分，当分值接近设定临界值，资金市场对这个机构就关闭了。根据模

型，银行风险点达到25，长期无担保市场关闭；当风险点达到35，短期无担保市场关闭。由于资金危机是一件罕见事件，因此很难建立统计模型来预测其发生，这种方法描述了资金的非线性特征。风险点是根据一系列指标来计算的，包括流动性指标、偿债能力指标和信心指标三类指标。

4. 输出结果的应用

应用一：系统性反馈作用

可以通过CPI、GDP这些实体经济指标的概率分布得到银行利润的概率分布。通过RAMSI模型考虑银行系统间的传染，可以使得银行利润的概率分布更符合实际情况，捕捉到损失事件发生的可能性。

应用二：压力测试

以一定的压力情景作为假设前提，通过RAMSI模型来考察这些压力情景下通过银行体系的相互作用和传染后银行的信用损失的变化、资产质量的变化以及利润率及利润构成的变化，以得到压力测试的结果。

5. RAMSI应用中的挑战与今后发展计划

（1）挑战：在数据方面，英国银行公开披露的数据往往不能为RAMSI中的资产负债表提供充分的信息，需要多个数据源，并进行一些必要的假设。在模型方面，RAMSI包括一系列的判断，不够清晰，并会对结果产生影响（如银行的再投资行为）。由于灾难性事件发生概率小，导致RAMSI的关键参数很多，难于校正（如资金市场及资产降价销售对价格的影响）。同时，RAMSI也没有体现信贷的需求方面：它认为每家银行总是能即刻以能覆盖预期贷款损失的价格顺利举债。

（2）今后发展计划：一是防御手段方面，使银行能通过增强流动性或在违约之前出卖资产来应对压力；二是宏观反馈方面，建模拟合银行的不良境遇对宏观经济的影响，向“一般均衡”迈进一步。

（五）启示与借鉴

1. 防止房地产市场过度泡沫化

房地产市场泡沫的形成和发展是爱尔兰银行业危机的根源，而我国改革开放以来的经济发展和房地产市场走势与爱尔兰危机前的形势具有一定类似之处，因此，研究和吸取爱尔兰银行业危机的教训，对于维护我国金融稳定具有重要意义。一是要加强房地产市场监测分析和预警系统建设，及时识别房地产市场及其关联风险。二是坚持各项房地产市场调控措施不放松，进一步强化商业银行信贷行为约束，防止房地产金融风险的过度积累。

2. 赋予央行更大的金融监管权

此次国际金融危机的教训表明，在金融市场化和金融创新快速发展的形势下，传统微观审慎监管政策逐渐失灵，加强宏观审慎管理，防范和化解系统性风险，已经成为后危机时期各国央行的普遍选择。要研究和建立符合我国金融发展需要的宏观审慎管理体系，整合目前权力分散、相互独立、相互分割的金融监管体制，解决当前监管体制存在的主体不明、系统性风险管理缺位等问题。

3. 做好金融稳定工作，需要一套定量评估系统性风险的框架

系统性金融风险是整个金融系统的风险，风险暴露具有隐蔽性、关联性和复杂性，要防范系统性金融风险，就必须从大量的经济金融运行数据中捕捉各种风险来源，进行压力测试，评估风险程度，等等。做好这一系列工作，依赖于建立一套定量评估系统性风险的框架和模型。同时，构建好这一定量构架，还能够为我们提供更加丰富的分析，如分析在“尾部情景”中单个反馈的影响，流量约束的直接流动性冲击、探索系统性风险监管政策的影响等。

英格兰银行的 RAMSI 模型构建的思路和理念值得我们借鉴。在进行我国评估系统性风险的模型设计时，还需要进一步拓宽其功能：一是银行风险对经济社会的影响，如我国现金仍然是最为主要的结算工具，银行发生风险往往诱发挤兑风波（特别是小型金融机构）；我国经济融资高度依赖贷款，银行发生风险停贷对经济的影响可能要大于发达国家等。二是我国经济体制的“二元制”特征，使我们对农村金融机构风险识别、风险来源的捕捉、银行风险等级的确定等方面同城市大型综合性银行有所区别，需要增加一些特定功能模块。

三、应对国际金融危机和国际倡议背景下的统计工作

（一）英格兰银行统计部门的职责

1. 机构设置

英格兰银行内设机构主要分以下几个部分：货币分析与统计、金融市场、中央服务（包括人事和财务部门）、金融稳定、银行服务和中央银行业务研究中心。货币分析与统计部门下设综合评估与预测、结构经济分析、货币评估及策略、通胀报告及快报、货币与金融统计、国际经济分析、宏观金融分析 7 个部门。货币与金融统计部门（MFSD）有 75 人，设置货币与信贷统计、金融统计、业务支持与沟通 3 个处室。

2. 主要职责范围

货币金融统计部门负责与货币政策相关的货币金融统计工作，具体包括：

（1）货币统计。货币统计报表包括银行概览、货币概览、存款性公司资产负债表以及各层次的货币供应量报表等。其数据采集和调查的对象是货币金融机构（MFIs），包括银行和住房贷款协会，其中银行约有 400 多家。数据可细分为分部门和行业数据。

（2）金融统计。金融统计包括银行业对英国 GDP 和国际收支的贡献，英国的黄

金和外汇储备，货币与金融机构的收支状况、金融衍生统计以及英国的国际银行业活动等。此外还收集有效和实际利率数据，编制英国资本市场的股票、债券、商业票据和其他债务证券的发行和兑付统计数据。每三年编制英国对国际清算银行衍生品和外汇贡献的调查表。

（3）金融稳定统计。英国是最早进行金融稳定统计的国家，目前按季发布金融稳定评估报告，该报告中的许多内容现已成为政府部门、商业银行决策的重要依据。英国的金融稳定指标与国际货币基金组织（IMF）的金融稳定指标范围基本一致，并按期向后者提供。

此外，英格兰银行的货币和金融统计部门积极参与国际金融统计合作，为响应国际金融机构数据倡议，提供英国相关的货币金融部门数据。

3. 统计方法和数据质量管理

英格兰银行的统计方法是抽样调查，调查范围视报表重要性选取一定比例的样本，比如占全部业务量90%的主要银行，再由样本结果推算总体，而不是选取全部机构进行全面统计。

在数据质量方面，英格兰银行采取数据对比、向报数机构询问数据变动原因以及不同来源的数据相互验证等方法来控制和提高数据质量。一旦发现历史数据偏差，允许进行数据修订，并对互联网公布的历史数据进行更新并加注说明。

（二）英格兰银行统计部门当前开展的主要国内工作

1. 金融服务局分拆后将执行部分金融监管统计职能

1997年以前，英国实行“分业监管”，由英格兰银行的审慎监管司（SSBE）等9家金融监管机构分别行使监管权。1997年，银行监管权从英格兰银行剥离，与其他8个金融监管机构一起成立金融服务局（FSA）。2006年之前，金融监管数据由英格兰银行代为收集。目前，金融服务局负责收集并编制金融监管统计数据。金融服务局与英格兰银行建立了信息共享制度，向英格兰银行提供实现金融稳定职能所需的金融监管统计数据。

2013年，英国的金融服务局将分拆为审慎监管局（PRA）和金融行为监管局（FCA）。其中审慎监管局将成为英格兰银行新的附属机构，主要负责监管大约1000家存款机构、1000家保险公司和少数的大型投资管理公司（如高盛、摩根斯坦利）；金融服务局的其他部分将成为新的金融行为监管局，直接隶属于财政部。

金融服务局分拆后，英格兰银行货币与金融统计部门将在为英格兰银行收集货币金融统计数据之外，为审慎监管局收集所需的金融监管数据，并继续加强与金融监管局数据采集团队的联系和合作。

2. 加强与国家统计局的联系和合作

目前，英格兰银行货币和金融统计部门承担着与金融业有关的统计任务，按月、季向国家统计局提供编制国民账户（NA）、国际收支平衡表（BOP）等经济统计报表所需的相关数据，国家统计局不再另行收集。国家统计局负责对所有非货币金融部门，包括保险、养老金、投资管理公司等其他金融部门进行调查统计，编制英国的国民账户、国际收支平衡表并向 IMF、ECB 和欧洲统计局报送。

国家统计局也向英格兰银行提供一些统计资料，主要包括为了使英格兰银行编制的货币统计等报表与国家统计局的金融账户统计保持一致所需的数据，每月向货币政策委员会（MPC）提交宏观经济数据，等等。

为明确职责并加强合作，英格兰银行与国家统计局签有公开协议，明确各自向对方提供信息的具体内容和有关安排。此协议每三年重新签署一次，并且每年进行重审，如有必要经双方同意后可进行修改。双方开展合作计划，按季会谈协商。英格兰银行每年会向国家统计局提出需要后者优先处理的合作事项，目前优先处理的合作事项是发展以金融部门及其子部门为重点的“资金流量”统计。

（三）英格兰银行统计部门当前开展的主要国际工作

1. 执行新的国际统计标准

主要包括执行国民核算体系 2008（SNA2008）、欧盟国民核算体系 2010（ESA2010）、国际收支手册第 6 版（BPM6）以及经合组织直接投资基准定义第 4 版（BD4），其中 ESA2010 和 BPM6 将于 2014 年 9 月在欧洲全面执行。这些工作主要由国家统计局牵头，在货币金融部门统计方面的变化较少，主要表现在实物黄金交易及非交易利润的处理方面。英格兰银行将修正数据采集方式来满足新的统计要求。

2. 响应 20 国集团（G20）的数据缺口倡议

主要包括监测金融部门的风险、建立国际网络联系、创建部门间和其他金融及经济数据库、加强各国统计部门的沟通等方面。

（1）为响应 IMF 第 5 条建议完善信用违约互换统计。全球金融系统委员会（CGFS）于 2009 年 9 月提出扩大对信用违约互换的统计，报告称各国中央银行已从 2010 年 6 月开始提供更多有关交易对手类型的明细数据，并将从 2011 年 6 月起提供更多关于交易对手地区和基础工具的明细信息。该数据将纳入国际清算银行半年度数据库。

（2）为响应 IMF 第 7 条建议改善证券统计。欧央行曾于 2008 年在欧洲地区强制要求采集基于单个证券的数据，目前使用基于交易对手的统计表，即从“谁对谁”的表格中得到相关数据。基于单个证券的数据可以反映每种证券的发行、持有的全面详细信息，主要向证券市场的中介方——证券托管人采集数据。对于被采集方来说，基于单个证券来采集数据的成本较低。目前英格兰银行正在研讨基于单个证券采集数据的可行性，他们已经与此前没有报告这些数据的有代表性的托管人调查小组签订了合同。

（3）为响应 IMF 第 8 和 9 条建议改善系统性内在联系信息。金融稳定理事会（FSB）建议使用统一模板以改善全球系统重要性金融机构（G－SIFIs）的数据采集，反映机构之间以及单个机构与总体的联系和风险。将启动咨询程序以便对可选方案进行成本收益分析，国际清算银行的中央数据中心将储存各国政策当局提交的数据。

（4）为响应 IMF 第 10 和 11 条建议改善国际银行统计和有价证券投资联合调查。全球金融系统委员会（CGFS）工作组正在研究改善国际清算银行数据，包括提供更多有关地区、到期日和交易对手的跨界资金流动信息，例如，将“非银行”划分为“非银行金融机构”和“非金融机构私营部门”。改善有价证券投资联合调查（CPIS）的频率、及时性和范围，包括每半年采集一次、于统计期后的 9 个月内报送数据、报送债务人的分部门明细数据等；货币金融机构的数据于每季后的 2 个月内采集。

这些工作将分两个阶段实现，第一阶段是在 2012 年前采集容易得到的信息；第二阶段可能在 2012 年或 2013 年以后，需要采集额外的数据，并与报数机构就成本收益分析进行磋商。

（5）为响应 IMF 第 15 条建议改善资金流量统计。为做好此项工作，英格兰央行和国家统计局需要挖掘现有的金融流量和资产负债表数据，进一步改善现有数据的质量，将资产负债数据发展成为“谁对谁”的表式，发展证券统计以提供更多证券发行与持有的明细数据，改善非金融私营部门的资产负债数据，并积极借鉴其他国家的最佳经验。

3. 欧洲方面的发展

2011 年 1 月，欧洲创立了新的监管框架，成立了欧洲系统性风险理事会（ESRB）和三个欧洲监管机构——欧洲银行业管理局（EBA）、欧洲证券和市场管理局（ESMA）以及欧洲保险和职业年金管理局（EIOPA）。欧洲系统性风险理事会隶属于欧央行，成员大多为各国央行行长，英格兰银行行长担任副主席。这一新的监管制度能否有效发挥作用仍有待进一步观察。

英格兰银行货币和金融统计部门目前在欧洲事务方面的主要工作包括银行通用偿债能力比率报告（COREP）和银行标准化财务报告（FINREP），保险业偿付能力Ⅱ报告，以及参与欧洲央行统计委员会（CBSC）的事务等。

（四）启示与借鉴

1. 加强数据采集成本收益分析，改进统计调查方法

目前我国货币与金融统计基本采取全面统计的方式进行，尤其对于大量的地方中小金融机构，花费大量统计资源获取占全部市场份额很小的数据。为此建议借鉴英国的金融统计实践，加强对金融统计数据采集的成本与收益分析，例如从贷款投

向等专项统计或其他新增的专项统计制度开始，逐步尝试灵活的抽样调查统计方法，节约统计资源，丰富统计内容，进一步提高统计工作效率。

2. 建立适应金融发展需要的货币统计体系

一是加强资金流量统计。资金流量统计是国民经济核算体系的重要组成部分，与其他国民经济统计具有高度协调性，是宏观审慎政策分析的重要基础数据。要研究和借鉴美联储、IMF 等机构在资金流量统计上的成熟经验，改进我国资金流量统计制度，满足宏观审慎管理需要。二是加强创新性金融工具统计制度研究，及时解决创新金融产品遗漏等问题。三是加强金融内部联系的统计，研究建立机构与机构或产品与产品之间联系的统计制度体系，充分揭示系统性风险的内在联系和传导机制。

3. 加强与国内外相关统计部门的交流合作

英格兰银行十分重视国内外统计合作，建立了全面的信息共享机制和分工协作规划。建议中国人民银行今后不断加强与国家统计局、各金融监管统计部门间的信息共享和协作，进一步扩大信息共享面，尤其在对一些非银行业金融领域和经济部门领域开展的相关调查和研究方面，积极促进信息沟通和分工协作，充分发挥部门优势，合理配置统计资源，提高数据质量。积极参与国际金融统计领域的交流合作，掌握国际统计工作动态，共同应对金融危机挑战，不断提高自身的统计标准、统计能力和统计工作水平。

四、英格兰银行资本流动和新兴市场研究

英格兰银行分析和研究新兴市场和资本流动情况及趋势，主要是支持金融政策委员会关于金融稳定方面的决策。这部分内容描述了当前资本流动的趋势，指出了当前世界经济中存在的风险，并提出长期来看会存在国际市场对新兴市场国家股权需求快速增加而新兴国家市场容量不够的问题。对此我们得到如下启示：

1. 资本流动情况分析是金融稳定政策决策的重要依据之一

英格兰银行对资本流动情况进行深入分析，包括分析流向、流量、趋势、动因，及其带来的主要经济问题，由此可能给本国金融业带来哪些影响，以便管理当局能够前瞻性地采取应对措施，防范系统性金融风险。国际金融协会报告预计，2011 年全球资本约有 10410 亿美元流向新兴经济体，其中中国约占新兴经济体吸引量的四分之一，预计 2010 ~2012 年私营资本流入在 2500 亿美元左右，是巴西的 2 倍、印度的 3 倍。我国作为一个资本大量流入的新兴经济体，分析透全球资本的流动趋势、内在动因，有利于我们应对资本流动的冲击，维护金融稳定。

对于全球流动性的衡量，英格兰银行给出了宏观经济（货币）流动性、金融机构流动性和金融市场流动性三个流动性相关的概念。由此给我们的启示是，流动性

的分析和判断，不能简单地从货币的流动性去分析，同时还应考虑金融机构的流动性和金融市场的流动性情况；既要考虑国内的流动性，也要分析全球的流动性。只有全面对流动性情况进行深入分析，才能准确地判断形势，提高宏观调控的有效性。

2. 通过模型定量分解资本流入动因，有助于更有针对性地制定应对资本流动的政策措施

欧洲央行通过建模将证券投资组合的动因定量分解为基本面因素、利差因素、群聚效应、风险规避、其他等因素；而英格兰银行通过模型将债券息差分解为经济增长预期与信用级别的拉动因素和风险偏好与市场流动性的推动因素。这种模型定量分析的方法，使其对资本流动的原因分析更加透彻和准确，以便决策者能够根据资本流动的新特征、新动因，更加有针对性地制定政策措施。这种定量的分析方法，值得我们学习和借鉴。

3. 中东、北非政治风险对我国的影响更值得关注

英国银行持有中东银行债务不多，但在金融稳定分析中给予了中东政治风险足够的关注。对于我国而言，更应予以重视。一方面，我国是一个石油表现消费量仅次于美国且原油进口依存度超过 50% 的国家，石油价格上涨对我国经济影响很大。另一方面，中东国家对美国国债持有量大幅下降，由此可能产生群聚效应，我国作为美国最大债权国，对此应予以高度关注，并积极采取有效措施应对。

4. “大鱼小池塘”启示我们应加速推进金融深化和汇率制度改革

英格兰银行“大鱼小池塘”（国际市场对新兴市场国家股权需求快速增加而新兴国家市场容量不够的问题）的研究结论提醒我们，我国作为新兴经济体之一，未来长时间内仍将面临巨额资本流入压力。面对这一压力，尽管短期内实施资本流入监管是有效的，但这并非根本之策，长期来看，要化解这一“压力”为“发展机遇”，关键在于我们能否加速金融深化，增强我国对资本流入的吸纳能力，有效利用国际资本推动我国经济转型和经济可持续发展。解决“大鱼小池塘”问题，也需要我们深化汇率体制改革。随着全球化的发展和资本账户开放程度的提高，资本流动管制的效率整体上呈现递减态势，面对资本长期流入压力，我们应稳步改革现有汇率体制，更好地用“疏”而非“堵”的方式应对全球资本流动。

五、宏观经济预测模型

自 1992 年开始采用通胀目标制的货币政策体制以来，英格兰银行对模型的重视程度不断提高。经过数十年的发展，经济模型在英格兰银行已得到广泛的推广和应用，为英格兰银行进行货币政策决策和操作提供重要支撑。从学习中了解到，英格兰银行开发和使用了多种模型，既有传统的计量经济模型，又有校准模型；既有确定性模型，又有随机性模型。经济模型的作用主要体现在两方面：一是进行经济分

析和模拟，二是进行经济预测。在英格兰银行中，经济预测主要依靠季度模型（the bank of England quarterly model，BEQM）和以套件（suite）理论为基础的统计预测模型。

（一）英格兰银行季度模型（BEQM）

BEQM 在英格兰银行众多模型中处于最重要位置。BEQM 是一个由核心模型和非核心模型组成的模型，共有 740 个方程。其中核心模型和非核心模型各包括 200 个方程，还包括 340 个运行方程。它以英国国民账户中记录的各经济主体的收入、支出为基础，对英国经济进行总量描述，预测未来 3 年的经济增长和通货膨胀走势，为货币政策委员会提供决策支持。除具有显著的预测作用外，BEQM 具备较强的经济理论基础，且适用性广、灵活性强，能处理多种可能的风险和判断，并能解释数据发生变化的原因。

1. BEQM 的具体构造

（1）核心模型。核心模型描述了居民、企业、政府、中央银行和其他国家的经济行为以及它们之间的互动关系。英格兰银行按经济主体分类，将核心模型的 200 个方程分别归入居民、企业、政府、中央银行等项下。从本质上看，核心模型是一个经济理论比较完备的动态均衡模型，其决定基础是各经济主体的效用最大化或利润最大化。

如以经济中消费部门——居民为例，利用预算约束条件（明确消费约束和消费倾向）下的效用最大化原则，即可得到居民消费的预测方程。用此方程，还可以得到居民消费、工作时间、收入之间的关系。（各经济主体具体行为描述和假定见表 4）。

表 4　　核心模型对各经济主体行为的描述和假定

<table>
<tr><th colspan="2">经济主体</th><th>主要经济活动</th><th colspan="2">行为规则和面临的约束</th></tr>
<tr><td rowspan="4">国内经济</td><td>居民</td><td>1. 资金来源：工资、政府转移、投资收益等；
2. 资金用途：消费、投资、税负等</td><td rowspan="2">最优原则</td><td>1. 效用最大化
2. 预算约束</td></tr>
<tr><td>企业</td><td>1. 资金来源：销售收入、政府转移、融资等；
2. 资金用途：生产要素和资本品、工资、税负等</td><td>1. 利润最大化
2. 技术和需求约束</td></tr>
<tr><td>政府</td><td>1. 资金来源：税收、发债等；
2. 资金用途：工资、政府采购、政府转移等</td><td rowspan="2">反应方程</td><td>政策工具：税率</td></tr>
<tr><td>央行</td><td>通过调节利率实现物价稳定（2%）</td><td>政策工具：利率</td></tr>
<tr><td>对外经济</td><td colspan="2">1. 供给：为国内经济提供所需的商品、服务和资本；
2. 需求：形成国内厂商和国际需求</td><td></td><td>给定的外生变量</td></tr>
</table>

（2）非核心模型。非核心模型是对核心模型的有效补充。非核心模型完全使用计量经济学工具，使用数据驱动的形式，其目的在于赋予 BEQM 适度的灵活性，使

之更能体现货币政策委员会成员的主观判断和经济直觉。非核心模型主要由一些对政策决定十分重要但不宜放入核心模型中的变量和经济关系组成。这些变量数据关系显著，但目前还没有规范的经济学理论去解释，难以纳入完整的理论框架进行分析，或者由于建模技术的局限，无法放入经济方程中。这些零散的模型便于对个别经济现象进行专门分析，对主观判断的兼容度高于核心模型，有利于对模型之外的实时信息进行快速反应。

仔细观察核心和非核心模型方程可以发现，非核心方程往往要用到核心方程所得到的计算结果。如在中央银行项下的货币反应方程，非核心模型中使用的就是核心方程中求得的利率，而非实际经济或稳定状态下的名义利率。因此，BEQM 的起点实际上正是核心模型。

需要说明的是，如果在预测过程中发现某些在非核心模型中体现的经济关系特别重要和显著，英格兰银行会对这些变量深入研究，并考虑是否通过完善和扩充模型，将这些关系补充到核心模型中去。

2. BEQM 的运行机制

（1）BEQM 的输入变量。BEQM 的输入变量较多，具体可以分为两类：一类是客观变量，一类是主观变量。客观变量主要来源于国民账户中各经济主体相关指标，其值全部可从历史数据中得到。主观变量主要涉及经济短期影响因素和经济运行方式两方面，这些变量赋值一般由英格兰银行内部会议讨论得出。这些变量输入 BEQM 模型后，即可得到通胀率和经济增长率的核心预测值及风险评估情况。

（2）BEQM 的运行步骤。从 BEQM 自身运行过程看，大体分为三个步骤：

第一步，核心模型是整个预测过程的起点。首先获得核心模型在稳定状态下的长期均衡水平；根据核心模型中经济理论的解释，获得一条从目前水平向长期均衡水平发展的路径。

第二步，结合参数假设，并将核心模型相关结果代入非核心模型中，运用完全的计量经济学方法（更多使用自回归方法）进行计算。非核心模型从统计意义上描述了经济变量之间的关系，并可用来解释在核心模型中没有包括的变量和经济关系。

第三步，对核心模型下形成的路径进行调整，将非核心模型中体现的经济关系和主观判断补充到整个模型中，形成完整的预测路径。这实际上就是一种误差修正机制。

总体而言，BEQM 运行过程可以体现为：

$\Delta y_t = \alpha(y_{t-1}^* - y_{t-1})$ + 其他经济关系 + 相关关系 + 其他因素

其中，y_t^* 表示核心模型预测结果；y_t 代表最终预测结果。

由于核心模型预测结果可视为一种长期均衡水平，因此，α 和其他扰动因素就决定了经济实际表现向均衡状态收敛的时间。

（3）BEQM 运行的时间安排。BEQM 的预测结果将公开发表于每季度的《通货膨胀报告（inflation report）》中。在结果公布的前 7 周，BEQM 团队（25 人）就会对国民账户中的季度数据进行分析，利用 2 周左右的时间完成第一轮预测。再利用 1 周左右的时间，结合最新形势变化，得到初步结果。初步结果将提前 4 周提交给英格兰银行行长和其他货币政策委员会委员。货币政策委员会委员利用 2～3 周的时间对初步结果进行分析讨论，并召开关键问题会议（key issues meeting）对结果发表看法，甚至提出反对意见。在结果公布的前 1～2 周，预测人员会根据会议上各位专家的意见和看法修正所得结果，并再次将结果提交行长。随后，予以公布。

3. BEQM 的结果展示

从 BEQM 运行时间安排可以看出，BEQM 得出的结果并非英格兰银行最终公布的结果。其最终公布的结果是模型结果和专家判断的组合。

BEQM 对通胀率和经济增长的最终预测结果以扇形图（fan chart）的形式体现。扇形图是一种预测概率分布图，它以模型的预测值作为概率分布图的众数（mode），如果概率密度函数是对称的，那么概率分布图的众数、均值（mean）及中位数（median）是相同的；如果概率密度函数是非对称的，那么概率分布图的众数、均值和中位数是不一致的。由于实体经济的不确定性或主观判断可能会对模型的预测结果产生向上或向下的调整，因此概率分布图可能是非对称的。英格兰银行在作扇形图时，以专家认为模型预测值偏低或偏高的概率推算分布偏斜度参数，并以专家对未来经济不确定性的判断来调整模型的预测误差，从而绘出最终的预测概率分布图。图 5 是英格兰银行 2011 年 5 月《通货膨胀报告》中对未来 3 年通胀率的预测。扇形图区域中最深的一条线为模型的预测值，扇形区域中颜色越深的地方，表明预测值落入此范围的概率越大。

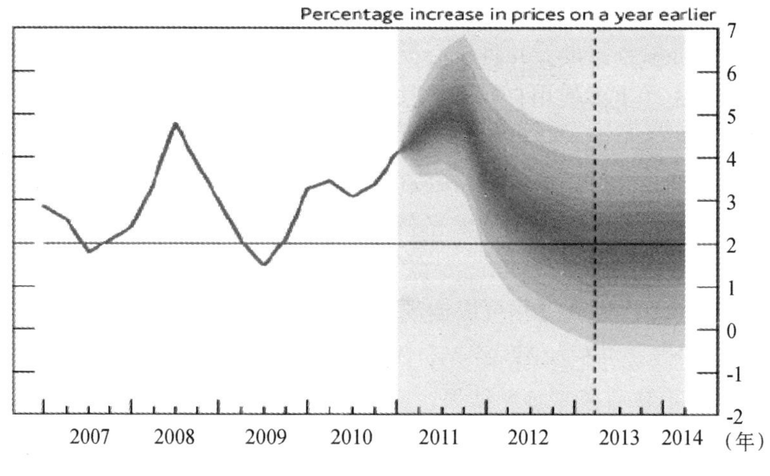

图 5　2011 年 5 月英格兰银行对通胀率的预测扇形图

英央行同时公布扇形图的有关参数（如模型的计算结果和专家对不确定性的主观判断），因而英央行进行的经济预测是显性预测，具有很高的透明度，这对提高货币政策的透明度及有效性起到了积极作用。

4. BEQM 的不足及改进方向

英格兰银行在 2004 年以前使用的宏观预测模型是 MTMM 模型。该模型是纯粹的计量模型，每个参数都由方程表示。由于缺乏理论基础，2004 年开始，英格兰银行开始使用理论性更强、适用范围更广的 BEQM。但运行至今，BEQM 也出现了一些无法回避的问题和矛盾。

一是模型过于庞大。方程和输入变量过多，影响了运行效率。二是界面不够友好。由于使用了 TROLL 这一极具专业性的编程工具，导致难以让大范围的员工直接运用模型。三是由于使用核心与非核心的二元结构，使得两部分的相互作用关系很难协调，在非核心部分发生的情况无法加入核心方程。尤其是无法处理非核心部分的冲击对核心部分要素预期的影响。

针对这些不足，英格兰银行已经在 2 年前组织 7 位专家（包括 5 名经济学家和 2 名电脑编程专家）对 BEQM 进行改进。改进后的 BEQM 将具有如下特点：一是非核心部分被取消，方程数量将大大减少；二是使用 Matlab 编程，界面友好型增强，使用难度大大降低；三是能够评估系统不确定性，即扇形图以后完全可由模型本身得出，而不需要依赖专家主观判断；四是将使用一整套模型，即围绕着一个更小、更简单的核心模型，有更多“卫星”模型为其提供信息。

（二）以套件理论为基础的统计预测模型

BEQM 在运算和形成结果的过程中，都一定程度需要依赖主观判断。与此相反，英格兰银行所使用的统计预测模型，完全没有主观判断因素，全部结果都由计量模型计算得出。该模型以套件理论（suite）为基础，对若干计量模型的计算结果进行组合，将加权平均结果作为最终预测值。实践证明，不掺杂主观判断的预测结果在某些时候具有一定的优势。如 Adolfson（瑞典央行，2007）研究结果表明，纯粹的统计模型在瑞典通胀方面的预测更为准确。因此，英格兰银行也定期将统计预测模型结果提交货币政策委员会，以供参考。

1. 统计预测模型的目的及原则

英格兰央行统计预测模型的根本目的在于为《通货膨胀报告》和货币政策委员会提供一个客观的、基准的统计预测。为了达到这一目的，统计预测模型需遵循以下原则：一是需要涵盖广泛的模型；二是模型运算实现完全自动化，即完全依靠历史数据，不需要主观变量（但指标选择可以有人为因素）；三是能够系统性浓缩庞大的数据量；四是能够以简单、透明的方式展示结果。

2. 统计预测模型的基础——套件理论

结合英格兰银行的实践，套件理论的实质就是利用大量的模型分别对同一个问题进行计算，再对所有计算结果运用相应的组合方式进行组合，最后将组合得出的结果作为最终预测值。该理论认为“好几个模型的预测均值要优于单个模型的预测值”。在实际运用中，事实也正是如此。究其原因，可能主要在于三方面。首先，将许多模型组合起来，可能将各模型之间的误差相互抵消。其次，Hendry 和 Clements 研究表明，模型预测失败的主要原因是结构改变，特别是截距改变。由于并不是所有的模型都会在同时失效，因此组合均值反而是稳健的。再次，Lars Svensson 认为，每个模型都从不同变量吸收信息，模型组合就吸纳了大量信息，这有利于正确预测的形成。同时，该理论也与贝叶斯的观点相一致（贝叶斯提出了贝叶斯加权模型）。由于套件理论是统计预测模型的基础，因此涵盖大量的计量模型便成为统计预测模型最重要的原则。

3. 统计预测模型的构成及实现

（1）统计预测模型的构成。一般而言，英格兰银行统计预测模型涵盖 10 ~ 12 个计量模型，既有线性模型，也有非线性模型；既有单变量计量模型，也有多变量计量模型。其中单变量模型可分为四类：随机游走、自回归、平滑过渡和马科夫转移模型。多变量模型也可分为四类：Var、贝叶斯 Var、递归 Var 和因子模型，前三种只是向量自回归模型的不同形式。

（2）统计预测模型的实现步骤。首先，运用适当方法对各模型进行参数估计。以 Var 模型为例，有两种方法可以对参数进行估计：最小二乘法和贝叶斯方法。从英格兰银行实践看，往往最小二乘法的效果较好。其次，对各模型进行计算。再次，对各模型结果进行组合。组合方式一般采用简单平均（EQ）、信息论平均（ITMA）、贝叶斯模型平均（BMA）及预测似然平均（PL）四种方法。

（3）统计预测模型的结果展示。统计预测模型结果展示也采用扇形图的方式，与 BEQM 类似。

4. 统计预测模型的缺陷

通过评估发现，英格兰银行统计预测模型在经济增长方面的预测效果较好，但通胀预测效果较差。其主要原因就是统计预测模型很难处理均值改变问题。英格兰银行利用 1997 ~ 2006 年相关数据，对统计预测模型的通胀预测效果进行检验表明，要用 3 年的时间才能从预测结果中发现均值发生改变。

（三）启示与借鉴

1. 合理、可信的经济预测模型在货币政策制定和传导过程中发挥的作用不可估量

英格兰银行花费大量人力、物力构建经济预测模型，其根本目的就在于帮助决策者理解复杂的经济现象，并预测未来经济增长和通胀走势，进而为货币政策委员

会（MPC）提供决策参考。通过数十年的实践，英格兰银行公布的经济预测模型结果不仅成为 MPC 决策的关键性参考意见，而且在引导公众预期、解释政策变化原因等方面也形成巨大影响力。因此，经济预测模型的作用已经不限于帮助 MPC 形成决策，在疏通货币政策传导机制方面也间接地发挥了作用。但这些作用的发挥必须依赖于统计预测模型的合理性和可信性。正如英格兰银行官员所说："没有任何公众会信任一个经常预测不准的模型。"

2. 经济预测模型必须强调建模的科学性，并要充分结合自身国情

英格兰银行统计预测模型较为成功的关键因素之一就是结合自身国情，始终坚持建模的科学性。对于预测模型而言，刻画长期均衡状态是基础性要求。BEQM 核心模型 200 个方程的主要功能就是以经济学理论为基础，刻画英国经济发展的长期均衡状态，保证模型的稳定性。从统计预测模型看，英格兰银行也不是随意地将一些模型杂糅在一起，而是有的放矢，从建模依据、参数确定到组合方式都有较强的理论或经验事实支撑。同时，英格兰银行模型建立也充分考虑英国国情。在 BEQM 中，由于名义变量的长期均衡状态需要由选定的名义锚（nominal anchor）来确定①，英格兰银行根据通胀目标制的要求，将名义锚确定为通胀率的目标值。

3. 经济预测模型需要及时进行动态调整

从英格兰银行实践看，随着经济金融形势的发展变化和计量手段的不断更新，经济预测模型必须顺应形势，适时进行动态调整。如英格兰银行目前最主要的季度预测模型 BEQM 就是在 2004 年取代 MTMM 模型而来，且按计划将在 2011 年度使用改进型的 BEQM 模型。同时，BEQM 在运行过程中，也不是一成不变的。如若在非核心模型中发现某些经济关系特别重要和显著，英格兰银行会考虑通过完善和扩充模型，将其补充到核心模型中去。这一点对我国极具现实意义。当前国际国内形势瞬息万变，各类突发事件层出不穷，如果仅凭既有的经济预测模型，沿用原来的参数设置、方程或计量方法，预测结果可能与实际大相径庭。因此，结合实际对经济预测模型进行修正、调整尤为关键。

4. 经济预测应注重计量模型的客观性与专家判断的主观性相结合

模型是经济预测的主要工具，但模型毕竟是根据历史数据进行分析，在预测方面具有很大的局限性。英格兰银行统计预测模型结果表明，专家主观预测有时比纯粹计量计算更有用。BEQM 非核心模型的作用实质上就是更好地捕捉经济数据特征，对不便纳入核心模型的经济关系进行解释，便于兼容货币政策委员会成员的主观判断。英格兰银行对外公布的预测结果也并非简单的模型计算结果，而是将计量模型的客观结果与专家的主观判断相融合。事实证明，融入主观判断的经济预测结果更

---

① 为保证这些目标值的实现，通常选定联系货币政策操作工具和名义锚目标值的反馈函数，即选定适当的货币政策规则（monetary policy rule）。

有效。因此，在我国，人民银行进行经济预测时，也可进一步充分征求和考虑专家意见，将其与模型计算结果相结合，这样有利于提高预测准度和精度。专家的选择既可考虑货币政策委员会委员，也可考虑专业学者和专业研究人员。

5. 经济预测模型结果展示应具有直观性和透明性

英格兰银行经济预测结果展示方法值得借鉴。首先，以扇形图的方式展示结果具有很好的直观性，让货币政策委员会对预测结果一目了然。其次，扇形图包含了极大的信息量。不仅展示了模型的核心预测结果，还通过颜色深浅变化，将其他预测结果发生概率很好地展示出来。再次，在展示扇形图的同时，英格兰银行还会公布模型的计算结果和专家对不确定性的主观判断等其他要素。总体而言，英格兰银行的做法提高了货币政策透明度。在今后的预测中，人民银行也可以尝试用扇形图的方式来展示预测结果。

6. 经济预测应注重不同模型结果的对比

正如专家所言，在与实际结果进行印证之前，我们无法判断所用模型的好坏。因此，英格兰银行在使用庞大、复杂的 BEQM 模型进行经济预测的同时，还使用了另一种模型——统计预测模型。这两种模型预测结果都将提交货币政策委员会（MPC），为 MPC 提供多方面参考，以便于委员会成员结合自身判断，作出正确决策。这充分说明，中央银行进行经济预测不能仅仅依赖于某一个或某一种模型，应从不同角度利用不同方法进行预测，并将模型结果进行对比。

7. 经济预测模型构建并非越复杂、越高深就越好

从英格兰银行官员的介绍中，可以很明显地发现，英格兰银行在经济预测模型运算具体过程中，简单的、基础的、经典的模型或方法随处可见。如 OLS、极大似然法等方法被运用得非常充分。正如英格兰银行结构分析处高级顾问 Simon Price 授课时所说：有时简单的模型反而更有效。这也给我们带来很深刻的警示：在构建经济预测模型时，不能一味追求复杂、高深、新型的模型或方法。从英格兰银行经验看，模型使用应有两点基本要求：一是适合本国国情；二是一定要有证据或经验支持。

本书参考文献

[1] Abreu D, Brunnermeier M. Bubbles and Crashes [J]. Econometrica, 2003, 71 (1): 173 -204.

[2] Adrian T, Shin HS. The Changing Nature of Financial Intermediation and the Financial Crisis of 2007 - 09 [R]. Staff Reports 439, Federal Reserve Bank of New York, 2010.

[3] Afonso A. Non - Keynesian Effects of Fiscal Policy in the EU - 15 [R]. ISEG/UTL Working Paper No. 7, 2001.

[4] Alchian A, Klein B. On a Correct Measure of Inflation [J]. Journal of Money, Credit and Banking, 1973, 5 (1.1): 173 -191.

[5] Alessi L, Detken C. "Real Time" Early Warning Indicators for Costly Asset Price Boom/Bust Cycles: A Role For Global Liquidity [R]. ECB Working Paper No. 1039, 2009.

[6] Allen F, Bartiloro L, Kowalewski O. Does Economic Structure Determine Financial Structure? [R]. AFA 2007 Chicago Meetings Paper, 2006.

[7] Allen F, Gale D. A Welfare Comparison of the German and U. S Financial Systems [J]. Europe Economic Review, 1995, 39, 179 -209.

[8] Aoki K., Proudman J, Vlieghe G. House Prices, Consumption, and Monetary Policy: a Financial Accelerator Approach [J]. Journal of Financial Intermediation, 2004, 13: 414 -435.

[9] Arcand J, Berkes E, Panizza U. Too Much Finance? [R]. IMF Working Paper 12/161, 2012.

[10] Arnold J, Brys B, Heady C, Jahansson Å, et al. Tax Policy for Economic Recovery and Growth [J]. The Economic Journal, 2011, 121 (550): 59 -80.

[11] Assenmacher - Wesche K, Gerlach S. Ensuring Financial Stability: Financial Structure and the Impact of Monetary Policy on Asset Prices [R]. CEPR Discussion Paper 6773, Centre for Economic Policy Research, 2008.

[12] Atje R, Jovanovic B. Stock Markets and Development [J]. European Economic Review, 1993, 37, 632 -640.

[13] Baba N, Packer F. From Turmoil to Crisis: Dislocations in the FX Swap Market Before and After the Failure of Lehman Brothers [R]. BIS Working Paper No. 285, 2009.

[14] Bank of Spain. Financial Stability Report [R]. March, 2010.

[15] Barro R J, Gordon D B. A Positive Theory of Monetary Policy in a Natural - Rate Model [J]. Journal of Political Economy, 1983, 91 (4): 589 -610.

[16] Barro R J. Government Spending in a Simple Model of Endogenous Growth [J]. Journal of Political Economy, 1990, 98 (5): 103 -126.

[17] Bean C. Asset Prices, Financial Imbalances and Monetary Policy: Are Inflation Targets Enough? [R]. BIS Working Paper No. 140, 2003.

[18] Bean C. Asset Prices, Financial Imbalances and Monetary Policy: Are Inflation Targets Enough? [C]. //The Conference "Asset Prices and Monetary Policy", Reserve Bank of Australia, 18 -19 August, 2003.

[19] Bean C. Asset Prices, Monetary Policy and Financial Stability: A Central Banker's View [R]. Speech at the AEA Conference, San Diego Marriott Hotel & Marina, January 2004.

[20] Benigno P, Romei F. Debt Deleveraging and the Exchange Rate [J]. Journal of International Economics, 2014, 93 (1): 1 -16.

[21] Berger W, Kiвmer F, Wagner H. Monetary Policy and Asset Prices: More Bad News for" Benign Neglect" [J]. International Finance, 2007, 10 (1): 1 -20.

[22] Bernanke B, Gertler M, Gilchrist S. The Financial Accelerator in a Quantitative Business Cycle Framework [J]. Handbook of Macroeconomics, 1999, 1: 1341 -1393.

[23] Bernanke B, Gertler M, Gilchrist S. The Financial Accelerator in a Quantitative Business Cycle Framework [R]. NBER Working Paper No. 6455, 1998.

[24] Bernanke B, Gertler M. Financial Fragility and Economic Performance [J]. Quarterly Journal of Economics, 1990, 105 (1), 87 -114.

[25] Bernanke B, Gertler M. Monetary Policy and Asset Price Volatility [J]. Economic Review, 1999, 84 (4): 17 -51.

[26] Bernanke B, Gertler M. Should Central Banks Respond to Movements in Asset Prices? [J]. American Economic Review, 2001, 91: 253 -257.

[27] Bernanke B, James H. The Gold Standard, Deflation, and Financial Crisis in the Great Depression: An International Comparison [C]. //Hubbard R G. (eds.), Fi-

nancial Markets and Financial Crises. University of Chicago Press, 1991.

[28] Bernanke B, Woodford M. Inflation Forecasts and Monetary Policy [J]. Journal of Money, Credit and Banking, 1997, 29 (2.2): 653 - 684.

[29] Bernanke B. Asset Price 'Bubbles' and Monetary Policy [R]. Speech delivered at the New York Chapter of the National Association for Business Economics, New York, 15 October, 2002.

[30] Bernanke B. Lessons of the Financial Crisis for Banking Supervision [R]. Speech at the Federal Reserve Bank of Chicago's Conference on Bank Structure and Competition, May 2009.

[31] Bernanke B. Non - Monetary Effects of the Financial Crisis in the Propagation of the Great Depression [R]. NBER Working Paper No. 1054, 1983.

[32] Bernanke B. The Global Saving Glut and the US Current Account Deficit [R]. Speech 77, Board of Governors of the Federal Reserve System (U. S.), 2005.

[33] Blanchard O, Dell' Ariccia G, Mauro P. Rethinking Macroeconomic Policy [R]. IMF Staff Position Note SPN/10/03, 2010.

[34] Bomfim A N. Pre - Announcement Effects, News Effects, and Volatility: Monetary Policy and the Stock Market [J]. Journal of Banking and Finance, 2003, 27 (1): 133 - 151.

[35] Bordo M, Eichengreen B. Is Our Current International Economic Environment Unusually Crisis Prone [R]. manuscript, Department of Economics, University of California, Berkeley, 1999.

[36] Bordo M, Jeanne O. Boom - Busts in Asset Prices, Economic Instability, and Monetary Policy [R]. NBER Working Paper No. 8966, 2002.

[37] Bordo M, Jeanne O. Monetary Policy and Asset Price: Does "Benign Neglect" Make Sense? [J]. International Finance, 2002, 5 (2): 139 - 164.

[38] Bordo M, Kydland F. The Gold Standard as a Rule [R]. National Bureau of Economic Research, 1990.

[39] Borio C, Lowe P. Asset Prices, Financial and Monetary Stability: Exploring the Nexus [R]. BIS Working Paper No. 114, 2002.

[40] Borio C, Zhu H. Capital Regulation, Risk - Taking and Monetary Policy: A Missing Link in the Transmission Mechanism? [R]. BIS Working Paper No. 268, 2008.

[41] Bouis R, Christensen A, Cournède B. Deleveraging: Challenges, Progress and Policies [R]. OECD Economics Department Working Papers No. 1077, 2013.

[42] Bryan M, Cecchetti S, O'Sullivan R. A Stochastic Index of the Cost of Life

[C]. //Hunter W, Kaufmann G, Pomerleano M. (eds.), Asset price bubbles, MIT Press, 2003.

[43] Bryan M, Cecchetti S, O'Sullivan R. Asset Prices in the Measurement of Inflation [R]. NBER Working Paper No. 8700, 2002.

[44] Calza A, Monecelli T, Stracca L. Housing Finance and Monetary Policy [R]. European Central Bank Working Paper Series No. 1069, 2009.

[45] Carlstrom C, Fuerst T. Asset Prices, Nominal Rigidities and Monetary Policy [J]. Review of Economic Dynamics, 2007, 10: 256 - 275.

[46] Carlstrom C, Fuerst T. Monetary Policy and Asset Prices with Imperfect Credit Markets [J]. Economic Review, 2001, 49: 51 - 59.

[47] Carstensen K, Hülsewig O, Wollmershäuser T. Monetary Policy Transmission and House Prices: European Cross Country Evidence [R]. FINESS Working Paper D. 7. 4, 2009.

[48] Castro V. Are Central Banks Following a Linear or Nonlinear (Augmented) Taylor Rule? [R]. NIPE Working Paper 19, 2008.

[49] Cecchetti S, Genberg H, Lipsky J, Wadhwani S. Asset Prices and Central Bank Policy [R]. The Geneva Reports on the World Economy No. 2, 2000.

[50] Cecchetti S, Genberg H, Wadhwani S. Asset Prices in a Flexible Inflation Targeting Framework [C]. //Hunter W, Kaufmann G, Pomerleano M. (eds.), Asset price bubbles, MIT Press, 2003.

[51] Cecchetti S, Li L. Do Capital Adequacy Requirements Matter for Monetary Policy? [R]. NBER Working Paper No. 11830, 2005.

[52] Cecchetti S, Mohanty M, Zampolli F. The Real Effects of Debt [R], BIS working paper No. 352, 2011.

[53] Cecchetti S. Comment on "Financial Cycles: What? How? When?" [C]. // NBER International Seminar on Macroeconomics, 2010.

[54] Cecchetti S. Making Monetary Policy: Objectives and Rules [J]. Oxford Review of Economic Policy, 2000, 16 (4): 43 - 59.

[55] Cecchetti S. What the FOMC Says and Does When the Stock Market Booms [C]. //Richards A, Robinson T. (eds.), Asset Prices and Monetary Policy, Reserve Bank of Australia, 2003.

[56] Chadha J, Sarno L, Valente G. Monetary Policy Rules, Asset Prices and Exchange Rates [R]. CEPR Discussion Papers 4114, 2003.

[57] Checherita - Westphal C, Rother P. The Impact of High and Growing Debt on

Economic Growth. An Empirical Investigation for the Euro Area [J]. European Economic Review, 2012, 56 (7): 1392 - 1405.

[58] Chen S, Kim M, Otte M, Wiseman K, Zdzienicka A. Private Sector Deleveraging and Growth Following Busts [R]. IMF Working Paper 15/35, 2015.

[59] Chou WL, Shih YC. The Equilibrium Exchange Rate of the Chinese Renminbi [J]. Journal of Comparative Economics, 1998, 26 (1): 165 - 174.

[60] Christensen J, Lopez J, Rudebusch G. Do Central Bank Liquidity Facilities Affect Interbank Interest Rates? [R]. Federal Reserve Bank of San Francisco Working Paper 2009 - 13, 2009.

[61] Chudik A, Mohaddes K, Pesaran H, Raissi M. Is There a Debt - Threshold Effect on Output Growth? [R]. IMF Working Paper 15/197, 2015.

[62] Clark P, MacDonald R. Exchange Rates and Economic Fundamentals: A Methodological Comparison of BEERs and FEERs [R]. IMF Working Paper 98/67, 1998.

[63] Cline W, Williamson J. Estimates of Fundamental Equilibrium Exchange Rates, May 2011 [R]. Policy Briefs PB11 - 5, Peterson Institute for International Economics, 2011.

[64] Cline W, Williamson J. Estimates of the Equilibrium Exchange Rate of the Renminbi: Is There a Consensus and, if Not, Why Not [C]. //The Conference on China's Exchange Rate Policy, Peterson Institute, Washington DC, October, 2007.

[65] Cline W. Estimating Consistent Fundamental Equilibrium Exchange Rates [R]. Working Paper Series WP08 - 6, Peterson Institute for International Economics, 2008.

[66] Crowder W. The Interaction of Monetary Policy and Stock Returns [J]. The Journal of Financial Research, 2006, 29 (4): 523 - 535.

[67] Cukierman A. Measuring Inflationary Expectations: A Review Essay [J]. Journal of Monetary Economics, 1986, 17 (1986): 315 - 324.

[68] Cúrdia V, Woodford M. Conventional and Unconventional Monetary Policy [J]. Review, Federal Reserve Bank of St. Louis, 2010, 5: 229 - 264.

[69] D'Agostino A, Sala L, Surico P. The Fed and the Stock Market [R]. Macroeconomics 0507001, EconWPA, 2005.

[70] Delis M, Kouretas G. Interest Rates and Bank Risk - Taking [R]. MPRA Paper 20132, University Library of Munich, Germany, 2010.

[71] Demirgüç - Kunt A, Feyen E, Levine R. Optimal Financial Structures and

Development: The Evolving Importance of Banks and Markets [R]. WB Policy Working Paper, 2011 Mar, 1 -37.

[72] Demirguc - Kunt A, Maksimovic V. Funding Growth in Bank - Based and Market - Based Financial System: Evidence from Firm Level Data [J]. Journal of Financial Economics, 2002, 65, 337 -363.

[73] Detken C, Smets F. Asset Price Booms and Monetary Policy [R]. European Central Bank Working Paper Series No. 364, 2004.

[74] Di Tella R, Edwards s, Schargrodsky E (ed.) . The Economics of Crime: Lessons for and from Latin America [M]. University of Chicago Press, 2010.

[75] Diba B, Grossman H. Explosive Rational Bubbles in Stock Prices? [J]. The American Economic Review, 1988, 78: 520 -530.

[76] Diewert E. Harmonized Indexes of Consumer Prices: Their Conceptual Foundations [J]. Swiss Journal of Economics and Statistics, 2002, 138 (4): 547 -637.

[77] Disyatat P. Inflation Targeting, Asset Prices and Financial Imbalances: Conceptualizing the Debate [R]. BIS Working Paper No. 168, 2005.

[78] Dobson W, Masson P. Will the Renminbi Become a World Currency? [J]. China Economic Review, 2009, 20 (1): 124 -135.

[79] Dong F. Inflation Expectations, Real Interest Rate and Risk Premiums—Evidence from Bond Market and Consumer Survey Data [R]. Federal Reserve Bank of Dallas, Research Department Working Paper 0705, 2007.

[80] Driver R, Westaway P. Concepts of Equilibrium Exchange Rates [R]. Bank of England Working Paper, 2004.

[81] Dupuy P, Carlotti J. The Optimal Path of the Chinese Renminbi [R]. MPRA Paper 26107, University Library of Munich, Germany, 2010.

[82] Eggertsson G, Krugman P. Debt, Deleveraging, and the Liquidity Trap: A Fisher - Minsky - Koo Approach [J]. Quarterly Journal of Economics, 2012, 127 (3): 1469 -1513.

[83] Eichengreen B, Sachs J. Exchange Rates and Economic Recovery in the 1930s [J]. The Journal of Economic History, 1985, 45 (04): 925 -946.

[84] Eichengreen B. Sterling's Past, Dollar's Future: Historical Perspectives on Reserve Currency Competition [R]. NBER Working Paper No. 11336, 2005.

[85] Elbadawi I. Estimating Long - Run Equilibrium Real Exchange Rates [C]. //Williamson J. (eds.), Estimating Equilibrium Exchange Rate, Institute for International Economics, 1994.

[86] Elbourne A. The UK Housing Market and the Monetary Policy Transmission Mechanism: an SVAR Approach [J]. Journal of Housing Economics, 2008, 17: 65 - 87.

[87] European Central Bank. Asset Price Bubbles and Monetary Policy [R]. ECB Monthly Bulletin, April 2005.

[88] Farhi E, Tirole J. Collective Moral Hazard, Maturity Mismatch and Systemic Bailouts [R]. NBER Working Paper No. 15138, 2009.

[89] Filardo A. Monetary Policy and Asset Price Bubbles: Calibrating the Monetary Policy Trade - offs [R]. BIS Working Paper No. 115, 2004.

[90] Filardo A. Monetary Policy and Asset Prices [J]. Economic Review, 2000, 85 (3): 11 - 37.

[91] Finocchiaro D, Von Heideken Q. Do Central Banks React to House Prices? [R]. Working Paper Series 217, Sveriges Riksbank, 2007.

[92] Fisher I. The Debt - Deflation Theory of Great Depressions [J]. Econometrica, 1933, 1 (4): 337 - 357.

[93] Frankel J, Saravelos G. Can Leading Indicators Assess Country Vulnerability? Evidence from the 2008 - 09 Global Financial Crisis [R]. Regulatory Policy Program Working Paper RPP - 2011 - 02, 2011.

[94] French K, et al. The Squam Lake Report: Fixing the Financial System [M]. Princeton University Press, 2010.

[95] Friedman M, Schwartz A. A Monetary History of the United States [J]. NBER Books, 1963, 70 (1): 512 - 523.

[96] Friedman M. The Role of Monetary Policy [J]. American Economic Review, 1968, 58 (1): 1 - 17.

[97] Gagnon J, Raskin M, Remache J, Sack B. Large Scale Asset Purchases by the Federal Reserve: Did They Work? [R]. Federal Reserve Bank of New York Staff Report, No. 441, 2010.

[98] Gambacorta L. Monetary Policy and the Risk - Taking Channel [R]. BIS Quarterly Review, December, 2009: 43 - 53.

[99] Gandolfo G, Feettigh A. The NATREX: an Alternative Approach Theory and Empirical Verifications [R]. Working Papers 52, Sapienza University of Rome, CIDEI, 1998.

[100] Gerdesmerier D, Reimers H, Roffia B. Asset Price Misalignments and the Role of Money and Credit [R]. European Central Bank Working Series No. 1068, 2009.

[101] Gerlach S, Peng W. Bank Lending and Property Prices in Hong Kong [J].

Journal of Banking and Finance, 2005, 29 (2): 461 - 481.

[102] Giavazzi F, Mishkin F. An Evaluation of Swedish Monetary Policy between 1995 and 2005 [R]. A report for the Riksdag Committee on Finance, 2006.

[103] Giuliodori M. The Role of House Prices in the Monetary Transmission Mechanism across European Countries [J]. Scottish Journal of Political Economy, 2005, 52 (4): 519 - 543.

[104] Goldberg L, Kennedy C, Miu J. Central Bank Dollar Swap Lines and Overseas Dollar Funding Costs [R]. NBER Working Paper No. 15763, 2010.

[105] Goldsmith R. Financial Structure and Development [M]. Yale University Press, 1969.

[106] Goodhart C, Hofmann B. Asset Prices and the Conduct of Monetary Policy [C]. //Sveriges Riksbank and Stockholm School of Economics conference on Asset Markets and Monetary Policy, Stockholm, June, 2000.

[107] Goodhart C, Hofmann B. Do Asset Prices Help to Predict Consumer Price Inflation? [J]. Manchester School, 2000, 68 (0): 122 - 140.

[108] Goodhart C, Hofmann B. House Prices, Money, Credit, and the Macroeconomy [J]. Oxford Review of Economic Policy, 2008, 24: 180 - 205.

[109] Goodhart C, Huang H. A Model of the Lender of Last Resort [R]. IMF Working Paper 99/39, 1999.

[110] Goodhart C, Persaud A. A Party Pooper'S Guide to Financial Stability. [N]. Financial Times, 4 June, 2008.

[111] Goodhart C. Price Stability and Financial Fragility [C]. //Goodhart C. (eds.), The Central Bank and the Financial System, MIT Press, 1995.

[112] Greenspan A. Economic Volatility [R]. Remarks at the Federal Reserve Bank of Kansas City Economic Symposium on "Rethinking Stabilization Policy", Jackson Hole, 29 - 31 August, 2002.

[113] GreensPan A. New Challenges for Monetary Policy [R]. Opening Remark Before A Symposium Sponsored By The Federal Reserve Bank of Kansas City in Jackson Hole, Wyoming on 27Angust, 1999.

[114] Greenspan A. Risk and Uncertainty in Monetary Policy [J]. American Economic Review, 2004, 94 (2): 33 - 40.

[115] Greenspan A. The Age of Turbulence: Adventures in a New World [M]. Penguin Press, 2007.

[116] Greenspan M. Healing through the Dark Emotions: The Wisdom of Grief,

Fear, and Despair [M]. Shambhala Publications, 2003.

[117] Greenwood J, Jovanovic B. Financial Development, Growth and the Distribution of Income [J]. Journal of Political Economy, 1990, 98 (5), 1076 - 1107.

[118] Griffith - Jones S, Ocampo J A, Ortiz A. Building on the Counter - Cyclical Consensus: A Policy Agenda [R]. Paper prepared for the High - level Roundtable "Towards Basel III? Regulating the Banking Sector after the Crisis", Foundation for European Progressive Studies, Brussels, 12 October 2009.

[119] Gruen D, Plumb M, Stone A. How Should Monetary Policy Respond to Asset - Price Bubbles? [J]. International Journal of Central Banking, 2005, 1 (3), 2005.

[120] Hamilton B B. A Uniform National Data System for Medical Rehabilitation [J]. Rehabilitation Outcomes, Analysis and Measurement, 1987: 137 - 147.

[121] Hamilton J D. Rational - Expectations Econometric Analysis of Changes in Regime: An Investigation of the Term Structure of Interest Rates [J]. Journal of Economic Dynamics and Control, 1988, 12 (2): 385 - 423.

[122] Hayford M, Malliaris A. Monetary Policy and the U. S. Stock Market [J]. Economic Inquiry, 2004, 42 (3): 387 - 401.

[123] Hinkle L, Montiel P. Exchange Rate Misalignment: Concepts and Measurement for Developing Countries [M]. Oxford University Press, 1999.

[124] Hoerova M. , Monnet C, Temzelides T. Money Talks [R]. ECB Working Paper No. 1091, 2009.

[125] Iacoviello M, Minetti R. The Credit Channel of Monetary Policy: Evidence from the Housing Market [J]. Journal of Macroeconomics, 2008, 30: 69 - 96.

[126] Iacoviello M. Consumption, House Prices and Collateral Constraints: a Structural Econometric Analysis [J]. Boston College Working Papers in Economics, No. 589, 2004.

[127] Iacoviello M. House Prices, Borrowing Constraints, and Monetary Policy in the Business Cycle [J]. American Economic Review, 2005, 95 (3): 739 - 764.

[128] Infante E F, Stein J L. Optimal Growth with Robust Feedback Control [J]. Review of Economic Studies, 1973, 40 (1): 47 - 60.

[129] International Monetary Fund. Global Financial Stability Report, October 2008: Financial Stress and Deleveraging [M], International Monetary Fund, 2008.

[130] International Monetary Fund. Methodology for CGER Exchange Rate Assessments [R]. IMF Policy Papers, 2006.

[131] Ioannidou V, Ongena S, Peydro J. Monetary Policy, Risk - Taking and Pri-

cing: Evidence from a Quasi - Natural Experiment [R]. European Banking Centre Discussion Paper, No. 2009 - 04S, 2009.

[132] Isard P. Equilibrium Exchange Rates: Assessment Methodologies [R]. IMF Working Paper 07/296, 2007.

[133] Isard P, FaruqeeH. Exchange Rate Assessment: Extension of the Macroeconomic Balance Approach [R]. IMF Occasional Papers 167, 1998.

[134] Jaumotte F, Morsy H. Determinants of Inflation in the Euro Area: The Role of Labor and Product Market Institution [R]. IMF Working Paper 12/37, 2012.

[135] Jimenez G, Ongena, S, Peydro J, Saurina J. Hazardous Times for Monetary Policy: What Do Twenty - Three Million Bank Loans Say About the Effects of Monetary Policy on Credit Risk - Taking? [R]. Bank of Spain Working Paper No. 0833, 2008.

[136] Jorda O, Schularick M, Taylor A. When Credit Bites Back [J]. Journal of Money, Credit and Banking, 2013, 45 (s2): 3 - 28.

[137] Justiniano A, Primiceri G, Tambalotti A. Household leveraging and deleveraging [J]. Review of Economic Dynamics, 2015, 18 (1): 3 - 20.

[138] Kannan P, Rabana P, Scott A. Lessons for Monetary Policy from Asset Price Fluctuations [A]. // World Economic Outlook, October 2009: Sustaining the Recovery, International Monetary Fund, 2009.

[139] Kent C, Lowe P. Asset - Price Bubbles and Monetary Policy [R]. Reserve Bank of Australia Research Discussion Paper 9709, 1997.

[140] King R, Levine R. Finance and Growth: Schumpeter Might Be Right [J]. Quarterly Journal of Economics, 1994, 108 (3), 717 - 737.

[141] Kohn D. Monetary Policy and Asset Prices [R]. Remarks at a European Central Bank Colloquium held in honor of Otmar Issing "Monetary Policy: A Journey from Theory to Practice", Frankfurt, Germany, 16 March 2006.

[142] Kohn D. Monetary Policy and Asset Prices Revisited [R]. Remarks at the Cato Institute's 26th Annual Monetary Policy Conference, Washington, D. C., 19 November 2008.

[143] Kohn D. Monetary Policy and Asset Prices Revisited [J]. Manchester School, 2013, 68 (Supplement s1): 1 - 22.

[144] Koivu T. Monetary Policy, Asset Prices and Consumption in China [R]. European Central Bank Working Paper Series No. 1240, 2010.

[145] Kontonikas A, Montagnoli A. Optimal Monetary Policy and Asset Price Misalignments [R]. Economics and Finance Discussion Papers 03 - 22, Economics and Fi-

nance Section, School of Social Sciences, Brunel University, 2003.

[146] Kontonikas, A, Montagnoli A. Has Monetary Policy Reacted to Asset Price Movements: Evidence from the UK [J]. Ekonomia, 2004, 7 (1): 18 -33.

[147] Levine R, Loayza N, Beck T. Financial Intermediation and Growth: Causality and Causes [J]. Journal of Monetary Economics, 2000, 46 (1): 31 -77.

[148] Levine R, Zervos S. Stock Markets, Banks and Economic Growth [J]. American Economic Review, 1998, 88 (7), 537 -558.

[149] Levine R. Bank - based or Market - based Financial Systems: Which is Better? [J]. Journal of Financial Intermediation, 2002, 11, 398 -428.

[150] Liu J, Longstaff F, and Mandell R. The Market Price of Risk in Interest Rate Swaps: The Roles of Default and Liquidity Risks [J]. Journal of Business, 2006, 79 (5): 2337 -2359.

[151] Lucas R E. Jr. Equilibrium in a Pure Currency Economy [J]. Economic Inquiry, 1980, 18 (2): 203 -220.

[152] MacDonald R, Dias P. Behavioural Equilibrium Exchange Rate Estimates and Implied Exchange Rate Adjustments for Ten Countries [R]. Working Papers 2007_ 12, Business School - Economics, University of Glasgow, 2007.

[153] Machado J F, Sousa J. Identifying Asset Price Booms and Busts with Quantile Regressions [R]. Banco de Portugal Working Paper No. 8/2006, 2006.

[154] Maeso - Fernandez F, Osbat C, Schnatz B. Towards the Estimation of Equilibrium Exchange Rates Force Acceding Countries: Methodological Issues and A Panel Cointegration Perspective [R]. ECB Working Paper, Apr 2004.

[155] Maffezzoli M, Monacelli T. Deleverage and Financial Fragility [R]. Social Science Electronic Publishing, 2015, 61 (5): 411 - 417.

[156] McCauley R, Ruud J, Iacono F. Dodging Bullets: Hanging U. S. Corporate Capital Structure in the 1980s and 1990s [M]. MIT press, 1999.

[157] Mishkin F, White E. U. S. Stock Market Crashes and Their Aftermath: Implications for Monetary Policy [R]. NBER Working Paper No. 8992, 2002.

[158] Mishkin F. A Whither Federal Reserve Communication [R]. Speech delivered at the Peterson Institute for International Economics, Washington, DC, July 28, 2008.

[159] Mishkin F. Housing and the Monetary Transmission Mechanism [R]. Finance and Economics Discussion Series, Divisions of Research & Statistics and Monetary Affairs, Federal Reserve Board, Washington, D. C. , August 2007.

[160] Mishkin F. How Should We Respond to Asset Price Bubbles? [J]. Banque de France Financial Stability Review - Valuation and Financial Stability, 2008 (12): 65 - 74.

[161] Mishkin F. Monetary Policy Flexibility, Risk Management, and Financial Disruptions [R]. Speech delivered at the Federal Reserve Bank of New York, New York, January 11, 2008.

[162] Mishkin F. Monetary Policy Flexibility, Risk Management, and Financial Disruptions [J]. Journal of Asian Economics, 2010, 23: 242 - 246.

[163] Mishkin F. Monetary Policy Strategy: Lessons from the Crisis [R]. Commissioned by the European Central Bank for Its 6th Conference, November 18, 2010.

[164] Mishkin F. The Transmission Mechanism and the Role of Asset Prices in Monetary Policy [R]. NBER Working Paper No. 6817, 2001.

[165] Mohanty D. Lessons for Monetary Policy from the Global Financial Crisis: An Emerging Market Perspective [R]. Paper presented at the Central Banks Conference of the Bank of Israel, Jerusalem, 1 April 2011.

[166] Moreno R. Policymaking from a Macroprudential Perspective in Emerging Market Economies [R]. BIS Working Paper No. 336, 2011.

[167] Nutahara K. Asset Prices and Monetary Policy in a Sticky - Price Economy with Financial Frictions [R]. RIETI Discussion Paper Series 10 - E - 060, 2010.

[168] O'Hara M, Easley D. The Postal Savings System in the Depression [J]. The Journal of Economic History, 1979, 39 (03): 741 - 753.

[169] Okun A M, Fellner W, Wachter M. Inflation: Its Mechanics and Welfare Cost [J]. Brookings Papers on Economic Activity, 1975, No. 2: 351 - 401.

[170] Orphanides A. Monetary Policy Rules Based on Real - time Data [R]. Financial and Economics Discussion Series 1998 - 03, Board of Governor of the Federal Reserve System (U. S.), 1998.

[171] Palley T. Asset Price Bubbles and Monetary Policy: Why Central Banks Have Been Wrong and What Should Be Done [R]. IMK Working Paper 05 - 2008, IMK at the Hans Boeckler Foundation, Macroeconomic Policy Institute, 2008.

[172] Palley T. Keynesian Models of Deflation and Depression Revisited [J]. Journal of Economic Behavior and Organization, 2008, 68 (1): 167 - 177.

[173] Peng W, Yiu M, Tam D. The Property Market and the Macroeconomy of the Mainland: a Cross Region Study [R]. Hong Kong Monetary Authority, Research Memorandum 12/2005, 2005.

[174] Phillips P, Wu Y, Yu J. Explosive Behavior in the 1990s Nasdaq: When Did Exuberance Escalate Asset Values? [J]. International Economic review, 2011, 52 (1): 201 -226.

[175] Posen A. The Realities and Relevance of Japan's Great Recession: Neither Ran nor Rashomon [R]. Peterson Institute for International Economics Working Paper, 2010 (10 -7) .

[176] Posen B. Command of the Commons: The Military Foundation of US Hegemony [J]. International Security, 2003, 28 (1): 5 -46.

[177] Posen B. The Struggle Against Terrorism: Grand Strategy, Strategy, and Tactics [J]. International Security, 2001, 26 (3): 39 -55.

[178] Rajan R. Has Finance Made the World Riskier? [J]. European Financial Management, 2006, 12: 499 -533.

[179] Rauch J. Networks versus Markets in International Trade [J]. Journal of International Economics, 1999, 48 (1): 7 -35.

[180] Reinhart C, Reinhart V, Rogoff K. Dealing with Debt [J]. Journal of International Economics, 2015, 96 (13): S43 - S55.

[181] Reinhart C, Reinhart V. After the Fall [R]. NBER Working Paper No. 16334, 2010.

[182] Reinhart C, Rogoff K. Growth in a Time of Debt [J]. American Economic Review, 2010, 100 (2): 573 -78.

[183] Reinhart C, Rogoff K. Is the 2007 US Sub - Prime Financial Crisis So Different? An International Historical Comparison [R]. National Bureau of Economic Research, 2008.

[184] Rigobon R, Sack B. The Impact of Monetary Policy on Asset Prices [J]. Journal of Monetary Economics, 2004, 51: 1553 -1575.

[185] Rousseau P, Wachtel P. Equity Markets and Growth: Cross Country Evidence on Timing and Outcomes, 1980 -95 [J]. Journal of Banking and Finance, 2000, 24 (12), 1933 -1957.

[186] Rousseau P, Wachtel P. Inflation, Financial Development and Growth, Dynamics and Markets [M]. Essays in honor of Ryuzo Sato, edited by T. Negishi, R. Ramachandran and K. Mino, Kluwer, 2001.

[187] Ruscher E, Wolff G. Corporate Balance Sheet Adjustment: Stylized Facts, Causes and Consequences [J]. Review of Economics, 2014, 64 (2): 1 -26.

[188] Sargent T J, Wallance N. Rational Expectations, the Optimal Monetary In-

strument, and the Optimal Money Rule [J]. Journal of Political Economy, 1975, 83 (2): 241 -254.

[189] Sarkar A, Shrader J. Financial Amplification Mechanisms and the Federal Reserve's Supply of Liquidity during the Crisis [R]. Staff Reports 431, Federal Reserve Bank of New York, 2010.

[190] Saurina J. Dynamic Provisioning: The Experience of Spain [R]. World Bank Crisis Response Policy Briefs, Public Policy for the Private Sector Note No 7, 2009.

[191] Semmler W, Zhang W. Asset Price Volatility and Monetary Policy Rules: a Dynamic Model and Empirical Evidence [J]. Economic Modeling, 2007, 24: 411 -430.

[192] Shibuya H. Dynamic Equilibrium Price Index: Asset Price and Inflation [J]. Monetary and Economic Studies, 1992, 10 (1): 95 -109.

[193] Shiller R. From Efficient Markets Theory to Behavior Finance [J]. Journal of Economic Perspectives, 2003, 17, 83 -104.

[194] Shiller R. Market Volatility and Investor Behavior [J]. American Economic Review, 1990, 80, 58 -62.

[195] Shiller R. The Use of Volatility Measures in Assessing Market Efficiency [J]. The Journal of Finance, 1981, 36 (2): 291 -304.

[196] Smets F. Financial Asset Prices and Monetary Policy: Theory and Evidence [R]. CEPR Discussion paper 1751, 1997.

[197] Stein J L, Allen P R. Fundamental Determinants of Exchange Rates [M]. Oxford University Press, 1998.

[198] Stein J. Why are most Funds Open - end? Competition and the Limits of Arbitrage [J]. The Quarterly Journal of Economics, 2005, 120 (1): 247 -272.

[199] Stock G, Watson M. Business Cycle Fluctuations in US Macroeconomic Time Series [C]. //Taylor J B, Woodford M. (eds.), Handbook of Macroeconomics, North Holland, 1999.

[200] Sutherland D, Hoeller P, Merola R. Fiscal Consolidation: Part 1. How Much is Needed and How to Reduce Debt to a Prudent Level? [R]. OECD Economics Department Working Paper 932, 2012.

[201] Tavlas G. On the International Use of Currencies: the Case of the Deutsche Mark [R]. Princeton Studies in International Economics 181, International Economics Section, Department of Economics Princeton University, 1991.

[202] Taylor B. Guidelines for Evaluating and Expressing the Uncertainty of NIST Measurement Results [M]. DIANE Publishing, 2009.

[203] Taylor J B. Discretion versus Policy Rules in Practice [J]. Carnegie - Rochester Conference Series on Public Policy, 1993, 39 (1): 195 -214.

[204] Taylor S J. Modelling Financial Time Series [M]. John Wiley & Sons, 2007.

[205] Temin H M. Retrons in Bacteria [J]. Nature, 1989, 339 (6222): 254 -255.

[206] Temin P. Did Monetary Forces Cause the Great Depression? [J]. Journal of Economic History, 1976, 37 (2): xiii -566.

[207] Thorbecke W. On Stock Market Returns and Monetary Policy [J]. Journal of Finance, 1997, 52: 635 -654.

[208] Tobin J. Inflation and Unemployment [J]. American Economic Review, 1972, 62 (March): 1 -18.

[209] Tyers R, Bain I, Bu Y. China's Equilibrium Real Exchange Rate: A Counterfactual Analysis [J]. Pacific Economic Review, 2008, 13 (1): 17 -39.

[210] Upham C B, Lamke E. Closed and Distressed Banks: A Study in Public Administration [M]. Brookings Institution, 1934.

[211] Vickers J. Inflation Targeting in Practice: the UK Experience [R]. CFS Working Paper, 1999.

[212] Wadhwani S. Should Monetary Policy Respond to Asset Price Bubbles? Revisiting the Debate [J]. National Institute Economic Review, 2008, 206 (1): 25 -34.

[213] West K. A Specification Test for Speculative Bubbles [J]. Quarterly Journal of Economics, 1987, 102: 553 -580.

[214] White W. Modern Macroeconomics Is on the Wrong Track [J]. Finance and Development, 2009, 46 (4): 15 -18.

[215] Williamson J H. Estimating Equilibrium Exchange Rate [M]. Peterson Institute Press: All Books, Peterson Institute for International Economics, 1994.

[216] Wilson L, Wu Y. Common (Stock) Sense about Risk - Shifting and Bank Bailouts [J]. Financial Markets and Portfolio Management, 2010, 24: 3 -29.

[217] Woodford M. Nonstandard Indicators for Monetary Policy: can Their Usefulness be Judged from Forecasting Regression [C]. //Mankiw N. (eds.), Monetary Policy, University of Chicago Press, 1994.

[218] Wu T. On the Effectiveness of the Federal Reserve's New Liquidity Facilities [R]. Federal Reserve Bank of Dallas, mimeo, 2008.

[219] Yam J. Evolution of 70% Loan - to - Value Policy [R]. Hong Kong Monetary Authority Viewpoint, 4 June, 2009.

[220] Zhang Z. Speculative Attaches in the Asian Crisis [R]. IMF Working Paper 01/189, 2001.

[221] [德] 基恩斯·魏德曼:“宏观经济视野下的资本市场”,《中国金融》2014 年第 14 期。

[222] [美] 戴维·罗默:《高级宏观经济学》,商务印书馆 1999 年版。

[223] [美] 米尔顿·弗里德曼、安娜·J·施瓦茨等:《美国货币史:1867—1960》,巴曙松等译,北京大学出版社 2009 年版。

[224] 巴曙松:“从近期股市动荡看中国金融监管体制改革”,《第一财经日报》2015 年 9 月 10 日。

[225] 巴曙松:“协调发展多层次资本市场”,《资本市场》2004 年第 4 期。

[226] 卜永祥、Rod Tyers:“中国均衡实际有效汇率:一个总量一般均衡分析”,《经济研究》2001 年第 6 期。

[227] 卜永祥、秦宛顺:《人民币内外均衡论》,北京大学出版社 2006 年版。

[228] 财经网:“美国官方报告认为金融危机本可避免”,http://www.caijing.com.cn/2011-01-28/110630385.html,2011 年 1 月 27 日。

[229] 蔡宁、刘勇:“对 3% 赤字率标准的再思考——基于赤字、债务与经济增长的动态关系研究”,《财政研究》2016 年第 2 期。

[230] 蔡宇洲:“人民币均衡汇率与汇率失衡的实证分析”,《统计与决策》2005 年第 8 期。

[231] 曹凤岐:《中国资本市场创新》,北京大学出版社 2003 年版。

[232] 陈功:“过度城市化乃通胀之源头”,《中国证券报》2008 年 5 月 7 日(A04)。

[233] 陈建梁:“评人民币汇率调整的理论依据——兼评实际汇率分析法”,《经济研究》2000 年第 1 期。

[234] 陈平、张宗成:“股票市场对货币政策传导机制影响的实证研究——基于脉冲响应函数和方差分解的技术分析”,《南方金融》2008 年第 6 期。

[235] 陈思翀:“继续扩大人民币波幅是否为当前汇率改革的迫切选项”,《国际经济评论》2015 年第 4 期。

[236] 陈骁:“去杠杆的路径选择”,《中国金融》2016 年第 10 期。

[237] 陈雨露、马勇、徐律:“老龄化、金融杠杆与系统性风险”,《国际金融研究》2014 年第 9 期。

[238] 陈云、陈浪南、林伟斌:“人民币内向均衡实际汇率与错位测算:1997—2007”,《统计研究》2009 年第 3 期。

[239] 程毓:“发达国家去杠杆化对我国的启示”,《当代经济》2013 年第 4 期。

[240] 储幼阳："人民币均衡汇率实证研究"，《国际金融研究》2004年第5期。

[241] 戴相龙：《领导干部金融知识读本》，中国金融出版社2001年版。

[242] 丁安华："在险债务与不良贷款"，招商证券研究报告2016年9月22日。

[243] 丁晨、屠梅曾："论房价在货币政策传导机制中的作用——基于VECM分析"，《数量经济技术经济研究》2007年第11期。

[244] 丁正良、纪成君："基于VAR模型的中国进口、出口、实际汇率与经济增长的实证研究"，《国际贸易问题》2014年第12期。

[245] 董力为等：《人民币汇率现实问题的争议与探讨：兼谈汇率波动原理与风险防范》，中国财经出版社2004年版。

[246] 杜涛："地方债博弈这三年"，《经济观察报》2016年11月26日。

[247] 段忠东："房地产价格与通货膨胀、产出的关系——理论分析与基于中国数据的实证检验"，《数量经济技术经济研究》2007年第12期。

[248] 樊纲："中国经济的暗礁不是通胀"，《中外管理》2008年第1期。

[249] 方先明、裴平、熊鹏："分类进出口对人民币实际汇率变动的敏感性分析"，《经济科学》2007年第3期。

[250] 冯科："我国股票市场在货币政策传导机制中作用的实证分析"，《中央财经大学学报》2010年第11期。

[251] 高波、王先柱："中国货币政策房地产行业效应的实证分析"，《广东社会科学》2009年第5期。

[252] 高瑞东："发达国家去杠杆启示"，《中国金融》2016年第10期。

[253] 顾书桂："中国目前通货膨胀的基本特征是地租推动型"，《经济学家》2008年第3期。

[254] 管涛：2013，"日本量化宽松货币政策对中国的影响分析"，http://www.cf40.org.cn/plus/view.php?aid=7725。

[255] 国际先驱导报：2015，"国外'平准基金'如何运作"，http://news.163.com/15/0720/16/AUVSGBPM00014AED.html。

[256] 国家统计局课题组："我国通货膨胀的趋势分析——《通货膨胀趋势研究》课题系列之三"，《统计研究》2005年第6期。

[257] 国家统计局中国经济景气监测中心、中国人民大学经济学院联合课题组："通货膨胀、投资与经济增长——关于宏观调控背景的计量分析"，《管理世界》2004年第9期。

[258] 胡定核："人民币国际化的构想"，《国际贸易问题》1990年第6期。

[259] 胡浩志："房地产市场在货币政策传导机制中的作用——基于SVAR模型的经验研究"，《宏观经济研究》2010年第12期。

［260］胡再勇：“人民币均衡实际汇率及错位程度的测算研究：1960—2005”，《数量经济技术经济研究》2008年第3期。

［261］胡志鹏：“‘稳增长’与‘控杠杆’双重目标下的货币当局最优政策设定”，《经济研究》2014年第12期。

［262］贾康：“积极财政政策的着力点”，《中国金融》2011年第1期。

［263］江小涓：“我国出口商品结构的决定因素和变化趋势”，《经济研究》2007年第5期。

［264］姜凌：“人民币国际化理论与实践的若干问题”，《世界经济》1997年第4期。

［265］金学军、王义中：“理解人民币汇率的均衡、失调、波动与调整”，《经济研究》2008年第1期。

［266］李超、王宇鹏、张晶：“中国在去杠杆？加杠杆？影响如何？——对中国杠杆率的测算和比较研究”，《金融发展评论》2016年第4期。

［267］李翀：“论人民币国际化的发展战略”，《中山大学学报年第社会科学版期》1991年第3期。

［268］李稻葵、刘霖林：“人民币国际化”，《计量研究及政策分析》2008年第11期。

［269］李稻葵：“滞胀风险呼唤以改革为核心的新供给学派”，《新财富》2008年第8期。

［270］李稻葵：“中国应提高杠杆率”，《资本市场》2014年第11期。

［271］李德敏、蒙荫莉、李明凤：“对我国通货膨胀成因的实证分析”，《数量经济技术经济研究》1997年第12期。

［272］李婧：“从跨境贸易人民币结算看人民币国际化战略”，《世界经济研究》2011年第2期。

［273］李力、杨柳：“对1996—2005年间我国通货膨胀成因的实证研究”，《理论研究》2006年第1期。

［274］李若愚：“居民部门杠杆率的国际比较与启示”，《金融与经济》2016年第1期。

［275］李善同、刘云中等：“人民币实际均衡汇率的测算”，中国发展研究基金会研究项目2011年。

［276］李永年、郭玉清、赵钧：“人民币均衡汇率估算：1997—2009”，《财经理论与实践》2011年第5期。

［277］李卓琳：“人民币汇率购买力平价多变量Johansen协整检验”，《统计与决策》2010年第15期。

[278] 林伯强:“人民币均衡实际汇率的估计与实际汇率错位的测算”,《经济研究》2002 年第 12 期。

[279] 刘金全、陈广华、顾红梅:“我国通货膨胀名义成因和实际成因的检验分析”,《吉林大学社会科学学报》2004 年第 5 期。

[280] 刘考场、余运英:“对人民币国际化的思考”,《中央财经大学学报》2010 年第 10 期。

[281] 刘霖、靳云汇:“货币供应、通货膨胀与中国经济增长——基于协整的实证分析”,《统计研究》2005 年第 3 期。

[282] 刘阳:“相对购买力平价与人民币均衡汇率”,《管理评论》2004 年第 6 期。

[283] 刘玉贵:“人民币实际汇率水平的合理性评估:1994—2008”,《财经科学》2009 年第 7 期。

[284] 刘元春:“中国通货膨胀成因的近期研究及其缺陷”,《经济学动态》2008 年第 10 期。

[285] 卢万青、陈建梁:“人民币汇率变动对我国经济增长影响的实证研究”,《金融研究》2007 年第 2 期。

[286] 卢向前、戴国强:“人民币实际汇率波动对我国进出口的影响:1994－2003”,《经济研究》2005 年第 5 期。

[287] 陆婷、余永定:“中国企业债对 GDP 比的动态路径”,《世界经济》2015 年第 5 期。

[288] 陆晓明:“中央银行在控制资产价格膨胀中的作用——一个系统性解决方案”,《国际金融研究》2010 年第 2 期。

[289] 吕江林、王磊:“基于修正的 ERER 模型的人民币均衡汇率实证研究”,《当代财经》2009 年第 4 期。

[290] 马丹:“人民币实际汇率失衡与中国国际竞争力”,《数量经济技术经济研究》2007 年第 5 期。

[291] 苗永旺、王亮亮:“百年来全球主要金融危机模式比较”,《国际金融研究》2009 年第 7 期。

[292] 倪全生、潘英丽:“G20 国家资本账户开放度比较研究——基于改进的约束式测度法”,《世界经济研究》2009 年第 2 期。

[293] 潘英丽、吴君:“体现国家核心利益的人民币国际化推进路径”,《国际经济评论》2012 年第 3 期。

[294] 祁斌、黄明、陈卓思:“机构投资者与股票波动性”,《金融研究》2006 年第 9 期。

[295] 钱行："通货膨胀国际间传导对我国影响的实证检验"，《数量经济技术经济研究》2006 年第 11 期。

[296] 邱冬阳："人民币购买力平价——1997—2005 年数据的协整分析"，《经济研究》2006 年第 5 期。

[297] 任泽平、冯赟："供给侧改革去杠杆的现状、应对、风险与投资机会"，《发展研究》2016 年第 3 期。

[298] 任泽平：2015，"历次股灾各国和地区怎么救市的"，http：//finance. Sina. Com. Cn/zl/ china/20150703/001022576693. shtml。

[299] 桑百川："我国步入成本推动型的全面通货膨胀时代"，《经济导刊》2008 年第 Z1 期。

[300] 盛松成、梁斌："可较大幅度提高我国财政赤字率"，《金融时报》2016 年 2 月 25 日。

[301] 施建淮、余海丰："人民币均衡汇率与汇率失衡：1991—2004"，《经济研究》2005 年第 4 期。

[302] 施建淮："人民币升值是紧缩性的吗"，《经济研究》2007 年第 1 期。

[303] 宋国青："通胀洪峰可能已过"，《财经》2007 年第 20 期。

[304] 孙茂辉："人民币自然均衡实际汇率：1978—2004"，《经济研究》2006 年第 11 期。

[305] 孙茂辉：《人民币自然均衡汇率研究》，上海·学林出版社 2007 年版。

[306] 孙晓峰："购买力平价理论及其在中国的实证检验"，厦门大学博士学位论文 2007 年。

[307] 谭海鸣、姚余栋、郭树强、宁辰："老龄化、人口迁移、金融杠杆与经济长周期"，《经济研究》2016 年第 2 期。

[308] 唐亚晖、陈守东："基于 BEER 模型的人民币均衡汇率与汇率失衡的测算：1994Q1—2009Q4"，《国际金融研究》2010 年第 12 期。

[309] 万晓莉："我国货币政策能减小宏观经济波动吗？——基于货币政策反应函数的分析"，《经济学》2011 年第 1 期。

[310] 王春平、刘传哲："人民币均衡实际汇率测度与准确性检验"，《科技导报》2007 年第 3 期。

[311] 王桂虎："汇率波动、资金外逃与经济增长的关系研究——来自中国的证据"，《中国社会科学院研究生院学报》2015 年第 4 期。

[312] 王国刚："创业投资：建立多层次资本市场体系"，《改革》1998 年第 6 期。

[313] 王国刚："建立和完善多层次资本市场体系"，《经济理论与经济管理》

2004 年第 3 期。

[314] 王虎、王宇伟、范从来："股票价格具有货币政策指示器功能吗——来自中国 1997—2006 年的经验证据"，《金融研究》2008 年第 6 期。

[315] 王晋斌、刘元春："中国资产结构的变化及其对宏观经济政策的影响"，《人民大学学报》2008 年第 2 期。

[316] 王敏："当前流动性过剩的特点及其治理对策"，《理论参考》2008 年第 2 期。

[317] 王松奇、徐义国："多层次资本市场构想"，《税务与经济》2004 年第 4 期。

[318] 王维国、黄万阳："人民币均衡实际汇率研究"，《数量经济技术经济研究》2005 年第 7 期。

[319] 王曦、才国伟："人民币合意升值幅度的一种算法"，《经济科学》2007 年第 5 期。

[320] 王义中："人民币内外均衡汇率：1982—2010 年"，《数量经济技术经济研究》2009 年第 5 期。

[321] 王元龙："关于人民币国际化的若干问题研究"，《财贸经济》2009 年第 7 期。

[322] 王泽填、姚洋："人民币均衡汇率估计"，《金融研究》2008 年第 12 期。

[323] 魏巍贤：《人民币汇率研究》，黑龙江教育出版社 2008 年版。

[324] 魏巍贤："人民币升值的宏观经济影响评价"，《经济研究》2006 年第 4 期。

[325] 温振华、孟宪强、张碧琼："金砖国家证券市场开放度研究"，《当代财经》2011 年第 12 期。

[326] 吴丽华、王峰："人民币实际汇率错位的经济效应实证研究"，《经济研究》2006 年第 7 期。

[327] 吴培新："美联储应对次贷危机的货币政策工具"，《中国货币市场》2008 年第 9 期。

[328] 吴晓求：《资本市场解释》，中国金融出版社 2002 年版。

[329] 夏斌，廖强："货币供应量已不宜作为当前我国货币政策的中介目标"，《经济研究》2001 年第 8 期。

[330] 肖扬："人民币实际均衡汇率模型的构建"，《统计与决策》2011 年第 12 期。

[331] 熊爱宗、黄梅波："国际储备货币体系改革的中国视角"，《经济学家》2010 年第 11 期。

[332] 徐小君、陈学彬："人民币汇率变化与中国经济波动：加速效应还是稳

定机制?”,《国际金融研究》2014 年第 12 期。

[333] 杨炘、窦祥胜:“人民币均衡汇率估计:购买力平价方法”,《科学技术与工程》2004 年第 2 期。

[334] 杨长江、钟宁桦:“购买力平价与人民币均衡汇率”,《金融研究》2012 年第 1 期。

[335] 杨长江、周静东:“实际汇率低估与经济增长:一个文献综述”,《世界经济》2014 年第 11 期。

[336] 叶永刚等:《香港金融保卫战》,武汉大学出版社 1999 年版。

[337] 易刚、范敏:“人民币汇率的决定因素及走势分析”,《经济研究》1997 年第 10 期。

[338] 易纲、宋旺:“中国金融资产结构演进:1991—2007”,《经济研究》2008 年第 8 期。

[339] 易纲、王召:“货币政策与金融资产价格”,《经济研究》2002 年第 3 期。

[340] 易纲、吴有昌:《货币银行学》,上海人民出版社 1999 年版。

[341] 益言:“从国际经验看中国去杠杆”,《中国金融》2016 年第 7 期。

[342] 余永定:“通货膨胀严重威胁稳定”,《理论参考》2008 年第 3 期。

[343] 余永定:“再论人民币国际化”,《国际经济评论》2011 年第 5 期。

[344] 余元全:“股票市场影响我国货币政策传导机制的实证分析”,《数量经济技术经济研究》2004 年第 3 期。

[345] 袁红英、张念明:“供给侧改革导向下我国财税政策调控的着力点及体系构建”,《东岳论丛》2016 年第 3 期。

[346] 张斌:“人民币均衡汇率:简约一般均衡下的单方程模型研究”,《世界经济》2003 年第 11 期。

[347] 张纯威:“人民币现实均衡汇率的历史轨迹与未来走势”,《数量经济技术经济研究》2007 年第 6 期。

[348] 张建平:“美联储复合型宽松货币政策的实践及正常化”,《金融监管研究》2015 年第 5 期。

[349] 张建平:“最优金融结构与金融结构缺口研究”,《吉林金融研究》2015 年第 1 期。

[350] 张军:“中国今后的通胀会由再分配政策引起”,《财经时报》2007 年 7 月 30 日(A06)。

[351] 张礼卿:“应该如何看待人民币的国际化进程”,《中央财经大学学报》2009 年第 10 期。

[352] 张立光:“人民币均衡汇率及汇率失衡程度的测算与分析:1994—2006”,

《山东财政学院学报》2008年第1期。

［353］张明、贺军："中国经济去杠杆化的潜在风险"，《金融市场研究》2013年第5期。

［354］张明："国际货币体系改革：背景、原因措施及中国的参与"，《国际经济评论》2010年第1期。

［355］张平、王宏淼："'双膨胀'的挑战与宏观政策选择"，《经济学动态》2007年第12期。

［356］张青龙："人民币国际化问题研究"，复旦大学博士论文2006年。

［357］张曙光："人民币汇率问题：升值及其成本——收益分析"，《世界经济》2005年第5期。

［358］张卫平："购买力平价非线性检验方法的进展回顾及其对人民币实际汇率的应用"，《经济学季刊》2007年第4期。

［359］张晓慧："关于资产价格与货币政策问题的一些思考"，《金融研究》2009年第7期。

［360］张晓慧："货币政策的发展、挑战与前瞻"，《中国金融》2015年第19期。

［361］张晓朴："均衡与失衡：1978—1999年人民币汇率合理性评估"，《金融研究》2000年第8期。

［362］张晓朴："人民币均衡汇率的理论与模型"，《经济研究》1999年第12期。

［363］张宇燕："人民币国际化：赞成还是反对？"，《国际经济评论》2010年第1期。

［364］张智威："中国正在升起的金融风险"，野村证券研究报告2013年3月16日。

［365］赵志君、陈增敬："大国模型与人民币兑美元汇率的评估"，《经济研究》2009年第3期。

［366］中国经济增长与宏观稳定课题组："外部冲击与中国的通货膨胀"，《经济研究》2008年第5期。

［367］中国人民大学"宏观经济分析与预测"课题组："一季度宏观经济分析与财政政策取向"，《宏观经济管理》2008年第5期。

［368］中国人民银行杠杆率研究课题组、徐诺金、姜再勇："中国经济杠杆率水平评估及潜在风险研究"，《金融监管研究》2014年第5期。

［369］中国人民银行货币政策分析小组："中国货币政策执行报告二〇〇七年第三季度"，中国人民银行网站货币政策专栏。

[370] 中国人民银行石家庄中心支行金融稳定处课题组、贾广军、杨辉平："对我国非金融企业去杠杆化的思考"，《河北金融》2015 年第 4 期。

[371] 中国人民银行研究局课题组："中国股票市场发展与货币政策完善"，《金融研究》2004 年第 2 期。

[372] 中国人民银行研究局专题课题组："2008：通胀预期加强下半年 CPI 增速或回落"，《理论参考》2008 年第 3 期。

[373] 中国社会科学院经济研究所："本轮宏观调控的新特点及其面临的新挑战"，《光明日报》2008 年 6 月 17 日 (09)。

[374] 中国社会科学院经济增长前沿课题组："高投资、宏观成本与经济增长的持续性"，《经济研究》2005 年第 10 期。

[375] 中华人民共和国国家统计局：《中国主要统计指标诠释》，中国统计出版社 2010 年版。

[376] 周吉来、张建平："资产价格泡沫化与金融危机"，《吉林金融研究》2012 年第 3 期。

[377] 周克："当前人民币均衡汇率估算——基于 Balassa - Samuelson 效应扩展的购买力平价方法"，《经济科学》2011 年第 2 期。

[378] 周其仁："毫不含糊地反通货膨胀"，《金融博览》2008 年第 2 期。

[379] 周小川："深化金融体制改革"，《中国金融》2015 年第 22 期。

[380] 朱鸿鸣、薄岩："中国全社会及各部门杠杆率测算"，《重庆理工大学学报（社会科学)》2016 年第 2 期。

[381] 祝宝良："防止结构通胀变为全面通胀"，《上海国资》2008 年第 4 期。

[382] 宗良、李建军："人民币国际化的历史机遇和战略对策"，《国际贸易》2010 年第 1 期。

[383] 左尚武、谷留锋："人民币均衡汇率的实证研究"，《南开经济研究》2005 年第 6 期。

后 记

传统上物价稳定是中央银行的主要目标，甚至实行通胀目标制的国家以物价稳定为唯一目标，根据未来2~3年的物价预测来制定货币政策。发展中国家中央银行还关注汇率稳定，从我国人民币汇率制度的演进可以看出汇率稳定在人民银行决策中的重要地位。物价稳定是货币对内价值的稳定，汇率稳定是货币对外价值的稳定，可以用货币稳定概括货币内外价值的稳定。

本轮金融危机之后，中央银行的金融稳定职能日益突出。回想美联储成立的历史，美国银行体系出现的多次危机促成了美联储的成立，可以说美联储成立的目的就是维护金融体系的稳定。随着时间的流逝，中央银行的金融稳定职能淡化了，一提起中央银行就是货币政策：货币政策目标、货币政策工具、货币政策传导机制、货币政策效应等等，在某种程度上可以说是过于强调了货币政策。危机之后，人们也在反思，国际上纷纷加强中央银行在防范化解系统性金融风险、维护金融稳定中的作用。中央银行的货币创造、最后贷款人职能没有其他机构能够替代，特别是在各国财政赤字高企、债务负担沉重的情况下，救助金融机构、稳定金融体系中央银行责无旁贷。

货币稳定、金融稳定应成为中央银行的双目标：货币稳定关注短期的经济增长和物价，金融稳定关注中长期的经济增长和物价，没有金融体系的稳定，物价稳定、经济增长目标无从谈起。维护金融稳定要从更广阔的视角，监测、分析影响经济金融发展的诸种因素，予以统筹考虑，发挥好相机抉择的优势。

本书对通货膨胀、汇率问题的讨论，实际是针对如何更好地实现中央银行的货币稳定目标；对资产价格和货币政策、通货紧缩、去杠杆、资本市场干预问题的讨论着眼于金融稳定目标。资产价格和货币政策的关系，资产价格的效应引起了国内外学术界、中央银行界的广泛讨论，资产泡沫破裂的严重后果大家都看得很清楚，但对如何应对并没有达成共识。2015年我国资本市场经历了大幅调整，政府也采取了大力度的救市措施，期间对中央银行该不该介入、如何介入都有广泛讨论，也有很多争议。我国房地产贷款已经超过了30万亿元，如果房地产市场出现剧烈调整必然会给我国金融体系带来巨大冲击。不管理论界如何争论，如果中央银行不能对资产泡沫破裂的后果免责的话，前期介入就是必然选择，具体干预时机和措施取决于中央银行的判断和权衡，当然也需要强化对中央银行的问责。

从这个意义上，本书讨论的内容只是求索货币稳定、金融稳定道路上的阶段性成果，我们欢迎各位专家提出宝贵意见。

这本书的顺利完成，得到许多领导、专家、同学、同事和朋友的关心和帮助，虽然无法一一列举他们的名字，我们愿借此机会表达对他们的感谢。

这本书的撰写得到了国家社会科学基金《新常态下的货币政策转型问题研究》(15BJY157) 和国家自然科学基金《资本市场发展对通货紧缩预期的影响机制研究》(71541016) 的资助。

最后，本书能够正式出版，还要感谢中国财经出版社吕小军编辑的辛勤工作，书中图表较多，感谢吕小军编辑辛苦细致的工作。

闫先东　叶欢

2017 年 9 月 23 日于北京